2018
广西经济普查年鉴

Guangxi Economic Census Yearbook

● 综合卷

广西第四次全国经济普查领导小组办公室 编著

线装書局

图书在版编目（CIP）数据

广西经济普查年鉴. 2018. 综合卷 / 广西第四次全国经济普查领导小组办公室编著. -- 北京 : 线装书局, 2020.9

ISBN 978-7-5120-4122-6

Ⅰ. ①广… Ⅱ. ①广… Ⅲ. ①经济—普查—广西—2018—年鉴 Ⅳ. ①F127.67-54

中国版本图书馆 CIP 数据核字(2020)第 171939 号

广西经济普查年鉴（2018）——综合卷

编 著 者：广西第四次全国经济普查领导小组办公室
责任编辑：周思远
出版发行：线装书局
地　址：北京市丰台区方庄日月天地大厦 B 座 17 层（100078）
电　话：010-58077126（发行部）010-58076938（总编室）
网　址：www.zgxzsj.com
经　销：新华书店
印　制：广西汇望凤凰印务有限公司
开　本：880mm×1230mm　1/16
印　张：28
字　数：1180 千字
版　次：2020 年 9 月第 1 版第 1 次印刷

线装书局官方微信

定　价：680.00 元（全 4 册）

编辑组人员

第一篇　综　合

主　　编：陈玉娟　程文胜

副 主 编：陈竞成　张　宗　李继彪

编辑人员：（以姓氏笔画为序）

吕　琪　韦　昆　罗小彬　闭小燕　焦　夕　蓝凤慧

数据处理：闭小燕　焦　夕　韦　昆

责任校对：闭小燕　焦　夕

第二篇　企　业

主　　编：陈玉娟　程文胜

副 主 编：陈竞成　张　宗　李继彪

编辑人员：（以姓氏笔画为序）

吕　琪　韦　昆　罗小彬　闭小燕　焦　夕　蓝凤慧

数据处理：闭小燕　焦　夕　韦　昆

责任校对：闭小燕　焦　夕

第三篇　文化及相关产业

主　　编：居　青

副 主 编：邱　燕　付晓霞

编辑人员：陈立峰　卢启函

数据处理：卢启函

责任校对：卢启函

编者说明

为便于社会各界共同分享广西第四次全国经济普查成果，我们将经济普查资料编辑整理，汇编成《广西经济普查年鉴（2018）》一书，全书共三卷四册，即综合卷、第二产业卷（上、下）和第三产业卷，并随书配送同版本光盘一张，为使读者更好地使用本资料，现就有关问题说明如下：

一、广西第四次全国经济普查的标准时点为2018年12月31日，时期资料为2018年年度资料。

二、本年鉴资料的汇总范围为广西壮族自治区辖区内从事第二产业和第三产业的全部法人单位、产业活动单位和个体经营户。

三、综合卷中第一篇综合和第二篇企业汇总表，均不包含少量无分组标识的单位数据，其中单位数包含兼营二、三产业的农、林、牧、渔业法人单位，从业人员数不包含兼营二、三产业的农、林、牧、渔业法人单位数据。

四、本年鉴资料按地区分组的规模以上工业企业相关汇总表中的分市数据包含广西电网有限公司下属的市级供电局及广西中烟工业下属的市级卷烟厂数据，其取值口径与全广西取值口径不完全一致，故部分指标加总后不等于全广西数。

五、本年鉴资料建筑业按法人单位注册地，其他行业按法人单位经营地进行汇总。

六、本年鉴资料对部分数据由于计量单位取舍不同或四舍五入而产生的误差数均未作机械调整。

七、表中空格表示该项统计指标数值为零、不足最小单位、数据不详或无该项数据，“#”表示其中的主要项。

八、为了更准确地使用本年鉴，每卷后附有该卷详细的指标解释。

希望此书的面世能使社会各界对广西第四次全国经济普查有一个比较全面的了解，更愿本书能为社会经济研究工作者提供有价值的参考。

综合卷　目录

第一篇　综　合

第二篇　企　业

第三篇 文化及相关产业

C.文化批零业

D.文化服务业

E.文化产业个体经营户

附　录

第一篇

综　合

1-1　按地区、行业门类

地　　区	代码	法　人单位数（个）	农、林、牧、渔业	采矿业	制造业	电力、热力、燃气及水生产和供应业	建筑业	批发和零售业	交通运输、仓储和邮政业	住宿和餐饮业	信息传输、软件和信息技术服务业
广西壮族自治区	**45**	**490286**	**6683**	**2672**	**37559**	**3290**	**23669**	**142714**	**13253**	**8451**	**18658**
南宁市	**4501**	**152246**	**1640**	**277**	**7997**	**299**	**9001**	**46853**	**3465**	**3037**	**9860**
兴宁区	450102	13719	20	9	476	11	1012	5838	359	300	621
青秀区	450103	58178	228	51	733	78	3641	14878	693	1423	5261
江南区	450105	10576	32	6	750	9	1405	3504	404	209	530
西乡塘区	450107	19108	49	19	638	15	1442	7910	452	456	1065
良庆区	450108	8105	97	9	630	22	722	2193	278	129	454
邕宁区	450109	1817	16	5	172	5	98	410	73	25	75
武鸣区	450110	3952	91	31	579	19	172	979	118	43	60
隆安县	450123	1787	24	23	283	21	42	254	40	7	16
马山县	450124	1823	16	26	141	15	24	396	34	14	20
上林县	450125	2121	66	17	184	26	69	517	41	34	30
宾阳县	450126	5009	106	34	572	17	211	1400	108	71	112
横县	450127	5854	793	41	717	24	134	1371	158	49	65
柳州市	**4502**	**53003**	**303**	**159**	**5219**	**258**	**1895**	**18134**	**1567**	**896**	**2312**
城中区	450202	8726		1	88	2	387	2844	167	243	661
鱼峰区	450203	8713	27	6	1066	9	407	2697	248	190	513
柳南区	450204	10953	12	7	1060	6	361	5394	473	147	443
柳北区	450205	7656	6	4	604	13	279	2933	278	110	415
柳江区	450206	4269	23	18	845	6	113	1277	164	47	97
柳城县	450222	2456	55	45	277	26	58	610	51	21	36
鹿寨县	450223	2572	58	17	335	70	101	663	64	19	48
融安县	450224	2298	34	23	167	21	45	575	44	22	36
融水苗族自治县	450225	2690	59	20	246	78	56	574	38	46	39
三江侗族自治县	450226	2339	29	14	280	25	85	551	31	45	24
桂林市	**4503**	**48395**	**884**	**281**	**4261**	**938**	**2418**	**12882**	**907**	**1187**	**1703**
秀峰区	450302	3076	11	3	207	2	234	737	80	175	116
叠彩区	450303	3848	14	1	206	3	266	1494	71	105	190
象山区	450304	5609	28	2	288	4	412	1816	105	238	237
七星区	450305	7345	10	7	658	5	357	1804	74	222	687

分组的法人单位数

金融业	房地产业	租赁和商务服务业	科学研究和技术服务业	水利、环境和公共设施管理业	居民服务、修理和其他服务业	教育	卫生和社会工作	文化、体育和娱乐业	公共管理、社会保障和社会组织	代码
2387	**21498**	**68961**	**28686**	**4524**	**11192**	**26800**	**5822**	**11599**	**51868**	**45**
1323	**7470**	**27793**	**11757**	**833**	**4397**	**5338**	**847**	**4000**	**6059**	**4501**
333	544	1888	804	59	482	288	62	287	326	450102
777	3747	14746	5303	230	1924	1124	216	1865	1260	450103
82	396	1371	645	34	330	301	50	242	276	450105
32	772	2680	1373	85	461	599	113	542	405	450107
22	626	1429	459	55	228	251	45	158	298	450108
6	124	159	107	23	36	172	18	47	246	450109
7	149	413	167	51	81	366	45	70	511	450110
3	37	191	86	23	11	265	33	35	393	450123
3	42	116	65	44	36	276	33	136	386	450124
6	65	254	65	26	22	212	39	38	410	450125
5	123	498	165	66	107	590	69	130	625	450126
11	120	622	174	51	91	519	59	113	742	450127
168	**2013**	**7545**	**2963**	**433**	**1270**	**1804**	**576**	**1269**	**4219**	**4502**
80	436	1972	669	34	228	202	43	313	356	450202
23	386	1401	566	58	245	271	82	221	297	450203
9	325	1246	456	29	256	225	95	175	234	450204
27	324	1214	354	43	228	180	78	194	372	450205
7	165	387	209	50	87	247	34	68	425	450206
2	53	239	194	40	30	158	46	62	453	450222
6	106	235	159	23	55	126	31	39	417	450223
3	80	329	131	52	40	127	49	40	480	450224
8	76	256	142	72	54	170	75	99	582	450225
2	46	256	81	30	40	97	43	57	603	450226
127	**1909**	**6208**	**2795**	**600**	**1178**	**2224**	**636**	**1139**	**6118**	**4503**
23	173	525	158	28	133	152	37	96	186	450302
8	182	535	213	29	142	101	40	95	153	450303
15	286	996	342	37	207	173	58	179	186	450304
43	270	1514	745	46	279	193	37	201	193	450305

1-1 续表 1

地 区	代码	法人单位数（个）	农、林、牧、渔业	采矿业	制造业	电力、热力、燃气及水生产和供应业	建筑业	批发和零售业	交通运输、仓储和邮政业	住宿和餐饮业	信息传输、软件和信息技术服务业
雁山区	450311	635	3	2	72	1	18	73	8	17	14
临桂区	450312	5423	57	16	528	40	511	1195	98	105	201
阳朔县	450321	1599	32	1	67	17	42	460	44	113	18
灵川县	450323	3556	35	21	452	54	157	1216	103	36	46
全州县	450324	2568	60	51	231	194	72	430	45	24	24
兴安县	450325	2077	43	12	235	91	77	467	46	31	23
永福县	450326	2027	78	20	237	64	68	562	38	7	16
灌阳县	450327	1370	43	15	128	135	32	201	23	10	24
龙胜各族自治县	450328	1222	30	29	71	69	16	218	23	24	16
资源县	450329	1072	28	38	62	114	24	141	32	13	17
平乐县	450330	2208	99	20	276	37	45	603	38	24	27
荔浦县	450331	2708	108	12	412	14	56	949	45	24	31
恭城瑶族自治县	450332	2050	205	31	131	94	31	516	34	19	16
梧州市	**4504**	**19037**	**172**	**164**	**1598**	**193**	**831**	**5805**	**462**	**245**	**385**
万秀区	450403	2829	14	6	369	15	129	864	110	63	79
长洲区	450405	3924	12	7	117	9	290	1531	119	70	153
龙圩区	450406	1973	26	14	196	14	96	556	52	29	26
苍梧县	450421	1423	16	6	95	28	22	587	7	5	12
藤县	450422	3547	27	46	318	38	156	868	79	26	34
蒙山县	450423	2043	67	22	142	22	60	534	32	30	32
岑溪市	450481	3264	10	63	327	67	78	865	63	22	49
北海市	**4505**	**21035**	**171**	**39**	**1240**	**58**	**1372**	**5952**	**671**	**549**	**726**
海城区	450502	10610	30	6	312	15	859	3024	380	341	413
银海区	450503	4197	28	6	137	5	323	810	89	134	211
铁山港区	450512	810	6	13	86	12	25	174	67	13	5
合浦县	450521	5288	107	14	603	26	165	1944	135	61	83
防城港市	**4506**	**13074**	**188**	**84**	**620**	**61**	**726**	**3223**	**869**	**222**	**258**
港口区	450602	6226	43	21	209	20	464	1375	619	99	183
防城区	450603	2941	62	49	176	25	151	662	93	46	32
上思县	450621	1189	56	8	95	10	30	192	32	11	11
东兴市	450681	2717	27	6	140	6	81	994	125	66	32
钦州市	**4507**	**19471**	**317**	**128**	**1733**	**108**	**799**	**5066**	**985**	**259**	**416**

金融业	房地产业	租赁和商务服务业	科学研究和技术服务业	水利、环境和公共设施管理业	居民服务、修理和其他服务业	教育	卫生和社会工作	文化、体育和娱乐业	公共管理、社会保障和社会组织	代码
	16	75	32	10	12	50	16	20	196	450311
7	429	784	326	74	133	183	45	129	562	450312
1	24	124	54	32	19	147	29	49	326	450321
7	171	274	137	66	56	180	45	64	436	450323
2	53	268	120	39	32	236	57	47	583	450324
5	51	234	92	35	33	135	40	42	385	450325
2	54	140	89	28	37	83	30	42	432	450326
1	23	127	56	35	12	91	25	11	378	450327
1	19	98	74	34	13	46	35	22	384	450328
3	24	102	57	33	11	49	22	20	282	450329
2	62	141	85	19	18	128	39	54	491	450330
2	35	154	135	37	25	116	43	34	476	450331
3	37	117	80	18	16	161	38	34	469	450332
67	**671**	**1799**	**854**	**180**	**316**	**1616**	**278**	**395**	**3006**	**4504**
21	122	294	111	25	71	118	37	81	300	450403
29	184	577	204	27	85	94	34	83	299	450405
4	76	177	87	20	34	163	29	31	343	450406
	8	60	97	11	4	176	22	19	248	450421
5	128	248	100	29	43	422	66	61	853	450422
2	42	225	112	29	34	172	36	39	411	450423
6	111	218	143	39	45	471	54	81	552	450481
78	**2426**	**2926**	**997**	**150**	**439**	**1044**	**171**	**497**	**1529**	**4505**
65	1284	1768	578	69	286	322	71	267	520	450502
5	912	691	250	32	79	142	34	97	212	450503
	15	61	9	6	10	100	6	15	187	450512
7	215	397	159	43	64	480	60	115	610	450521
66	**1371**	**1848**	**594**	**139**	**243**	**502**	**130**	**256**	**1674**	**4506**
40	1013	926	292	45	127	127	35	118	470	450602
8	162	438	154	42	49	157	44	59	532	450603
2	30	110	71	28	18	85	34	23	343	450621
15	166	374	77	24	49	133	17	56	329	450681
69	**706**	**2275**	**1009**	**208**	**398**	**1512**	**254**	**448**	**2781**	**4507**

1-1 续表 2

地区	代码	法人单位数（个）	农、林、牧、渔业	采矿业	制造业	电力、热力、燃气及水生产和供应业	建筑业	批发和零售业	交通运输、仓储和邮政业	住宿和餐饮业	信息传输、软件和信息技术服务业
钦南区	450702	6405	92	44	491	28	372	2006	294	117	189
钦北区	450703	5031	72	32	360	22	288	1360	222	79	144
灵山县	450721	4110	118	35	472	28	105	750	81	25	54
浦北县	450722	2996	34	14	345	23	32	687	55	21	26
贵港市	**4508**	**26948**	**454**	**126**	**3701**	**133**	**1139**	**7103**	**790**	**253**	**515**
港北区	450802	8573	86	10	529	23	609	2800	380	103	282
港南区	450803	2569	41	4	689	16	51	416	55	5	18
覃塘区	450804	2954	27	30	1305	12	45	409	61	10	10
平南县	450821	6117	168	33	672	46	245	1783	146	72	92
桂平市	450881	6735	132	49	506	36	189	1695	148	63	113
玉林市	**4509**	**39275**	**545**	**174**	**4399**	**321**	**1807**	**12375**	**974**	**556**	**835**
玉州区	450902	15021	114	11	898	19	895	6468	337	277	625
福绵区	450903	1850	33	1	540	12	59	305	35	5	16
容县	450921	4428	75	26	710	122	151	1243	117	73	54
陆川县	450922	3383	104	40	479	27	113	714	126	38	32
博白县	450923	4865	122	42	641	52	174	1099	130	48	39
兴业县	450924	2981	23	25	319	8	42	848	111	35	11
北流市	450981	6674	74	29	784	81	372	1698	118	80	58
百色市	**4510**	**30265**	**481**	**347**	**2098**	**262**	**1157**	**8364**	**773**	**538**	**482**
右江区	451002	8341	36	28	339	34	544	2923	200	188	255
田阳县	451021	2489	11	30	241	14	60	695	71	61	33
田东县	451022	2380	37	28	174	27	83	644	86	36	35
平果县	451023	3019	25	35	313	20	118	975	100	48	53
德保县	451024	1788	12	47	140	32	44	317	64	32	15
那坡县	451026	1463	14	20	102	31	35	389	50	12	23
凌云县	451027	1177	23	9	135	20	31	189	21	22	9
乐业县	451028	1067	19	8	42	9	16	194	15	18	5
田林县	451029	1921	19	32	192	30	27	476	20	23	18
西林县	451030	1082	26	9	85	12	19	214	15	12	6
隆林各族自治县	451031	1949	18	51	177	18	46	426	41	18	6
靖西市	451081	3589	241	50	158	15	134	922	90	68	24

金融业	房地产业	租赁和商务服务业	科学研究和技术服务业	水利、环境和公共设施管理业	居民服务、修理和其他服务业	教育	卫生和社会工作	文化、体育和娱乐业	公共管理、社会保障和社会组织	代码
22	261	688	388	68	160	326	73	156	630	450702
35	231	659	302	71	141	166	74	118	655	450703
6	129	576	151	38	46	505	52	108	831	450721
4	67	272	146	27	29	485	50	57	622	450722
70	**908**	**3344**	**1084**	**259**	**508**	**2586**	**351**	**614**	**3010**	**4508**
56	356	1218	402	78	262	484	80	203	612	450802
1	38	317	84	4	24	294	33	57	422	450803
	17	180	69	20	13	275	33	51	387	450804
4	176	604	250	85	131	732	101	153	624	450821
9	321	1025	279	72	78	801	104	150	965	450881
87	**1253**	**3906**	**1764**	**351**	**797**	**3659**	**439**	**840**	**4193**	**4509**
61	587	2057	686	64	361	484	95	264	718	450902
	22	93	130	18	12	208	16	30	315	450903
7	112	306	138	51	65	468	60	105	545	450921
3	93	322	259	50	54	327	53	73	476	450922
6	128	255	171	94	40	806	96	164	758	450923
2	62	156	106	26	41	412	37	54	663	450924
6	212	716	273	48	224	954	82	147	718	450981
118	**793**	**3791**	**1541**	**332**	**587**	**1786**	**662**	**639**	**5514**	**4510**
59	300	1405	526	77	229	287	80	170	661	451002
5	109	234	129	31	53	141	48	46	477	451021
18	61	180	130	36	38	143	48	44	532	451022
10	89	351	100	23	72	187	37	53	410	451023
2	45	118	113	24	32	150	50	42	509	451024
6	19	149	78	25	23	72	35	31	349	451026
2	19	100	60	29	7	73	35	25	368	451027
2	11	183	48	18	12	93	33	24	317	451028
2	22	303	83	21	27	116	49	35	426	451029
3	17	113	70	13	11	92	36	27	302	451030
3	24	204	67	8	25	166	46	44	561	451031
6	77	451	137	27	58	266	165	98	602	451081

1-1 续表 3

地区	代码	法人单位数（个）	农、林、牧、渔业	采矿业	制造业	电力、热力、燃气及水生产和供应业	建筑业	批发和零售业	交通运输、仓储和邮政业	住宿和餐饮业	信息传输、软件和信息技术服务业
贺州市	**4511**	**14197**	**237**	**151**	**1049**	**273**	**620**	**3579**	**275**	**155**	**302**
八步区	451102	5783	44	34	253	74	352	1658	125	81	190
平桂区	451103	2615	67	32	395	41	77	635	64	25	39
昭平县	451121	1860	23	21	132	39	57	358	28	24	22
钟山县	451122	1931	47	39	184	47	70	381	30	13	29
富川瑶族自治县	451123	2007	56	25	85	72	64	547	28	12	22
河池市	**4512**	**21824**	**510**	**371**	**1478**	**165**	**605**	**5214**	**433**	**257**	**246**
金城江区	451202	4257	29	50	189	11	179	1363	118	67	82
宜州区	451203	3041	59	29	224	25	156	808	59	36	41
南丹县	451221	1645	14	52	90	15	33	388	47	13	14
天峨县	451222	1107	12	27	134	9	24	223	22	9	15
凤山县	451223	1241	20	17	91	8	24	268	10	15	10
东兰县	451224	1459	49	14	92	7	33	269	18	16	13
罗城仫佬族自治县	451225	1482	36	31	104	21	23	300	27	10	8
环江毛南族自治县	451226	1516	158	30	136	22	19	211	26	9	6
巴马瑶族自治县	451227	2056	61	26	133	15	43	481	35	39	20
都安瑶族自治县	451228	2678	45	54	205	17	51	664	44	27	18
大化瑶族自治县	451229	1342	27	41	80	15	20	239	27	16	19
来宾市	**4513**	**13954**	**381**	**212**	**1056**	**106**	**694**	**3437**	**335**	**111**	**252**
兴宾区	451302	6011	128	25	335	33	446	1758	126	49	154
忻城县	451321	1474	49	25	133	15	37	304	45	11	23
象州县	451322	2292	83	46	220	20	68	639	30	16	30
武宣县	451323	1888	48	67	144	6	91	304	85	9	25
金秀瑶族自治县	451324	1384	58	24	119	26	24	268	21	19	12
合山市	451381	903	15	25	105	6	28	164	28	7	8
崇左市	**4514**	**17562**	**400**	**159**	**1110**	**115**	**605**	**4727**	**747**	**186**	**366**
江州区	451402	4176	73	16	181	21	280	1083	145	33	119
扶绥县	451421	2687	134	39	323	20	78	443	150	30	116
宁明县	451422	2122	47	18	138	18	32	419	70	25	16
龙州县	451423	1906	24	12	91	12	46	465	88	24	20
大新县	451424	2287	81	49	201	30	84	491	34	38	50
天等县	451425	1556	27	22	96	10	36	339	36	11	21
凭祥市	451481	2827	14	3	80	4	49	1487	224	25	24

金融业	房地产业	租赁和商务服务业	科学研究和技术服务业	水利、环境和公共设施管理业	居民服务、修理和其他服务业	教育	卫生和社会工作	文化、体育和娱乐业	公共管理、社会保障和社会组织	代码
52	**359**	**1531**	**652**	**200**	**195**	**1229**	**278**	**286**	**2774**	**4511**
38	224	771	297	62	96	393	87	136	868	451102
7	30	164	91	38	35	294	61	36	484	451103
2	40	246	85	39	15	194	44	35	456	451121
2	41	148	96	20	17	249	46	40	432	451122
2	24	202	83	41	32	99	40	39	534	451123
64	**586**	**2115**	**1168**	**382**	**376**	**1361**	**562**	**557**	**5374**	**4512**
41	190	456	243	51	100	208	77	90	713	451202
4	131	351	148	63	47	143	55	74	588	451203
2	39	110	101	30	20	125	59	43	450	451221
2	9	76	73	18	11	68	26	40	309	451222
2	17	94	86	27	14	75	43	24	396	451223
3	20	80	87	32	11	134	42	30	509	451224
2	44	118	84	33	16	89	42	39	455	451225
1	15	138	71	37	12	91	47	24	463	451226
3	55	275	113	36	59	156	41	62	403	451227
2	42	308	115	36	69	143	73	88	677	451228
2	24	109	47	19	17	129	57	43	411	451229
50	**472**	**1441**	**713**	**181**	**222**	**1069**	**253**	**311**	**2658**	**4513**
37	255	723	311	63	122	383	90	127	846	451302
2	40	105	69	31	22	150	51	40	322	451321
3	50	198	92	20	29	188	37	45	478	451322
2	69	198	91	13	28	209	21	49	429	451323
2	36	126	115	36	12	77	33	32	344	451324
2	22	91	35	18	9	62	21	18	239	451381
48	**561**	**2439**	**795**	**276**	**266**	**1070**	**385**	**348**	**2959**	**4514**
28	152	583	257	64	102	164	155	95	625	451402
3	90	370	133	56	33	156	52	57	404	451421
1	62	320	99	38	26	264	42	43	444	451422
4	59	279	92	33	38	126	36	43	414	451423
3	58	364	77	38	39	132	44	49	425	451424
1	53	216	92	28	17	128	38	28	357	451425
7	87	307	45	19	11	100	18	33	290	451481

1-2 按地区分组的法人单位数及从业人员数

地　　区	代码	法人单位数（个）	单产业法人单位	多产业法人单位	从业人员数（人）	#女性
广西壮族自治区	**45**	**490286**	**478700**	**11586**	**7508504**	**3055018**
南宁市	**4501**	**152246**	**148678**	**3568**	**2030532**	**793074**
兴宁区	450102	13719	13388	331	219655	80585
青秀区	450103	58178	56542	1636	730132	284237
江南区	450105	10576	10365	211	123251	49630
西乡塘区	450107	19108	18677	431	239214	81010
良庆区	450108	8105	7954	151	104572	44798
邕宁区	450109	1817	1764	53	63868	15711
武鸣区	450110	3952	3847	105	61503	25640
隆安县	450123	1787	1757	30	26525	11551
马山县	450124	1823	1797	26	24554	12397
上林县	450125	2121	2088	33	25023	12299
宾阳县	450126	5009	4925	84	72954	34502
横县	450127	5854	5760	94	84886	37383
柳州市	**4502**	**53003**	**51391**	**1612**	**993195**	**338560**
城中区	450202	8726	8404	322	206503	51395
鱼峰区	450203	8713	8435	278	107657	48272
柳南区	450204	10953	10636	317	130917	49260
柳北区	450205	7656	7372	284	186361	54334
柳江区	450206	4269	4184	85	70212	29433
柳城县	450222	2456	2380	76	31892	15104
鹿寨县	450223	2572	2520	52	46709	21283
融安县	450224	2298	2244	54	27297	12532
融水苗族自治县	450225	2690	2613	77	34630	14441
三江侗族自治县	450226	2339	2308	31	21715	9701
桂林市	**4503**	**48395**	**47335**	**1060**	**748459**	**313991**
秀峰区	450302	3076	2975	101	79964	28982
叠彩区	450303	3848	3746	102	35133	16127
象山区	450304	5609	5368	241	99516	39905
七星区	450305	7345	7174	171	158129	57125

1-2 续表 1

地区	代码	法人单位数（个）	单产业法人单位	多产业法人单位	从业人员数（人）	#女性
雁山区	450311	635	631	4	9936	4467
临桂区	450312	5423	5317	106	60133	24928
阳朔县	450321	1599	1566	33	31538	15479
灵川县	450323	3556	3493	63	44869	19670
全州县	450324	2568	2536	32	32325	13506
兴安县	450325	2077	2058	19	27842	13248
永福县	450326	2027	1994	33	25144	10492
灌阳县	450327	1370	1357	13	15538	6792
龙胜各族自治县	450328	1222	1204	18	16234	6774
资源县	450329	1072	1058	14	15561	6158
平乐县	450330	2208	2170	38	25530	11736
荔浦县	450331	2708	2661	47	50818	28679
恭城瑶族自治县	450332	2050	2026	24	19920	9742
梧州市	**4504**	**19037**	**18555**	**482**	**337429**	**150423**
万秀区	450403	2829	2717	112	55685	25301
长洲区	450405	3924	3799	125	63051	30593
龙圩区	450406	1973	1929	44	35999	15600
苍梧县	450421	1423	1398	25	13847	5361
藤县	450422	3547	3492	55	69551	28925
蒙山县	450423	2043	2020	23	16443	7477
岑溪市	450481	3264	3170	94	71937	32536
北海市	**4505**	**21035**	**20634**	**401**	**290903**	**131935**
海城区	450502	10610	10341	269	125206	58409
银海区	450503	4197	4145	52	38053	17611
铁山港区	450512	810	799	11	17498	5955
合浦县	450521	5288	5223	65	72330	30973
防城港市	**4506**	**13074**	**12772**	**302**	**172721**	**66913**
港口区	450602	6226	6103	123	80445	27658
防城区	450603	2941	2877	64	40804	17213
上思县	450621	1189	1165	24	19502	7862
东兴市	450681	2717	2627	90	31560	13931

1-2 续表 2

地　　区	代码	法人单位数（个）			从业人员数（人）	
			单产业法人单位	多产业法人单位		#女性
钦州市	**4507**	**19471**	**19034**	**437**	**444932**	**152944**
钦南区	450702	6405	6209	196	165035	45206
钦北区	450703	5031	4925	106	130098	39474
灵山县	450721	4110	4044	66	71327	33172
浦北县	450722	2996	2949	47	55721	28346
贵港市	**4508**	**26948**	**26436**	**512**	**468246**	**223190**
港北区	450802	8573	8338	235	146972	65831
港南区	450803	2569	2533	36	53567	27336
覃塘区	450804	2954	2937	17	48519	23751
平南县	450821	6117	5992	125	102121	46303
桂平市	450881	6735	6636	99	117067	59969
玉林市	**4509**	**39275**	**38473**	**802**	**671270**	**301654**
玉州区	450902	15021	14685	336	205179	91563
福绵区	450903	1850	1825	25	27819	12104
容县	450921	4428	4361	67	72924	36419
陆川县	450922	3383	3314	69	66892	23659
博白县	450923	4865	4787	78	101177	47417
兴业县	450924	2981	2932	49	31569	13971
北流市	450981	6674	6499	175	157390	73083
百色市	**4510**	**30265**	**29497**	**768**	**387173**	**161211**
右江区	451002	8341	8055	286	107793	46375
田阳县	451021	2489	2412	77	30280	12290
田东县	451022	2380	2313	67	34262	13699
平果县	451023	3019	2945	74	50455	22042
德保县	451024	1788	1759	29	25991	10492
那坡县	451026	1463	1445	18	12381	4979
凌云县	451027	1177	1140	37	14862	6390
乐业县	451028	1067	1050	17	12422	5433
田林县	451029	1921	1890	31	22172	8339
西林县	451030	1082	1049	33	13333	5694
隆林各族自治县	451031	1949	1935	14	21430	8709
靖西市	451081	3589	3504	85	41792	16769

1-2 续表 3

地 区	代码	法人单位数（个）			从业人员数（人）	
			单产业法人单位	多产业法人单位		#女性
贺州市	**4511**	**14197**	**13891**	**306**	**196924**	**88355**
八步区	451102	5783	5605	178	78117	36467
平桂区	451103	2615	2566	49	40882	17415
昭平县	451121	1860	1843	17	24137	10432
钟山县	451122	1931	1902	29	30968	13582
富川瑶族自治县	451123	2007	1975	32	22169	10130
河池市	**4512**	**21824**	**21235**	**589**	**318210**	**139807**
金城江区	451202	4257	4071	186	84887	38479
宜州区	451203	3041	2929	112	48249	23125
南丹县	451221	1645	1605	40	29326	10959
天峨县	451222	1107	1087	20	11883	5505
凤山县	451223	1241	1223	18	12200	4988
东兰县	451224	1459	1441	18	14390	6770
罗城仫佬族自治县	451225	1482	1428	54	19176	8736
环江毛南族自治县	451226	1516	1483	33	22377	9996
巴马瑶族自治县	451227	2056	2007	49	24682	9168
都安瑶族自治县	451228	2678	2644	34	30227	13175
大化瑶族自治县	451229	1342	1317	25	20813	8906
来宾市	**4513**	**13954**	**13621**	**333**	**215185**	**95504**
兴宾区	451302	6011	5874	137	110226	49474
忻城县	451321	1474	1443	31	18167	8930
象州县	451322	2292	2240	52	27309	12317
武宣县	451323	1888	1848	40	28494	13283
金秀瑶族自治县	451324	1384	1336	48	17875	6006
合山市	451381	903	880	23	12607	5213
崇左市	**4514**	**17562**	**17148**	**414**	**233325**	**97457**
江州区	451402	4176	4040	136	80685	32390
扶绥县	451421	2687	2647	40	37779	16295
宁明县	451422	2122	2087	35	23503	9852
龙州县	451423	1906	1865	41	24230	10101
大新县	451424	2287	2227	60	26981	11600
天等县	451425	1556	1512	44	18372	8284
凭祥市	451481	2827	2770	57	21302	8673

1-3 按行业（中类）分组的法人单位数及从业人员数

行业	代码	法人单位数（个）	单产业法人单位	多产业法人单位	从业人员数（人）	#女性
总　计	**00**	**490286**	**478700**	**11586**	**7508504**	**3055018**
农、林、牧、渔业	**A**	**6683**	**6581**	**102**	**35499**	**13134**
农业	01	40		40		
谷物种植	011	3		3		
豆类、油料和薯类种植	012					
棉、麻、糖、烟草种植	013	6		6		
蔬菜、食用菌及园艺作物种植	014	8		8		
水果种植	015	11		11		
坚果、含油果、香料和饮料作物种植	016	8		8		
中药材种植	017	1		1		
草种植及割草	018					
其他农业	019	3		3		
林业	02	16		16		
林木育种和育苗	021	1		1		
造林和更新	022	6		6		
森林经营、管护和改培	023	6		6		
木材和竹材采运	024	3		3		
林产品采集	025					
畜牧业	03	15		15		
牲畜饲养	031	11		11		
家禽饲养	032	3		3		
狩猎和捕捉动物	033					
其他畜牧业	039	1		1		
渔业	04	4		4		
水产养殖	041	3		3		
水产捕捞	042	1		1		
农、林、牧、渔专业及辅助性活动	05	6608	6581	27	35499	13134
农业专业及辅助性活动	051	5017	5000	17	26132	9672
林业专业及辅助性活动	052	656	651	5	3903	1287
畜牧专业及辅助性活动	053	627	623	4	3282	1462
渔业专业及辅助性活动	054	308	307	1	2182	713
采矿业	**B**	**2672**	**2615**	**57**	**67575**	**13309**
煤炭开采和洗选业	06	30	25	5	7009	964
烟煤和无烟煤开采洗选	061	17	15	2	2062	280
褐煤开采洗选	062	10	8	2	4356	495
其他煤炭采选	069	3	2	1	591	189
石油和天然气开采业	07	3	3		131	3
石油开采	071	3	3		131	3
天然气开采	072					
黑色金属矿采选业	08	268	264	4	8478	2477
铁矿采选	081	132	132		997	238
锰矿、铬矿采选	082	109	105	4	7043	2140
其他黑色金属矿采选	089	27	27		438	99
有色金属矿采选业	09	296	277	19	18242	4186
常用有色金属矿采选	091	240	225	15	16471	3853

1-3 续表 1

行 业	代码	法人单位数（个）			从业人员数（人）	
			单产业法人单位	多产业法人单位		#女性
贵金属矿采选	092	37	35	2	449	73
稀有稀土金属矿采选	093	19	17	2	1322	260
非金属矿采选业	10	1830	1801	29	32432	5412
土砂石开采	101	1566	1545	21	25632	3663
化学矿开采	102	57	56	1	1179	213
采盐	103	2	2		708	102
石棉及其他非金属矿采选	109	205	198	7	4913	1434
开采专业及辅助性活动	11	15	15		65	21
煤炭开采和洗选专业及辅助性活动	111	1	1			
石油和天然气开采专业及辅助性活动	112	3	3		5	1
其他开采专业及辅助性活动	119	11	11		60	20
其他采矿业	12	230	230		1218	246
其他采矿业	120	230	230		1218	246
制造业	**C**	**37559**	**36650**	**909**	**1501741**	**638638**
农副食品加工业	13	3105	2939	166	135695	54258
谷物磨制	131	435	418	17	6475	2152
饲料加工	132	338	326	12	21037	5867
植物油加工	133	256	248	8	5525	1842
制糖业	134	147	133	14	55014	19244
屠宰及肉类加工	135	500	403	97	17638	6962
水产品加工	136	167	165	2	7889	4674
蔬菜、菌类、水果和坚果加工	137	393	389	4	7287	4687
其他农副食品加工	139	869	857	12	14830	8830
食品制造业	14	2329	2258	71	44123	25527
焙烤食品制造	141	911	870	41	11060	6705
糖果、巧克力及蜜饯制造	142	72	71	1	1408	890
方便食品制造	143	514	509	5	8213	4609
乳制品制造	144	31	28	3	3405	1807
罐头食品制造	145	49	44	5	3469	2296
调味品、发酵制品制造	146	145	139	6	3849	1563
其他食品制造	149	607	597	10	12719	7657
酒、饮料和精制茶制造业	15	1551	1489	62	43683	20814
酒的制造	151	385	375	10	13317	4929
饮料制造	152	534	510	24	16868	9264
精制茶加工	153	632	604	28	13498	6621
烟草制品业	16	5	4	1	3591	1250
烟叶复烤	161	3	3		591	252
卷烟制造	162	2	1	1	3000	998
其他烟草制品制造	169					
纺织业	17	629	572	57	46443	34216
棉纺织及印染精加工	171	213	212	1	11545	5911
毛纺织及染整精加工	172	20	20		1395	1108
麻纺织及染整精加工	173	29	28	1	1505	1032
丝绢纺织及印染精加工	174	148	97	51	28448	23797
化纤织造及印染精加工	175	2	2		93	31
针织或钩针编织物及其制品制造	176	52	50	2	1978	1478

1-3 续表 2

行业	代码	法人单位数（个）	单产业法人单位	多产业法人单位	从业人员数（人）	#女性
家用纺织制成品制造	177	129	127	2	1020	606
产业用纺织制成品制造	178	36	36		459	253
纺织服装、服饰业	18	1081	1065	16	33362	24349
机织服装制造	181	624	617	7	20245	14304
针织或钩针编织服装制造	182	73	70	3	5328	3901
服饰制造	183	384	378	6	7789	6144
皮革、毛皮、羽毛及其制品和制鞋业	19	442	433	9	28439	21665
皮革鞣制加工	191	30	30		2558	1258
皮革制品制造	192	176	171	5	11066	8740
毛皮鞣制及制品加工	193	8	8		216	134
羽毛（绒）加工及制品制造	194	146	146		2239	1150
制鞋业	195	82	78	4	12360	10383
木材加工和木、竹、藤、棕、草制品业	20	5142	5077	65	183808	90245
木材加工	201	3016	2983	33	53245	24107
人造板制造	202	1436	1411	25	99506	48091
木质制品制造	203	425	420	5	18828	10865
竹、藤、棕、草等制品制造	204	265	263	2	12229	7182
家具制造业	21	1026	1006	20	14008	5311
木质家具制造	211	799	785	14	11564	4401
竹、藤家具制造	212	12	12		230	77
金属家具制造	213	36	36		681	215
塑料家具制造	214	5	5		101	70
其他家具制造	219	174	168	6	1432	548
造纸和纸制品业	22	787	777	10	35122	14949
纸浆制造	221	12	12		2617	864
造纸	222	211	210	1	15029	5119
纸制品制造	223	564	555	9	17476	8966
印刷和记录媒介复制业	23	1035	1018	17	14740	7525
印刷	231	888	873	15	13862	7048
装订及印刷相关服务	232	143	141	2	866	469
记录媒介复制	233	4	4		12	8
文教、工美、体育和娱乐用品制造业	24	985	973	12	41346	29188
文教办公用品制造	241	66	65	1	533	263
乐器制造	242	12	12		75	30
工艺美术及礼仪用品制造	243	742	732	10	26711	18129
体育用品制造	244	40	40		1151	812
玩具制造	245	117	116	1	12321	9549
游艺器材及娱乐用品制造	246	8	8		555	405
石油、煤炭及其他燃料加工业	25	129	126	3	5354	1372
精炼石油产品制造	251	63	61	2	4106	1065
煤炭加工	252	16	16		322	87
核燃料加工	253					
生物质燃料加工	254	50	49	1	926	220
化学原料和化学制品制造业	26	1835	1773	62	67365	25364
基础化学原料制造	261	251	243	8	13360	4195
肥料制造	262	446	428	18	13411	4199

1-3　续表 3

行　业	代码	法人单位数（个）	单产业法人单位	多产业法人单位	从业人员数（人）	#女性
农药制造	263	72	59	13	3375	1296
涂料、油墨、颜料及类似产品制造	264	243	234	9	9504	3022
合成材料制造	265	73	73		1344	435
专用化学产品制造	266	413	403	10	10555	3213
炸药、火工及焰火产品制造	267	107	105	2	6710	4176
日用化学产品制造	268	230	228	2	9106	4828
医药制造业	27	496	471	25	35207	19129
化学药品原料药制造	271	36	35	1	3322	1493
化学药品制剂制造	272	37	35	2	2094	1056
中药饮片加工	273	98	95	3	2738	1706
中成药生产	274	181	168	13	21307	11674
兽用药品制造	275	48	43	5	3198	1905
生物药品制品制造	276	57	57		1564	717
卫生材料及医药用品制造	277	36	35	1	805	465
药用辅料及包装材料	278	3	3		179	113
化学纤维制造业	28	21	21		230	106
纤维素纤维原料及纤维制造	281	3	3		22	3
合成纤维制造	282	6	6		130	71
生物基材料制造	283	12	12		78	32
橡胶和塑料制品业	29	1253	1240	13	38350	19700
橡胶制品业	291	168	166	2	7001	2644
塑料制品业	292	1085	1074	11	31349	17056
非金属矿物制品业	30	5397	5300	97	192164	58808
水泥、石灰和石膏制造	301	526	516	10	35283	7440
石膏、水泥制品及类似制品制造	302	1420	1392	28	44309	8400
砖瓦、石材等建筑材料制造	303	2499	2459	40	54335	14931
玻璃制造	304	97	97		2517	847
玻璃制品制造	305	113	112	1	4130	1780
玻璃纤维和玻璃纤维增强塑料制品制造	306	25	24	1	247	104
陶瓷制品制造	307	275	267	8	36909	21115
耐火材料制品制造	308	57	56	1	1986	664
石墨及其他非金属矿物制品制造	309	385	377	8	12448	3527
黑色金属冶炼和压延加工业	31	305	295	10	52595	10172
炼铁	311	7	7		1556	163
炼钢	312	7	7		2289	601
钢压延加工	313	141	137	4	35351	6282
铁合金冶炼	314	150	144	6	13399	3126
有色金属冶炼和压延加工业	32	371	361	10	48919	10987
常用有色金属冶炼	321	106	102	4	30744	5814
贵金属冶炼	322	9	9		412	105
稀有稀土金属冶炼	323	26	26		1319	393
有色金属合金制造	324	66	64	2	2313	764
有色金属压延加工	325	164	160	4	14131	3911
金属制品业	33	1974	1937	37	36144	11509
结构性金属制品制造	331	1051	1035	16	15907	4239
金属工具制造	332	110	107	3	2377	994

1-3 续表 4

行业	代码	法人单位数（个）	单产业法人单位	多产业法人单位	从业人员数（人）	#女性
集装箱及金属包装容器制造	333	52	51	1	1465	482
金属丝绳及其制品制造	334	31	29	2	663	158
建筑、安全用金属制品制造	335	173	169	4	2920	868
金属表面处理及热处理加工	336	59	59		1664	503
搪瓷制品制造	337	8	8		638	144
金属制日用品制造	338	166	163	3	4927	2534
铸造及其他金属制品制造	339	324	316	8	5583	1587
通用设备制造业	34	1478	1459	19	34163	8007
锅炉及原动设备制造	341	72	70	2	10886	2122
金属加工机械制造	342	244	242	2	3473	768
物料搬运设备制造	343	62	59	3	3189	562
泵、阀门、压缩机及类似机械制造	344	80	79	1	1958	443
轴承、齿轮和传动部件制造	345	32	31	1	1777	450
烘炉、风机、包装等设备制造	346	159	158	1	1790	590
文化、办公用机械制造	347	15	14	1	1349	535
通用零部件制造	348	691	684	7	8849	2322
其他通用设备制造业	349	123	122	1	892	215
专用设备制造业	35	1499	1474	25	46072	12275
采矿、冶金、建筑专用设备制造	351	244	237	7	18558	3660
化工、木材、非金属加工专用设备制造	352	265	264	1	7232	2171
食品、饮料、烟草及饲料生产专用设备制造	353	63	62	1	1356	387
印刷、制药、日化及日用品生产专用设备制造	354	40	37	3	553	164
纺织、服装和皮革加工专用设备制造	355	5	5		35	21
电子和电工机械专用设备制造	356	62	62		810	317
农、林、牧、渔专用机械制造	357	264	257	7	5981	1543
医疗仪器设备及器械制造	358	142	142		5149	2292
环保、邮政、社会公共服务及其他专用设备制造	359	414	408	6	6398	1720
汽车制造业	36	1200	1170	30	134583	41994
汽车整车制造	361	29	28	1	32711	3980
汽车用发动机制造	362	4	4		2460	468
改装汽车制造	363	11	11		1321	233
低速汽车制造	364	4	4		176	25
电车制造	365	15	15		931	126
汽车车身、挂车制造	366	31	31		1027	387
汽车零部件及配件制造	367	1106	1077	29	95957	36775
铁路、船舶、航空航天和其他运输设备制造业	37	240	234	6	20896	4753
铁路运输设备制造	371	15	14	1	921	291
城市轨道交通设备制造	372	6	6		537	90
船舶及相关装置制造	373	112	109	3	18018	3774
航空、航天器及设备制造	374	6	6		1	
摩托车制造	375	16	16		137	68
自行车和残疾人座车制造	376	7	7		21	7
助动车制造	377	72	70	2	1239	516
非公路休闲车及零配件制造	378					
潜水救捞及其他未列明运输设备制造	379	6	6		22	7
电气机械和器材制造业	38	930	904	26	40551	17958

1-3 续表 5

行 业	代码	法人单位数（个）	单产业法人单位	多产业法人单位	从业人员数（人）	#女性
电机制造	381	89	88	1	5232	1924
输配电及控制设备制造	382	345	340	5	14738	6098
电线、电缆、光缆及电工器材制造	383	159	148	11	9683	4753
电池制造	384	46	45	1	4939	2144
家用电力器具制造	385	62	60	2	1091	565
非电力家用器具制造	386	40	38	2	303	109
照明器具制造	387	124	122	2	4061	2207
其他电气机械及器材制造	389	65	63	2	504	158
计算机、通信和其他电子设备制造业	39	961	942	19	99713	58825
计算机制造	391	70	68	2	12152	6877
通信设备制造	392	70	66	4	10499	4468
广播电视设备制造	393	12	12		708	363
雷达及配套设备制造	394	3	2	1	788	190
非专业视听设备制造	395	46	46		8233	5456
智能消费设备制造	396	33	33		761	197
电子器件制造	397	98	96	2	10514	6021
电子元件及电子专用材料制造	398	534	526	8	44479	27914
其他电子设备制造	399	95	93	2	11579	7339
仪器仪表制造业	40	224	222	2	7077	3058
通用仪器仪表制造	401	126	125	1	4636	1955
专用仪器仪表制造	402	39	38	1	357	127
钟表与计时仪器制造	403	18	18		1469	725
光学仪器制造	404	15	15		384	198
衡器制造	405	18	18		198	43
其他仪器仪表制造业	409	8	8		33	10
其他制造业	41	186	182	4	2643	1421
日用杂品制造	411	73	71	2	1647	1028
核辐射加工	412	3	3		47	11
其他未列明制造业	419	110	108	2	949	382
废弃资源综合利用业	42	250	247	3	8285	2341
金属废料和碎屑加工处理	421	143	141	2	6944	2004
非金属废料和碎屑加工处理	422	107	106	1	1341	337
金属制品、机械和设备修理业	43	693	681	12	7070	1562
金属制品修理	431	6	6		19	3
通用设备修理	432	92	90	2	475	104
专用设备修理	433	137	133	4	874	261
铁路、船舶、航空航天等运输设备修理	434	86	84	2	3281	669
电气设备修理	435	81	80	1	257	69
仪器仪表修理	436	11	11		48	17
其他机械和设备修理业	439	280	277	3	2116	439
电力、热力、燃气及水生产和供应业	**D**	**3290**	**3151**	**139**	**124042**	**35059**
电力、热力生产和供应业	44	2422	2343	79	99836	26960
电力生产	441	2152	2101	51	37851	11165
电力供应	442	229	202	27	61403	15675
热力生产和供应	443	41	40	1	582	120

1-3 续表 6

行业	代码	法人单位数（个）	单产业法人单位	多产业法人单位	从业人员数（人）	#女性
燃气生产和供应业	45	157	138	19	5056	1526
燃气生产和供应业	451	146	128	18	4983	1513
生物质燃气生产和供应业	452	11	10	1	73	13
水的生产和供应业	46	711	670	41	19150	6573
自来水生产和供应	461	523	482	41	16933	5871
污水处理及其再生利用	462	183	183		2127	649
海水淡化处理	463					
其他水的处理、利用与分配	469	5	5		90	53
建筑业	**E**	**23669**	**22873**	**796**	**1104045**	**126388**
房屋建筑业	47	4455	4063	392	825257	76375
住宅房屋建筑	471	3981	3613	368	771608	71439
体育场馆建筑	472	3	3		40	10
其他房屋建筑业	479	471	447	24	53609	4926
土木工程建筑业	48	3667	3503	164	159165	24210
铁路、道路、隧道和桥梁工程建筑	481	1121	1068	53	93137	11122
水利和水运工程建筑	482	277	241	36	18449	2976
海洋工程建筑	483	1	1		1	
工矿工程建筑	484	70	65	5	9316	633
架线和管道工程建筑	485	328	293	35	18957	4070
节能环保工程施工	486	149	145	4	1259	496
电力工程施工	487	182	173	9	2485	625
其他土木工程建筑	489	1539	1517	22	15561	4288
建筑安装业	49	2524	2433	91	37052	6341
电气安装	491	832	806	26	21078	2758
管道和设备安装	492	479	459	20	3643	843
其他建筑安装业	499	1213	1168	45	12331	2740
建筑装饰、装修和其他建筑业	50	13023	12874	149	82571	19462
建筑装饰和装修业	501	10962	10857	105	49075	13758
建筑物拆除和场地准备活动	502	372	354	18	4883	850
提供施工设备服务	503	170	166	4	3470	467
其他未列明建筑业	509	1519	1497	22	25143	4387
批发和零售业	**F**	**142714**	**138890**	**3824**	**686475**	**320955**
批发业	51	71340	69771	1569	329562	137531
农、林、牧、渔产品批发	511	5613	5495	118	23282	9373
食品、饮料及烟草制品批发	512	9343	9147	196	55508	25450
纺织、服装及家庭用品批发	513	6466	6389	77	26433	14274
文化、体育用品及器材批发	514	1847	1813	34	7002	3323
医药及医疗器材批发	515	2971	2903	68	28996	15008
矿产品、建材及化工产品批发	516	23823	23075	748	109750	40272
机械设备、五金产品及电子产品批发	517	13322	13098	224	54494	20424
贸易经纪与代理	518	3894	3861	33	9597	3781
其他批发业	519	4061	3990	71	14500	5626
零售业	52	71374	69119	2255	356913	183424
综合零售	521	7966	7617	349	69491	44436
食品、饮料及烟草制品专门零售	522	8997	8781	216	32053	15743

1-3 续表 7

行 业	代码	法人单位数（个）	单产业法人单位	多产业法人单位	从业人员数（人）	#女性
纺织、服装及日用品专门零售	523	5929	5701	228	21366	12796
文化、体育用品及器材专门零售	524	3607	3495	112	15170	7738
医药及医疗器材专门零售	525	9621	9187	434	49184	34044
汽车、摩托车、零配件和燃料及其他动力销售	526	9803	9424	379	69033	26162
家用电器及电子产品专门零售	527	10110	9817	293	46337	21248
五金、家具及室内装饰材料专门零售	528	10133	10031	102	32672	12975
货摊、无店铺及其他零售业	529	5208	5066	142	21607	8282
交通运输、仓储和邮政业	**G**	**13253**	**12633**	**620**	**321066**	**79659**
铁路运输业	53	6	4	2	66932	10754
铁路旅客运输	531	4	4		95	6
铁路货物运输	532	2		2	66837	10748
铁路运输辅助活动	533					
道路运输业	54	8819	8550	269	152366	39547
城市公共交通运输	541	314	295	19	28577	6205
公路旅客运输	542	289	234	55	21392	7543
道路货物运输	543	7367	7202	165	75491	15408
道路运输辅助活动	544	849	819	30	26906	10391
水上运输业	55	556	542	14	13091	3403
水上旅客运输	551	46	45	1	3458	1139
水上货物运输	552	388	376	12	7379	1829
水上运输辅助活动	553	122	121	1	2254	435
航空运输业	56	56	52	4	9568	3044
航空客货运输	561	19	17	2	8580	2791
通用航空服务	562	23	22	1	162	57
航空运输辅助活动	563	14	13	1	826	196
管道运输业	57	1	1		102	35
海底管道运输	571					
陆地管道运输	572	1	1		102	35
多式联运和运输代理业	58	1461	1404	57	10895	3490
多式联运	581	7	7		30	15
运输代理业	582	1454	1397	57	10865	3475
装卸搬运和仓储业	59	1649	1593	56	31310	7376
装卸搬运	591	785	770	15	21694	4473
通用仓储	592	211	202	9	2444	808
低温仓储	593	39	36	3	314	125
危险品仓储	594	17	16	1	356	58
谷物、棉花等农产品仓储	595	342	322	20	3734	1032
中药材仓储	596	1	1			
其他仓储业	599	254	246	8	2768	880
邮政业	60	705	487	218	36802	12010
邮政基本服务	601	49	34	15	14443	6714
快递服务	602	641	441	200	19490	4627
其他寄递服务	609	15	12	3	2869	669
住宿和餐饮业	**H**	**8451**	**7971**	**480**	**136347**	**83519**
住宿业	61	3173	3033	140	75310	47957

1-3 续表 8

行　业	代码	法人单位数（个）	单产业法人单位	多产业法人单位	从业人员数（人）	#女性
旅游饭店	611	1298	1229	69	47649	29499
一般旅馆	612	1664	1600	64	25199	16848
民宿服务	613	44	42	2	284	179
露营地服务	614					
其他住宿业	619	167	162	5	2178	1431
餐饮业	62	5278	4938	340	61037	35562
正餐服务	621	4061	3819	242	44428	25280
快餐服务	622	408	365	43	11356	7448
饮料及冷饮服务	623	125	116	9	837	411
餐饮配送及外卖送餐服务	624	176	170	6	938	317
其他餐饮业	629	508	468	40	3478	2106
信息传输、软件和信息技术服务业	**I**	**18658**	**18420**	**238**	**128614**	**49808**
电信、广播电视和卫星传输服务	63	928	838	90	49378	20475
电信	631	531	447	84	39703	17730
广播电视传输服务	632	379	376	3	9590	2708
卫星传输服务	633	18	15	3	85	37
互联网和相关服务	64	2442	2426	16	10715	4403
互联网接入及相关服务	641	353	351	2	1391	568
互联网信息服务	642	1205	1193	12	5110	2176
互联网平台	643	117	116	1	683	309
互联网安全服务	644	32	32		113	39
互联网数据服务	645	43	42	1	195	73
其他互联网服务	649	692	692		3223	1238
软件和信息技术服务业	65	15288	15156	132	68521	24930
软件开发	651	9219	9154	65	33528	12379
集成电路设计	652	42	40	2	268	107
信息系统集成和物联网技术服务	653	766	756	10	4334	1418
运行维护服务	654	120	115	5	11055	2809
信息处理和存储支持服务	655	79	79		452	171
信息技术咨询服务	656	3608	3573	35	12587	5169
数字内容服务	657	306	302	4	1019	439
其他信息技术服务业	659	1148	1137	11	5278	2438
金融业	**J**	**2387**	**1797**	**590**	**315323**	**189688**
货币金融服务	66	769	472	297	96278	46852
中央银行服务	661	14		14	3733	1405
货币银行服务	662	336	58	278	89516	44092
非货币银行服务	663	419	414	5	3029	1355
银行理财服务	664					
银行监管服务	665					
资本市场服务	67	273	270	3	4475	1861
证券市场服务	671	1		1	3186	1408
公开募集证券投资基金	672					
非公开募集证券投资基金	673	87	85	2	579	230
期货市场服务	674					
证券期货监管服务	675	1	1		41	19

1-3 续表 9

行 业	代码	法人单位数（个）	单产业法人单位	多产业法人单位	从业人员数（人）	#女性
资本投资服务	676	26	26		93	35
其他资本市场服务	679	158	158		576	169
保险业	68	411	142	269	209835	138984
人身保险	681	137	38	99	156761	112428
财产保险	682	219	68	151	50584	25265
再保险	683					
商业养老金	684	8	8		480	309
保险中介服务	685	28	9	19	1983	970
保险资产管理	686					
保险监管服务	687					
其他保险活动	689	19	19		27	12
其他金融业	69	934	913	21	4735	1991
金融信托与管理服务	691	62	59	3	315	141
控股公司服务	692	560	553	7	1617	662
非金融机构支付服务	693	3	1	2	356	116
金融信息服务	694	81	78	3	290	121
金融资产管理公司	695	2	2		1	
其他未列明金融业	699	226	220	6	2156	951
房地产业	**K**	**21498**	**20285**	**1213**	**302206**	**132705**
房地产业	70	21498	20285	1213	302206	132705
房地产开发经营	701	7379	6974	405	114292	49782
物业管理	702	4295	3999	296	122723	54681
房地产中介服务	703	6859	6540	319	41441	18866
房地产租赁经营	704	1909	1734	175	18301	7097
其他房地产业	709	1056	1038	18	5449	2279
租赁和商务服务业	**L**	**68961**	**67770**	**1191**	**494903**	**183183**
租赁业	71	5222	5156	66	25091	6746
机械设备经营租赁	711	5034	4971	63	24344	6442
文体设备和用品出租	712	160	159	1	672	275
日用品出租	713	28	26	2	75	29
商务服务业	72	63739	62614	1125	469812	176437
组织管理服务	721	17892	17667	225	81397	32003
综合管理服务	722	1791	1692	99	24400	9275
法律服务	723	1383	1367	16	10173	3679
咨询与调查	724	17412	17120	292	62906	31110
广告业	725	11226	11154	72	44241	17508
人力资源服务	726	4291	4201	90	151645	54363
安全保护服务	727	778	726	52	46694	5956
会议、展览及相关服务	728	795	790	5	3622	1615
其他商务服务业	729	8171	7897	274	44734	20928
科学研究和技术服务业	**M**	**28686**	**28044**	**642**	**196989**	**66526**
研究和试验发展	73	2750	2732	18	19153	7095
自然科学研究和试验发展	731	95	94	1	1971	396
工程和技术研究和试验发展	732	1539	1529	10	7610	2305
农业科学研究和试验发展	733	480	477	3	5918	2584

1-3 续表 10

行业	代码	法人单位数（个）	单产业法人单位	多产业法人单位	从业人员数（人）	#女性
医学研究和试验发展	734	514	511	3	2552	1296
社会人文科学研究	735	122	121	1	1102	514
专业技术服务业	74	12269	11813	456	129714	41972
气象服务	741	296	292	4	2454	963
地震服务	742	82	82		441	148
海洋服务	743	20	20		249	114
测绘地理信息服务	744	445	407	38	7514	2443
质检技术服务	745	1463	1416	47	18867	6477
环境与生态监测检测服务	746	361	355	6	3833	1653
地质勘查	747	195	188	7	6065	1347
工程技术与设计服务	748	5486	5174	312	74209	23531
工业与专业设计及其他专业技术服务	749	3921	3879	42	16082	5296
科技推广和应用服务业	75	13667	13499	168	48122	17459
技术推广服务	751	12051	11897	154	42510	15216
知识产权服务	752	206	202	4	786	378
科技中介服务	753	345	340	5	1180	516
创业空间服务	754	70	69	1	264	117
其他科技推广服务业	759	995	991	4	3382	1232
水利、环境和公共设施管理业	**N**	**4524**	**4442**	**82**	**85628**	**42488**
水利管理业	76	1464	1451	13	9691	2747
防洪除涝设施管理	761	146	146		993	312
水资源管理	762	390	389	1	2518	761
天然水收集与分配	763	273	266	7	3245	856
水文服务	764	31	30	1	332	136
其他水利管理业	769	624	620	4	2603	682
生态保护和环境治理业	77	479	467	12	8081	2435
生态保护	771	176	172	4	4412	1568
环境治理业	772	303	295	8	3669	867
公共设施管理业	78	2373	2328	45	65579	36330
市政设施管理	781	316	309	7	5386	2124
环境卫生管理	782	409	405	4	32776	20705
城乡市容管理	783	69	69		2910	1250
绿化管理	784	798	792	6	8109	4242
城市公园管理	785	69	66	3	4003	1910
游览景区管理	786	712	687	25	12395	6099
土地管理业	79	208	196	12	2277	976
土地整治服务	791	72	72		571	221
土地调查评估服务	792	48	37	11	355	186
土地登记服务	793	13	13		400	192
土地登记代理服务	794	18	18		90	48
其他土地管理服务	799	57	56	1	861	329
居民服务、修理和其他服务业	**O**	**11192**	**10898**	**294**	**74609**	**34835**
居民服务业	80	4482	4351	131	26348	15914
家庭服务	801	1167	1142	25	7229	4731
托儿所服务	802	77	75	2	734	661

1-3 续表 11

行 业	代码	法人单位数（个）	单产业法人单位	多产业法人单位	从业人员数（人）	#女性
洗染服务	803	148	147	1	1445	883
理发及美容服务	804	1013	956	57	3715	2663
洗浴和保健养生服务	805	781	754	27	4896	3363
摄影扩印服务	806	385	378	7	2191	1199
婚姻服务	807	287	285	2	942	502
殡葬服务	808	162	161	1	2273	821
其他居民服务业	809	462	453	9	2923	1091
机动车、电子产品和日用产品修理业	81	4635	4515	120	27525	7156
汽车、摩托车等修理与维护	811	3294	3199	95	20949	5086
计算机和办公设备维修	812	632	620	12	3306	1121
家用电器修理	813	614	605	9	2914	816
其他日用产品修理业	819	95	91	4	356	133
其他服务业	82	2075	2032	43	20736	11765
清洁服务	821	1447	1424	23	17659	10576
宠物服务	822	51	48	3	197	102
其他未列明服务业	829	577	560	17	2880	1087
教育	**P**	**26800**	**26667**	**133**	**771003**	**503235**
教育	83	26800	26667	133	771003	503235
学前教育	831	10508	10499	9	145935	131953
初等教育	832	8279	8274	5	269822	179040
中等教育	833	2416	2410	6	250509	138423
高等教育	834	101	98	3	54196	27764
特殊教育	835	100	100		2305	1806
技能培训、教育辅助及其他教育	839	5396	5286	110	48236	24249
卫生和社会工作	**Q**	**5822**	**5777**	**45**	**365094**	**254567**
卫生	84	4795	4756	39	353701	246628
医院	841	699	691	8	213701	150773
基层医疗卫生服务	842	2438	2416	22	89714	61325
专业公共卫生服务	843	1559	1556	3	47162	32820
其他卫生活动	849	99	93	6	3124	1710
社会工作	85	1027	1021	6	11393	7939
提供住宿社会工作	851	803	797	6	9914	7081
不提供住宿社会工作	852	224	224		1479	858
文化、体育和娱乐业	**R**	**11599**	**11445**	**154**	**79005**	**38172**
新闻和出版业	86	198	193	5	7645	3667
新闻业	861	56	56		220	106
出版业	862	142	137	5	7425	3561
广播、电视、电影和录音制作业	87	1257	1226	31	10810	4795
广播	871	188	188		1678	850
电视	872	62	62		1485	601
影视节目制作	873	658	654	4	2544	1050
广播电视集成播控	874	12	12		72	14
电影和广播电视节目发行	875	25	21	4	263	127
电影放映	876	279	256	23	4643	2102
录音制作	877	33	33		125	51

1-3 续表 12

行　业	代码	法人单位数（个）	单产业法人单位	多产业法人单位	从业人员数（人）	#女性
文化艺术业	88	3110	3094	16	21999	11966
文艺创作与表演	881	579	576	3	6602	3743
艺术表演场馆	882	15	15		893	341
图书馆与档案馆	883	279	279		2732	1636
文物及非物质文化遗产保护	884	129	128	1	1492	751
博物馆	885	100	98	2	1490	807
烈士陵园、纪念馆	886	27	27		422	204
群众文体活动	887	680	677	3	4551	2665
其他文化艺术业	889	1301	1294	7	3817	1819
体育	89	1070	1029	41	8216	3558
体育组织	891	347	341	6	2421	904
体育场地设施管理	892	115	108	7	1502	709
健身休闲活动	893	566	540	26	4046	1839
其他体育	899	42	40	2	247	106
娱乐业	90	5964	5903	61	30335	14186
室内娱乐活动	901	3199	3162	37	15942	7397
游乐园	902	90	87	3	2511	1250
休闲观光活动	903	421	418	3	3435	1654
彩票活动	904	21	21		482	225
文化体育娱乐活动与经纪代理服务	905	2189	2171	18	7499	3532
其他娱乐业	909	44	44		466	128
公共管理、社会保障和社会组织	**S**	**51868**	**51791**	**77**	**718340**	**249150**
中国共产党机关	91	1347	1344	3	24186	8367
中国共产党机关	910	1347	1344	3	24186	8367
国家机构	92	21581	21511	70	531735	185813
国家权力机构	921	286	286		5230	1632
国家行政机构	922	20918	20850	68	496841	172499
人民法院和人民检察院	923	273	272	1	27526	11121
其他国家机构	929	104	103	1	2138	561
人民政协、民主党派	93	240	240		3437	1202
人民政协	931	152	152		2886	938
民主党派	932	88	88		551	264
社会保障	94	849	849		6254	3636
基本保险	941	410	410		4282	2520
补充保险	942	2	2		5	2
其他社会保障	949	437	437		1967	1114
群众团体、社会团体和其他成员组织	95	11548	11546	2	37869	14496
群众团体	951	734	733	1	6993	3402
社会团体	952	10065	10065		27732	9416
基金会	953	76	76		255	135
宗教组织	954	673	672	1	2889	1543
基层群众自治组织及其他组织	96	16303	16301	2	114859	35636
社区居民自治组织	961	2029	2029		20374	12158
村民自治组织	962	14274	14272	2	94485	23478

1-4 按机构类型、从业人员组距分组的法人单位数及从业人员数

分 组	法人单位数（个）	单产业法人单位	多产业法人单位	从业人员数（人）	#女性
总 计	**490286**	**478700**	**11586**	**7508504**	**3055018**
按机构类型分组					
企业	384724	373338	11386	5491773	1992510
事业单位	43050	42962	88	1191064	699102
机关	8878	8818	60	435034	146262
社会团体	10847	10845	2	34912	12913
民办非企业单位	11775	11772	3	177022	145939
基金会	76	76		255	135
居委会	2029	2029		20374	12158
村委会	14274	14272	2	94485	23478
其他法人	14633	14588	45	63585	22521
按从业人员组距分组					
7人及以下	374868	371097	3771	829383	331986
8～19人	65460	62891	2569	746360	327244
20～49人	27734	25583	2151	831237	390151
50～99人	11681	10559	1122	804994	374753
100～299人	7497	6437	1060	1221398	568498
300～499人	1503	1145	358	572970	256476
500～999人	985	699	286	676729	291468
1000～4999人	502	279	223	904817	389407
5000～9999人	33	9	24	224287	47425
10000人及以上	23	1	22	696329	77610

1-5 按开业（成立）时间分组的法人单位数及从业人员数

开业（成立）时间	代码	法人单位数（个）	单产业法人单位	多产业法人单位	从业人员数（人）	#女性
总 计		**490286**	**478700**	**11586**	**7508504**	**3055018**
1949年以前	01	2047	2040	7	197330	115585
1950—1977年	02	10551	10309	242	911693	283175
1978—1991年	03	17055	16314	741	652175	237105
1992—2000年	04	19490	18176	1314	934800	329492
2001年	05	3603	3365	238	135869	58209
2002年	06	6198	5897	301	239355	97074
2003年	07	5725	5401	324	246190	104866
2004年	08	5274	4921	353	197323	82310
2005年	09	6165	5805	360	230989	87645
2006年	10	6198	5860	338	173096	74796
2007年	11	7774	7315	459	215856	97412
2008年	12	8090	7641	449	214156	98301
2009年	13	11613	11115	498	218450	97600
2010年	14	13912	13381	531	242268	102802
2011年	15	18644	18094	550	268741	122777
2012年	16	22268	21747	521	254138	111600
2013年	17	24087	23514	573	245286	112881
2014年	18	35328	34596	732	310656	138367
2015年	19	45137	44265	872	354626	157439
2016年	20	55766	54859	907	416426	185564
2017年	21	78058	77223	835	478541	202848
2018年	22	86794	86353	441	369873	156927
无开业年份	23	509	509		667	243

1-6 按登记注册类型分组的法人单位数及从业人员数

登记注册类型	代码	法人单位数（个）	单产业法人单位	多产业法人单位	从业人员数（人）	#女性
总 计		**490286**	**478700**	**11586**	**7508504**	**3055018**
内资	**100**	**488296**	**476863**	**11433**	**7251106**	**2937856**
国有	110	56642	56004	638	1817744	903194
集体	120	8060	7471	589	120064	30186
股份合作	130	341	265	76	26109	10967
联营	140	353	339	14	2214	985
国有联营	141	32	28	4	285	104
集体联营	142	126	119	7	746	339
国有与集体联营	143	20	19	1	276	41
其他联营	149	175	173	2	907	501
有限责任公司	150	52853	50712	2141	1702488	483971
国有独资公司	151	1743	1502	241	378032	72828
其他有限责任公司	159	51110	49210	1900	1324456	411143
股份有限公司	160	6330	5682	648	459820	217381
私营	170	319989	312693	7296	2804095	1120202
私营独资	171	40105	39533	572	254243	132431
私营合伙	172	4250	4201	49	46375	21792
私营有限责任公司	173	269988	263473	6515	2420058	930760
私营股份有限公司	174	5646	5486	160	83419	35219
其他	190	43728	43697	31	318572	170970
港、澳、台商投资	**200**	**1005**	**925**	**80**	**133227**	**68842**
合资经营企业(港或澳、台资)	210	350	317	33	44362	19028
合作经营企业(港或澳、台资)	220	31	29	2	2823	1379
港、澳、台商独资经营	230	577	538	39	81015	45821
港、澳、台商投资股份有限公司	240	21	18	3	954	348
其他港、澳、台商投资	290	26	23	3	4073	2266
外商投资	**300**	**985**	**912**	**73**	**124171**	**48320**
中外合资经营	310	330	301	29	69119	22133
中外合作经营	320	30	27	3	728	234
外资企业	330	429	394	35	40632	21507
外商投资股份有限公司	340	139	137	2	12056	3661
其他外商投资	390	57	53	4	1636	785

1-7 按行业（大类）、

行业	代码	法人单位数（个）	南宁市	柳州市	桂林市	梧州市	北海市
总计	**00**	**490286**	**152246**	**53003**	**48395**	**19037**	**21035**
农、林、牧、渔业	**A**	**6683**	**1640**	**303**	**884**	**172**	**171**
农业	01	40	13	5	2	1	2
林业	02	16	3	1	1		
畜牧业	03	15	5	2			
渔业	04	4		1			1
农、林、牧、渔专业及辅助性活动	05	6608	1619	294	881	171	168
采矿业	**B**	**2672**	**277**	**159**	**281**	**164**	**39**
煤炭开采和洗选业	06	30	2				
石油和天然气开采业	07	3					1
黑色金属矿采选业	08	268	24	23	26	9	
有色金属矿采选业	09	296	14	15	28	32	
非金属矿采选业	10	1830	169	112	206	111	35
开采专业及辅助性活动	11	15	7		2	1	
其他采矿业	12	230	61	9	19	11	3
制造业	**C**	**37559**	**7997**	**5219**	**4261**	**1598**	**1240**
农副食品加工业	13	3105	687	243	362	116	208
食品制造业	14	2329	539	224	295	109	181
酒、饮料和精制茶制造业	15	1551	297	243	160	78	32
烟草制品业	16	5	2				
纺织业	17	629	105	64	29	34	12
纺织服装、服饰业	18	1081	156	71	60	47	15
皮革、毛皮、羽毛及其制品和制鞋业	19	442	49	7	19	17	8
木材加工和木、竹、藤、棕、草制品业	20	5142	614	482	400	163	91
家具制造业	21	1026	313	95	121	33	18
造纸和纸制品业	22	787	271	73	85	34	46
印刷和记录媒介复制业	23	1035	373	111	144	48	32
文教、工美、体育和娱乐用品制造业	24	985	192	58	122	63	25
石油、煤炭及其他燃料加工业	25	129	31	15	7	7	10
化学原料和化学制品制造业	26	1835	464	183	203	92	80
医药制造业	27	496	155	24	74	19	14
化学纤维制造业	28	21	6	2	4	2	
橡胶和塑料制品业	29	1253	354	195	186	35	34
非金属矿物制品业	30	5397	949	454	582	264	147
黑色金属冶炼和压延加工业	31	305	33	45	46	16	9
有色金属冶炼和压延加工业	32	371	43	47	25	17	2
金属制品业	33	1974	578	399	256	87	26
通用设备制造业	34	1478	261	568	270	54	21
专用设备制造业	35	1499	432	294	311	45	28

地区分组的法人单位数

防城港市	钦州市	贵港市	玉林市	百色市	贺州市	河池市	来宾市	崇左市	代码
13074	**19471**	**26948**	**39275**	**30265**	**14197**	**21824**	**13954**	**17562**	**00**
188	**317**	**454**	**545**	**481**	**237**	**510**	**381**	**400**	**A**
	1	1	3	2	2	6		2	01
1		1		1	2	1	1	4	02
		1			5	1	1		03
	1						1		04
187	315	451	542	478	228	502	378	394	05
84	**128**	**126**	**174**	**347**	**151**	**371**	**212**	**159**	**B**
1	2			11	1	9	3	1	06
1				1					07
16	30	26	9	39	5	17	13	31	08
6	20	16	14	53	5	67	19	7	09
52	72	72	139	211	125	247	170	109	10
		1		1		1	2		11
8	4	11	12	31	15	30	5	11	12
620	**1733**	**3701**	**4399**	**2098**	**1049**	**1478**	**1056**	**1110**	**C**
96	136	220	271	205	99	185	101	176	13
38	175	118	237	77	39	116	80	101	14
29	85	71	88	157	62	118	81	50	15
	1			2					16
1	24	38	193	27	9	50	30	13	17
9	33	177	421	26	18	16	19	13	18
5	42	154	110	7	5	3	4	12	19
77	232	1578	355	405	78	314	144	209	20
16	40	59	210	29	14	28	18	32	21
3	41	42	90	24	17	12	40	9	22
18	35	42	120	56	19	17	12	8	23
14	71	39	256	39	20	54	16	16	24
3	13	2	11	14	2	10	2	2	25
60	92	117	199	115	37	55	64	74	26
7	27	32	67	22	6	8	30	11	27
		2	1			1	3		28
20	56	63	159	44	27	16	26	38	29
109	306	440	692	382	427	270	233	142	30
10	15	13	10	39	14	5	7	43	31
7	13	10	24	123	11	27	12	10	32
30	62	85	177	106	43	37	36	52	33
4	47	59	136	17	10	12	10	9	34
8	35	64	163	34	17	31	18	19	35

1-7 续表 1

行　业	代码	法人单位数（个）	南宁市	柳州市	桂林市	梧州市	北海市
汽车制造业	36	1200	67	906	53	7	4
铁路、船舶、航空航天和其他运输设备制造业	37	240	49	21	11	21	27
电气机械和器材制造业	38	930	273	126	119	62	31
计算机、通信和其他电子设备制造业	39	961	266	43	150	60	74
仪器仪表制造业	40	224	73	45	60	13	5
其他制造业	41	186	50	12	31	5	2
废弃资源综合利用业	42	250	45	36	19	28	3
金属制品、机械和设备修理业	43	693	270	133	57	22	55
电力、热力、燃气及水生产和供应业	**D**	**3290**	**299**	**258**	**938**	**193**	**58**
电力、热力生产和供应业	44	2422	163	200	858	127	23
燃气生产和供应业	45	157	25	14	14	12	9
水的生产和供应业	46	711	111	44	66	54	26
建筑业	**E**	**23669**	**9001**	**1895**	**2418**	**831**	**1372**
房屋建筑业	47	4455	1675	296	269	129	186
土木工程建筑业	48	3667	1535	341	405	97	136
建筑安装业	49	2524	1179	237	249	102	110
建筑装饰、装修和其他建筑业	50	13023	4612	1021	1495	503	940
批发和零售业	**F**	**142714**	**46853**	**18134**	**12882**	**5805**	**5952**
批发业	51	71340	26209	10035	5838	2567	2448
零售业	52	71374	20644	8099	7044	3238	3504
交通运输、仓储和邮政业	**G**	**13253**	**3465**	**1567**	**907**	**462**	**671**
铁路运输业	53	6	6				
道路运输业	54	8819	2454	1214	588	281	380
水上运输业	55	556	85	35	24	39	50
航空运输业	56	56	25	6	14	1	3
管道运输业	57	1					1
多式联运和运输代理业	58	1461	332	70	79	63	124
装卸搬运和仓储业	59	1649	389	186	105	51	90
邮政业	60	705	174	56	97	27	23
住宿和餐饮业	**H**	**8451**	**3037**	**896**	**1187**	**245**	**549**
住宿业	61	3173	874	219	661	86	306
餐饮业	62	5278	2163	677	526	159	243
信息传输、软件和信息技术服务业	**I**	**18658**	**9860**	**2312**	**1703**	**385**	**726**
电信、广播电视和卫星传输服务	63	928	281	75	105	52	18
互联网和相关服务	64	2442	1069	229	271	62	102
软件和信息技术服务业	65	15288	8510	2008	1327	271	606
金融业	**J**	**2387**	**1323**	**168**	**127**	**67**	**78**
货币金融服务	66	769	225	78	62	37	42
资本市场服务	67	273	178	23	24	1	3
保险业	68	411	92	42	35	24	26
其他金融业	69	934	828	25	6	5	7

防城港市	钦州市	贵港市	玉林市	百色市	贺州市	河池市	来宾市	崇左市	代码
8	13	28	84	9	1	2	17	1	36
4	5	49	34	3	1	6	5	4	37
6	38	60	110	33	20	16	16	20	38
11	45	77	98	42	23	27	12	33	39
	6	6	10	3	1		1	1	40
1	8	18	26	10	5	9	4	5	41
10	10	15	26	21	15	11	8	3	42
16	27	23	21	27	9	22	7	4	43
61	**108**	**133**	**321**	**262**	**273**	**165**	**106**	**115**	**D**
41	41	62	237	197	240	109	58	66	44
5	9	7	12	16	8	12	5	9	45
15	58	64	72	49	25	44	43	40	46
726	**799**	**1139**	**1807**	**1157**	**620**	**605**	**694**	**605**	**E**
150	243	221	460	262	139	109	165	151	47
72	165	132	223	206	81	75	109	90	48
46	54	128	104	88	41	70	82	34	49
458	337	658	1020	601	359	351	338	330	50
3223	**5066**	**7103**	**12375**	**8364**	**3579**	**5214**	**3437**	**4727**	**F**
1753	2102	2911	5905	3390	1631	1932	1786	2833	51
1470	2964	4192	6470	4974	1948	3282	1651	1894	52
869	**985**	**790**	**974**	**773**	**275**	**433**	**335**	**747**	**G**
									53
410	631	471	747	542	206	279	221	395	54
57	42	138	4	16	4	11	38	13	55
2	2			1	1	1			56
									57
234	158	62	64	32	22	20	16	185	58
135	128	91	125	122	19	63	34	111	59
31	24	28	34	60	23	59	26	43	60
222	**259**	**253**	**556**	**538**	**155**	**257**	**111**	**186**	**H**
128	86	88	205	202	57	118	55	88	61
94	173	165	351	336	98	139	56	98	62
258	**416**	**515**	**835**	**482**	**302**	**246**	**252**	**366**	**I**
17	30	38	28	60	66	46	52	60	63
48	78	119	136	101	53	78	42	54	64
193	308	358	671	321	183	122	158	252	65
66	**69**	**70**	**87**	**118**	**52**	**64**	**50**	**48**	**J**
40	32	27	47	64	29	32	27	27	66
4	6	7		14	4	3	3	3	67
16	24	25	32	24	17	25	15	14	68
6	7	11	8	16	2	4	5	4	69

1-7 续表 2

行业	代码	法人单位数（个）	南宁市	柳州市	桂林市	梧州市	北海市
房地产业	**K**	**21498**	**7470**	**2013**	**1909**	**671**	**2426**
房地产业	70	21498	7470	2013	1909	671	2426
租赁和商务服务业	**L**	**68961**	**27793**	**7545**	**6208**	**1799**	**2926**
租赁业	71	5222	1888	734	376	109	299
商务服务业	72	63739	25905	6811	5832	1690	2627
科学研究和技术服务业	**M**	**28686**	**11757**	**2963**	**2795**	**854**	**997**
研究和试验发展	73	2750	1478	391	292	29	64
专业技术服务业	74	12269	4560	1213	1404	403	489
科技推广和应用服务业	75	13667	5719	1359	1099	422	444
水利、环境和公共设施管理业	**N**	**4524**	**833**	**433**	**600**	**180**	**150**
水利管理业	76	1464	165	98	143	65	22
生态保护和环境治理业	77	479	115	40	69	12	20
公共设施管理业	78	2373	503	271	366	95	105
土地管理业	79	208	50	24	22	8	3
居民服务、修理和其他服务业	**O**	**11192**	**4397**	**1270**	**1178**	**316**	**439**
居民服务业	80	4482	1653	591	487	116	212
机动车、电子产品和日用产品修理业	81	4635	1805	468	494	134	159
其他服务业	82	2075	939	211	197	66	68
教育	**P**	**26800**	**5338**	**1804**	**2224**	**1616**	**1044**
教育	83	26800	5338	1804	2224	1616	1044
卫生和社会工作	**Q**	**5822**	**847**	**576**	**636**	**278**	**171**
卫生	84	4795	657	458	487	218	122
社会工作	85	1027	190	118	149	60	49
文化、体育和娱乐业	**R**	**11599**	**4000**	**1269**	**1139**	**395**	**497**
新闻和出版业	86	198	89	12	26	4	6
广播、电视、电影和录音制作业	87	1257	550	86	132	35	39
文化艺术业	88	3110	1216	271	368	77	104
体育	89	1070	403	140	101	42	55
娱乐业	90	5964	1742	760	512	237	293
公共管理、社会保障和社会组织	**S**	**51868**	**6059**	**4219**	**6118**	**3006**	**1529**
中国共产党机关	91	1347	128	108	157	65	51
国家机构	92	21581	2048	1829	2559	1199	737
人民政协、民主党派	93	240	33	18	31	14	16
社会保障	94	849	65	45	112	33	19
群众团体、社会团体和其他成员组织	95	11548	1996	1003	1358	694	278
基层群众自治组织及其他组织	96	16303	1789	1216	1901	1001	428

防城港市	钦州市	贵港市	玉林市	百色市	贺州市	河池市	来宾市	崇左市	代码
1371	**706**	**908**	**1253**	**793**	**359**	**586**	**472**	**561**	**K**
1371	706	908	1253	793	359	586	472	561	70
1848	**2275**	**3344**	**3906**	**3791**	**1531**	**2115**	**1441**	**2439**	**L**
170	197	324	296	301	113	182	83	150	71
1678	2078	3020	3610	3490	1418	1933	1358	2289	72
594	**1009**	**1084**	**1764**	**1541**	**652**	**1168**	**713**	**795**	**M**
45	45	56	115	67	42	48	33	45	73
269	564	530	545	761	315	537	308	371	74
280	400	498	1104	713	295	583	372	379	75
139	**208**	**259**	**351**	**332**	**200**	**382**	**181**	**276**	**N**
45	64	95	184	126	91	177	64	125	76
17	24	19	32	36	19	38	12	26	77
68	110	138	128	145	84	151	94	115	78
9	10	7	7	25	6	16	11	10	79
243	**398**	**508**	**797**	**587**	**195**	**376**	**222**	**266**	**O**
84	132	197	378	210	74	164	90	94	80
119	199	215	326	278	67	150	99	122	81
40	67	96	93	99	54	62	33	50	82
502	**1512**	**2586**	**3659**	**1786**	**1229**	**1361**	**1069**	**1070**	**P**
502	1512	2586	3659	1786	1229	1361	1069	1070	83
130	**254**	**351**	**439**	**662**	**278**	**562**	**253**	**385**	**Q**
111	217	302	376	575	243	481	219	329	84
19	37	49	63	87	35	81	34	56	85
256	**448**	**614**	**840**	**639**	**286**	**557**	**311**	**348**	**R**
3	2	7	7	9	5	11	8	9	86
30	34	35	54	60	20	67	49	66	87
65	103	126	228	146	88	137	79	102	88
30	33	54	74	47	23	28	25	15	89
128	276	392	477	377	150	314	150	156	90
1674	**2781**	**3010**	**4193**	**5514**	**2774**	**5374**	**2658**	**2959**	**S**
52	72	64	94	152	81	150	75	98	91
770	1122	1115	1625	2340	1238	2341	1242	1416	92
11	12	11	20	12	18	15	11	18	93
13	50	73	112	99	63	80	38	47	94
492	493	581	844	1037	612	1143	488	529	95
336	1032	1166	1498	1874	762	1645	804	851	96

1-8 按行业（大类）、

行业	代码	法人单位数（个）	南宁市	柳州市	桂林市	梧州市	北海市
总 计	**00**	**7508504**	**2030532**	**993195**	**748459**	**337429**	**290903**
农、林、牧、渔业	**A**	**35499**	**8256**	**2178**	**5569**	**984**	**855**
农业	01						
林业	02						
畜牧业	03						
渔业	04						
农、林、牧、渔专业及辅助性活动	05	35499	8256	2178	5569	984	855
采矿业	**B**	**67575**	**3031**	**2139**	**6652**	**6916**	**2174**
煤炭开采和洗选业	06	7009	146				
石油和天然气开采业	07	131					123
黑色金属矿采选业	08	8478	135	325	58	89	
有色金属矿采选业	09	18242	177	559	712	3714	
非金属矿采选业	10	32432	2433	1246	5792	3030	2043
开采专业及辅助性活动	11	65	4		47		
其他采矿业	12	1218	136	9	43	83	8
制造业	**C**	**1501741**	**235254**	**275313**	**140529**	**102827**	**69316**
农副食品加工业	13	135695	25168	11269	7451	4490	10732
食品制造业	14	44123	9742	5299	7987	2257	1980
酒、饮料和精制茶制造业	15	43683	11980	1672	12338	1576	1010
烟草制品业	16	3591	3587				
纺织业	17	46443	8223	9156	2944	2303	428
纺织服装、服饰业	18	33362	2169	1407	1061	2355	395
皮革、毛皮、羽毛及其制品和制鞋业	19	28439	1503	167	1308	805	1969
木材加工和木、竹、藤、棕、草制品业	20	183808	25349	22057	18063	7685	2142
家具制造业	21	14008	3004	2518	1542	1039	108
造纸和纸制品业	22	35122	9777	2581	4474	1867	1242
印刷和记录媒介复制业	23	14740	4879	1047	2289	352	402
文教、工美、体育和娱乐用品制造业	24	41346	2306	859	992	1640	654
石油、煤炭及其他燃料加工业	25	5354	301	323	65	56	1584
化学原料和化学制品制造业	26	67365	13469	10915	5504	7979	2822
医药制造业	27	35207	8623	3294	8246	2908	478
化学纤维制造业	28	230	52	5	5	19	
橡胶和塑料制品业	29	38350	9301	4734	6533	4488	437
非金属矿物制品业	30	192164	26704	12783	17279	19320	5500
黑色金属冶炼和压延加工业	31	52595	1147	16536	2597	2635	4472
有色金属冶炼和压延加工业	32	48919	3690	2321	1620	2094	1
金属制品业	33	36144	9846	7517	5157	2904	274
通用设备制造业	34	34163	3702	11961	3700	926	415
专用设备制造业	35	46072	10038	16617	7276	2831	713

地区分组的法人单位从业人员数

防城港市	钦州市	贵港市	玉林市	百色市	贺州市	河池市	来宾市	崇左市	代码
172721	**444932**	**468246**	**671270**	**387173**	**196924**	**318210**	**215185**	**233325**	**00**
897	**1569**	**3404**	**2543**	**2292**	**999**	**2444**	**1966**	**1543**	**A**
									01
									02
									03
									04
897	1569	3404	2543	2292	999	2444	1966	1543	05
1873	**2217**	**3075**	**3482**	**11343**	**3545**	**11269**	**4121**	**5738**	**B**
91	46			4932	15	1082	677	20	06
				8					07
486	792	349	74	1119	2	250	72	4727	08
37	484	385	229	2850	953	7584	531	27	09
1132	864	2312	2901	2295	2557	2107	2831	889	10
		5		9					11
127	31	24	278	130	18	246	10	75	12
30405	**69592**	**155844**	**180815**	**72458**	**35612**	**46072**	**43092**	**44612**	**C**
6310	7640	14297	9620	5927	3310	4551	9182	15748	13
499	2320	2369	4659	868	1503	828	1426	2386	14
914	1822	1911	2056	3123	684	3295	726	576	15
	4								16
27	1583	2197	6178	1116	57	8524	2971	736	17
47	1115	13369	9468	350	500	380	335	411	18
44	3772	6045	11946	147	222	93	39	379	19
2025	12250	50142	14892	7297	2452	7368	4464	7622	20
506	374	487	2515	97	262	330	820	406	21
325	2111	1203	3318	2038	709	673	4024	780	22
145	267	311	3709	404	609	173	120	33	23
275	3813	3236	25295	293	327	1134	227	295	24
1	1919	9	71	972	15	24	11	3	25
1572	4751	3714	3206	4845	1887	2091	2368	2242	26
219	2485	1955	4716	392	276	670	559	386	27
		37	60			2	50		28
412	1792	1340	4857	1521	723	312	557	1343	29
3392	7222	23618	35091	9754	15925	5499	5769	4308	30
10077	1901	2434	54	3812	1753	456	1249	3472	31
1889	516	265	2452	21305	1155	6672	3759	1180	32
1032	621	786	3827	2035	350	216	330	1249	33
8	232	1628	10553	587	97	232	87	35	34
173	951	1095	4244	1187	408	260	140	139	35

1-8 续表 1

行业	代码	法人单位数（个）	南宁市	柳州市	桂林市	梧州市	北海市
汽车制造业	36	134583	3848	115813	4512	44	209
铁路、船舶、航空航天和其他运输设备制造业	37	20896	516	1552	347	8877	284
电气机械和器材制造业	38	40551	5444	6315	5893	4302	5371
计算机、通信和其他电子设备制造业	39	99713	27184	782	7719	10018	25095
仪器仪表制造业	40	7077	1324	1215	3080	706	34
其他制造业	41	2643	1029	99	256	615	17
废弃资源综合利用业	42	8285	267	853	105	5611	70
金属制品、机械和设备修理业	43	7070	1082	3646	186	125	478
电力、热力、燃气及水生产和供应业	**D**	**124042**	**51719**	**5374**	**12265**	**6529**	**2029**
电力、热力生产和供应业	44	99836	47628	3263	9911	4847	568
燃气生产和供应业	45	5056	1154	814	410	353	607
水的生产和供应业	46	19150	2937	1297	1944	1329	854
建筑业	**E**	**1104045**	**352950**	**221989**	**94123**	**11057**	**29010**
房屋建筑业	47	825257	201459	204616	62047	7258	19880
土木工程建筑业	48	159165	92412	10683	15854	1089	3106
建筑安装业	49	37052	23471	1913	3167	546	1706
建筑装饰、装修和其他建筑业	50	82571	35608	4777	13055	2164	4318
批发和零售业	**F**	**686475**	**219882**	**84000**	**68458**	**29734**	**24877**
批发业	51	329562	117908	42327	30365	13122	10110
零售业	52	356913	101974	41673	38093	16612	14767
交通运输、仓储和邮政业	**G**	**321066**	**141528**	**30927**	**20521**	**10332**	**11311**
铁路运输业	53	66932	66932				
道路运输业	54	152366	43042	24408	12429	6334	4655
水上运输业	55	13091	1608	573	882	1848	2679
航空运输业	56	9568	7365	9	2059	109	1
管道运输业	57	102					102
多式联运和运输代理业	58	10895	2475	450	617	457	858
装卸搬运和仓储业	59	31310	4586	2684	1632	457	1984
邮政业	60	36802	15520	2803	2902	1127	1032
住宿和餐饮业	**H**	**136347**	**49812**	**13035**	**21620**	**3808**	**6929**
住宿业	61	75310	21679	6730	15133	1962	4720
餐饮业	62	61037	28133	6305	6487	1846	2209
信息传输、软件和信息技术服务业	**I**	**128614**	**70524**	**10433**	**11144**	**2877**	**3897**
电信、广播电视和卫星传输服务	63	49378	22035	3166	3643	1588	1499
互联网和相关服务	64	10715	4604	684	1484	210	380
软件和信息技术服务业	65	68521	43885	6583	6017	1079	2018
金融业	**J**	**315323**	**89115**	**28496**	**36403**	**16341**	**14225**
货币金融服务	66	96278	24894	10719	13017	5009	3740
资本市场服务	67	4475	4015	102	66	3	6
保险业	68	209835	56355	17459	23300	11291	10189
其他金融业	69	4735	3851	216	20	38	290

防城港市	钦州市	贵港市	玉林市	百色市	贺州市	河池市	来宾市	崇左市	代码
83	72	1192	6781	31		16	1982		36
22	333	8315	368	59	39	38	60	86	37
28	1746	5638	2577	275	894	726	1143	199	38
149	6956	7474	7638	3053	1247	1292	568	538	39
	311	185	203	9			10		40
1	47	260	129	29	43	83	6	29	41
176	491	115	237	92	116	70	74	8	42
54	175	217	95	840	49	64	36	23	43
3759	**2527**	**2380**	**7424**	**9272**	**6256**	**6077**	**4034**	**4397**	**D**
2419	1009	1157	5156	7624	5671	4563	2890	3130	44
263	249	59	381	183	128	153	184	118	45
1077	1269	1164	1887	1465	457	1361	960	1149	46
20277	**159842**	**32135**	**101903**	**20219**	**8248**	**21997**	**19134**	**11161**	**E**
13386	153279	23798	87647	12120	6376	13165	14594	5632	47
4825	3863	3944	6844	4569	510	6348	2076	3042	48
603	514	837	909	1185	152	987	707	355	49
1463	2186	3556	6503	2345	1210	1497	1757	2132	50
12896	**28456**	**35704**	**62622**	**38051**	**17523**	**27177**	**14513**	**22582**	**F**
5903	11605	15140	30631	14243	7122	12514	7161	11411	51
6993	16851	20564	31991	23808	10401	14663	7352	11171	52
16900	**17426**	**13762**	**16635**	**13518**	**4160**	**9979**	**6092**	**7975**	**G**
									53
5508	9103	6457	12494	9841	2897	7223	3882	4093	54
665	847	3188	56	101		47	534	63	55
25									56
									57
2044	1555	366	444	146	185	278	105	915	58
7817	4386	2127	1411	1683	149	602	274	1518	59
841	1535	1624	2230	1747	929	1829	1297	1386	60
3620	**4340**	**4352**	**8950**	**7298**	**2459**	**4626**	**2174**	**3324**	**H**
2711	2015	2335	5707	4084	1298	3389	1639	1908	61
909	2325	2017	3243	3214	1161	1237	535	1416	62
1670	**3351**	**4203**	**6077**	**3798**	**2572**	**2527**	**2439**	**3102**	**I**
944	1598	1525	3505	2587	1660	1869	1888	1871	63
121	379	1244	494	208	268	280	130	229	64
605	1374	1434	2078	1003	644	378	421	1002	65
7523	**14951**	**19433**	**28717**	**16121**	**8598**	**15977**	**10525**	**8898**	**J**
2811	3719	4839	6837	6288	2625	5092	3198	3490	66
8	23	177		45	6		8	16	67
4677	11154	14385	21822	9698	5956	10874	7298	5377	68
27	55	32	58	90	11	11	21	15	69

1-8 续表 2

行业	代码	法人单位数（个）	南宁市	柳州市	桂林市	梧州市	北海市
房地产业	**K**	**302206**	**107562**	**30798**	**30986**	**11637**	**24270**
房地产业	70	302206	107562	30798	30986	11637	24270
租赁和商务服务业	**L**	**494903**	**179766**	**74298**	**60293**	**10670**	**16731**
租赁业	71	25091	9797	3504	1983	485	1117
商务服务业	72	469812	169969	70794	58310	10185	15614
科学研究和技术服务业	**M**	**196989**	**90950**	**20470**	**21524**	**5499**	**6770**
研究和试验发展	73	19153	8826	2197	2615	91	369
专业技术服务业	74	129714	62816	13274	14687	3892	4526
科技推广和应用服务业	75	48122	19308	4999	4222	1516	1875
水利、环境和公共设施管理业	**N**	**85628**	**22781**	**8620**	**11442**	**1974**	**6188**
水利管理业	76	9691	2189	427	1151	429	353
生态保护和环境治理业	77	8081	3020	907	1064	204	299
公共设施管理业	78	65579	17082	7122	9003	1230	5487
土地管理业	79	2277	490	164	224	111	49
居民服务、修理和其他服务业	**O**	**74609**	**25127**	**10341**	**8565**	**3022**	**2562**
居民服务业	80	26348	8600	3500	2910	844	892
机动车、电子产品和日用产品修理业	81	27525	9613	2625	3382	1268	719
其他服务业	82	20736	6914	4216	2273	910	951
教育	**P**	**771003**	**153149**	**58499**	**73301**	**44816**	**29763**
教育	83	771003	153149	58499	73301	44816	29763
卫生和社会工作	**Q**	**365094**	**74133**	**38400**	**36659**	**22210**	**12778**
卫生	84	353701	70874	37090	35197	21519	12229
社会工作	85	11393	3259	1310	1462	691	549
文化、体育和娱乐业	**R**	**79005**	**29578**	**7605**	**10250**	**2791**	**3004**
新闻和出版业	86	7645	4546	289	1394	153	195
广播、电视、电影和录音制作业	87	10810	4478	531	1234	296	427
文化艺术业	88	21999	7764	2376	3430	488	844
体育	89	8216	3993	798	1009	442	290
娱乐业	90	30335	8797	3611	3183	1412	1248
公共管理、社会保障和社会组织	**S**	**718340**	**125415**	**70280**	**78155**	**43405**	**24214**
中国共产党机关	91	24186	4263	2164	2063	971	844
国家机构	92	531735	94901	54001	59034	30664	19662
人民政协、民主党派	93	3437	710	300	303	198	166
社会保障	94	6254	725	258	707	130	159
群众团体、社会团体和其他成员组织	95	37869	7695	3795	4409	2790	878
基层群众自治组织及其他组织	96	114859	17121	9762	11639	8652	2505

防城港市	钦州市	贵港市	玉林市	百色市	贺州市	河池市	来宾市	崇左市	代码
10957	**11304**	**15044**	**21012**	**10827**	**5364**	**6504**	**8756**	**7185**	**K**
10957	11304	15044	21012	10827	5364	6504	8756	7185	70
9651	**13662**	**25678**	**26261**	**18932**	**8681**	**20337**	**14137**	**15806**	**L**
623	1028	1318	1247	1242	480	862	449	956	71
9028	12634	24360	25014	17690	8201	19475	13688	14850	72
3605	**7036**	**6776**	**11156**	**6068**	**3061**	**4058**	**2947**	**7069**	**M**
120	311	371	735	196	289	257	147	2629	73
2429	4863	4288	5679	4360	1859	2781	1767	2493	74
1056	1862	2117	4742	1512	913	1020	1033	1947	75
2990	**3902**	**4366**	**5372**	**5661**	**2062**	**4755**	**1889**	**3626**	**N**
213	562	1194	1362	491	391	271	288	370	76
178	108	235	256	657	234	279	144	496	77
2554	2901	2668	3630	4463	1412	4103	1385	2539	78
45	331	269	124	50	25	102	72	221	79
2347	**2813**	**4795**	**3773**	**3629**	**2259**	**2018**	**1112**	**2246**	**O**
887	877	2441	1278	1378	974	798	396	573	80
679	1167	1610	1887	1572	884	827	587	705	81
781	769	744	608	679	401	393	129	968	82
15621	**44774**	**68367**	**86645**	**54927**	**33824**	**47831**	**29362**	**30124**	**P**
15621	44774	68367	86645	54927	33824	47831	29362	30124	83
6660	**22251**	**25206**	**34151**	**24648**	**13265**	**25806**	**14842**	**14085**	**Q**
6580	21633	24484	33211	24228	12995	25298	14468	13895	84
80	618	722	940	420	270	508	374	190	85
1371	**3062**	**3855**	**5452**	**3798**	**1985**	**2228**	**1618**	**2408**	**R**
46		204	322	139	95	111	107	44	86
201	321	526	858	676	307	324	312	319	87
381	688	1085	1166	1158	671	638	489	821	88
147	193	296	368	210	113	88	109	160	89
596	1860	1744	2738	1615	799	1067	601	1064	90
19699	**31857**	**39867**	**58280**	**64313**	**36451**	**56528**	**32432**	**37444**	**S**
670	1037	1329	1727	2112	1538	2477	1164	1827	91
15250	22843	28355	38810	46448	26915	42029	25112	27711	92
157	148	119	185	232	247	200	192	280	93
107	349	801	1229	446	312	502	221	308	94
1089	1509	2225	2453	2863	1334	2914	1744	2171	95
2426	5971	7038	13876	12212	6105	8406	3999	5147	96

1-9 按地区、机构类型

地 区	代码	法人单位数（个）	企业	事业单位	机关
广西壮族自治区	**45**	**490286**	**384724**	**43050**	**8878**
南宁市	**4501**	**152246**	**138156**	**4828**	**876**
兴宁区	450102	13719	13082	224	70
青秀区	450103	58178	55801	817	224
江南区	450105	10576	9969	223	46
西乡塘区	450107	19108	18066	383	61
良庆区	450108	8105	7528	201	56
邕宁区	450109	1817	1348	231	49
武鸣区	450110	3952	2734	438	59
隆安县	450123	1787	856	353	55
马山县	450124	1823	907	357	51
上林县	450125	2121	1241	301	56
宾阳县	450126	5009	3409	526	63
横县	450127	5854	3488	585	66
柳州市	**4502**	**53003**	**44681**	**2994**	**737**
城中区	450202	8726	8072	209	109
鱼峰区	450203	8713	7992	227	66
柳南区	450204	10953	10404	153	59
柳北区	450205	7656	6940	212	78
柳江区	450206	4269	3438	328	72
柳城县	450222	2456	1417	386	73
鹿寨县	450223	2572	1806	278	60
融安县	450224	2298	1335	363	68
融水苗族自治县	450225	2690	1662	443	81
三江侗族自治县	450226	2339	1284	395	71
桂林市	**4503**	**48395**	**36660**	**4542**	**1151**
秀峰区	450302	3076	2711	96	51
叠彩区	450303	3848	3546	92	51
象山区	450304	5609	5206	134	54
七星区	450305	7345	6900	132	69
雁山区	450311	635	353	122	60

分组的法人单位数

社会团体	民办非企业单位	基金会	居委会	村委会	其他法人	代码
10847	**11775**	**76**	**2029**	**14274**	**14633**	**45**
1918	**2400**	**39**	**398**	**1391**	**2240**	**4501**
85	148	1	37	42	30	450102
616	381	31	58	47	203	450103
89	136	1	29	46	37	450105
141	275	6	65	65	46	450107
70	115		21	57	57	450108
44	54		10	65	16	450109
109	183		22	198	209	450110
103	152		13	118	137	450123
75	220		22	134	57	450124
94	105		19	115	190	450125
220	322		42	192	235	450126
234	170		32	276	1003	450127
903	**1248**	**2**	**281**	**935**	**1222**	**4502**
131	134	1	27	6	37	450202
49	214		59	37	69	450203
50	167	1	56	20	43	450204
107	156		63	35	65	450205
49	175		23	111	73	450206
81	96		17	122	264	450222
70	86		8	109	155	450223
134	72		10	137	179	450224
126	96		8	198	76	450225
106	52		10	160	261	450226
1272	**1104**	**15**	**239**	**1662**	**1750**	**4503**
74	102	3	20	7	12	450302
31	73		21	16	18	450303
48	106	1	35	8	17	450304
39	130	4	29	16	26	450305
28	27		4	37	4	450311

1-9 续表 1

地　区	代码	法人单位数（个）	企业	事业单位	机关
临桂区	450312	5423	4508	391	123
阳朔县	450321	1599	910	312	72
灵川县	450323	3556	2689	380	84
全州县	450324	2568	1358	468	69
兴安县	450325	2077	1293	311	72
永福县	450326	2027	1229	299	73
灌阳县	450327	1370	700	236	73
龙胜各族自治县	450328	1222	522	324	62
资源县	450329	1072	524	263	57
平乐县	450330	2208	1319	287	55
荔浦县	450331	2708	1844	356	61
恭城瑶族自治县	450332	2050	1046	339	65
梧州市	**4504**	**19037**	**13316**	**2590**	**491**
万秀区	450403	2829	2330	178	76
长洲区	450405	3924	3478	176	92
龙圩区	450406	1973	1328	317	94
苍梧县	450421	1423	774	266	18
藤县	450422	3547	2095	643	72
蒙山县	450423	2043	1297	354	78
岑溪市	450481	3264	1980	656	61
北海市	**4505**	**21035**	**17821**	**1436**	**302**
海城区	450502	10610	9608	419	124
银海区	450503	4197	3797	171	67
铁山港区	450512	810	496	150	46
合浦县	450521	5288	3790	696	65
防城港市	**4506**	**13074**	**10161**	**1098**	**330**
港口区	450602	6226	5478	347	122
防城区	450603	2941	1998	320	77
上思县	450621	1189	566	243	67
东兴市	450681	2717	2118	188	64
钦州市	**4507**	**19471**	**13545**	**2604**	**467**
钦南区	450702	6405	5134	572	119

社会团体	民办非企业单位	基金会	居委会	村委会	其他法人	代码
71	60	1	10	161	98	450312
48	49		14	99	95	450321
71	91	1	19	131	90	450323
87	111	1	12	275	187	450324
60	68		10	115	148	450325
87	31	1	6	93	208	450326
79	38		3	138	103	450327
64	17		9	120	104	450328
52	21		3	71	81	450329
164	78	1	12	134	158	450330
99	51	1	22	122	152	450331
170	51	1	10	119	249	450332
679	**463**		**139**	**862**	**497**	**4504**
91	55		42	31	26	450403
60	57		15	26	20	450405
51	42		7	70	64	450406
27	17		11	134	176	450421
258	118		32	267	62	450422
118	32		6	78	80	450423
74	142		26	256	69	450481
247	**415**	**2**	**88**	**340**	**384**	**4505**
129	214	1	45	18	52	450502
21	65		9	40	27	450503
21	32	1	5	37	22	450512
76	104		29	245	283	450521
478	**326**	**2**	**55**	**281**	**343**	**4506**
119	80	1	21	20	38	450602
160	92		19	146	129	450603
74	53		4	84	98	450621
125	101	1	11	31	78	450681
464	**364**	**2**	**100**	**932**	**993**	**4507**
155	115		28	133	149	450702

1-9 续表 2

地　区	代码	法人单位数（个）	企业	事业单位	机关
钦北区	450703	5031	3930	440	150
灵山县	450721	4110	2131	833	89
浦北县	450722	2996	1498	738	83
贵港市	**4508**	**26948**	**19246**	**3177**	**432**
港北区	450802	8573	7220	534	140
港南区	450803	2569	1556	374	61
覃塘区	450804	2954	2084	384	60
平南县	450821	6117	4233	857	81
桂平市	450881	6735	4153	1028	90
玉林市	**4509**	**39275**	**29478**	**4529**	**637**
玉州区	450902	15021	13492	673	186
福绵区	450903	1850	1178	296	58
容县	450921	4428	3129	627	79
陆川县	450922	3383	2295	577	76
博白县	450923	4865	2850	981	83
兴业县	450924	2981	1760	564	71
北流市	450981	6674	4702	810	84
百色市	**4510**	**30265**	**20272**	**3922**	**964**
右江区	451002	8341	6965	633	134
田阳县	451021	2489	1696	326	78
田东县	451022	2380	1503	310	77
平果县	451023	3019	2252	230	67
德保县	451024	1788	983	324	71
那坡县	451026	1463	900	259	73
凌云县	451027	1177	547	284	75
乐业县	451028	1067	494	251	77
田林县	451029	1921	1242	266	68
西林县	451030	1082	508	255	65
隆林各族自治县	451031	1949	1134	397	75
靖西市	451081	3589	2048	387	104
贺州市	**4511**	**14197**	**8871**	**2407**	**476**
八步区	451102	5783	4223	773	157

社会团体	民办 非企业单位	基金会	居委会	村委会	其他法人	代码
123	60	2	22	160	144	450703
113	66		22	386	470	450721
70	104		21	253	229	450722
535	**1047**	**1**	**99**	**1067**	**1344**	**4508**
151	293		23	102	110	450802
81	111	1	11	156	218	450803
71	93		8	138	116	450804
70	304		36	259	277	450821
162	246		21	412	623	450881
775	**1568**	**7**	**168**	**1330**	**783**	**4509**
188	259	3	49	59	112	450902
44	71		11	105	87	450903
89	182		13	214	95	450921
101	74	1	10	155	94	450922
94	350	1	41	317	148	450923
127	156		12	202	89	450924
132	476	2	32	278	158	450981
970	**690**	**3**	**78**	**1796**	**1570**	**4510**
138	142	1	19	101	208	451002
74	33	1	6	151	124	451021
156	61		6	161	106	451022
61	96		11	171	131	451023
112	56		5	180	57	451024
54	7	1	3	127	39	451026
53	13		5	105	95	451027
39	43		4	84	75	451028
88	16		3	165	73	451029
37	28		3	94	92	451030
72	19		4	175	73	451031
86	176		9	282	497	451081
599	**513**	**1**	**51**	**711**	**568**	**4511**
210	147	1	18	185	69	451102

1-9 续表 3

地　　区	代码	法人单位数（个）	企业	事业单位	机关
平桂区	451103	2615	1599	402	88
昭平县	451121	1860	936	368	80
钟山县	451122	1931	1039	470	78
富川瑶族自治县	451123	2007	1073	394	73
河池市	**4512**	**21824**	**12312**	**4099**	**939**
金城江区	451202	4257	3017	582	153
宜州区	451203	3041	1929	455	82
南丹县	451221	1645	860	395	79
天峨县	451222	1107	582	225	79
凤山县	451223	1241	585	331	85
东兰县	451224	1459	613	380	71
罗城仫佬族自治县	451225	1482	691	364	89
环江毛南族自治县	451226	1516	713	317	70
巴马瑶族自治县	451227	2056	1272	328	67
都安瑶族自治县	451228	2678	1419	438	82
大化瑶族自治县	451229	1342	631	284	82
来宾市	**4513**	**13954**	**8808**	**2074**	**487**
兴宾区	451302	6011	4462	715	149
忻城县	451321	1474	781	290	70
象州县	451322	2292	1309	324	66
武宣县	451323	1888	1058	278	69
金秀瑶族自治县	451324	1384	701	287	73
合山市	451381	903	495	180	60
崇左市	**4514**	**17562**	**11397**	**2750**	**589**
江州区	451402	4176	3134	524	149
扶绥县	451421	2687	1685	358	70
宁明县	451422	2122	1057	467	72
龙州县	451423	1906	1110	373	76
大新县	451424	2287	1358	374	86
天等县	451425	1556	750	400	64
凭祥市	451481	2827	2302	254	72

社会团体	民办非企业单位	基金会	居委会	村委会	其他法人	代码
134	146		4	123	119	451103
85	94		8	150	139	451121
56	89		3	113	83	451122
114	37		18	140	158	451123
1035	**672**		**147**	**1498**	**1122**	**4512**
172	115		32	111	75	451202
126	51		30	180	188	451203
71	59		23	128	30	451221
74	26		3	91	27	451222
71	15		3	95	56	451223
78	90		2	147	78	451224
65	30		16	125	102	451225
87	42		18	128	141	451226
68	115		4	103	99	451227
162	70		13	235	259	451228
61	59		3	155	67	451229
455	**585**	**2**	**87**	**717**	**739**	**4513**
124	108		53	236	164	451302
25	99		8	122	79	451321
113	136	1	11	111	221	451322
63	157		6	142	115	451323
87	49	1	4	77	105	451324
43	36		5	29	55	451381
517	**380**		**99**	**752**	**1078**	**4514**
147	73		19	98	32	451402
113	63		15	119	264	451421
47	101		20	142	216	451422
44	46		13	117	127	451423
51	58		17	129	214	451424
55	4		8	116	159	451425
60	35		7	31	66	451481

1-10 按地区、机构类型

地　　区	代码	从业人员数（人）	企业	事业单位	机关
广西壮族自治区	**45**	**7508504**	**5491773**	**1191064**	**435034**
南宁市	**4501**	**2030532**	**1636635**	**240329**	**75315**
兴宁区	450102	219655	193136	17786	3827
青秀区	450103	730132	614407	67880	30557
江南区	450105	123251	103115	14276	1452
西乡塘区	450107	239214	178384	44063	8153
良庆区	450108	104572	85344	8499	5723
邕宁区	450109	63868	50457	9290	2318
武鸣区	450110	61503	38754	13117	3471
隆安县	450123	26525	14263	6369	2238
马山县	450124	24554	8795	8342	2890
上林县	450125	25023	10578	7743	2732
宾阳县	450126	72954	44627	15918	5208
横县	450127	84886	56984	16934	4457
柳州市	**4502**	**993195**	**807970**	**105404**	**44395**
城中区	450202	206503	172478	18083	13316
鱼峰区	450203	107657	76503	22407	3258
柳南区	450204	130917	113751	10135	1688
柳北区	450205	186361	166925	9784	4769
柳江区	450206	70212	53216	9831	3888
柳城县	450222	31892	20168	6335	3257
鹿寨县	450223	46709	30812	8576	4187
融安县	450224	27297	16047	5706	2818
融水苗族自治县	450225	34630	19225	8477	3809
三江侗族自治县	450226	21715	9543	6070	3405
桂林市	**4503**	**748459**	**538028**	**117418**	**50062**
秀峰区	450302	79964	64897	8268	4485
叠彩区	450303	35133	27676	4653	971
象山区	450304	99516	83179	11199	2311
七星区	450305	158129	134076	15686	5350
雁山区	450311	9936	4689	3491	977

分组的法人单位从业人员数

社会团体	民办非企业单位	基金会	居委会	村委会	其他法人	代码
34912	**177022**	**255**	**20374**	**94485**	**63585**	**45**
7193	**41120**	**152**	**6114**	**11007**	**12667**	**4501**
389	3313	3	553	396	252	450102
3325	8652	128	1080	483	3620	450103
318	2805	7	595	494	189	450105
531	5662	14	1537	687	183	450107
145	3502		477	398	484	450108
167	685		192	685	74	450109
420	2095		232	1693	1721	450110
413	1508		111	814	809	450123
246	2920		180	926	255	450124
358	1198		172	989	1253	450125
610	3478		346	1631	1136	450126
151	2128		189	1463	2580	450127
3393	**16512**	**12**	**3767**	**5995**	**5747**	**4502**
525	1267	2	418	60	354	450202
86	3690		932	296	485	450203
889	3092	10	886	212	254	450204
329	2546		980	307	721	450205
144	1777		210	775	371	450206
55	832		87	607	551	450222
349	1032		65	672	1016	450223
300	602		74	754	996	450224
395	1105		48	1311	260	450225
321	569		67	1001	739	450226
4040	**17411**	**37**	**1717**	**9922**	**9824**	**4503**
214	1710	6	146	62	176	450302
83	1263		179	160	148	450303
257	2009	8	308	59	186	450304
72	1814	13	293	168	657	450305
67	487		16	185	24	450311

1-10 续表 1

地　　区	代码	从业人员数（人）	企业	事业单位	机关
临桂区	450312	60133	41405	10210	5242
阳朔县	450321	31538	20152	6886	2354
灵川县	450323	44869	30385	7511	3475
全州县	450324	32325	17102	8146	3232
兴安县	450325	27842	15848	6576	3422
永福县	450326	25144	14745	5265	2691
灌阳县	450327	15538	6951	4273	2332
龙胜各族自治县	450328	16234	9143	3429	2168
资源县	450329	15561	8130	3967	1941
平乐县	450330	25530	12622	6949	2629
荔浦县	450331	50818	37219	5788	3697
恭城瑶族自治县	450332	19920	9480	5121	2785
梧州市	**4504**	**337429**	**222557**	**69850**	**22965**
万秀区	450403	55685	39146	11741	2467
长洲区	450405	63051	43808	8997	6904
龙圩区	450406	35999	24247	6912	3166
苍梧县	450421	13847	5871	5189	418
藤县	450422	69551	44962	16018	3963
蒙山县	450423	16443	9419	3966	1880
岑溪市	450481	71937	44188	17027	4167
北海市	**4505**	**290903**	**219075**	**44995**	**13895**
海城区	450502	125206	94464	18878	6387
银海区	450503	38053	28443	4673	2646
铁山港区	450512	17498	12757	2670	1307
合浦县	450521	72330	45595	18774	3555
防城港市	**4506**	**172721**	**125359**	**25459**	**12630**
港口区	450602	80445	66891	6269	5344
防城区	450603	40804	25251	9868	2521
上思县	450621	19502	10988	4435	2346
东兴市	450681	31560	21819	4887	2419
钦州市	**4507**	**444932**	**338426**	**71009**	**18539**
钦南区	450702	165035	134895	19373	5781

社会团体	民办非企业单 位	基金会	居委会	村委会	其他法人	代码
405	1465	2	117	970	317	450312
153	769		71	594	559	450321
252	1923		102	783	438	450323
274	1045		71	1653	802	450324
225	850		52	631	238	450325
138	564	1	33	433	1274	450326
199	513		22	975	273	450327
250	308		37	495	404	450328
264	279		17	551	412	450329
507	1126	3	54	699	941	450330
339	751		139	744	2141	450331
341	535	4	60	760	834	450332
2764	**7697**		**1295**	**7357**	**2944**	**4504**
212	1158		389	223	349	450403
1510	1242		172	250	168	450405
135	725		59	547	208	450406
81	259		79	1209	741	450421
299	1325		244	2132	608	450422
206	265		29	429	249	450423
321	2723		323	2567	621	450481
726	**7573**	**2**	**646**	**1859**	**2132**	**4505**
360	4129	2	381	109	496	450502
44	1790		62	283	112	450503
44	354		40	199	127	450512
278	1300		163	1268	1397	450521
1056	**4080**	**3**	**461**	**1965**	**1708**	**4506**
331	929	3	158	114	406	450602
408	1168		124	840	624	450603
116	547		42	632	396	450621
201	1436		137	379	282	450681
1410	**6536**	**3**	**737**	**5234**	**3038**	**4507**
386	2657		206	953	784	450702

1-10 续表 2

地　区	代码	从业人员数（人）	企业	事业单位	机关
钦北区	450703	130098	108525	13614	5074
灵山县	450721	71327	40418	22383	3961
浦北县	450722	55721	33802	14897	2969
贵港市	**4508**	**468246**	**324581**	**86523**	**23060**
港北区	450802	146972	113099	17972	7532
港南区	450803	53567	37535	9227	2868
覃塘区	450804	48519	34514	9019	2325
平南县	450821	102121	66807	21693	4802
桂平市	450881	117067	72626	28612	5533
玉林市	**4509**	**671270**	**481480**	**121755**	**28067**
玉州区	450902	205179	158452	32606	7795
福绵区	450903	27819	18941	4808	1715
容县	450921	72924	50393	13788	3528
陆川县	450922	66892	45350	15020	3412
博白县	450923	101177	62130	24499	4775
兴业县	450924	31569	17171	8385	2303
北流市	450981	157390	120845	22527	4539
百色市	**4510**	**387173**	**232659**	**84800**	**40017**
右江区	451002	107793	78718	18844	6629
田阳县	451021	30280	19576	5654	3464
田东县	451022	34262	20645	8567	2412
平果县	451023	50455	33866	8652	3604
德保县	451024	25991	14930	5689	3241
那坡县	451026	12381	4901	4022	2357
凌云县	451027	14862	6370	4721	2492
乐业县	451028	12422	4297	4363	2504
田林县	451029	22172	12391	4820	2990
西林县	451030	13333	4756	4468	2477
隆林各族自治县	451031	21430	8837	6756	3875
靖西市	451081	41792	23372	8244	3972
贺州市	**4511**	**196924**	**108331**	**46959**	**23992**
八步区	451102	78117	47329	16535	9234

社会团体	民办非企业单位	基金会	居委会	村委会	其他法人	代码
490	774	3	153	918	547	450703
281	1284		125	2025	850	450721
244	1475		139	1338	857	450722
1933	**19642**	**1**	**797**	**6241**	**5468**	**4508**
597	5928		271	700	873	450802
197	2661	1	75	694	309	450803
209	1387		44	632	389	450804
317	4935		312	2023	1232	450821
613	4731		95	2192	2665	450881
2112	**20414**	**29**	**1632**	**12244**	**3537**	**4509**
449	3834	17	643	490	893	450902
160	855		117	855	368	450903
261	2457		148	1937	412	450921
215	1065		81	1315	434	450922
334	4800	3	437	3465	734	450923
203	1633		86	1515	273	450924
490	5770	9	120	2667	423	450981
2709	**8083**	**9**	**632**	**11580**	**6684**	**4510**
375	1731	4	173	406	913	451002
212	271		42	733	328	451021
177	659		61	1352	389	451022
182	2106		91	1278	676	451023
301	560		37	1083	150	451024
106	58	5	24	810	98	451026
183	60		41	652	343	451027
143	336		20	460	299	451028
385	123		18	1262	183	451029
108	369		21	503	631	451030
169	225		31	1286	251	451031
368	1585		73	1755	2423	451081
1310	**8105**		**395**	**5710**	**2122**	**4511**
542	2395		146	1463	473	451102

1-10 续表 3

地　　区	代码	从业人员数（人）	企业	事业单位	机关
平桂区	451103	40882	25453	7922	3227
昭平县	451121	24137	9356	7777	3881
钟山县	451122	30968	15500	8265	4468
富川瑶族自治县	451123	22169	10042	6460	3182
河池市	**4512**	**318210**	**180817**	**77241**	**38374**
金城江区	451202	84887	60532	13188	7146
宜州区	451203	48249	28561	13297	3857
南丹县	451221	29326	18056	6157	3400
天峨县	451222	11883	5002	3521	2456
凤山县	451223	12200	4089	4874	2167
东兰县	451224	14390	5238	4504	3011
罗城仫佬族自治县	451225	19176	8679	6037	3000
环江毛南族自治县	451226	22377	11879	4751	3716
巴马瑶族自治县	451227	24682	13984	5735	2935
都安瑶族自治县	451228	30227	15061	9027	3759
大化瑶族自治县	451229	20813	9736	6150	2927
来宾市	**4513**	**215185**	**133433**	**47067**	**20688**
兴宾区	451302	110226	76251	21245	8013
忻城县	451321	18167	8062	6097	2187
象州县	451322	27309	15569	6185	3057
武宣县	451323	28494	14833	7487	3252
金秀瑶族自治县	451324	17875	11250	2933	2339
合山市	451381	12607	6961	3120	1840
崇左市	**4514**	**233325**	**142422**	**52255**	**23035**
江州区	451402	80685	59203	12801	4797
扶绥县	451421	37779	22298	8196	3630
宁明县	451422	23503	10940	7174	3060
龙州县	451423	24230	13058	6250	3105
大新县	451424	26981	15341	6791	3063
天等县	451425	18372	7966	6199	3109
凭祥市	451481	21302	13143	4844	2271

社会团体	民办非企业单位	基金会	居委会	村委会	其他法人	代码
141	2670		32	1051	386	451103
154	1069		56	1134	710	451121
228	1073		25	962	447	451122
245	898		136	1100	106	451123
2591	**7967**		**909**	**7497**	**2814**	**4512**
634	1856		172	590	769	451202
399	856		182	785	312	451203
193	562		158	723	77	451221
159	279		20	407	39	451222
79	244		23	623	101	451223
127	669		15	640	186	451224
192	289		91	643	245	451225
308	463		125	790	345	451226
173	1205		38	461	151	451227
161	846		67	993	313	451228
166	698		18	842	276	451229
1546	**5623**	**7**	**661**	**3338**	**2822**	**4513**
515	1539		459	1144	1060	451302
126	732		52	612	299	451321
378	881	2	71	545	621	451322
274	1659		27	620	342	451323
160	505	5	19	287	377	451324
93	307		33	130	123	451381
2129	**6259**		**611**	**4536**	**2078**	**4514**
1217	1778		121	446	322	451402
249	1695		89	646	976	451421
109	1197		104	794	125	451422
171	459		87	866	234	451423
148	544		102	776	216	451424
94	94		58	791	61	451425
141	492		50	217	144	451481

1-11 按地区、开业（成立）

地　　区	代码	法人单位数（个）	1949年以　前	1950—1977年	1978—1991年	1992—2000年	2001年	2002年	2003年	2004年	2005年
广西壮族自治区	**45**	**490286**	**2047**	**10551**	**17055**	**19490**	**3603**	**6198**	**5725**	**5274**	**6165**
南宁市	**4501**	**152246**	**265**	**1315**	**1894**	**3438**	**963**	**1174**	**1302**	**1489**	**2082**
兴宁区	450102	13719	6	74	129	282	73	88	113	138	145
青秀区	450103	58178	31	190	464	1194	364	362	466	596	765
江南区	450105	10576	12	61	91	195	70	76	100	107	86
西乡塘区	450107	19108	19	96	146	460	145	152	186	219	306
良庆区	450108	8105	7	40	30	134	27	65	53	64	137
邕宁区	450109	1817	8	54	33	61	8	12	12	10	180
武鸣区	450110	3952	22	113	167	155	54	28	45	51	48
隆安县	450123	1787	39	115	126	99	10	30	25	21	25
马山县	450124	1823	34	123	117	99	4	25	15	11	37
上林县	450125	2121	18	109	122	94	13	25	29	14	13
宾阳县	450126	5009	32	163	206	182	46	94	67	26	61
横县	450127	5854	34	132	216	182	49	79	31	66	51
柳州市	**4502**	**53003**	**57**	**604**	**1468**	**1945**	**410**	**676**	**543**	**649**	**671**
城中区	450202	8726	9	48	139	247	51	78	79	77	90
鱼峰区	450203	8713	4	43	122	267	66	121	91	106	107
柳南区	450204	10953	6	37	114	307	84	158	105	120	142
柳北区	450205	7656	5	49	173	329	57	102	100	131	120
柳江区	450206	4269	9	69	123	166	29	57	55	77	59
柳城县	450222	2456	9	76	158	188	21	35	26	33	44
鹿寨县	450223	2572		66	122	95	13	29	23	40	24
融安县	450224	2298	5	46	86	118	37	17	19	15	23
融水苗族自治县	450225	2690	4	109	212	110	19	43	20	27	26
三江侗族自治县	450226	2339	6	60	208	86	28	26	14	9	17
桂林市	**4503**	**48395**	**186**	**926**	**2046**	**2614**	**440**	**892**	**780**	**679**	**647**
秀峰区	450302	3076	6	19	119	175	46	64	63	38	63
叠彩区	450303	3848	5	21	73	157	37	32	41	37	32
象山区	450304	5609	9	27	128	254	63	78	65	70	72
七星区	450305	7345	7	44	107	276	56	89	78	83	81
雁山区	450311	635	4	8	31	126	6	16	7	4	7

时间分组的法人单位数

2006年	2007年	2008年	2009年	2010年	2011年	2012年	2013年	2014年	2015年	2016年	2017年	2018年	无开业年份	代码
6198	**7774**	**8090**	**11613**	**13912**	**18644**	**22268**	**24087**	**35328**	**45137**	**55766**	**78058**	**86794**	**509**	**45**
1948	**2334**	**2449**	**3305**	**4025**	**5904**	**6096**	**7015**	**12494**	**16431**	**19932**	**24735**	**31616**	**40**	**4501**
161	200	192	248	368	476	553	578	1127	1482	1887	2326	3069	4	450102
752	934	1033	1329	1647	2277	2364	2761	5329	6624	8063	8974	11646	13	450103
115	112	149	208	232	339	381	426	819	1109	1470	1869	2544	5	450105
259	358	336	414	534	743	719	845	1487	2143	2361	3108	4069	3	450107
76	104	77	131	176	265	269	338	628	785	1109	1465	2119	6	450108
16	16	23	22	36	51	50	73	113	149	218	262	409	1	450109
41	73	49	92	78	164	153	176	221	299	483	690	750		450110
34	29	37	51	48	76	65	63	90	147	178	272	207		450123
34	17	11	29	33	57	70	91	118	201	171	258	267	1	450124
23	24	27	46	47	72	89	85	123	195	231	415	305	2	450125
54	50	78	99	105	197	241	205	326	593	556	779	847	2	450126
86	59	85	147	131	459	309	336	396	512	582	1060	850	2	450127
685	**934**	**996**	**1265**	**1541**	**2061**	**2524**	**2715**	**3762**	**4631**	**6108**	**8743**	**9963**	**52**	**4502**
89	141	152	181	220	295	384	428	652	864	1178	1491	1824	9	450202
106	121	146	182	236	267	379	426	645	811	1063	1514	1880	10	450203
116	180	205	265	350	397	539	698	924	1050	1381	1634	2138	3	450204
112	148	171	180	234	284	319	373	585	682	886	1173	1442	1	450205
57	79	96	108	148	172	184	182	240	352	450	826	730	1	450206
40	45	62	97	78	117	159	93	131	149	194	374	323	4	450222
45	63	42	71	79	137	140	108	163	162	215	433	500	2	450223
47	50	37	55	58	186	121	118	130	172	204	467	284	3	450224
36	53	31	62	54	100	124	117	139	180	252	407	559	6	450225
20	28	37	44	66	96	155	147	134	193	266	408	278	13	450226
733	**874**	**1034**	**1566**	**1692**	**1749**	**2169**	**2264**	**3152**	**3896**	**4961**	**7240**	**7804**	**51**	**4503**
59	74	65	78	104	111	150	142	229	278	318	364	505	6	450302
47	64	55	74	102	164	184	165	308	309	417	610	899	15	450303
92	92	95	115	175	235	298	307	475	492	657	831	979		450304
105	102	130	193	253	250	371	383	612	779	872	1049	1419	6	450305
11	9	12	5	16	20	22	36	36	34	51	85	89		450311

1-11 续表 1

地 区	代码	法人单位数（个）	1949年以前	1950—1977年	1978—1991年	1992—2000年	2001年	2002年	2003年	2004年	2005年
临桂区	450312	5423	12	58	214	160	30	59	61	48	58
阳朔县	450321	1599	20	107	91	103	39	61	37	19	22
灵川县	450323	3556	13	60	136	151	24	71	72	51	51
全州县	450324	2568	35	147	212	268	28	64	63	53	29
兴安县	450325	2077	10	52	138	121	22	71	56	42	23
永福县	450326	2027	5	60	132	136	9	54	37	37	33
灌阳县	450327	1370	10	55	151	103	8	42	27	42	20
龙胜各族自治县	450328	1222	5	52	82	109	12	29	29	37	32
资源县	450329	1072	3	23	66	65	7	18	15	28	22
平乐县	450330	2208	19	74	126	185	21	43	52	26	35
荔浦县	450331	2708	8	53	94	116	23	60	48	37	27
恭城瑶族自治县	450332	2050	15	66	145	109	9	41	29	27	40
梧州市	**4504**	**19037**	**185**	**819**	**1108**	**946**	**136**	**253**	**284**	**208**	**296**
万秀区	450403	2829	15	65	103	227	34	63	62	62	66
长洲区	450405	3924	5	31	51	110	24	26	94	36	40
龙圩区	450406	1973	22	67	92	95	11	16	28	10	31
苍梧县	450421	1423	24	102	111	83	7	18	12	17	23
藤县	450422	3547	24	207	247	155	15	24	28	22	59
蒙山县	450423	2043	18	76	142	96	18	34	18	34	29
岑溪市	450481	3264	77	271	362	176	24	71	41	26	44
北海市	**4505**	**21035**	**85**	**379**	**540**	**1045**	**129**	**198**	**209**	**197**	**272**
海城区	450502	10610	6	79	217	471	72	85	109	111	140
银海区	450503	4197	2	43	41	148	17	23	24	24	42
铁山港区	450512	810	23	36	24	97	5	17	13	5	9
合浦县	450521	5288	54	221	258	321	32	72	61	53	73
防城港市	**4506**	**13074**	**20**	**132**	**355**	**789**	**129**	**173**	**125**	**120**	**206**
港口区	450602	6226	2	11	36	329	56	47	36	46	60
防城区	450603	2941	8	51	149	206	47	41	31	25	79
上思县	450621	1189	4	55	148	74	9	29	27	10	17
东兴市	450681	2717	6	15	22	180	17	56	31	39	50
钦州市	**4507**	**19471**	**261**	**689**	**782**	**1076**	**166**	**276**	**267**	**197**	**200**
钦南区	450702	6405	20	109	172	312	54	92	143	71	80

2006年	2007年	2008年	2009年	2010年	2011年	2012年	2013年	2014年	2015年	2016年	2017年	2018年	无开业年份	代码
70	65	70	125	128	137	174	196	298	419	676	1025	1335	5	450312
22	28	51	56	64	103	70	64	67	90	126	211	146	2	450321
60	73	64	92	138	132	155	164	249	270	332	554	636	8	450323
23	24	53	66	60	73	89	97	121	130	196	443	294		450324
28	37	33	86	86	77	91	142	104	167	182	329	180		450325
29	44	51	90	93	82	103	141	124	139	158	260	210		450326
32	26	34	44	22	34	66	80	68	97	116	198	92	3	450327
20	37	27	24	49	49	58	60	65	87	85	182	92		450328
24	20	16	29	22	41	49	30	52	114	196	151	79	2	450329
39	41	48	184	64	80	96	94	130	131	158	266	296		450330
30	44	59	92	272	106	124	104	106	253	270	404	376	2	450331
42	94	171	213	43	55	69	59	108	107	151	278	177	2	450332
314	**314**	**351**	**530**	**667**	**1000**	**1097**	**1098**	**1266**	**1510**	**1652**	**2523**	**2479**	**1**	**4504**
56	62	71	78	115	180	130	145	206	235	225	307	321	1	450403
37	54	53	84	131	190	214	183	276	378	438	701	768		450405
25	40	49	56	50	83	125	170	134	149	200	270	250		450406
10	16	32	21	67	101	177	121	79	77	95	146	84		450421
110	55	64	118	106	181	178	277	273	286	264	493	361		450422
22	33	34	42	58	134	129	93	117	145	179	275	317		450423
51	53	46	129	139	127	141	109	181	239	248	331	378		450481
249	**339**	**319**	**487**	**714**	**671**	**817**	**1092**	**1589**	**1843**	**2150**	**3284**	**4422**	**5**	**4505**
138	213	188	297	356	341	417	505	823	978	1110	1656	2295	3	450502
28	40	40	56	87	82	99	165	269	381	484	840	1261	1	450503
11	17	8	18	36	35	33	45	38	73	70	96	101		450512
59	64	76	107	230	204	262	371	453	400	475	685	756	1	450521
172	**251**	**274**	**314**	**408**	**500**	**665**	**676**	**1011**	**1150**	**1261**	**1835**	**2486**	**22**	**4506**
72	123	136	148	194	227	316	297	488	550	575	881	1576	20	450602
46	54	58	71	95	114	147	135	218	229	271	426	438	2	450603
17	16	16	24	37	35	66	61	75	94	101	156	118		450621
37	58	64	71	81	124	136	183	230	277	314	372	354		450681
235	**312**	**302**	**373**	**604**	**758**	**832**	**930**	**1240**	**1634**	**2012**	**3196**	**3101**	**28**	**4507**
97	135	97	135	241	230	221	294	432	563	689	1005	1203	10	450702

1-11 续表 2

地区	代码	法人单位数（个）	1949年以前	1950—1977年	1978—1991年	1992—2000年	2001年	2002年	2003年	2004年	2005年
钦北区	450703	5031	8	44	104	329	37	44	45	42	43
灵山县	450721	4110	142	266	208	232	27	75	42	39	28
浦北县	450722	2996	91	266	298	159	40	53	26	32	27
贵港市	**4508**	**26948**	**205**	**935**	**1000**	**1147**	**141**	**303**	**311**	**266**	**264**
港北区	450802	8573	18	65	143	335	55	71	78	76	81
港南区	450803	2569	40	78	105	201	13	31	18	26	41
覃塘区	450804	2954	29	56	102	83	9	22	116	54	20
平南县	450821	6117	42	248	386	207	20	55	31	51	49
桂平市	450881	6735	76	488	264	321	44	124	68	59	73
玉林市	**4509**	**39275**	**329**	**1282**	**1238**	**2358**	**396**	**348**	**483**	**372**	**433**
玉州区	450902	15021	23	95	190	557	83	118	152	120	139
福绵区	450903	1850	17	55	32	198	13	33	18	16	11
容县	450921	4428	52	273	211	191	69	37	85	65	79
陆川县	450922	3383	65	188	150	200	65	28	44	30	36
博白县	450923	4865	98	309	332	341	46	59	61	33	31
兴业县	450924	2981	7	28	49	562	87	27	51	22	50
北流市	450981	6674	67	333	273	304	33	46	72	82	83
百色市	**4510**	**30265**	**90**	**906**	**1839**	**1234**	**179**	**624**	**301**	**361**	**347**
右江区	451002	8341	13	67	162	246	40	196	83	76	83
田阳县	451021	2489	8	69	131	143	10	38	14	21	18
田东县	451022	2380	13	65	154	123	29	53	28	44	27
平果县	451023	3019	8	117	141	95	21	44	27	38	24
德保县	451024	1788	2	42	179	91	11	33	21	26	36
那坡县	451026	1463	12	51	145	64	13	23	30	15	24
凌云县	451027	1177	3	36	103	78	6	12	18	20	20
乐业县	451028	1067	3	69	88	40	3	36	5	13	19
田林县	451029	1921	6	108	194	68	11	46	19	32	20
西林县	451030	1082	5	56	110	51	6	19	6	14	8
隆林各族自治县	451031	1949	7	134	175	113	7	57	25	20	32
靖西市	451081	3589	10	92	257	122	22	67	25	42	36
贺州市	**4511**	**14197**	**144**	**584**	**934**	**574**	**73**	**249**	**162**	**143**	**151**
八步区	451102	5783	57	249	246	167	37	114	66	65	55

2006年	2007年	2008年	2009年	2010年	2011年	2012年	2013年	2014年	2015年	2016年	2017年	2018年	无开业年份	代码
73	78	80	119	163	225	230	292	344	432	633	808	849	9	450703
25	44	54	49	95	101	164	151	195	322	347	920	583	1	450721
31	28	38	35	61	165	165	128	199	241	225	331	352	5	450722
306	**281**	**357**	**843**	**639**	**829**	**1722**	**1482**	**1883**	**2396**	**3137**	**4467**	**3992**	**42**	**4508**
98	99	133	222	209	301	346	445	717	876	1213	1481	1504	7	450802
24	43	41	75	58	65	139	121	137	251	246	495	314	7	450803
28	26	39	62	54	107	608	193	190	158	264	362	359	13	450804
66	33	54	199	181	152	304	370	459	621	760	847	976	6	450821
90	80	90	285	137	204	325	353	380	490	654	1282	839	9	450881
411	**621**	**594**	**792**	**863**	**1779**	**1937**	**1919**	**2388**	**3498**	**4439**	**5925**	**6798**	**72**	**4509**
148	181	197	299	344	685	722	711	1124	1571	2048	2453	3029	32	450902
14	83	56	38	43	85	98	73	108	130	131	239	351	8	450903
68	79	69	100	116	216	225	232	232	348	474	598	603	6	450921
29	43	51	68	81	193	208	178	162	250	272	518	515	9	450922
47	103	100	123	107	245	249	241	234	368	521	669	546	2	450923
35	45	36	51	34	147	176	201	209	281	191	350	338	4	450924
62	77	84	109	130	200	255	282	317	546	798	1096	1414	11	450981
347	**462**	**438**	**737**	**851**	**955**	**1371**	**1607**	**2232**	**2571**	**3127**	**5089**	**4584**	**13**	**4510**
96	106	135	184	248	322	337	451	712	871	1039	1371	1502	1	451002
27	36	41	68	85	73	128	157	201	230	217	382	392		451021
27	27	36	74	65	57	91	145	183	195	233	366	337	8	451022
32	50	47	56	86	105	151	193	225	215	348	493	503		451023
24	43	15	53	57	84	111	97	152	129	107	313	162		451024
19	33	24	40	28	28	73	102	89	98	156	250	144	2	451026
8	17	20	25	31	40	80	59	82	104	98	201	116		451027
16	25	18	26	15	38	47	47	53	77	83	180	166		451028
15	31	28	47	87	64	79	76	110	122	159	249	350		451029
16	28	16	34	43	26	50	61	57	89	108	166	113		451030
20	17	27	56	46	57	98	83	126	141	177	299	232		451031
47	49	31	74	60	61	126	136	242	300	402	819	567	2	451081
187	**235**	**187**	**285**	**527**	**418**	**506**	**721**	**863**	**1109**	**1596**	**2334**	**2193**	**22**	**4511**
69	61	72	103	184	193	207	283	371	516	677	913	1069	9	451102

1-11 续表 3

地区	代码	法人单位数（个）	1949年以前	1950—1977年	1978—1991年	1992—2000年	2001年	2002年	2003年	2004年	2005年
平桂区	451103	2615	30	109	113	62	8	28	18	20	30
昭平县	451121	1860	24	73	205	122	9	28	26	22	19
钟山县	451122	1931	26	90	201	120	7	41	25	15	22
富川瑶族自治县	451123	2007	7	63	169	103	12	38	27	21	25
河池市	**4512**	**21824**	**94**	**1008**	**2170**	**1143**	**204**	**444**	**298**	**228**	**267**
金城江区	451202	4257	8	141	215	272	39	120	74	43	67
宜州区	451203	3041	10	125	213	145	18	50	42	29	44
南丹县	451221	1645	10	67	182	83	13	35	19	17	29
天峨县	451222	1107	2	93	154	64	8	24	8	15	8
凤山县	451223	1241	7	66	138	57	10	27	23	15	12
东兰县	451224	1459	12	107	163	86	7	52	7	20	7
罗城仫佬族自治县	451225	1482	11	74	215	97	18	38	25	24	16
环江毛南族自治县	451226	1516	10	51	233	100	27	27	26	20	18
巴马瑶族自治县	451227	2056	2	76	152	64	41	14	14	14	16
都安瑶族自治县	451228	2678	14	178	250	91	12	39	45	26	41
大化瑶族自治县	451229	1342	8	30	255	84	11	18	15	5	9
来宾市	**4513**	**13954**	**36**	**392**	**707**	**587**	**100**	**321**	**218**	**148**	**145**
兴宾区	451302	6011	10	138	112	136	47	221	138	60	69
忻城县	451321	1474	16	61	170	112	7	27	11	15	12
象州县	451322	2292	3	72	141	116	14	27	17	23	23
武宣县	451323	1888	5	68	95	117	17	24	20	17	11
金秀瑶族自治县	451324	1384	1	50	83	77	8	12	16	16	22
合山市	451381	903	1	3	106	29	7	10	16	17	8
崇左市	**4514**	**17562**	**90**	**580**	**974**	**594**	**137**	**267**	**442**	**217**	**184**
江州区	451402	4176	2	42	90	94	17	24	286	77	40
扶绥县	451421	2687	16	74	175	89	14	76	31	27	33
宁明县	451422	2122	12	77	167	91	75	31	43	27	31
龙州县	451423	1906	7	88	77	72	11	28	11	21	15
大新县	451424	2287	17	109	182	110	7	59	17	24	24
天等县	451425	1556	30	150	226	51	7	23	26	19	10
凭祥市	451481	2827	6	40	57	87	6	26	28	22	31

2006年	2007年	2008年	2009年	2010年	2011年	2012年	2013年	2014年	2015年	2016年	2017年	2018年	无开业年 份	代码
24	42	33	36	139	89	83	146	158	188	408	495	352	4	451103
18	36	30	23	88	60	58	65	93	147	173	302	237	2	451121
30	66	23	68	39	43	86	121	112	119	162	260	248	7	451122
46	30	29	55	76	33	72	106	129	139	176	364	287		451123
258	**374**	**341**	**440**	**602**	**757**	**1077**	**1107**	**1438**	**1731**	**2072**	**3381**	**2364**	**26**	**4512**
70	87	110	122	121	182	218	230	334	373	423	489	514	5	451202
44	37	51	60	75	112	117	103	170	202	294	663	437		451203
22	25	29	31	57	107	112	75	99	123	142	227	141		451221
11	24	14	24	25	23	34	67	60	81	93	139	135	1	451222
8	18	23	17	40	30	72	85	89	116	103	175	110		451223
15	19	10	19	46	83	76	76	113	108	155	153	107	18	451224
19	31	23	28	42	30	67	54	72	103	119	225	151		451225
19	35	20	26	46	44	77	67	142	104	114	197	113		451226
13	32	15	52	45	62	98	130	133	181	228	410	262	2	451227
21	42	34	36	63	54	128	163	179	241	255	494	272		451228
16	24	12	25	42	30	78	57	47	99	146	209	122		451229
183	**174**	**198**	**326**	**343**	**578**	**631**	**749**	**866**	**1220**	**1362**	**2340**	**2232**	**98**	**4513**
89	61	76	111	142	169	294	391	439	547	669	1024	1054	14	451302
20	16	24	29	39	75	73	85	65	129	107	229	152		451321
31	35	35	102	56	94	80	105	134	188	194	337	460	5	451322
16	20	28	26	42	64	73	79	114	161	198	389	304		451323
14	17	15	43	30	102	73	42	74	134	123	219	134	79	451324
13	25	19	15	34	74	38	47	39	61	71	142	128		451381
170	**269**	**250**	**350**	**436**	**685**	**824**	**712**	**1144**	**1517**	**1957**	**2966**	**2760**	**37**	**4514**
29	72	58	69	103	147	242	217	329	414	569	572	683		451402
33	39	38	52	73	92	133	93	156	206	218	440	561	18	451421
14	31	28	33	33	63	95	81	130	165	204	466	225		451422
15	27	27	33	30	193	98	79	153	193	135	356	235	2	451423
21	24	22	37	63	42	95	60	138	205	260	456	314	1	451424
17	23	33	26	34	48	61	58	71	87	132	257	158	9	451425
41	53	43	100	100	100	100	124	167	247	439	419	584	7	451481

1-12 按地区、开业（成立）时间

地　　区	代码	从业人员数（人）	1949年以前	1950—1977年	1978—1991年	1992—2000年
广西壮族自治区	**45**	**7508504**	**197330**	**911693**	**652175**	**934800**
南宁市	**4501**	**2030532**	**40572**	**214379**	**175579**	**274774**
兴宁区	450102	219655	347	16932	51229	33593
青秀区	450103	730132	19348	88075	40088	146765
江南区	450105	123251	440	11371	2803	11675
西乡塘区	450107	239214	5501	58484	12047	26379
良庆区	450108	104572	821	2053	1520	5747
邕宁区	450109	63868	43	3122	35684	2357
武鸣区	450110	61503	764	5531	4467	5690
隆安县	450123	26525	1749	3215	2274	3536
马山县	450124	24554	1724	3585	2855	2203
上林县	450125	25023	2433	3249	2611	1399
宾阳县	450126	72954	3656	9528	6163	3580
横县	450127	84886	3323	6525	5539	6761
柳州市	**4502**	**993195**	**22170**	**258786**	**68020**	**77215**
城中区	450202	206503	10549	112003	9455	13326
鱼峰区	450203	107657	3888	11195	8777	11356
柳南区	450204	130917	2122	11876	7020	7926
柳北区	450205	186361	601	86051	11740	12327
柳江区	450206	70212	1084	5575	4609	9025
柳城县	450222	31892	1301	3881	2172	2090
鹿寨县	450223	46709		4861	4609	2514
融安县	450224	27297	715	2446	1471	2706
融水苗族自治县	450225	34630	1047	3423	4333	3013
三江侗族自治县	450226	21715	863	2284	2716	932
桂林市	**4503**	**748459**	**25353**	**67065**	**81598**	**128612**
秀峰区	450302	79964	4067	5370	21958	7389
叠彩区	450303	35133	1204	3624	3918	4394
象山区	450304	99516	3330	5007	7620	22135
七星区	450305	158129	4426	21930	8690	54788
雁山区	450311	9936	289	289	1467	2282

分组的法人单位从业人员数

2001年	2002年	2003年	2004年	2005年	2006年	2007年	代码
135869	**239355**	**246190**	**197323**	**230989**	**173096**	**215856**	**45**
31478	**76924**	**51160**	**69232**	**63853**	**46104**	**73510**	**4501**
1126	2513	2030	30632	4862	4046	2719	450102
12603	17821	17924	9872	18198	11827	36248	450103
2765	2509	3770	7682	4319	3704	4167	450105
2148	19167	4758	5126	10553	3156	5752	450107
749	12138	1557	3111	5123	2044	3585	450108
124	257	724	656	4891	541	1159	450109
1041	519	1522	1498	889	1528	2919	450110
108	416	163	562	798	985	859	450123
28	606	1039	31	692	202	559	450124
516	273	241	541	434	377	672	450125
2431	2849	797	787	1424	2059	872	450126
2086	3638	544	2347	3356	5841	2650	450127
25609	**49250**	**27596**	**24583**	**31221**	**28696**	**23265**	**4502**
4191	4081	3003	1507	2246	799	1752	450202
1379	2513	1848	3286	4358	2534	2865	450203
5928	3171	6456	2777	10089	3948	2359	450204
1598	3693	3176	7084	2083	4953	3625	450205
467	1680	2487	1381	3992	2480	2297	450206
2757	1681	515	805	1090	1049	873	450222
2672	3000	1433	3410	604	1340	2237	450223
1060	299	165	144	872	646	881	450224
719	198	943	277	846	500	1227	450225
427	590	1195	41	209	463	351	450226
17808	**20337**	**29494**	**19018**	**20490**	**19021**	**16706**	**4503**
1982	1876	1078	1374	7831	2951	880	450302
475	373	1598	362	498	1573	600	450303
2649	3121	8028	1879	791	1170	1436	450304
6893	1872	1540	4112	1997	4594	3931	450305
537	773	42	383	73	234	227	450311

1-12 续表 1

地 区	代码	从业人员数（人）	1949年以前	1950—1977年	1978—1991年	1992—2000年
临桂区	450312	60133	2166	2165	7036	5302
阳朔县	450321	31538	1324	2604	2121	1921
灵川县	450323	44869	482	3235	3267	4155
全州县	450324	32325	715	5399	5733	3611
兴安县	450325	27842	1258	1668	4275	3281
永福县	450326	25144	265	2958	2742	3621
灌阳县	450327	15538	589	2468	1657	1454
龙胜各族自治县	450328	16234	817	1311	2888	2491
资源县	450329	15561	143	825	849	1266
平乐县	450330	25530	2051	3946	2612	1243
荔浦县	450331	50818	1451	2711	1931	8176
恭城瑶族自治县	450332	19920	776	1555	2517	1103
梧州市	**4504**	**337429**	**10508**	**34873**	**26010**	**31360**
万秀区	450403	55685	2674	7148	4885	8835
长洲区	450405	63051	1354	5643	2864	3602
龙圩区	450406	35999	1059	2611	2222	2500
苍梧县	450421	13847	126	2096	1637	1456
藤县	450422	69551	843	6798	5657	4664
蒙山县	450423	16443	928	1764	2036	1165
岑溪市	450481	71937	3524	8813	6709	6851
北海市	**4505**	**290903**	**5015**	**27654**	**20685**	**34381**
海城区	450502	125206	716	12803	10708	20567
银海区	450503	38053	333	2135	2199	3906
铁山港区	450512	17498	601	1017	597	1508
合浦县	450521	72330	3365	11699	7181	6741
防城港市	**4506**	**172721**	**2479**	**6862**	**8849**	**23911**
港口区	450602	80445	178	868	1242	12972
防城区	450603	40804	1051	2862	3330	4435
上思县	450621	19502	451	2466	3787	929
东兴市	450681	31560	799	666	490	5575
钦州市	**4507**	**444932**	**12726**	**31712**	**48810**	**105694**
钦南区	450702	165035	3210	10591	5651	81669

2001年	2002年	2003年	2004年	2005年	2006年	2007年	代码
1372	1386	3373	766	2068	1214	2202	450312
997	1524	1236	1766	600	349	2119	450321
1430	1128	1679	1550	1621	1944	999	450323
175	1098	1475	559	286	337	175	450324
298	577	1039	740	1247	550	585	450325
135	1164	568	601	674	1285	782	450326
47	449	467	289	197	656	700	450327
57	319	569	880	543	235	311	450328
63	554	588	410	572	422	258	450329
137	707	544	1091	745	361	294	450330
540	2908	4561	1400	530	620	751	450331
21	508	1109	856	217	526	456	450332
6078	**6674**	**15659**	**8335**	**12156**	**8446**	**12121**	**4504**
1197	1400	2840	2102	2855	556	1080	450403
2245	2029	6281	1924	2530	1563	1765	450405
312	178	1565	340	532	732	3495	450406
34	176	75	220	893	90	72	450421
200	1073	2251	767	3472	1320	2734	450422
73	215	180	572	382	694	573	450423
1289	1227	2292	1131	952	2957	2397	450481
3355	**4729**	**6484**	**3857**	**8874**	**11691**	**7535**	**4505**
2070	2643	4280	1107	2815	2274	3969	450502
124	232	500	1475	1319	612	514	450503
19	364	67	200	416	171	310	450512
911	1333	1474	767	1968	1785	1429	450521
7808	**6992**	**12251**	**2545**	**5559**	**4269**	**4588**	**4506**
5670	678	10247	629	2303	2412	2086	450602
507	4208	765	772	1012	1188	953	450603
1132	692	585	454	498	132	409	450621
499	1414	654	690	1746	537	1140	450681
4599	**6150**	**10256**	**7432**	**28813**	**5454**	**9283**	**4507**
536	1326	4933	2105	2126	1033	2852	450702

1-12 续表 2

地　　区	代码	从业人员数（人）	1949年以前	1950—1977年	1978—1991年	1992—2000年
钦北区	450703	130098	1621	2569	29413	14782
灵山县	450721	71327	6478	11684	5181	3724
浦北县	450722	55721	1417	6797	8565	3833
贵港市	**4508**	**468246**	**15934**	**41177**	**28958**	**50936**
港北区	450802	146972	3706	12806	7742	23789
港南区	450803	53567	1473	3044	2538	7424
覃塘区	450804	48519	2159	1394	1640	2477
平南县	450821	102121	3999	10536	9298	7366
桂平市	450881	117067	4597	13397	7740	9880
玉林市	**4509**	**671270**	**21469**	**79896**	**59827**	**94580**
玉州区	450902	205179	5322	20285	14695	45509
福绵区	450903	27819	869	946	991	3057
容县	450921	72924	3845	7394	6216	5839
陆川县	450922	66892	3199	13733	7333	6097
博白县	450923	101177	5479	17064	8080	9984
兴业县	450924	31569	48	940	970	9655
北流市	450981	157390	2707	19224	21446	13745
百色市	**4510**	**387173**	**9583**	**44517**	**36899**	**35778**
右江区	451002	107793	1467	10387	6807	14752
田阳县	451021	30280	511	2780	2479	2023
田东县	451022	34262	2491	4610	3025	2458
平果县	451023	50455	752	5261	2232	5899
德保县	451024	25991	125	2217	3963	2233
那坡县	451026	12381	1011	1616	2035	609
凌云县	451027	14862	431	1098	2544	1246
乐业县	451028	12422	275	2995	1843	356
田林县	451029	22172	801	2755	3086	1450
西林县	451030	13333	88	2009	2861	514
隆林各族自治县	451031	21430	171	4700	2465	2878
靖西市	451081	41792	1460	4089	3559	1360
贺州市	**4511**	**196924**	**9866**	**24503**	**17273**	**14727**
八步区	451102	78117	3491	9499	4933	5976

2001年	2002年	2003年	2004年	2005年	2006年	2007年	代码
2108	1329	1682	580	22318	1822	2284	450703
876	1014	1463	543	2348	1379	1169	450721
719	1029	390	1336	584	1025	1113	450722
5944	**9255**	**13966**	**11024**	**10969**	**9317**	**10048**	**4508**
1612	3976	5544	4629	3094	3281	2537	450802
141	277	314	496	1119	434	1580	450803
155	474	2841	1429	1380	406	523	450804
1670	2900	3918	760	1588	2580	1519	450821
2366	1628	1349	3710	3788	2616	3889	450881
7568	**15034**	**22256**	**14658**	**17060**	**15066**	**15285**	**4509**
2584	4906	8676	3633	3266	2470	5707	450902
192	1351	550	327	558	290	881	450903
881	1094	6098	2122	1561	1587	2356	450921
1124	549	1267	649	1463	787	1220	450922
662	4282	1420	1938	683	2628	2278	450923
1104	828	400	494	1361	522	476	450924
1021	2024	3845	3532	7611	5989	1569	450981
4793	**8098**	**15695**	**9861**	**9251**	**6069**	**13980**	**4510**
1447	3496	4835	881	3792	2987	2697	451002
475	483	838	678	314	370	993	451021
132	583	1193	1850	810	327	1684	451022
1345	773	562	2053	1426	685	1844	451023
401	287	4068	512	361	459	488	451024
40	166	897	40	105	33	451	451026
105	157	397	859	258	65	550	451027
11	205	194	78	228	355	314	451028
71	718	68	955	329	65	414	451029
17	100	264	445	362	91	448	451030
276	442	130	34	282	191	193	451031
473	688	2249	1476	984	441	3904	451081
3185	**10008**	**4740**	**3353**	**3426**	**3949**	**5440**	**4511**
1494	6801	1204	1533	715	2492	1776	451102

1-12 续表 3

地　区	代码	从业人员数（人）	1949年以前	1950—1977年	1978—1991年	1992—2000年
平桂区	451103	40882	2148	2297	1371	2619
昭平县	451121	24137	1843	3370	4198	2333
钟山县	451122	30968	1696	6493	3554	2109
富川瑶族自治县	451123	22169	688	2844	3217	1690
河池市	**4512**	**318210**	**11113**	**44897**	**41669**	**31713**
金城江区	451202	84887	1878	11465	7033	8770
宜州区	451203	48249	734	9182	4162	4388
南丹县	451221	29326	1507	2157	3179	3854
天峨县	451222	11883	142	3059	1730	702
凤山县	451223	12200	410	2136	1508	490
东兰县	451224	14390	1042	2576	2598	1162
罗城仫佬族自治县	451225	19176	1742	2411	3064	924
环江毛南族自治县	451226	22377	1379	2432	3831	1728
巴马瑶族自治县	451227	24682	90	3476	3666	5599
都安瑶族自治县	451228	30227	1874	4185	5295	1685
大化瑶族自治县	451229	20813	315	1818	5603	2411
来宾市	**4513**	**215185**	**3049**	**17531**	**16735**	**13278**
兴宾区	451302	110226	389	7143	4690	7444
忻城县	451321	18167	1764	1896	2494	1250
象州县	451322	27309	140	2639	2084	2104
武宣县	451323	28494	634	3842	2705	1440
金秀瑶族自治县	451324	17875	66	1939	1706	660
合山市	451381	12607	56	72	3056	380
崇左市	**4514**	**233325**	**7493**	**17841**	**21263**	**17841**
江州区	451402	80685	189	1148	3440	5661
扶绥县	451421	37779	2003	2829	4363	1202
宁明县	451422	23503	1320	1850	3153	3392
龙州县	451423	24230	591	1931	2980	864
大新县	451424	26981	1208	4273	2762	3823
天等县	451425	18372	1721	3710	2705	1565
凭祥市	451481	21302	461	2100	1860	1334

2001年	2002年	2003年	2004年	2005年	2006年	2007年	代码
500	1358	1891	864	1830	837	768	451103
221	197	635	524	185	116	621	451121
89	1114	514	155	392	274	1739	451122
881	538	496	277	304	230	536	451123
5264	**11859**	**18628**	**4146**	**5922**	**5411**	**9812**	**4512**
2846	7592	6360	822	1493	1969	1903	451202
484	1130	2512	1118	601	809	1871	451203
485	286	4748	322	1825	1049	507	451221
38	228	455	117	43	46	568	451222
64	326	615	238	136	61	212	451223
86	383	34	352	16	142	227	451224
661	434	416	382	202	466	858	451225
59	655	986	136	509	235	1760	451226
127	206	526	503	426	320	409	451227
117	512	1444	121	555	118	1094	451228
297	107	532	35	116	196	403	451229
4330	**9402**	**7954**	**13069**	**4259**	**5663**	**8106**	**4513**
1903	7137	5585	5205	2960	3369	5134	451302
376	576	564	279	185	243	71	451321
233	469	931	755	526	1079	1229	451322
901	920	293	151	289	289	495	451323
32	174	342	6073	267	132	255	451324
885	126	239	606	32	551	922	451381
8050	**4643**	**10051**	**6210**	**9136**	**3940**	**6177**	**4514**
968	425	6868	3540	5201	507	1367	451402
1989	1157	256	427	1722	1081	1193	451421
1417	680	582	392	619	235	448	451422
2407	1141	471	726	192	221	1169	451423
499	817	712	766	780	515	856	451424
710	146	679	218	127	584	536	451425
60	277	483	141	495	797	608	451481

1-12 续表 4

地 区	代码	2008年	2009年	2010年	2011年	2012年
广西壮族自治区	**45**	**214156**	**218450**	**242268**	**268741**	**254138**
南宁市	**4501**	**58515**	**45826**	**54104**	**82547**	**68228**
兴宁区	450102	2069	2629	3309	5355	4398
青秀区	450103	23295	16777	20085	20030	23057
江南区	450105	1438	2869	1857	18344	3800
西乡塘区	450107	3813	4180	5203	5676	4349
良庆区	450108	5299	1302	2658	4724	11751
邕宁区	450109	559	355	1049	641	491
武鸣区	450110	1264	1551	1665	2408	2873
隆安县	450123	520	1229	875	1138	627
马山县	450124	491	472	254	367	744
上林县	450125	275	400	836	434	677
宾阳县	450126	1730	2593	4460	3653	3470
横县	450127	2792	3014	1362	10059	2188
柳州市	**4502**	**22467**	**24018**	**28963**	**27760**	**23602**
城中区	450202	2201	2410	2786	2042	3093
鱼峰区	450203	2388	3832	3811	3547	3370
柳南区	450204	3793	3485	5375	5172	3873
柳北区	450205	5691	2604	4964	3659	3746
柳江区	450206	2196	2409	3913	3125	2199
柳城县	450222	507	824	1031	1935	1244
鹿寨县	450223	1278	537	959	1544	1791
融安县	450224	1322	449	477	2192	749
融水苗族自治县	450225	511	763	964	2252	968
三江侗族自治县	450226	468	500	946	594	783
桂林市	**4503**	**19072**	**19291**	**25268**	**18809**	**19724**
秀峰区	450302	2283	1825	1562	1781	1554
叠彩区	450303	1266	749	1179	1230	1103
象山区	450304	1197	2271	7159	1975	2072
七星区	450305	1221	3393	2882	2037	3125
雁山区	450311	56	49	44	113	416

2013年	2014年	2015年	2016年	2017年	2018年	无开业年份	代码
245286	**310656**	**354626**	**416426**	**478541**	**369873**	**667**	**45**
64474	**89764**	**98298**	**109161**	**131113**	**110905**	**32**	**4501**
4306	9225	7664	10286	11289	9088	8	450102
25761	34853	32094	33279	44415	37711	6	450103
2874	5130	6016	7529	8449	9733	7	450105
6333	8971	10360	13048	13130	11078	2	450107
3352	4429	6665	8063	8151	9728	2	450108
1542	948	2662	1647	2041	2374	1	450109
3923	3896	3090	4454	6427	3584		450110
717	862	1285	1411	2054	1142		450123
1112	955	1944	2034	1420	1237		450124
695	1489	1657	1381	2838	1592	3	450125
1821	1945	5344	4281	4713	4798		450126
2122	3054	4473	3160	5701	4348	3	450127
31268	**30320**	**39040**	**42836**	**50572**	**35882**	**56**	**4502**
4607	3289	5954	5776	6528	4905		450202
3749	4336	6895	6969	8812	5935	14	450203
7753	6050	10780	7574	6924	6466		450204
3156	4587	3765	6541	6094	4623		450205
1968	2803	2966	3202	6792	3562		450206
889	1180	1229	1344	2300	1195		450222
1725	2074	1686	2471	3873	2079	12	450223
863	2415	1196	1557	2997	1652	23	450224
1313	1164	1862	3081	2651	2568	7	450225
832	809	1271	1628	2174	1639		450226
19648	**28819**	**32719**	**40476**	**44669**	**34423**	**39**	**4503**
1009	3335	2981	2505	2075	2285	13	450302
719	1436	1569	2125	2754	2384		450303
2284	4729	3894	6630	5851	4288		450304
2858	5235	5915	5151	6083	5449	7	450305
515	310	260	341	715	521		450311

1-12 续表 5

地 区	代码	2008年	2009年	2010年	2011年	2012年
临桂区	450312	1059	2440	1780	2507	1837
阳朔县	450321	1119	1032	1770	1099	727
灵川县	450323	1384	1162	1640	1170	1793
全州县	450324	850	368	353	1434	1079
兴安县	450325	869	1157	1065	538	918
永福县	450326	955	495	943	370	588
灌阳县	450327	204	685	284	313	623
龙胜各族自治县	450328	274	398	330	1051	307
资源县	450329	437	626	432	650	866
平乐县	450330	694	578	453	474	901
荔浦县	450331	3683	997	2973	1493	1197
恭城瑶族自治县	450332	1521	1066	407	574	618
梧州市	**4504**	**12232**	**18478**	**14802**	**18977**	**13893**
万秀区	450403	1649	2021	1341	1508	1388
长洲区	450405	2009	3745	2642	2782	2305
龙圩区	450406	1758	1519	1467	3340	2805
苍梧县	450421	350	218	407	1445	616
藤县	450422	3351	5977	4988	4838	1991
蒙山县	450423	291	402	659	722	1006
岑溪市	450481	2504	3916	2363	2747	2828
北海市	**4505**	**9173**	**11676**	**12662**	**13825**	**10930**
海城区	450502	4692	3892	4213	3977	3151
银海区	450503	1910	781	1957	880	1284
铁山港区	450512	92	2425	1574	3627	623
合浦县	450521	1793	943	2454	1850	2576
防城港市	**4506**	**10140**	**4827**	**8261**	**6103**	**7865**
港口区	450602	3797	2184	4222	2680	3711
防城区	450603	2870	861	1837	1656	2251
上思县	450621	898	356	552	652	535
东兴市	450681	2575	1426	1240	1115	1368
钦州市	**4507**	**11543**	**9333**	**15403**	**17423**	**14659**
钦南区	450702	2046	1401	5143	5442	2158

2013年	2014年	2015年	2016年	2017年	2018年	无开业年份	代码
1301	2381	3483	4273	5413	4605	4	450312
1272	1189	1218	2126	1719	1704	2	450321
2135	2274	2880	2428	3509	2997	7	450323
651	893	1260	1745	2791	1338		450324
1266	1086	1229	1448	1481	1267		450325
905	1105	899	1006	1806	1277		450326
818	395	666	798	1318	460	1	450327
543	638	496	708	747	321		450328
277	340	1211	2595	1522	655		450329
831	1376	1280	1931	1635	1646		450330
1797	1444	2600	2943	3830	2277	5	450331
467	653	878	1723	1420	949		450332
13842	**11169**	**14367**	**13990**	**19075**	**14384**		**4504**
1780	1503	2298	1865	2880	1880		450403
2679	2016	3373	2983	3315	3402		450405
2080	1389	1220	1858	1874	1143		450406
360	606	543	584	1107	736		450421
4780	2444	2537	2191	3876	2799		450422
332	673	672	901	1213	990		450423
1831	2538	3647	3177	4810	3434		450481
11014	**16300**	**13595**	**18338**	**22206**	**16924**		**4505**
3821	6116	6111	7537	9741	8003		450502
1519	2206	1848	2846	5204	4269		450503
682	692	634	683	767	429		450512
3086	6715	2236	4047	4525	3452		450521
5144	**8267**	**8263**	**9311**	**9385**	**9034**	**8**	**4506**
2653	4310	3922	4929	4091	4653	8	450602
904	1753	1532	1619	2545	1893		450603
334	732	729	898	1333	948		450621
1253	1472	2080	1865	1416	1540		450681
14599	**16346**	**15807**	**20676**	**22088**	**15989**	**137**	**4507**
3937	3665	5663	6745	6848	5842	113	450702

1-12 续表 6

地　区	代码	2008年	2009年	2010年	2011年	2012年
钦北区	450703	6260	2380	3269	2969	6437
灵山县	450721	1333	2737	4661	2525	2852
浦北县	450722	1013	306	1655	5924	2489
贵港市	**4508**	**15534**	**19082**	**17777**	**20032**	**20598**
港北区	450802	5090	3354	3817	6509	5129
港南区	450803	1741	4452	2154	1561	1897
覃塘区	450804	839	821	1404	3366	7240
平南县	450821	3049	5805	7184	3744	2806
桂平市	450881	4815	4650	3218	4852	3526
玉林市	**4509**	**17324**	**22996**	**22106**	**23049**	**26642**
玉州区	450902	6492	7988	4467	4667	7157
福绵区	450903	1261	310	1887	909	1075
容县	450921	1795	3736	2316	3286	1653
陆川县	450922	2316	2452	1738	3528	1452
博白县	450923	1388	1950	3170	4525	6412
兴业县	450924	767	626	206	1404	1350
北流市	450981	3212	5691	7612	4279	7248
百色市	**4510**	**15499**	**11736**	**12042**	**10340**	**12543**
右江区	451002	7485	5034	5248	3219	2862
田阳县	451021	928	610	1908	556	1144
田东县	451022	940	1026	664	417	1416
平果县	451023	4074	1781	1303	1532	1896
德保县	451024	202	661	453	1798	771
那坡县	451026	273	139	168	189	219
凌云县	451027	189	233	146	795	970
乐业县	451028	222	363	251	319	328
田林县	451029	221	370	765	545	708
西林县	451030	107	184	341	202	529
隆林各族自治县	451031	362	473	450	355	527
靖西市	451081	496	862	345	413	1173
贺州市	**4511**	**5065**	**6476**	**8794**	**5617**	**6557**
八步区	451102	2299	4602	3576	2319	1794

2013年	2014年	2015年	2016年	2017年	2018年	无开业年份	代码
4366	5868	3144	6466	4600	3813	18	450703
3615	2922	3312	3244	4931	3330	6	450721
2289	2954	2344	3002	4569	2368		450722
19597	**25101**	**23918**	**34184**	**36485**	**28339**	**71**	**4508**
4882	6328	7072	12279	10194	9593	9	450802
2517	2648	3284	5045	6589	2839		450803
3695	2974	1916	2952	3919	4501	14	450804
4514	4078	5863	7496	6518	4885	45	450821
3989	9073	5783	6412	9265	6521	3	450881
22158	**24294**	**30877**	**42851**	**43311**	**32860**	**103**	**4509**
5860	6740	9304	12030	13127	10256	38	450902
784	1337	2266	1390	3623	2965		450903
3166	2050	3419	4551	4409	3518	32	450921
1548	3804	2720	3347	3822	2744		450922
3711	2788	4706	6533	7666	3830		450923
1443	1633	2215	1675	2127	1321	4	450924
5635	5320	5908	13181	8436	8126	29	450981
13595	**19185**	**19964**	**24103**	**32973**	**20655**	**14**	**4510**
3013	5154	5130	5310	7116	4674		451002
1177	3299	2200	2183	2329	2002		451021
973	1219	1274	2226	2132	2800	12	451022
2084	2364	2985	3555	3605	2444		451023
773	715	1004	964	2747	789		451024
282	609	436	1132	1419	512		451026
591	636	801	1247	1178	366		451027
592	443	684	705	982	679		451028
1216	1143	679	1523	2900	1390		451029
425	463	587	1238	1162	896		451030
808	1005	1317	1029	1904	1438		451031
1661	2135	2867	2991	5499	2665	2	451081
5593	**8895**	**11473**	**13978**	**14234**	**9768**	**4**	**4511**
1971	3309	5236	4607	5078	3412		451102

1-12 续表 7

地　　区	代码	2008年	2009年	2010年	2011年	2012年
平桂区	451103	1350	792	2021	1298	1393
昭平县	451121	207	137	949	386	796
钟山县	451122	141	630	955	1260	1255
富川瑶族自治县	451123	1068	315	642	354	1319
河池市	**4512**	**6612**	**6744**	**8729**	**7586**	**11275**
金城江区	451202	3487	2911	3295	1685	2298
宜州区	451203	649	857	931	1802	2478
南丹县	451221	342	336	585	698	488
天峨县	451222	319	300	502	250	236
凤山县	451223	641	105	242	182	392
东兰县	451224	50	64	351	759	298
罗城仫佬族自治县	451225	355	465	1029	212	605
环江毛南族自治县	451226	157	346	597	395	1789
巴马瑶族自治县	451227	158	649	457	321	569
都安瑶族自治县	451228	351	526	445	704	1134
大化瑶族自治县	451229	103	185	295	578	988
来宾市	**4513**	**5365**	**9040**	**6708**	**7478**	**10163**
兴宾区	451302	2650	6321	3393	2737	5810
忻城县	451321	188	205	1280	639	1027
象州县	451322	980	1699	885	1131	1000
武宣县	451323	933	463	575	1262	1552
金秀瑶族自治县	451324	32	160	218	802	483
合山市	451381	425	192	357	907	291
崇左市	**4514**	**5615**	**8927**	**6649**	**9195**	**7459**
江州区	451402	2690	6271	2523	3079	3368
扶绥县	451421	504	804	1014	1322	1486
宁明县	451422	330	192	889	754	454
龙州县	451423	407	427	571	2796	1016
大新县	451424	732	361	479	303	564
天等县	451425	179	398	312	215	282
凭祥市	451481	300	474	861	726	289

2013年	2014年	2015年	2016年	2017年	2018年	无开业年份	代码
1163	2950	2157	5581	3097	2595	2	451103
426	1030	1335	1707	1604	1317		451121
1092	1048	1737	1143	2114	1462	2	451122
941	558	1008	940	2341	982		451123
9172	**11199**	**17189**	**17286**	**20535**	**11435**	**14**	**4512**
2163	3556	4612	2875	3250	2610	14	451202
1486	1581	2967	2087	4655	1765		451203
901	716	953	1093	2421	874		451221
509	358	295	603	705	678		451222
328	179	620	1120	1568	627		451223
359	481	1024	1013	776	597		451224
492	581	826	1037	1278	736		451225
444	1421	732	986	1076	724		451226
515	872	993	2545	1558	697		451227
1466	901	3165	1710	1440	1385		451228
509	553	1002	2217	1808	742		451229
7859	**10645**	**15395**	**11338**	**15654**	**12035**	**129**	**4513**
4885	5671	9075	5718	7188	5804	15	451302
594	566	868	663	1346	1093		451321
794	1130	1699	1579	2404	1814	5	451322
1066	1912	2316	1665	3033	1758		451323
257	436	721	1083	1015	913	109	451324
263	580	716	630	668	653		451381
7323	**10352**	**13721**	**17898**	**16241**	**17240**	**60**	**4514**
3043	3658	6190	7510	5934	7105		451402
1230	1618	1987	2648	3139	3764	41	451421
670	916	1201	1180	1534	1295		451422
591	1256	1200	870	1573	830		451423
870	941	1396	1609	1550	1158	7	451424
366	1080	366	857	700	916		451425
553	883	1381	3224	1811	2172	12	451481

1-13 按行业（大类）、

行业	代码	法人单位数（个）	1949年以前	1950—1977年	1978—1991年	1992—2000年
总 计	**00**	**490286**	**2047**	**10551**	**17055**	**19490**
农、林、牧、渔业	**A**	**6683**		**72**	**175**	**94**
农业	01	40		3	3	6
林业	02	16		2	5	4
畜牧业	03	15			1	1
渔业	04	4			1	1
农、林、牧、渔专业及辅助性活动	05	6608		67	165	82
采矿业	**B**	**2672**		**8**	**29**	**93**
煤炭开采和洗选业	06	30		1		3
石油和天然气开采业	07	3				
黑色金属矿采选业	08	268		2	5	21
有色金属矿采选业	09	296		4	7	27
非金属矿采选业	10	1830		1	16	34
开采专业及辅助性活动	11	15				1
其他采矿业	12	230			1	7
制造业	**C**	**37559**	**2**	**105**	**616**	**1887**
农副食品加工业	13	3105	1	26	91	173
食品制造业	14	2329		1	34	85
酒、饮料和精制茶制造业	15	1551		7	22	101
烟草制品业	16	5			2	
纺织业	17	629		4	12	32
纺织服装、服饰业	18	1081			16	28
皮革、毛皮、羽毛及其制品和制鞋业	19	442		1	8	16
木材加工和木、竹、藤、棕、草制品业	20	5142	1	1	27	83
家具制造业	21	1026			7	24
造纸和纸制品业	22	787			19	62
印刷和记录媒介复制业	23	1035		7	70	141
文教、工美、体育和娱乐用品制造业	24	985		2	11	51
石油、煤炭及其他燃料加工业	25	129			2	4
化学原料和化学制品制造业	26	1835		4	51	184
医药制造业	27	496		6	10	77
化学纤维制造业	28	21				1
橡胶和塑料制品业	29	1253		1	26	85
非金属矿物制品业	30	5397		10	54	224
黑色金属冶炼和压延加工业	31	305		1	3	20
有色金属冶炼和压延加工业	32	371		1	4	30
金属制品业	33	1974		7	31	88
通用设备制造业	34	1478		5	31	85
专用设备制造业	35	1499		3	21	77

开业（成立）时间分组的法人单位数

2001年	2002年	2003年	2004年	2005年	2006年	2007年	2008年	代码
3603	**6198**	**5725**	**5274**	**6165**	**6198**	**7774**	**8090**	**00**
30	**40**	**29**	**27**	**16**	**20**	**66**	**247**	**A**
						1	1	01
								02
		1				1		03
								04
30	40	28	27	16	20	64	246	05
15	**24**	**50**	**49**	**86**	**102**	**134**	**136**	**B**
		3	2	2	1	4	2	06
								07
4	7	6	11	25	9	22	19	08
4	5	13	13	12	36	31	21	09
6	11	28	20	43	48	64	75	10
								11
1	1		3	4	8	13	19	12
437	**576**	**711**	**727**	**860**	**825**	**1044**	**1007**	**C**
46	55	49	62	70	71	73	85	13
20	20	24	32	41	36	39	42	14
21	28	24	38	41	27	57	44	15
		3						16
12	13	16	20	22	20	19	8	17
	10	10	11	10	10	72	39	18
4	5	9	8	8	5	10	12	19
27	37	61	81	80	53	114	131	20
3	8	5	7	9	14	14	12	21
12	19	31	25	27	38	24	33	22
16	26	43	34	34	36	42	13	23
10	16	26	21	16	18	15	23	24
	4	1	1	4	4	5	4	25
60	53	52	56	62	59	70	68	26
12	24	22	22	20	10	20	6	27
		1		2				28
29	26	47	29	44	35	41	25	29
30	59	84	83	99	126	140	153	30
7	15	24	25	14	12	9	25	31
6	10	9	11	10	13	25	10	32
21	22	34	33	44	42	48	32	33
27	36	31	30	45	42	33	44	34
20	22	22	22	47	41	39	62	35

1-13 续表 1

行业	代码	法人单位数（个）				
			1949年以前	1950—1977年	1978—1991年	1992—2000年
汽车制造业	36	1200		2	18	74
铁路、船舶、航空航天和其他运输设备制造业	37	240		3	6	11
电气机械和器材制造业	38	930		6	10	52
计算机、通信和其他电子设备制造业	39	961		2	11	27
仪器仪表制造业	40	224		1	7	13
其他制造业	41	186		1	1	12
废弃资源综合利用业	42	250			2	6
金属制品、机械和设备修理业	43	693		3	9	21
电力、热力、燃气及水生产和供应业	**D**	**3290**	**1**	**57**	**158**	**310**
电力、热力生产和供应业	44	2422		44	94	182
燃气生产和供应业	45	157			1	4
水的生产和供应业	46	711	1	13	63	124
建筑业	**E**	**23669**		**133**	**170**	**467**
房屋建筑业	47	4455		111	112	186
土木工程建筑业	48	3667		21	37	103
建筑安装业	49	2524		1	8	78
建筑装饰、装修和其他建筑业	50	13023			13	100
批发和零售业	**F**	**142714**	**2**	**151**	**938**	**2491**
批发业	51	71340	1	64	459	1422
零售业	52	71374	1	87	479	1069
交通运输、仓储和邮政业	**G**	**13253**	**2**	**77**	**289**	**573**
铁路运输业	53	6		1		
道路运输业	54	8819	2	41	161	268
水上运输业	55	556		8	28	56
航空运输业	56	56				1
管道运输业	57	1				
多式联运和运输代理业	58	1461			8	45
装卸搬运和仓储业	59	1649		26	90	178
邮政业	60	705		1	2	25
住宿和餐饮业	**H**	**8451**	**1**	**18**	**103**	**201**
住宿业	61	3173		12	80	138
餐饮业	62	5278	1	6	23	63
信息传输、软件和信息技术服务业	**I**	**18658**	**1**	**16**	**89**	**164**
电信、广播电视和卫星传输服务	63	928	1	13	74	69
互联网和相关服务	64	2442		1	2	11
软件和信息技术服务业	65	15288		2	13	84
金融业	**J**	**2387**	**1**	**6**	**69**	**109**
货币金融服务	66	769	1	6	67	68
资本市场服务	67	273				3
保险业	68	411				32
其他金融业	69	934			2	6

2001年	2002年	2003年	2004年	2005年	2006年	2007年	2008年	代码
17	25	26	23	49	45	44	42	36
3	2	1	8	6		10	5	37
16	17	29	16	21	29	22	32	38
12	7	7	3	17	14	27	21	39
5	4	10	12	7	5	5	5	40
	2		2	1	5	5	6	41
	2	5	1	5	7	6	6	42
1	9	5	11	5	8	16	19	43
84	**139**	**239**	**292**	**171**	**141**	**96**	**78**	**D**
68	125	216	274	147	113	73	51	44
2	1	4	4	4	2	2	1	45
14	13	19	14	20	26	21	26	46
87	**112**	**122**	**127**	**163**	**172**	**177**	**202**	**E**
26	39	33	32	38	37	47	26	47
19	17	30	33	35	34	44	37	48
26	21	15	23	33	32	26	47	49
16	35	44	39	57	69	60	92	50
583	**883**	**891**	**1013**	**1180**	**1431**	**1882**	**2307**	**F**
334	442	465	568	653	836	1109	1255	51
249	441	426	445	527	595	773	1052	52
107	**126**	**128**	**129**	**154**	**213**	**278**	**346**	**G**
	1							53
67	87	79	77	100	134	175	210	54
12	14	15	12	11	26	25	22	55
2	1		1	1		1	1	56
								57
8	5	13	20	21	23	37	47	58
18	17	16	18	19	27	37	60	59
	1	5	1	2	3	3	6	60
40	**38**	**48**	**75**	**65**	**89**	**97**	**113**	**H**
26	25	23	53	41	61	60	72	61
14	13	25	22	24	28	37	41	62
69	**152**	**96**	**106**	**125**	**129**	**155**	**169**	**I**
27	110	29	8	13	8	11	14	63
9	9	9	15	12	18	20	20	64
33	33	58	83	100	103	124	135	65
4	**21**	**21**	**21**	**50**	**31**	**94**	**106**	**J**
		4	9	9	4	52	40	66
			1	3		2	1	67
	17	10	9	34	18	26	51	68
4	4	7	2	4	9	14	14	69

1-13 续表 2

行　　业	代码	法人单位数（个）	1949年以前	1950—1977年	1978—1991年	1992—2000年
房地产业	**K**	**21498**		**80**	**494**	**981**
房地产业	70	21498		80	494	981
租赁和商务服务业	**L**	**68961**		**103**	**450**	**1062**
租赁业	71	5222		2	18	35
商务服务业	72	63739		101	432	1027
科学研究和技术服务业	**M**	**28686**	**8**	**507**	**1268**	**1017**
研究和试验发展	73	2750	2	45	92	51
专业技术服务业	74	12269	3	254	528	599
科技推广和应用服务业	75	13667	3	208	648	367
水利、环境和公共设施管理业	**N**	**4524**	**4**	**251**	**463**	**335**
水利管理业	76	1464	3	208	304	136
生态保护和环境治理业	77	479		8	42	22
公共设施管理业	78	2373		35	113	158
土地管理业	79	208	1		4	19
居民服务、修理和其他服务业	**O**	**11192**		**14**	**68**	**176**
居民服务业	80	4482		8	36	43
机动车、电子产品和日用产品修理业	81	4635		1	25	100
其他服务业	82	2075		5	7	33
教育	**P**	**26800**	**1587**	**4008**	**1755**	**1703**
教育	83	26800	1587	4008	1755	1703
卫生和社会工作	**Q**	**5822**	**74**	**859**	**989**	**484**
卫生	84	4795	73	843	910	389
社会工作	85	1027	1	16	79	95
文化、体育和娱乐业	**R**	**11599**	**10**	**164**	**430**	**264**
新闻和出版业	86	198	3	9	35	31
广播、电视、电影和录音制作业	87	1257	1	21	87	67
文化艺术业	88	3110	5	128	284	123
体育	89	1070		6	9	13
娱乐业	90	5964	1		15	30
公共管理、社会保障和社会组织	**S**	**51868**	**354**	**3922**	**8502**	**7079**
中国共产党机关	91	1347	56	277	350	208
国家机构	92	21581	136	1646	4163	2600
人民政协、民主党派	93	240	3	40	79	39
社会保障	94	849	2	7	34	40
群众团体、社会团体和其他成员组织	95	11548	24	283	695	856
基层群众自治组织及其他组织	96	16303	133	1669	3181	3336

2001年	2002年	2003年	2004年	2005年	2006年	2007年	2008年	代码
187	**210**	**329**	**363**	**435**	**486**	**653**	**545**	**K**
187	210	329	363	435	486	653	545	70
288	**280**	**398**	**425**	**444**	**519**	**757**	**829**	**L**
6	15	15	23	18	37	28	35	71
282	265	383	402	426	482	729	794	72
238	**456**	**266**	**237**	**251**	**374**	**541**	**380**	**M**
13	10	12	11	8	16	33	26	73
120	192	161	162	160	281	382	215	74
105	254	93	64	83	77	126	139	75
50	**106**	**88**	**66**	**92**	**77**	**68**	**76**	**N**
32	71	22	18	39	30	15	20	76
3	7	10	10	5	3	9	12	77
14	21	34	28	37	34	40	38	78
1	7	22	10	11	10	4	6	79
43	**44**	**57**	**61**	**72**	**110**	**142**	**127**	**O**
11	9	22	17	24	35	41	38	80
16	23	20	33	26	51	61	50	81
16	12	15	11	22	24	40	39	82
326	**350**	**518**	**343**	**396**	**365**	**371**	**464**	**P**
326	350	518	343	396	365	371	464	83
124	**213**	**97**	**74**	**109**	**77**	**99**	**72**	**Q**
106	191	73	41	92	65	77	55	84
18	22	24	33	17	12	22	17	85
140	**283**	**247**	**374**	**248**	**227**	**262**	**142**	**R**
	2	4	8	3	3	3	5	86
9	40	10	6	7	8	12	12	87
41	68	33	12	30	19	35	30	88
4	4	13	2	6	9	5	10	89
86	169	187	346	202	188	207	85	90
751	**2145**	**1390**	**765**	**1248**	**810**	**858**	**744**	**S**
27	73	51	9	31	7	7	6	91
484	1241	734	456	547	274	468	422	92
2	5	7	1	10	3		1	93
17	35	184	43	28	18	45	11	94
88	177	240	181	383	454	277	201	95
133	614	174	75	249	54	61	103	96

1-13 续表 3

行业	代码	2009年	2010年	2011年	2012年
总计	**00**	**11613**	**13912**	**18644**	**22268**
农、林、牧、渔业	**A**	**405**	**286**	**257**	**276**
农业	01		1		3
林业	02		1	1	
畜牧业	03		1		1
渔业	04				
农、林、牧、渔专业及辅助性活动	05	405	283	256	272
采矿业	**B**	**148**	**158**	**157**	**233**
煤炭开采和洗选业	06		2	1	
石油和天然气开采业	07			1	
黑色金属矿采选业	08	10	9	15	7
有色金属矿采选业	09	7	16	16	12
非金属矿采选业	10	124	124	115	204
开采专业及辅助性活动	11		1	1	
其他采矿业	12	7	6	8	10
制造业	**C**	**1176**	**1444**	**1840**	**2385**
农副食品加工业	13	80	98	110	145
食品制造业	14	36	46	114	94
酒、饮料和精制茶制造业	15	37	52	80	69
烟草制品业	16				
纺织业	17	18	25	33	37
纺织服装、服饰业	18	25	27	93	66
皮革、毛皮、羽毛及其制品和制鞋业	19	8	14	25	32
木材加工和木、竹、藤、棕、草制品业	20	144	197	305	722
家具制造业	21	35	27	38	45
造纸和纸制品业	22	39	33	42	42
印刷和记录媒介复制业	23	29	38	29	44
文教、工美、体育和娱乐用品制造业	24	24	36	46	66
石油、煤炭及其他燃料加工业	25	4	7	6	8
化学原料和化学制品制造业	26	64	60	60	83
医药制造业	27	14	12	20	16
化学纤维制造业	28		1		1
橡胶和塑料制品业	29	42	61	56	71
非金属矿物制品业	30	251	319	323	342
黑色金属冶炼和压延加工业	31	22	14	14	9
有色金属冶炼和压延加工业	32	18	14	16	8
金属制品业	33	54	57	87	114
通用设备制造业	34	54	67	64	67
专用设备制造业	35	46	45	69	90

2013年	2014年	2015年	2016年	2017年	2018年	无开业年份	代码
24087	**35328**	**45137**	**55766**	**78058**	**86794**	**509**	**00**
356	**597**	**709**	**929**	**991**	**1039**	**22**	**A**
2	4	5	3	6	2		01
			1	2			02
3	1	1	2	2			03
			2				04
351	592	703	921	981	1037	22	05
151	**158**	**198**	**210**	**202**	**323**	**8**	**B**
	1	2	1	3	2		06
					2		07
9	12	18	10	19	25	3	08
9	15	8	12	10	18		09
121	118	155	164	151	206	2	10
1		2	1		7	1	11
11	12	13	22	19	63	2	12
2240	**2688**	**3463**	**3468**	**4408**	**5581**	**69**	**C**
202	189	382	299	375	418	5	13
211	254	441	271	235	252	1	14
88	113	185	162	183	170	2	15
							16
35	42	35	26	71	128	1	17
44	71	101	95	133	219	1	18
28	30	36	42	55	85	1	19
337	369	382	474	628	873	15	20
57	82	123	110	153	249	4	21
45	59	54	62	53	67	1	22
41	53	69	79	91	100		23
85	77	86	81	114	161		24
5	10	7	12	15	26		25
75	99	123	147	174	224	7	26
16	21	28	38	43	55	4	27
1	1	2	2	2	7		28
64	73	91	110	137	157	3	29
363	380	459	467	636	779	16	30
13	7	16	11	21	23		31
23	23	19	25	46	50		32
129	179	175	188	277	311	1	33
69	100	114	137	188	209		34
85	120	116	154	186	209	3	35

1-13 续表 4

行 业	代码	2009年	2010年	2011年	2012年
汽车制造业	36	44	67	49	43
铁路、船舶、航空航天和其他运输设备制造业	37	8	14	12	11
电气机械和器材制造业	38	30	41	40	43
计算机、通信和其他电子设备制造业	39	23	28	48	45
仪器仪表制造业	40	2	10	8	11
其他制造业	41	3	3	11	8
废弃资源综合利用业	42	10	10	13	10
金属制品、机械和设备修理业	43	12	21	29	43
电力、热力、燃气及水生产和供应业	**D**	**107**	**86**	**89**	**102**
电力、热力生产和供应业	44	60	56	68	56
燃气生产和供应业	45	7	8	4	17
水的生产和供应业	46	40	22	17	29
建筑业	**E**	**302**	**438**	**605**	**658**
房屋建筑业	47	58	87	123	104
土木工程建筑业	48	60	72	101	94
建筑安装业	49	49	66	89	92
建筑装饰、装修和其他建筑业	50	135	213	292	368
批发和零售业	**F**	**4511**	**5243**	**7143**	**8727**
批发业	51	2001	2542	3493	4389
零售业	52	2510	2701	3650	4338
交通运输、仓储和邮政业	**G**	**357**	**485**	**441**	**500**
铁路运输业	53	1	3		
道路运输业	54	236	302	285	323
水上运输业	55	16	28	30	19
航空运输业	56	1	2		1
管道运输业	57			1	
多式联运和运输代理业	58	37	56	51	61
装卸搬运和仓储业	59	51	50	47	80
邮政业	60	15	44	27	16
住宿和餐饮业	**H**	**128**	**164**	**252**	**412**
住宿业	61	74	108	131	177
餐饮业	62	54	56	121	235
信息传输、软件和信息技术服务业	**I**	**225**	**280**	**449**	**518**
电信、广播电视和卫星传输服务	63	9	16	46	29
互联网和相关服务	64	27	26	39	71
软件和信息技术服务业	65	189	238	364	418
金融业	**J**	**88**	**94**	**128**	**128**
货币金融服务	66	37	51	68	53
资本市场服务	67	1	5	9	6
保险业	68	32	18	19	25
其他金融业	69	18	20	32	44

2013年	2014年	2015年	2016年	2017年	2018年	无开业年份	代码
72	79	109	110	130	132		36
9	20	21	36	22	32		37
32	58	62	82	125	166	1	38
42	66	96	103	137	222	3	39
10	16	19	24	24	26		40
12	17	26	15	21	35		41
8	15	14	20	38	72		42
39	65	72	86	95	124		43
84	**120**	**147**	**205**	**324**	**252**	**8**	**D**
50	80	89	136	260	172	8	44
9	14	18	16	17	22		45
25	26	40	53	47	58		46
893	**1788**	**2228**	**3595**	**4798**	**6408**	**24**	**E**
160	259	313	566	803	1289	6	47
147	259	323	576	745	876	4	48
105	220	254	368	431	538	2	49
481	1050	1338	2085	2819	3705	12	50
8761	**12250**	**15229**	**18617**	**21999**	**26336**	**146**	**F**
4585	6603	7519	9077	10568	12893	62	51
4176	5647	7710	9540	11431	13443	84	52
583	**983**	**1432**	**1551**	**1910**	**2576**	**13**	**G**
							53
352	623	916	1051	1399	1924	7	54
27	29	33	41	43	61		55
3	9	10	4	4	13	1	56
							57
74	139	162	170	225	256	3	58
87	131	154	171	151	219	2	59
40	52	157	114	88	103		60
398	**608**	**1057**	**1131**	**1571**	**1827**	**15**	**H**
167	247	396	359	477	440	6	61
231	361	661	772	1094	1387	9	62
649	**1325**	**1985**	**2770**	**3737**	**5429**	**20**	**I**
28	60	84	92	94	93		63
71	154	272	410	525	715	6	64
550	1111	1629	2268	3118	4621	14	65
170	**209**	**277**	**226**	**243**	**289**	**2**	**J**
94	66	46	21	35	38		66
10	29	58	59	47	39		67
20	23	21	21	20	15		68
46	91	152	125	141	197	2	69

1-13 续表 5

行　业	代码	2009年	2010年	2011年	2012年
房地产业	**K**	**682**	**912**	**808**	**796**
房地产业	70	682	912	808	796
租赁和商务服务业	**L**	**1107**	**1425**	**1940**	**2388**
租赁业	71	64	99	128	183
商务服务业	72	1043	1326	1812	2205
科学研究和技术服务业	**M**	**453**	**632**	**906**	**1124**
研究和试验发展	73	49	49	58	100
专业技术服务业	74	231	321	400	483
科技推广和应用服务业	75	173	262	448	541
水利、环境和公共设施管理业	**N**	**136**	**101**	**204**	**209**
水利管理业	76	51	20	116	85
生态保护和环境治理业	77	20	14	8	17
公共设施管理业	78	58	66	74	104
土地管理业	79	7	1	6	3
居民服务、修理和其他服务业	**O**	**156**	**236**	**383**	**490**
居民服务业	80	45	65	146	180
机动车、电子产品和日用产品修理业	81	74	113	160	226
其他服务业	82	37	58	77	84
教育	**P**	**544**	**590**	**873**	**880**
教育	83	544	590	873	880
卫生和社会工作	**Q**	**84**	**96**	**252**	**142**
卫生	84	51	75	215	103
社会工作	85	33	21	37	39
文化、体育和娱乐业	**R**	**202**	**243**	**313**	**343**
新闻和出版业	86	5	13	6	4
广播、电视、电影和录音制作业	87	11	14	50	34
文化艺术业	88	35	63	108	110
体育	89	15	9	13	19
娱乐业	90	136	144	136	176
公共管理、社会保障和社会组织	**S**	**802**	**999**	**1604**	**1957**
中国共产党机关	91	16	18	23	18
国家机构	92	477	580	1000	952
人民政协、民主党派	93	1	7	1	
社会保障	94	16	15	120	71
群众团体、社会团体和其他成员组织	95	258	330	390	824
基层群众自治组织及其他组织	96	34	49	70	92

2013年	2014年	2015年	2016年	2017年	2018年	无开业年份	代码
1177	**1545**	**1446**	**1827**	**2952**	**4573**	**17**	**K**
1177	1545	1446	1827	2952	4573	17	70
2867	**5299**	**7115**	**8910**	**16151**	**16131**	**73**	**L**
215	410	536	774	1115	1458	8	71
2652	4889	6579	8136	15036	14673	65	72
1367	**2139**	**2557**	**3317**	**4296**	**6308**	**44**	**M**
106	210	245	352	478	780	4	73
577	885	1035	1353	1602	2315	10	74
684	1044	1277	1612	2216	3213	30	75
186	**238**	**332**	**440**	**499**	**497**	**6**	**N**
42	49	61	76	42	24		76
17	27	41	40	76	87	1	77
117	155	205	309	362	366	5	78
10	7	25	15	19	20		79
567	**881**	**1280**	**1597**	**1958**	**2714**	**16**	**O**
211	328	468	592	838	1316	9	80
255	384	568	698	790	956	5	81
101	169	244	307	330	442	2	82
1168	**1618**	**1915**	**2414**	**2472**	**2131**	**9**	**P**
1168	1618	1915	2414	2472	2131	9	83
153	**202**	**250**	**408**	**487**	**475**	**2**	**Q**
109	131	179	306	356	354	1	84
44	71	71	102	131	121	1	85
379	**631**	**1178**	**1440**	**1747**	**2321**	**11**	**R**
10	4	12	11	11	16		86
46	72	125	143	200	282		87
102	166	266	347	497	604	4	88
17	52	122	173	246	319	4	89
204	337	653	766	793	1100	3	90
1938	**2049**	**2339**	**2711**	**7313**	**1584**	**4**	**S**
17	18	15	61	33	25	1	91
896	672	997	1589	807	440		92
6	3	9	16	6	1		93
39	18	30	33	26	17		94
917	1173	1169	908	1123	594	3	95
63	165	119	104	5318	507		96

1-14 按行业（大类）、开业（成立）

行业	代码	从业人员数（人）	1949年以前	1950—1977年	1978—1991年	1992—2000年
总　计	**00**	**7508504**	**197330**	**911693**	**652175**	**934800**
农、林、牧、渔业	**A**	**35499**		**1022**	**1731**	**704**
农业	01					
林业	02					
畜牧业	03					
渔业	04					
农、林、牧、渔专业及辅助性活动	05	35499		1022	1731	704
采矿业	**B**	**67575**		**7730**	**2855**	**6806**
煤炭开采和洗选业	06	7009		2292		618
石油和天然气开采业	07	131				
黑色金属矿采选业	08	8478		21	97	513
有色金属矿采选业	09	18242		4730	137	3338
非金属矿采选业	10	32432		687	2520	2316
开采专业及辅助性活动	11	65				1
其他采矿业	12	1218			101	20
制造业	**C**	**1501741**	**17**	**42626**	**46349**	**160107**
农副食品加工业	13	135695	16	5133	6236	23176
食品制造业	14	44123		71	967	4080
酒、饮料和精制茶制造业	15	43683		1206	431	13588
烟草制品业	16	3591			3000	
纺织业	17	46443		56	267	4952
纺织服装、服饰业	18	33362			366	925
皮革、毛皮、羽毛及其制品和制鞋业	19	28439		1	1190	2170
木材加工和木、竹、藤、棕、草制品业	20	183808	1	15	335	6155
家具制造业	21	14008			86	783
造纸和纸制品业	22	35122			719	2607
印刷和记录媒介复制业	23	14740		773	1490	2044
文教、工美、体育和娱乐用品制造业	24	41346		7	395	4063
石油、煤炭及其他燃料加工业	25	5354			579	85
化学原料和化学制品制造业	26	67365		391	3078	14654
医药制造业	27	35207		4276	1288	12595
化学纤维制造业	28	230				5
橡胶和塑料制品业	29	38350			449	3484
非金属矿物制品业	30	192164		3512	1933	10550
黑色金属冶炼和压延加工业	31	52595		15191	811	3904
有色金属冶炼和压延加工业	32	48919		513	2703	7714
金属制品业	33	36144		324	626	2938
通用设备制造业	34	34163		1317	1381	9856
专用设备制造业	35	46072		67	4080	7398

时间分组的法人单位从业人员数

2001年	2002年	2003年	2004年	2005年	2006年	2007年	2008年	代码
135869	**239355**	**246190**	**197323**	**230989**	**173096**	**215856**	**214156**	**00**
93	**214**	**160**	**222**	**141**	**453**	**351**	**1053**	**A**
								01
								02
								03
								04
93	214	160	222	141	453	351	1053	05
718	**912**	**1318**	**1490**	**7813**	**3913**	**4932**	**1808**	**B**
		700	180	1134	350	1185	127	06
								07
36	242	26	178	4749	36	796	137	08
138	382	263	601	177	2185	1584	383	09
544	278	329	493	1745	1336	1197	1095	10
								11
	10		38	8	6	170	66	12
48205	**69255**	**79295**	**56332**	**72895**	**68993**	**70343**	**62773**	**C**
14915	6369	7312	6859	4108	6130	6327	4851	13
3117	1711	2501	2145	2267	2185	1069	2105	14
337	826	3958	1796	2484	813	1287	2017	15
		591						16
3758	2820	2553	2638	1578	5350	3400	1044	17
	535	402	413	1772	479	2878	2785	18
334	429	374	2035	1218	220	2207	1240	19
954	3736	4087	5156	6623	3238	8313	9417	20
164	350	88	490	140	297	326	153	21
390	1671	2866	3118	2778	1916	1360	2696	22
338	569	516	712	1382	615	923	235	23
492	3830	3790	2154	371	1540	907	1352	24
	503	5		1003	542	47	404	25
4458	2199	5583	2467	2566	5353	2596	3190	26
3380	2552	952	1283	844	840	916	287	27
		29		34				28
1584	1469	1235	2298	1505	2304	2558	1198	29
3674	5327	7912	7064	8651	7998	5787	11484	30
836	1401	13162	2073	2116	652	409	1742	31
310	187	5698	860	3913	1633	5872	852	32
878	620	1296	2254	1481	1518	3113	1737	33
1105	1055	1253	1086	3428	1014	1511	689	34
1133	1824	490	1388	5252	3689	1484	2429	35

1-14 续表 1

行业	代码	从业人员数（人）	1949年以前	1950—1977年	1978—1991年	1992—2000年
汽车制造业	36	134583		358	10290	14537
铁路、船舶、航空航天和其他运输设备制造业	37	20896		1878	683	383
电气机械和器材制造业	38	40551		3455	1130	4523
计算机、通信和其他电子设备制造业	39	99713		1040	83	1060
仪器仪表制造业	40	7077		463	1427	304
其他制造业	41	2643		6	18	976
废弃资源综合利用业	42	8285			170	474
金属制品、机械和设备修理业	43	7070		2573	138	124
电力、热力、燃气及水生产和供应业	**D**	**124042**	**715**	**3884**	**47491**	**11538**
电力、热力生产和供应业	44	99836		1611	43662	6756
燃气生产和供应业	45	5056			683	1235
水的生产和供应业	46	19150	715	2273	3146	3547
建筑业	**E**	**1104045**		**342861**	**142144**	**270140**
房屋建筑业	47	825257		318651	130434	212710
土木工程建筑业	48	159165		24057	10293	37678
建筑安装业	49	37052		153	1145	15834
建筑装饰、装修和其他建筑业	50	82571			272	3918
批发和零售业	**F**	**686475**	**2**	**3753**	**18298**	**44982**
批发业	51	329562	2	2150	10090	25632
零售业	52	356913		1603	8208	19350
交通运输、仓储和邮政业	**G**	**321066**	**122**	**67750**	**8848**	**39986**
铁路运输业	53	66932		60976		
道路运输业	54	152366	122	4268	6039	21756
水上运输业	55	13091		454	1433	1273
航空运输业	56	9568				217
管道运输业	57	102				
多式联运和运输代理业	58	10895			194	1115
装卸搬运和仓储业	59	31310		259	1178	3608
邮政业	60	36802		1793	4	12017
住宿和餐饮业	**H**	**136347**	**135**	**2174**	**5848**	**17747**
住宿业	61	75310		1886	5242	6802
餐饮业	62	61037	135	288	606	10945
信息传输、软件和信息技术服务业	**I**	**128614**	**4**	**97**	**599**	**17432**
电信、广播电视和卫星传输服务	63	49378	4	67	412	15959
互联网和相关服务	64	10715			19	98
软件和信息技术服务业	65	68521		30	168	1375
金融业	**J**	**315323**	**316**	**1508**	**31265**	**79309**
货币金融服务	66	96278	316	1508	31218	18653
资本市场服务	67	4475				3232
保险业	68	209835				57313
其他金融业	69	4735			47	111

2001年	2002年	2003年	2004年	2005年	2006年	2007年	2008年	代码
1823	27408	9398	4358	7202	13204	6163	2672	36
1069	9	12	2331	3447		92	226	37
597	968	1272	716	1498	2104	661	1528	38
2243	234	1284	236	4952	5169	9256	5010	39
301	428	262	265	215	37	145	213	40
	187		46	12	45	171	25	41
	7	390	12	37	55	86	1066	42
15	31	24	79	18	53	479	126	43
2008	**3086**	**14936**	**5930**	**2490**	**2922**	**1820**	**2601**	**D**
1716	2866	14524	5297	1999	1332	1065	1750	44
5	4	151	443	267	27	233	37	45
287	216	261	190	224	1563	522	814	46
12125	**36889**	**11739**	**26464**	**37864**	**11928**	**12905**	**5611**	**E**
9150	13326	7368	8715	27657	6210	6473	2299	47
917	21430	2019	16219	1782	4632	5125	1901	48
1601	1385	284	606	1439	545	279	673	49
457	748	2068	924	6986	541	1028	738	50
13315	**11418**	**13975**	**15585**	**13866**	**18330**	**17116**	**16799**	**F**
6541	4419	5153	8918	5936	7910	9047	7928	51
6774	6999	8822	6667	7930	10420	8069	8871	52
6382	**14427**	**5203**	**9900**	**6586**	**9816**	**6096**	**22286**	**G**
	5861							53
1922	7579	4091	2551	5248	7296	4503	11053	54
177	647	472	216	99	860	349	1368	55
298	2		5089	20		109		56
								57
88	38	154	191	408	289	566	517	58
3897	292	387	1718	761	1239	528	2731	59
	8	99	135	50	132	41	6617	60
1926	**1933**	**2037**	**3206**	**1300**	**3730**	**3071**	**3105**	**H**
916	1578	877	2494	1021	2638	2510	2130	61
1010	355	1160	712	279	1092	561	975	62
7047	**1668**	**18104**	**1776**	**1901**	**1809**	**2157**	**3023**	**I**
6372	1341	8019	62	848	65	207	2220	63
134	21	37	861	80	231	167	114	64
541	306	10048	853	973	1513	1783	689	65
197	**26178**	**22821**	**6451**	**9906**	**4702**	**19383**	**35529**	**J**
		1282	980	1147	181	12504	12866	66
			8	2		1	4	67
	26173	21233	5459	8733	4423	6762	21878	68
197	5	306	4	24	98	116	781	69

1-14 续表 2

行　业	代码	从业人员数（人）	1949年以前	1950—1977年	1978—1991年	1992—2000年
房地产业	**K**	**302206**		**1285**	**5765**	**29023**
房地产业	70	302206		1285	5765	29023
租赁和商务服务业	**L**	**494903**		**1806**	**15888**	**24376**
租赁业	71	25091		5	163	175
商务服务业	72	469812		1801	15725	24201
科学研究和技术服务业	**M**	**196989**	**243**	**12693**	**15803**	**24661**
研究和试验发展	73	19153	204	3604	3855	739
专业技术服务业	74	129714	21	7194	9592	22238
科技推广和应用服务业	75	48122	18	1895	2356	1684
水利、环境和公共设施管理业	**N**	**85628**	**25**	**8075**	**17538**	**13794**
水利管理业	76	9691	6	3150	1481	1305
生态保护和环境治理业	77	8081		686	1622	312
公共设施管理业	78	65579		4239	14342	11971
土地管理业	79	2277	19		93	206
居民服务、修理和其他服务业	**O**	**74609**		**383**	**848**	**2680**
居民服务业	80	26348		344	497	539
机动车、电子产品和日用产品修理业	81	27525			235	1439
其他服务业	82	20736		39	116	702
教育	**P**	**771003**	**98100**	**151820**	**91099**	**68697**
教育	83	771003	98100	151820	91099	68697
卫生和社会工作	**Q**	**365094**	**66969**	**131752**	**50710**	**22931**
卫生	84	353701	66804	130906	49793	21947
社会工作	85	11393	165	846	917	984
文化、体育和娱乐业	**R**	**79005**	**1863**	**3818**	**7391**	**3518**
新闻和出版业	86	7645	1513	1027	2195	695
广播、电视、电影和录音制作业	87	10810	31	872	1613	763
文化艺术业	88	21999	319	1799	3031	1097
体育	89	8216		120	179	633
娱乐业	90	30335			373	330
公共管理、社会保障和社会组织	**S**	**718340**	**28819**	**126656**	**141705**	**96369**
中国共产党机关	91	24186	1713	6244	5852	3333
国家机构	92	531735	26019	104841	109907	66193
人民政协、民主党派	93	3437	18	768	1208	462
社会保障	94	6254	4	7	208	89
群众团体、社会团体和其他成员组织	95	37869	119	3304	3255	3922
基层群众自治组织及其他组织	96	114859	946	11492	21275	22370

2001年	2002年	2003年	2004年	2005年	2006年	2007年	2008年	代码
6339	**8088**	**9463**	**9517**	**13708**	**11423**	**14400**	**16341**	**K**
6339	8088	9463	9517	13708	11423	14400	16341	70
7312	**4295**	**13086**	**22942**	**9413**	**4860**	**31980**	**11477**	**L**
26	539	204	208	222	493	196	164	71
7286	3756	12882	22734	9191	4367	31784	11313	72
3501	**4050**	**3811**	**3416**	**3156**	**5873**	**4981**	**3769**	**M**
292	162	71	37	36	313	193	346	73
2841	3160	2983	3053	2796	5352	4304	2620	74
368	728	757	326	324	208	484	803	75
435	**1006**	**1574**	**1988**	**6556**	**988**	**2326**	**1664**	**N**
69	202	124	380	299	243	84	126	76
13	12	330	812	151	2	108	258	77
275	584	852	632	6023	697	2117	1244	78
78	208	268	164	83	46	17	36	79
359	**994**	**533**	**969**	**959**	**2147**	**1842**	**1899**	**O**
85	100	208	564	292	527	177	1160	80
146	196	168	261	255	878	711	304	81
128	698	157	144	412	742	954	435	82
9342	**15670**	**24601**	**16405**	**14384**	**11034**	**9311**	**13565**	**P**
9342	15670	24601	16405	14384	11034	9311	13565	83
5285	**4029**	**5686**	**3657**	**4729**	**4369**	**3896**	**3526**	**Q**
5077	3702	5147	3435	4593	3925	3747	3423	84
208	327	539	222	136	444	149	103	85
1206	**1158**	**1853**	**1918**	**1538**	**1152**	**1020**	**904**	**R**
	4	13	156	60	19	3	76	86
118	151	55	358	42	61	32	182	87
689	229	340	51	243	240	266	186	88
103	223	829	37	406	186	63	55	89
296	551	616	1316	787	646	656	405	90
10074	**34085**	**15995**	**9155**	**21784**	**4654**	**7926**	**6423**	**S**
270	1724	866	130	1475	81	55	32	91
7271	26077	11901	7792	16808	3432	6753	4710	92
	89	254	4	50	9		3	93
57	102	703	96	155	36	61	13	94
407	670	834	424	1035	666	634	640	95
2069	5423	1437	709	2261	430	423	1025	96

1-14 续表 3

行 业	代码	2009年	2010年	2011年	2012年
总 计	**00**	**218450**	**242268**	**268741**	**254138**
农、林、牧、渔业	**A**	**1271**	**1979**	**1051**	**1179**
农业	01				
林业	02				
畜牧业	03				
渔业	04				
农、林、牧、渔专业及辅助性活动	05	1271	1979	1051	1179
采矿业	**B**	**2154**	**2916**	**3962**	**3296**
煤炭开采和洗选业	06		254	110	
石油和天然气开采业	07			123	
黑色金属矿采选业	08	91	76	152	144
有色金属矿采选业	09	68	420	1098	188
非金属矿采选业	10	1982	2148	2439	2944
开采专业及辅助性活动	11				
其他采矿业	12	13	18	40	20
制造业	**C**	**77441**	**80506**	**99728**	**68383**
农副食品加工业	13	4513	6910	4748	4014
食品制造业	14	670	1556	2531	1278
酒、饮料和精制茶制造业	15	1405	1101	2743	1156
烟草制品业	16				
纺织业	17	1524	1366	1828	3623
纺织服装、服饰业	18	1581	1032	4521	1943
皮革、毛皮、羽毛及其制品和制鞋业	19	2263	3118	3065	1212
木材加工和木、竹、藤、棕、草制品业	20	7703	13632	14598	16111
家具制造业	21	2263	760	1208	696
造纸和纸制品业	22	2391	1165	2446	1428
印刷和记录媒介复制业	23	617	467	225	317
文教、工美、体育和娱乐用品制造业	24	832	1819	2951	2514
石油、煤炭及其他燃料加工业	25	134	414	849	305
化学原料和化学制品制造业	26	1987	1677	2562	2396
医药制造业	27	782	574	356	276
化学纤维制造业	28		17		7
橡胶和塑料制品业	29	4359	3834	2028	1463
非金属矿物制品业	30	16410	18178	12680	10602
黑色金属冶炼和压延加工业	31	4331	1281	2445	104
有色金属冶炼和压延加工业	32	1412	3857	630	280
金属制品业	33	1917	1665	1334	2333
通用设备制造业	34	560	809	865	1160
专用设备制造业	35	1980	1110	2775	1350

2013年	2014年	2015年	2016年	2017年	2018年	无开业年份	代码
245286	**310656**	**354626**	**416426**	**478541**	**369873**	**667**	**00**
1476	**2777**	**4290**	**4283**	**6280**	**4657**	**112**	**A**
							01
							02
							03
							04
1476	2777	4290	4283	6280	4657	112	05
2695	**2495**	**2643**	**2471**	**2186**	**2457**	**5**	**B**
		18	4	35	2		06
					8		07
43	472	201	14	106	345	3	08
989	261	368	114	755	63		09
1605	1612	2003	2118	1233	1806	2	10
41		9			14		11
17	150	44	221	57	219		12
65083	**58324**	**69863**	**68822**	**76797**	**59376**	**228**	**C**
4241	2313	5812	4662	3993	3053	4	13
2559	2588	4648	2348	2548	1179		14
1654	1377	1169	1304	1510	1521		15
							16
1423	1545	1165	613	2987	1953		17
772	1550	2006	2124	3158	4120		18
947	1367	1460	1051	897	1641		19
13499	13848	9846	14381	16910	15203	47	20
535	734	1022	806	1472	1630	5	21
1494	1217	745	1074	1668	1368	5	22
710	505	610	570	609	513		23
5233	1892	1269	1854	2264	1817		24
24	126	87	51	94	102		25
1508	2309	1895	3198	1929	1352	17	26
412	636	1169	926	461	402		27
5	25	60	2	13	33		28
955	674	1421	2152	1963	1407	10	29
10208	9962	11035	12011	9888	7182	116	30
576	53	587	98	574	249		31
2827	2354	1674	1514	2623	1493		32
1375	1965	2349	2036	2421	1961	3	33
1389	861	1264	1027	1123	1410		34
1956	1400	1200	1641	2215	1201	10	35

1-14 续表 4

行　业	代码	2009年	2010年	2011年	2012年
汽车制造业	36	4883	5336	3032	2455
铁路、船舶、航空航天和其他运输设备制造业	37	2314	2557	2684	377
电气机械和器材制造业	38	4139	1512	1553	1197
计算机、通信和其他电子设备制造业	39	5291	3441	23537	7661
仪器仪表制造业	40	14	46	188	762
其他制造业	41	51	14	50	37
废弃资源综合利用业	42	1065	1078	1136	1142
金属制品、机械和设备修理业	43	50	180	160	184
电力、热力、燃气及水生产和供应业	**D**	**2052**	**1200**	**6332**	**3147**
电力、热力生产和供应业	44	465	451	5562	2015
燃气生产和供应业	45	206	200	73	382
水的生产和供应业	46	1381	549	697	750
建筑业	**E**	**10577**	**13823**	**12495**	**25310**
房屋建筑业	47	5410	8328	6725	19570
土木工程建筑业	48	3258	3261	3215	1854
建筑安装业	49	714	549	964	795
建筑装饰、装修和其他建筑业	50	1195	1685	1591	3091
批发和零售业	**F**	**28355**	**31004**	**33060**	**37913**
批发业	51	12059	13244	15381	16103
零售业	52	16296	17760	17679	21810
交通运输、仓储和邮政业	**G**	**11624**	**18101**	**7734**	**8244**
铁路运输业	53	25	70		
道路运输业	54	9069	8847	4757	5255
水上运输业	55	290	1914	875	186
航空运输业	56	1	387		3
管道运输业	57			102	
多式联运和运输代理业	58	244	485	259	546
装卸搬运和仓储业	59	1201	1334	823	1446
邮政业	60	794	5064	918	808
住宿和餐饮业	**H**	**4955**	**5245**	**4909**	**7355**
住宿业	61	3592	2875	3090	4387
餐饮业	62	1363	2370	1819	2968
信息传输、软件和信息技术服务业	**I**	**1894**	**1973**	**2353**	**2543**
电信、广播电视和卫星传输服务	63	117	693	422	79
互联网和相关服务	64	470	118	242	261
软件和信息技术服务业	65	1307	1162	1689	2203
金融业	**J**	**21443**	**9972**	**6833**	**7752**
货币金融服务	66	2805	2533	3402	1528
资本市场服务	67	18	31	41	35
保险业	68	18485	7355	3333	5903
其他金融业	69	135	53	57	286

2013年	2014年	2015年	2016年	2017年	2018年	无开业年份	代码
5066	3150	5974	2625	2648	2001		36
529	177	308	581	911	328		37
2758	1710	3715	2345	1893	1267	10	38
1923	2619	5774	6454	8669	3776	1	39
65	114	946	297	388	197		40
42	62	277	265	160	199		41
179	238	57	340	381	372		42
219	953	319	472	427	446		43
1318	**2203**	**2247**	**2120**	**1696**	**2303**	**3**	**D**
959	1556	1803	1495	995	1954	3	44
186	264	180	128	291	61		45
173	383	264	497	410	288		46
10144	**20195**	**16377**	**27233**	**31245**	**25951**	**25**	**E**
3140	11508	5502	7564	8216	6289	12	47
1764	1995	3481	4842	5318	4121	3	48
639	1345	1403	2416	2172	2109	2	49
4601	5347	5991	12411	15539	13432	8	50
37210	**50463**	**58971**	**71280**	**79702**	**70971**	**107**	**F**
18011	25868	27944	35148	38144	33901	33	51
19199	24595	31027	36132	41558	37070	74	52
8013	**13893**	**16450**	**13804**	**13495**	**12298**	**8**	**G**
							53
4571	6718	9194	8935	9931	8661		54
730	311	414	186	321	516		55
5	2377	1023	7	8	22		56
							57
488	971	1065	1228	1168	873	8	58
1293	1946	1926	2187	1233	1323		59
926	1570	2828	1261	834	903		60
6692	**8969**	**12508**	**12720**	**16100**	**10642**	**40**	**H**
3449	4816	6656	7008	7724	3582	37	61
3243	4153	5852	5712	8376	7060	3	62
3432	**8330**	**10438**	**10989**	**17498**	**13540**	**7**	**I**
191	3249	2292	1247	5001	511		63
273	777	1278	1592	1873	2066	3	64
2968	4304	6868	8150	10624	10963	4	65
10977	**9002**	**3485**	**3258**	**2970**	**2054**	**12**	**J**
1299	1223	962	339	822	710		66
77	99	242	410	164	111		67
9444	7311	1783	1991	1499	757		68
157	369	498	518	485	476	12	69

1-14 续表 5

行 业	代码	2009年	2010年	2011年	2012年
房地产业	**K**	**15000**	**15187**	**15746**	**14518**
房地产业	70	15000	15187	15746	14518
租赁和商务服务业	**L**	**12454**	**23528**	**15409**	**19985**
租赁业	71	652	728	530	1091
商务服务业	72	11802	22800	14879	18894
科学研究和技术服务业	**M**	**4920**	**4540**	**4639**	**11945**
研究和试验发展	73	341	255	135	418
专业技术服务业	74	3666	3476	3176	9499
科技推广和应用服务业	75	913	809	1328	2028
水利、环境和公共设施管理业	**N**	**1891**	**1639**	**1364**	**1484**
水利管理业	76	176	49	373	164
生态保护和环境治理业	77	711	170	294	251
公共设施管理业	78	853	1390	595	1031
土地管理业	79	151	30	102	38
居民服务、修理和其他服务业	**O**	**2972**	**2525**	**4621**	**3420**
居民服务业	80	551	599	2025	1165
机动车、电子产品和日用产品修理业	81	631	981	1484	1059
其他服务业	82	1790	945	1112	1196
教育	**P**	**8874**	**12119**	**25916**	**17687**
教育	83	8874	12119	25916	17687
卫生和社会工作	**Q**	**2484**	**2791**	**7662**	**2892**
卫生	84	2235	2665	7361	2517
社会工作	85	249	126	301	375
文化、体育和娱乐业	**R**	**1964**	**1184**	**2359**	**4095**
新闻和出版业	86	1147	35	36	8
广播、电视、电影和录音制作业	87	135	159	267	439
文化艺术业	88	112	306	506	2269
体育	89	97	27	400	197
娱乐业	90	473	657	1150	1182
公共管理、社会保障和社会组织	**S**	**6125**	**12036**	**12568**	**12990**
中国共产党机关	91	102	123	105	71
国家机构	92	5056	10626	10088	8869
人民政协、民主党派	93	4	61	12	
社会保障	94	20	64	511	968
群众团体、社会团体和其他成员组织	95	681	801	1082	2245
基层群众自治组织及其他组织	96	262	361	770	837

2013年	2014年	2015年	2016年	2017年	2018年	无开业年份	代码
18348	**19149**	**17017**	**18581**	**23524**	**19774**	**10**	**K**
18348	19149	17017	18581	23524	19774	10	70
21625	**40967**	**47199**	**52602**	**64486**	**49167**	**46**	**L**
1049	1804	2641	3848	5297	5053	3	71
20576	39163	44558	48754	59189	44114	43	72
8229	**11565**	**12209**	**16909**	**17990**	**18065**	**21**	**M**
566	850	990	1830	2079	1834	3	73
5403	7046	5826	9161	7765	8541	1	74
2260	3669	5393	5918	8146	7690	17	75
1704	**2588**	**3627**	**4804**	**4513**	**6045**		**N**
103	181	232	607	174	163		76
107	162	442	282	831	525		77
1444	2207	2646	3704	3451	5282		78
50	38	307	211	57	75		79
3593	**6224**	**8634**	**8954**	**10108**	**9941**	**4**	**O**
1170	2284	3093	2840	4074	4053	1	80
1584	2187	3910	3682	3666	3745	3	81
839	1753	1631	2432	2368	2143		82
22077	**27590**	**33579**	**44119**	**35625**	**19367**	**22**	**P**
22077	27590	33579	44119	35625	19367	22	83
4611	**5196**	**7324**	**8426**	**9403**	**6766**		**Q**
4118	4380	6416	7483	8239	5788		84
493	816	908	943	1164	978		85
3027	**3739**	**8032**	**8857**	**8924**	**9469**	**16**	**R**
272	139	26	153	18	50		86
485	720	1003	1091	1088	1145		87
894	751	1989	1525	2568	2588	1	88
111	293	897	1008	1251	1086	15	89
1265	1836	4117	5080	3999	4600		90
15032	**16987**	**19733**	**36194**	**55999**	**27030**	**1**	**S**
73	146	52	1315	247	177		91
10275	12073	14300	30904	16778	21062		92
83		207	186	19			93
1059	429	827	336	343	166		94
3064	2932	3208	2785	3248	1912	1	95
478	1407	1139	668	35364	3713		96

1-15 按地区、从业人员组

地区	代码	法人单位数（个）	7人及以下	8～19人	20～49人	50～99人
广西壮族自治区	**45**	**490286**	**374868**	**65460**	**27734**	**11681**
南宁市	**4501**	**152246**	**124625**	**16116**	**6732**	**2398**
兴宁区	450102	13719	11439	1397	538	175
青秀区	450103	58178	49532	4924	2209	741
江南区	450105	10576	8524	1265	491	180
西乡塘区	450107	19108	16119	1794	754	211
良庆区	450108	8105	6558	888	379	141
邕宁区	450109	1817	1311	280	101	49
武鸣区	450110	3952	2673	736	309	134
隆安县	450123	1787	1211	303	161	66
马山县	450124	1823	1287	295	147	48
上林县	450125	2121	1437	448	142	54
宾阳县	450126	5009	3625	884	282	99
横县	450127	5854	4726	618	272	97
柳州市	**4502**	**53003**	**41673**	**6205**	**2764**	**1139**
城中区	450202	8726	7243	882	357	115
鱼峰区	450203	8713	6818	1103	458	173
柳南区	450204	10953	8987	1143	467	181
柳北区	450205	7656	6033	946	387	134
柳江区	450206	4269	3104	633	274	125
柳城县	450222	2456	1939	244	139	76
鹿寨县	450223	2572	1907	300	200	77
融安县	450224	2298	1757	311	123	57
融水苗族自治县	450225	2690	1971	388	200	63
三江侗族自治县	450226	2339	1901	241	105	53
桂林市	**4503**	**48395**	**36145**	**6848**	**3006**	**1370**
秀峰区	450302	3076	2159	530	223	80
叠彩区	450303	3848	3197	407	151	55
象山区	450304	5609	4169	869	338	114
七星区	450305	7345	5639	1050	372	134
雁山区	450311	635	470	81	44	22

距分组的法人单位数

100～299人	300～499人	500～999人	1000～4999人	5000～9999人	10000人及以上	代码
7497	**1503**	**985**	**502**	**33**	**23**	**45**
1643	**339**	**230**	**137**	**15**	**11**	**4501**
113	22	21	10		4	450102
516	106	78	63	6	3	450103
87		9	9	2	1	450105
154	29	28	15	3	1	450107
106	20	5	6	1	1	450108
60	10	4	1		1	450109
71	15	10	4			450110
39	4	3				450123
37	6	3				450124
35	4	1				450125
77	19	20	3			450126
67	45	24	5			450127
860	**161**	**127**	**64**	**4**	**6**	**4502**
87	18	6	15	1	2	450202
108	25	22	6			450203
122	20	19	14			450204
98	24	21	11		2	450205
103	16	11	3			450206
43	6	8	1			450222
63	10	13	2			450223
38	9	3				450224
57	5	6				450225
32	6	1				450226
734	**139**	**98**	**48**	**5**	**2**	**4503**
47	14	15	6	1	1	450302
26	4	2	6			450303
81	15	11	10	2		450304
87	22	21	17	2	1	450305
13	2	3				450311

1-15 续表 1

地 区	代码	法人单位数（个）				
			7人及以下	8～19人	20～49人	50～99人
临桂区	450312	5423	4206	615	341	167
阳朔县	450321	1599	1106	264	116	54
灵川县	450323	3556	2589	540	251	104
全州县	450324	2568	1889	359	183	84
兴安县	450325	2077	1460	336	158	83
永福县	450326	2027	1606	189	103	80
灌阳县	450327	1370	940	267	90	48
龙胜各族自治县	450328	1222	925	145	75	49
资源县	450329	1072	672	261	69	35
平乐县	450330	2208	1648	299	137	78
荔浦县	450331	2708	1879	377	252	117
恭城瑶族自治县	450332	2050	1591	258	103	66
梧州市	**4504**	**19037**	**13283**	**3274**	**1293**	**629**
万秀区	450403	2829	1954	427	227	122
长洲区	450405	3924	2975	534	227	105
龙圩区	450406	1973	1411	323	122	52
苍梧县	450421	1423	1051	260	59	29
藤县	450422	3547	2334	732	275	111
蒙山县	450423	2043	1690	199	89	38
岑溪市	450481	3264	1867	799	293	164
北海市	**4505**	**21035**	**15902**	**2885**	**1313**	**485**
海城区	450502	10610	8211	1346	655	215
银海区	450503	4197	3302	509	252	79
铁山港区	450512	810	520	170	69	23
合浦县	450521	5288	3864	845	319	142
防城港市	**4506**	**13074**	**9908**	**1706**	**822**	**342**
港口区	450602	6226	4945	655	344	149
防城区	450603	2941	2189	408	196	75
上思县	450621	1189	774	220	112	48
东兴市	450681	2717	2000	423	170	70
钦州市	**4507**	**19471**	**14328**	**2729**	**1268**	**545**
钦南区	450702	6405	4767	965	357	161

100～299人	300～499人	500～999人	1000～4999人	5000～9999人	10000人及以上	代码
72	10	11	1			450312
37	12	9	1			450321
58	7	6	1			450323
43	7	3				450324
32	5	3				450325
36	8	5				450326
23	2					450327
20	7		1			450328
33	2					450329
38	7	1				450330
59	12	7	5			450331
29	2	1				450332
363	**113**	**55**	**27**			**4504**
69	14	11	5			450403
47	20	9	7			450405
37	19	7	2			450406
19	4	1				450421
52	24	10	9			450422
23	4					450423
104	22	13	2			450481
317	**65**	**41**	**27**			**4505**
130	25	18	10			450502
42	6	6	1			450503
20	4	2	2			450512
91	14	7	6			450521
221	**48**	**17**	**9**	**1**		**4506**
99	21	7	5	1		450602
52	16	2	3			450603
27	4	4				450621
43	6	4	1			450681
445	**87**	**36**	**29**		**4**	**4507**
120	17	6	10		2	450702

1-15 续表 2

地区	代码	法人单位数（个）	7人及以下	8～19人	20～49人	50～99人
钦北区	450703	5031	3810	664	294	123
灵山县	450721	4110	3012	556	284	123
浦北县	450722	2996	2114	407	238	108
贵港市	**4508**	**26948**	**18350**	**4914**	**2127**	**857**
港北区	450802	8573	6371	1221	560	228
港南区	450803	2569	1718	340	254	144
覃塘区	450804	2954	1452	968	302	170
平南县	450821	6117	4374	1014	424	143
桂平市	450881	6735	4435	1371	587	172
玉林市	**4509**	**39275**	**28231**	**6645**	**2417**	**956**
玉州区	450902	15021	12171	1733	623	230
福绵区	450903	1850	1206	364	162	62
容县	450921	4428	3028	851	300	120
陆川县	450922	3383	2201	705	268	97
博白县	450923	4865	3019	1190	329	157
兴业县	450924	2981	2116	508	239	80
北流市	450981	6674	4487	1288	479	184
百色市	**4510**	**30265**	**22974**	**3943**	**1830**	**879**
右江区	451002	8341	6665	895	434	173
田阳县	451021	2489	1879	314	169	75
田东县	451022	2380	1692	407	163	62
平果县	451023	3019	2123	485	209	109
德保县	451024	1788	1325	233	121	72
那坡县	451026	1463	1178	151	74	39
凌云县	451027	1177	848	177	67	56
乐业县	451028	1067	804	116	75	48
田林县	451029	1921	1326	383	128	56
西林县	451030	1082	812	122	90	30
隆林各族自治县	451031	1949	1500	233	114	62
靖西市	451081	3589	2822	427	186	97
贺州市	**4511**	**14197**	**10324**	**2200**	**872**	**429**
八步区	451102	5783	4426	729	340	155

100～299人	300～499人	500～999人	1000～4999人	5000～9999人	10000人及以上	代码
90	22	19	7		2	450703
103	19	7	6			450721
103	21	2	3			450722
488	**105**	**69**	**36**	**2**		**4508**
130	27	25	9	2		450802
90	16	4	3			450803
48	9	4	1			450804
108	18	21	15			450821
112	35	15	8			450881
700	**159**	**100**	**62**	**5**		**4509**
168	44	23	26	3		450902
42	12	1	1			450903
100	11	14	4			450921
90	14	4	3	1		450922
114	30	17	9			450923
28	7	3				450924
144	37	35	19	1		450981
487	**74**	**59**	**19**			**4510**
113	24	27	10			451002
42	6	3	1			451021
39	10	6	1			451022
74	7	7	5			451023
29	2	5	1			451024
19	2					451026
26	3					451027
24						451028
20	6	2				451029
25	3					451030
35	3	2				451031
41	8	7	1			451081
275	**53**	**40**	**4**			**4511**
89	19	22	3			451102

1-15 续表 3

地　区	代码	法人单位数（个）	7人及以下	8～19人	20～49人	50～99人
平桂区	451103	2615	1781	481	177	95
昭平县	451121	1860	1296	339	117	60
钟山县	451122	1931	1326	354	114	71
富川瑶族自治县	451123	2007	1495	297	124	48
河池市	**4512**	**21824**	**16475**	**2698**	**1397**	**720**
金城江区	451202	4257	3080	604	301	141
宜州区	451203	3041	2272	404	189	93
南丹县	451221	1645	1241	199	82	71
天峨县	451222	1107	840	126	79	40
凤山县	451223	1241	974	140	63	43
东兰县	451224	1459	1152	145	89	50
罗城仫佬族自治县	451225	1482	1086	188	113	61
环江毛南族自治县	451226	1516	1052	248	117	60
巴马瑶族自治县	451227	2056	1649	205	114	49
都安瑶族自治县	451228	2678	2208	223	129	60
大化瑶族自治县	451229	1342	921	216	121	52
来宾市	**4513**	**13954**	**10478**	**1763**	**894**	**426**
兴宾区	451302	6011	4500	742	386	173
忻城县	451321	1474	1088	221	95	34
象州县	451322	2292	1810	233	119	75
武宣县	451323	1888	1339	290	135	68
金秀瑶族自治县	451324	1384	1098	143	82	44
合山市	451381	903	643	134	77	32
崇左市	**4514**	**17562**	**12172**	**3534**	**999**	**506**
江州区	451402	4176	1653	2073	248	103
扶绥县	451421	2687	2036	303	163	111
宁明县	451422	2122	1658	234	132	60
龙州县	451423	1906	1496	200	116	61
大新县	451424	2287	1815	241	122	66
天等县	451425	1556	1175	198	82	66
凭祥市	451481	2827	2339	285	136	39

100～299人	300～499人	500～999人	1000～4999人	5000～9999人	10000人及以上	代码
61	12	8				451103
38	8	2				451121
52	8	5	1			451122
35	6	2				451123
405	**62**	**49**	**18**			**4512**
85	20	19	7			451202
61	6	14	2			451203
39	5	5	3			451221
21	1					451222
19	1	1				451223
20	3					451224
30	1	3				451225
30	7	1	1			451226
31	5	1	2			451227
44	10	2	2			451228
25	3	3	1			451229
292	**56**	**32**	**12**	**1**		**4513**
146	31	22	11			451302
29	6	1				451321
47	5	3				451322
44	8	3	1			451323
13	3			1		451324
12	2	3				451381
267	**42**	**32**	**10**			**4514**
69	12	15	3			451402
60	7	6	1			451421
31	4	2	1			451422
22	6	3	2			451423
34	4	4	1			451424
29	4	2				451425
22	4		2			451481

1-16 按地区、从业人员组

地 区	代码	从业人员数（人）	7人及以下	8～19人	20～49人	50～99人
广西壮族自治区	**45**	**7508504**	**829383**	**746360**	**831237**	**804994**
南宁市	**4501**	**2030532**	**246838**	**183728**	**198281**	**165597**
兴宁区	450102	219655	26465	15967	15668	11901
青秀区	450103	730132	77615	57060	65088	50899
江南区	450105	123251	20092	14345	14160	12226
西乡塘区	450107	239214	33655	20681	21784	14623
良庆区	450108	104572	16373	9867	11137	9627
邕宁区	450109	63868	2815	3210	3194	3405
武鸣区	450110	61503	6292	8326	9193	9445
隆安县	450123	26525	3488	3444	5117	4480
马山县	450124	24554	3149	3343	4204	3405
上林县	450125	25023	3610	4763	4205	3876
宾阳县	450126	72954	10489	9371	8517	6844
横县	450127	84886	9128	7175	7921	6514
柳州市	**4502**	**993195**	**93182**	**70947**	**83184**	**79059**
城中区	450202	206503	14373	10041	10428	7910
鱼峰区	450203	107657	16287	12743	13519	11989
柳南区	450204	130917	18399	13082	14012	12663
柳北区	450205	186361	13047	11144	11530	9242
柳江区	450206	70212	8778	7065	8200	8487
柳城县	450222	31892	3358	2771	4298	5013
鹿寨县	450223	46709	4468	3503	6197	5281
融安县	450224	27297	4788	3387	3884	3948
融水苗族自治县	450225	34630	5093	4293	5907	4441
三江侗族自治县	450226	21715	4549	2725	3184	3611
桂林市	**4503**	**748459**	**89484**	**78353**	**91332**	**94706**
秀峰区	450302	79964	5757	6198	6778	5536
叠彩区	450303	35133	7452	4687	4468	3581
象山区	450304	99516	13657	9632	10244	7834
七星区	450305	158129	15012	12106	11025	9497
雁山区	450311	9936	1136	939	1341	1527

距分组的法人单位从业人员数

100～299人	300～499人	500～999人	1000～4999人	5000～9999人	10000人及以上	代码
1221398	**572970**	**676729**	**904817**	**224287**	**696329**	**45**
271478	**130643**	**154471**	**262482**	**101405**	**315609**	**4501**
19724	8075	14491	18039		89325	450102
84516	40971	52364	139025	34935	127659	450103
14788	3164	6571	13373	10296	14236	450105
26221	11074	18729	27804	24442	40201	450107
16609	7890	3369	10114	9215	10371	450108
9760	4121	2337	1209		33817	450109
11657	5468	5753	5369			450110
6356	1587	2053				450123
6498	2048	1907				450124
6284	1555	730				450125
12078	7152	14499	4004			450126
10730	17685	15913	9820			450127
143171	**62063**	**86276**	**124564**	**26879**	**223870**	**4502**
13559	6861	3862	28848	8871	101750	450202
18121	9739	14663	10596			450203
20576	7976	12822	31387			450204
16186	9140	15127	19246		81699	450205
18016	6310	7398	5958			450206
7008	2201	4961	2282			450222
10570	3925	9233	3532			450223
5986	3604	1700				450224
9280	1777	3839				450225
4877	2240	529				450226
118646	**52687**	**66697**	**81240**	**33528**	**41786**	**4503**
8420	5398	10945	13215	6360	11357	450302
4171	1460	1009	8305			450303
12828	5496	8127	20584	11114		450304
14261	8379	14927	26439	16054	30429	450305
2116	821	2056				450311

1-16 续表 1

地　区	代码	从业人员数（人）	7人及以下	8～19人	20～49人	50～99人
临桂区	450312	60133	7448	7281	10231	11377
阳朔县	450321	31538	2950	3090	3645	3703
灵川县	450323	44869	6694	6258	7915	7506
全州县	450324	32325	5493	3928	5493	5776
兴安县	450325	27842	3713	3901	4876	5838
永福县	450326	25144	2330	2248	3251	5289
灌阳县	450327	15538	2259	2845	2715	3287
龙胜各族自治县	450328	16234	2032	1652	2327	3367
资源县	450329	15561	2161	2828	2055	2693
平乐县	450330	25530	3385	3449	4218	5301
荔浦县	450331	50818	4793	4462	7625	8114
恭城瑶族自治县	450332	19920	3212	2837	3125	4480
梧州市	**4504**	**337429**	**35126**	**37218**	**39196**	**43053**
万秀区	450403	55685	4882	4981	6841	8244
长洲区	450405	63051	8024	6114	6947	7143
龙圩区	450406	35999	3407	3741	3942	3655
苍梧县	450421	13847	2358	2758	1886	1947
藤县	450422	69551	6603	8161	8142	7598
蒙山县	450423	16443	3715	2224	2687	2725
岑溪市	450481	71937	6132	9239	8726	11150
北海市	**4505**	**290903**	**32696**	**33345**	**39223**	**33541**
海城区	450502	125206	16892	15562	19434	14698
银海区	450503	38053	4332	5874	7616	5485
铁山港区	450512	17498	1392	1972	2095	1714
合浦县	450521	72330	10075	9738	9497	9596
防城港市	**4506**	**172721**	**18320**	**19825**	**24506**	**23440**
港口区	450602	80445	7105	7570	10175	10376
防城区	450603	40804	5212	4715	6009	5069
上思县	450621	19502	1985	2423	3366	3332
东兴市	450681	31560	4018	5117	4956	4663
钦州市	**4507**	**444932**	**36950**	**31614**	**37895**	**37511**
钦南区	450702	165035	12752	10847	10512	11267

100～299人	300～499人	500～999人	1000～4999人	5000～9999人	10000人及以上	代码
11418	3870	7118	1390			450312
6599	4876	5314	1361			450321
8514	2741	4041	1200			450323
6744	2887	2004				450324
5587	1853	2074				450325
5987	3065	2974				450326
3660	772					450327
2987	2374		1495			450328
5145	679					450329
6115	2417	645				450330
9074	4580	4919	7251			450331
5020	702	544				450332
60098	**42503**	**37013**	**43222**			**4504**
11597	4990	7188	6962			450403
7993	7750	6940	12140			450405
6198	7130	4297	3629			450406
3002	1378	518				450421
8510	8844	6452	15241			450422
3530	1562					450423
17098	8290	8921	2381			450481
51504	**24308**	**28162**	**48124**			**4505**
20136	9100	12177	17207			450502
6386	2350	4532	1478			450503
3620	1520	1319	3866			450512
15004	5176	4728	8516			450521
33408	**17686**	**11687**	**15335**	**8514**		**4506**
15610	7549	4547	8999	8514		450602
7335	5998	1380	5086			450603
3951	1420	3025				450621
6512	2309	2735	1250			450681
75322	**32966**	**25012**	**52598**		**115064**	**4507**
21209	5964	3892	19920		68672	450702

1-16 续表 2

地　区	代码	从业人员数（人）	7人及以下	8～19人	20～49人	50～99人
钦北区	450703	130098	9432	7688	8807	8670
灵山县	450721	71327	7910	6689	8394	8554
浦北县	450722	55721	5203	4727	7258	7041
贵港市	**4508**	**468246**	**51767**	**55911**	**63808**	**58326**
港北区	450802	146972	18894	13833	17094	15818
港南区	450803	53567	3067	4108	7892	9988
覃塘区	450804	48519	3536	10565	8868	11068
平南县	450821	102121	10212	11371	12686	9587
桂平市	450881	117067	16058	16034	17268	11865
玉林市	**4509**	**671270**	**67817**	**74730**	**71718**	**65234**
玉州区	450902	205179	28607	19665	17968	15349
福绵区	450903	27819	1911	4254	4693	4515
容县	450921	72924	6768	9435	9044	8436
陆川县	450922	66892	5933	7674	8159	6601
博白县	450923	101177	8230	13516	10058	10597
兴业县	450924	31569	4554	5716	7169	5542
北流市	450981	157390	11810	14390	14026	12373
百色市	**4510**	**387173**	**48623**	**44311**	**55948**	**60104**
右江区	451002	107793	10540	10184	12762	11761
田阳县	451021	30280	3598	3605	5400	5389
田东县	451022	34262	3299	4592	5018	4217
平果县	451023	50455	4474	5358	6204	7443
德保县	451024	25991	2936	2720	3746	4919
那坡县	451026	12381	2307	1684	2240	2613
凌云县	451027	14862	1954	2004	2067	3742
乐业县	451028	12422	1932	1342	2339	3145
田林县	451029	22172	3541	4052	4134	3941
西林县	451030	13333	1970	1482	2812	1896
隆林各族自治县	451031	21430	3141	2617	3618	4481
靖西市	451081	41792	8931	4671	5608	6557
贺州市	**4511**	**196924**	**19662**	**24079**	**26729**	**29989**
八步区	451102	78117	7558	8045	10320	10608

100～299人	300～499人	500～999人	1000～4999人	5000～9999人	10000人及以上	代码
14908	8316	12802	13083		46392	450703
16266	7281	5305	10928			450721
17592	8226	1116	4558			450722
77636	**40031**	**50503**	**55656**	**14608**		**4508**
21619	10610	18700	15796	14608		450802
14156	6174	2904	5278			450803
7632	3211	2474	1165			450804
16443	6838	16018	18966			450821
17786	13198	10407	14451			450881
116508	**60867**	**71197**	**109334**	**33865**		**4509**
27956	16707	17408	43057	18462		450902
6136	4325	590	1395			450903
16291	4130	10178	8642			450921
15410	5426	3278	4898	9513		450922
19012	11647	11029	17088			450923
4148	2889	1551				450924
25462	14296	24889	34254	5890		450981
77061	**27872**	**40085**	**33169**			**4510**
18107	9377	18305	16757			451002
6475	2181	1887	1745			451021
6646	3851	4347	2292			451022
11938	2695	4625	7718			451023
4463	685	3843	2679			451024
2743	794					451026
4122	973					451027
3664						451028
2963	2281	1260				451029
4092	1081					451030
5264	1145	1164				451031
6584	2809	4654	1978			451081
43367	**20487**	**26346**	**6265**			**4511**
15073	7340	14288	4885			451102

1-16 续表 3

地　　区	代码	从业人员数（人）				
			7人及以下	8～19人	20～49人	50～99人
平桂区	451103	40882	3821	5322	5423	6781
昭平县	451121	24137	2643	3782	3578	4269
钟山县	451122	30968	2650	3802	3456	4972
富川瑶族自治县	451123	22169	2990	3128	3952	3359
河池市	**4512**	**318210**	**36116**	**30944**	**42789**	**50018**
金城江区	451202	84887	7730	6974	9039	9859
宜州区	451203	48249	5289	4625	5780	6493
南丹县	451221	29326	2905	2248	2513	4889
天峨县	451222	11883	1408	1505	2450	2803
凤山县	451223	12200	1635	1517	1987	3034
东兰县	451224	14390	2366	1685	2660	3624
罗城仫佬族自治县	451225	19176	2371	2142	3385	4193
环江毛南族自治县	451226	22377	2526	2759	3600	4054
巴马瑶族自治县	451227	24682	2836	2371	3607	3339
都安瑶族自治县	451228	30227	4392	2578	4050	4175
大化瑶族自治县	451229	20813	2658	2540	3718	3555
来宾市	**4513**	**215185**	**24800**	**20533**	**26745**	**29623**
兴宾区	451302	110226	10526	8704	11546	11872
忻城县	451321	18167	3271	2468	2777	2501
象州县	451322	27309	4200	2716	3603	5132
武宣县	451323	28494	3409	3376	3958	4869
金秀瑶族自治县	451324	17875	1896	1720	2433	3067
合山市	451381	12607	1498	1549	2428	2182
崇左市	**4514**	**233325**	**28002**	**40822**	**29883**	**34793**
江州区	451402	80685	6863	24075	7265	6928
扶绥县	451421	37779	3858	3519	4904	7660
宁明县	451422	23503	3119	2791	3933	4249
龙州县	451423	24230	3116	2239	3449	4371
大新县	451424	26981	4547	2720	3756	4655
天等县	451425	18372	1961	2235	2484	4389
凭祥市	451481	21302	4538	3243	4092	2541

100～299人	300～499人	500～999人	1000～4999人	5000～9999人	10000人及以上	代码
9301	4913	5321				451103
5511	2947	1407				451121
8156	2971	3581	1380			451122
5326	2316	1098				451123
64192	**23164**	**34413**	**36574**			**4512**
13649	7300	13429	16907			451202
9432	2402	10402	3826			451203
6116	1855	3538	5262			451221
3291	426					451222
2765	417	845				451223
2982	1073					451224
4848	350	1887				451225
5147	2628	610	1053			451226
4528	1813	544	5644			451227
7125	3775	1371	2761			451228
4309	1125	1787	1121			451229
46847	**21354**	**21859**	**17936**	**5488**		**4513**
23340	12027	15305	16906			451302
4461	2183	506				451321
7982	1788	1888				451322
6623	3232	1997	1030			451323
2179	1092			5488		451324
2105	682	2163				451381
42160	**16339**	**23008**	**18318**			**4514**
11643	4637	10937	8337			451402
8902	2600	4617	1719			451421
4819	1629	1628	1335			451422
3527	2225	1773	3530			451423
5648	1644	2793	1218			451424
4407	1636	1260				451425
3214	1495		2179			451481

1-17 按行业（大类）、

行业大类	代码	法人单位数（个）			
			7人及以下	8～19人	20～49人
总　计	**00**	**490286**	**374868**	**65460**	**27734**
农、林、牧、渔业	**A**	**6683**	**5605**	**834**	**179**
农业	01	40	40		
林业	02	16	16		
畜牧业	03	15	15		
渔业	04	4	4		
农、林、牧、渔专业及辅助性活动	05	6608	5530	834	179
采矿业	**B**	**2672**	**1567**	**497**	**373**
煤炭开采和洗选业	06	30	9	2	4
石油和天然气开采业	07	3	1	1	
黑色金属矿采选业	08	268	182	36	30
有色金属矿采选业	09	296	168	30	43
非金属矿采选业	10	1830	1002	402	286
开采专业及辅助性活动	11	15	13	1	1
其他采矿业	12	230	192	25	9
制造业	**C**	**37559**	**19800**	**7548**	**4909**
农副食品加工业	13	3105	1816	507	309
食品制造业	14	2329	1457	538	183
酒、饮料和精制茶制造业	15	1551	949	312	147
烟草制品业	16	5	3		
纺织业	17	629	314	83	74
纺织服装、服饰业	18	1081	505	235	210
皮革、毛皮、羽毛及其制品和制鞋业	19	442	162	121	74
木材加工和木、竹、藤、棕、草制品业	20	5142	1809	1503	829
家具制造业	21	1026	695	190	93
造纸和纸制品业	22	787	366	153	122
印刷和记录媒介复制业	23	1035	682	205	102
文教、工美、体育和娱乐用品制造业	24	985	567	190	106
石油、煤炭及其他燃料加工业	25	129	80	25	9
化学原料和化学制品制造业	26	1835	978	331	233
医药制造业	27	496	202	71	81
化学纤维制造业	28	21	13	3	4
橡胶和塑料制品业	29	1253	623	305	186
非金属矿物制品业	30	5397	2501	1010	1080
黑色金属冶炼和压延加工业	31	305	136	24	44
有色金属冶炼和压延加工业	32	371	184	41	40
金属制品业	33	1974	1255	388	180
通用设备制造业	34	1478	932	308	132
专用设备制造业	35	1499	926	280	146

从业人员组距分组的法人单位数

50～99人	100～299人	300～499人	500～999人	1000～4999人	5000～9999人	10000人及以上	代码
11681	**7497**	**1503**	**985**	**502**	**33**	**23**	**00**
43	**17**	**1**	**3**	**1**			**A**
							01
							02
							03
							04
43	17	1	3	1			05
116	**87**	**14**	**14**	**4**			**B**
1	8	2	3	1			06
	1						07
8	9	1	1	1			08
21	18	8	7	1			09
85	48	3	3	1			10
							11
1	3						12
2472	**1875**	**483**	**328**	**136**	**5**	**3**	**C**
198	164	49	51	11			13
63	69	11	7	1			14
59	57	18	3	6			15
			1	1			16
41	75	19	19	4			17
72	30	24	4	1			18
39	23	9	9	5			19
584	352	38	18	9			20
25	16	5	2				21
71	45	21	7	2			22
20	19	6	1				23
43	46	12	17	4			24
4	6	1	4				25
153	88	34	15	3			26
59	56	13	10	4			27
1							28
67	45	17	7	3			29
434	251	61	49	11			30
32	43	13	5	6	1	1	31
29	36	15	13	13			32
73	63	10	5				33
60	32	7	4	2	1		34
69	57	7	6	8			35

1-17 续表 1

行业大类	代码	法人单位数（个）	7人及以下	8～19人	20～49人
汽车制造业	36	1200	512	165	181
铁路、船舶、航空航天和其他运输设备制造业	37	240	129	43	29
电气机械和器材制造业	38	930	533	172	91
计算机、通信和其他电子设备制造业	39	961	472	158	127
仪器仪表制造业	40	224	132	31	33
其他制造业	41	186	134	30	12
废弃资源综合利用业	42	250	165	33	28
金属制品、机械和设备修理业	43	693	568	93	24
电力、热力、燃气及水生产和供应业	**D**	**3290**	**2067**	**658**	**264**
电力、热力生产和供应业	44	2422	1597	491	156
燃气生产和供应业	45	157	78	27	30
水的生产和供应业	46	711	392	140	78
建筑业	**E**	**23669**	**18445**	**2940**	**1109**
房屋建筑业	47	4455	2809	632	338
土木工程建筑业	48	3667	2587	551	270
建筑安装业	49	2524	1942	343	141
建筑装饰、装修和其他建筑业	50	13023	11107	1414	360
批发和零售业	**F**	**142714**	**126647**	**11572**	**3081**
批发业	51	71340	63039	6195	1544
零售业	52	71374	63608	5377	1537
交通运输、仓储和邮政业	**G**	**13253**	**9226**	**2152**	**1069**
铁路运输业	53	6		1	3
道路运输业	54	8819	6328	1364	633
水上运输业	55	556	344	112	45
航空运输业	56	56	37	5	4
管道运输业	57	1			
多式联运和运输代理业	58	1461	1146	189	90
装卸搬运和仓储业	59	1649	1068	293	158
邮政业	60	705	303	188	136
住宿和餐饮业	**H**	**8451**	**5187**	**1760**	**969**
住宿业	61	3173	1457	823	546
餐饮业	62	5278	3730	937	423
信息传输、软件和信息技术服务业	**I**	**18658**	**16522**	**1510**	**430**
电信、广播电视和卫星传输服务	63	928	739	54	52
互联网和相关服务	64	2442	2143	221	62
软件和信息技术服务业	65	15288	13640	1235	316
金融业	**J**	**2387**	**1398**	**263**	**154**
货币金融服务	66	769	302	114	68
资本市场服务	67	273	230	29	13
保险业	68	411	57	36	46
其他金融业	69	934	809	84	27

50～99人	100～299人	300～499人	500～999人	1000～4999人	5000～9999人	10000人及以上	代码
113	151	39	26	9	3	1	36
12	9	5	7	6			37
50	54	12	13	5			38
72	69	24	17	21		1	39
15	7	3	3				40
5	4		1				41
6	6	9	3				42
3	2	1	1	1			43
138	**105**	**33**	**20**	**4**		**1**	**D**
70	61	27	16	3		1	44
13	6	1	2				45
55	38	5	2	1			46
400	**420**	**131**	**103**	**94**	**12**	**15**	**E**
171	244	94	73	75	6	13	47
102	89	25	22	15	4	2	48
52	36	6	2	1	1		49
75	51	6	6	3	1		50
921	**383**	**59**	**39**	**12**			**F**
326	179	36	17	4			51
595	204	23	22	8			52
452	**242**	**55**	**29**	**23**	**4**	**1**	**G**
					1	1	53
282	145	36	15	15	1		54
27	19	5	4				55
1	4	1	2	1	1		56
	1						57
27	9						58
77	44	6	1	2			59
38	20	7	7	5	1		60
330	**166**	**30**	**7**	**1**	**1**		**H**
202	117	24	4				61
128	49	6	3	1	1		62
99	**45**	**20**	**19**	**11**	**2**		**I**
14	26	15	17	10	1		63
13	1	1	1				64
72	18	4	1	1	1		65
102	**221**	**105**	**77**	**61**	**5**	**1**	**J**
51	131	52	41	10			66
				1			67
45	83	52	36	50	5	1	68
6	7	1					69

1-17 续表 2

行业大类	代码	法人单位数（个）	7人及以下	8～19人	20～49人
房地产业	**K**	**21498**	**14147**	**3713**	**2470**
房地产业	70	21498	14147	3713	2470
租赁和商务服务业	**L**	**68961**	**59297**	**6764**	**1892**
租赁业	71	5222	4452	579	152
商务服务业	72	63739	54845	6185	1740
科学研究和技术服务业	**M**	**28686**	**23749**	**3196**	**1152**
研究和试验发展	73	2750	2342	262	104
专业技术服务业	74	12269	9242	1776	783
科技推广和应用服务业	75	13667	12165	1158	265
水利、环境和公共设施管理业	**N**	**4524**	**3223**	**626**	**358**
水利管理业	76	1464	1181	143	100
生态保护和环境治理业	77	479	335	68	42
公共设施管理业	78	2373	1573	373	195
土地管理业	79	208	134	42	21
居民服务、修理和其他服务业	**O**	**11192**	**8999**	**1547**	**452**
居民服务业	80	4482	3727	521	164
机动车、电子产品和日用产品修理业	81	4635	3706	706	167
其他服务业	82	2075	1566	320	121
教育	**P**	**26800**	**12320**	**6975**	**3731**
教育	83	26800	12320	6975	3731
卫生和社会工作	**Q**	**5822**	**2496**	**940**	**1007**
卫生	84	4795	1808	754	907
社会工作	85	1027	688	186	100
文化、体育和娱乐业	**R**	**11599**	**9368**	**1491**	**514**
新闻和出版业	86	198	124	31	13
广播、电视、电影和录音制作业	87	1257	925	209	88
文化艺术业	88	3110	2404	437	207
体育	89	1070	839	159	46
娱乐业	90	5964	5076	655	160
公共管理、社会保障和社会组织	**S**	**51868**	**34805**	**10474**	**3621**
中国共产党机关	91	1347	579	392	265
国家机构	92	21581	12255	3584	2963
人民政协、民主党派	93	240	106	67	55
社会保障	94	849	717	83	14
群众团体、社会团体和其他成员组织	95	11548	10273	1098	149
基层群众自治组织及其他组织	96	16303	10875	5250	175

50～99人	100～299人	300～499人	500～999人	1000～4999人	5000～9999人	10000人及以上	代码
776	**317**	**44**	**20**	**11**			**K**
776	317	44	20	11			70
545	**301**	**68**	**61**	**29**	**2**	**2**	**L**
32	4	3					71
513	297	65	61	29	2	2	72
350	**196**	**24**	**13**	**5**	**1**		**M**
24	13	1	1	3			73
273	158	23	11	2	1		74
53	25		1				75
146	**127**	**23**	**14**	**7**			**N**
28	12						76
16	14	2	2				77
93	99	21	12	7			78
9	2						79
139	**40**	**12**	**2**	**1**			**O**
51	14	3	2				80
48	5	3					81
40	21	6		1			82
1874	**1603**	**203**	**73**	**21**			**P**
1874	1603	203	73	21			83
731	**412**	**90**	**88**	**58**			**Q**
691	401	88	88	58			84
40	11	2					85
149	**66**	**3**	**6**	**2**			**R**
13	13		2	2			86
24	9	1	1				87
41	20		1				88
13	11	2					89
58	13		2				90
1898	**874**	**105**	**69**	**21**	**1**		**S**
84	24	3					91
1759	829	102	68	20	1		92
11	1						93
21	14						94
21	5		1	1			95
2	1						96

1-18 按行业（大类）、从业人员

地　区	代码	从业人员数（人）	7人及以下	8～19人	20～49人
总　计	**00**	**7508504**	**829383**	**746360**	**831237**
农、林、牧、渔业	**A**	**35499**	**12443**	**9084**	**4863**
农业	01				
林业	02				
畜牧业	03				
渔业	04				
农、林、牧、渔专业及辅助性活动	05	35499	12443	9084	4863
采矿业	**B**	**67575**	**2601**	**5931**	**10933**
煤炭开采和洗选业	06	7009	12	33	123
石油和天然气开采业	07	131		8	
黑色金属矿采选业	08	8478	238	414	949
有色金属矿采选业	09	18242	253	369	1208
非金属矿采选业	10	32432	1825	4827	8319
开采专业及辅助性活动	11	65	15	9	41
其他采矿业	12	1218	258	271	293
制造业	**C**	**1501741**	**49808**	**87909**	**148977**
农副食品加工业	13	135695	4445	5726	9392
食品制造业	14	44123	4521	6011	5389
酒、饮料和精制茶制造业	15	43683	2390	3621	4187
烟草制品业	16	3591	4		
纺织业	17	46443	622	1004	2207
纺织服装、服饰业	18	33362	1020	2972	6331
皮革、毛皮、羽毛及其制品和制鞋业	19	28439	312	1468	2162
木材加工和木、竹、藤、棕、草制品业	20	183808	4205	16756	25796
家具制造业	21	14008	2046	2180	2564
造纸和纸制品业	22	35122	958	1782	3746
印刷和记录媒介复制业	23	14740	2134	2371	3147
文教、工美、体育和娱乐用品制造业	24	41346	1360	2190	3185
石油、煤炭及其他燃料加工业	25	5354	178	306	297
化学原料和化学制品制造业	26	67365	2221	4021	7068
医药制造业	27	35207	385	831	2586
化学纤维制造业	28	230	24	39	107
橡胶和塑料制品业	29	38350	1706	3560	5521
非金属矿物制品业	30	192164	5857	12320	33144
黑色金属冶炼和压延加工业	31	52595	255	281	1377
有色金属冶炼和压延加工业	32	48919	345	489	1335
金属制品业	33	36144	3585	4498	5131
通用设备制造业	34	34163	2430	3581	3927
专用设备制造业	35	46072	2493	3347	4409

组距分组的法人单位从业人员数

50～99人	100～299人	300～499人	500～999人	1000～4999人	5000～9999人	10000人及以上	代码
804994	**1221398**	**572970**	**676729**	**904817**	**224287**	**696329**	**00**
2675	**2681**	**418**	**2276**	**1059**			**A**
							01
							02
							03
							04
2675	2681	418	2276	1059			05
7771	**13323**	**5340**	**9867**	**11809**			**B**
91	1746	740	1972	2292			06
	123						07
526	1285	415	550	4101			08
1548	2845	2974	5124	3921			09
5526	7008	1211	2221	1495			10
							11
80	316						12
171716	**312313**	**185311**	**224690**	**232688**	**33672**	**54657**	**C**
14049	27670	18767	36799	18847			13
4351	11780	4423	5380	2268			14
3911	9260	6805	2113	11396			15
			591	2996			16
2963	13584	6958	12636	6469			17
4900	5682	8586	2451	1420			18
2554	3739	3501	6765	7938			19
41173	57032	14103	12347	12396			20
1604	2434	1834	1346				21
5093	7472	8529	4256	3286			22
1269	2915	2109	795				23
2975	7699	4805	11724	7408			24
312	1121	331	2809				25
10558	14091	13148	9576	6682			26
4242	9534	4921	6760	5948			27
60							28
4840	7340	6476	4295	4612			29
29255	39886	23812	32308	15582			30
2287	7076	5081	3124	9409	8514	15191	31
2034	5621	5717	10352	23026			32
5174	11113	3918	2725				33
4026	5667	2915	2250	2217	7150		34
4712	8994	2835	4590	14692			35

1-18 续表 1

地 区	代码	从业人员数（人）	7人及以下	8～19人	20～49人
汽车制造业	36	134583	1197	1985	5736
铁路、船舶、航空航天和其他运输设备制造业	37	20896	295	518	910
电气机械和器材制造业	38	40551	1258	2003	2715
计算机、通信和其他电子设备制造业	39	99713	973	1901	3740
仪器仪表制造业	40	7077	376	375	989
其他制造业	41	2643	370	337	365
废弃资源综合利用业	42	8285	367	389	916
金属制品、机械和设备修理业	43	7070	1476	1047	598
电力、热力、燃气及水生产和供应业	**D**	**124042**	**5706**	**7604**	**7793**
电力、热力生产和供应业	44	99836	4486	5553	4593
燃气生产和供应业	45	5056	166	380	839
水的生产和供应业	46	19150	1054	1671	2361
建筑业	**E**	**1104045**	**43593**	**33104**	**32198**
房屋建筑业	47	825257	5939	7466	10254
土木工程建筑业	48	159165	5882	6211	7964
建筑安装业	49	37052	4738	3923	4110
建筑装饰、装修和其他建筑业	50	82571	27034	15504	9870
批发和零售业	**F**	**686475**	**280135**	**127067**	**88994**
批发业	51	329562	137204	67953	43501
零售业	52	356913	142931	59114	45493
交通运输、仓储和邮政业	**G**	**321066**	**22539**	**25214**	**31523**
铁路运输业	53	66932		10	85
道路运输业	54	152366	15687	15755	18795
水上运输业	55	13091	874	1349	1302
航空运输业	56	9568	51	60	85
管道运输业	57	102			
多式联运和运输代理业	58	10895	2627	2196	2642
装卸搬运和仓储业	59	31310	2488	3514	4630
邮政业	60	36802	812	2330	3984
住宿和餐饮业	**H**	**136347**	**12287**	**21115**	**28296**
住宿业	61	75310	3909	10217	16006
餐饮业	62	61037	8378	10898	12290
信息传输、软件和信息技术服务业	**I**	**128614**	**31269**	**17119**	**12403**
电信、广播电视和卫星传输服务	63	49378	1387	607	1652
互联网和相关服务	64	10715	4276	2526	1768
软件和信息技术服务业	65	68521	25606	13986	8983
金融业	**J**	**315323**	**2593**	**3120**	**4926**
货币金融服务	66	96278	862	1346	2167
资本市场服务	67	4475	520	331	438
保险业	68	209835	87	471	1499
其他金融业	69	4735	1124	972	822

50～99人	100～299人	300～499人	500～999人	1000～4999人	5000～9999人	10000人及以上	代码
7985	27302	14949	18131	14060	18008	25230	36
801	1335	1899	4455	10683			37
3459	8950	4512	8627	9027			38
5106	11999	9177	12710	39871		14236	39
1043	1003	1258	2033				40
371	700		500				41
410	1101	3570	1532				42
199	213	372	710	2455			43
10007	**17419**	**12239**	**15001**	**6685**		**41588**	**D**
5224	10795	10160	12091	5346		41588	44
851	937	362	1521				45
3932	5687	1717	1389	1339			46
27925	**72196**	**49667**	**71124**	**183086**	**90409**	**500743**	**E**
12211	42472	35735	48567	149443	45179	467991	47
7016	15789	9656	16808	28041	29046	32752	48
3647	5606	2156	1480	1568	9824		49
5051	8329	2120	4269	4034	6360		50
62331	**61852**	**22248**	**25980**	**17868**			**F**
21464	29641	13393	11149	5257			51
40867	32211	8855	14831	12611			52
30746	**39649**	**21555**	**21151**	**44908**	**22805**	**60976**	**G**
					5861	60976	53
19115	24300	14337	10039	28828	5510		54
1733	3025	1826	2982				55
58	812	329	1555	1529	5089		56
	102						57
1939	1491						58
5363	7228	2275	834	4978			59
2538	2691	2788	5741	9573	6345		60
22709	**27181**	**11231**	**4919**	**3379**	**5230**		**H**
13999	19324	9124	2731				61
8710	7857	2107	2188	3379	5230		62
6650	**7709**	**7596**	**13170**	**18361**	**14337**		**I**
1071	4784	5739	11841	17246	5051		63
845	136	351	813				64
4734	2789	1506	516	1115	9286		65
7358	**42344**	**40497**	**52384**	**119440**	**32290**	**10371**	**J**
3735	25449	19448	26571	16700			66
				3186			67
3290	15823	20637	25813	99554	32290	10371	68
333	1072	412					69

1-18 续表 2

地　　区	代码	从业人员数（人）			
			7人及以下	8～19人	20～49人
房地产业	**K**	**302206**	**29086**	**44736**	**74292**
房地产业	70	302206	29086	44736	74292
租赁和商务服务业	**L**	**494903**	**116903**	**75076**	**54810**
租赁业	71	25091	10409	6584	4367
商务服务业	72	469812	106494	68492	50443
科学研究和技术服务业	**M**	**196989**	**43005**	**36893**	**33850**
研究和试验发展	73	19153	4373	2973	3267
专业技术服务业	74	129714	18727	20943	22964
科技推广和应用服务业	75	48122	19905	12977	7619
水利、环境和公共设施管理业	**N**	**85628**	**5302**	**7596**	**10952**
水利管理业	76	9691	1335	1717	3021
生态保护和环境治理业	77	8081	620	850	1223
公共设施管理业	78	65579	3147	4508	6050
土地管理业	79	2277	200	521	658
居民服务、修理和其他服务业	**O**	**74609**	**21586**	**17542**	**12870**
居民服务业	80	26348	7629	5879	4596
机动车、电子产品和日用产品修理业	81	27525	10101	7933	4674
其他服务业	82	20736	3856	3730	3600
教育	**P**	**771003**	**27295**	**84680**	**112163**
教育	83	771003	27295	84680	112163
卫生和社会工作	**Q**	**365094**	**5085**	**11315**	**33351**
卫生	84	353701	4022	9077	30402
社会工作	85	11393	1063	2238	2949
文化、体育和娱乐业	**R**	**79005**	**20579**	**16950**	**14583**
新闻和出版业	86	7645	192	355	420
广播、电视、电影和录音制作业	87	10810	1832	2443	2550
文化艺术业	88	21999	4590	5061	5830
体育	89	8216	1916	1837	1312
娱乐业	90	30335	12049	7254	4471
公共管理、社会保障和社会组织	**S**	**718340**	**97568**	**114305**	**113460**
中国共产党机关	91	24186	1306	4913	7866
国家机构	92	531735	18721	43380	95384
人民政协、民主党派	93	3437	201	940	1385
社会保障	94	6254	1404	836	469
群众团体、社会团体和其他成员组织	95	37869	17442	12404	4134
基层群众自治组织及其他组织	96	114859	58494	51832	4222

50～99人	100～299人	300～499人	500～999人	1000～4999人	5000～9999人	10000人及以上	代码
52591	**51434**	**17023**	**14271**	**18773**			**K**
52591	51434	17023	14271	18773			70
36501	**49620**	**26071**	**41994**	**54820**	**11114**	**27994**	**L**
2019	568	1144					71
34482	49052	24927	41994	54820	11114	27994	72
23477	**30697**	**9028**	**8086**	**6394**	**5559**		**M**
1659	2210	303	962	3406			73
18460	24790	8725	6558	2988	5559		74
3358	3697		566				75
10058	**21104**	**8918**	**9428**	**12270**			**N**
1850	1768						76
1117	2022	774	1475				77
6431	17076	8144	7953	12270			78
660	238						79
8694	**6594**	**4445**	**1503**	**1375**			**O**
3357	2344	1040	1503				80
2777	898	1142					81
2560	3352	2263		1375			82
132083	**257476**	**75747**	**47685**	**33874**			**P**
132083	257476	75747	47685	33874			83
50808	**65756**	**34503**	**62248**	**102028**			**Q**
48183	63912	33829	62248	102028			84
2625	1844	674					85
9792	**10132**	**1167**	**3568**	**2234**			**R**
964	2093		1387	2234			86
1538	1449	482	516				87
2817	3170		531				88
842	1624	685					89
3631	1796		1134				90
131102	**131918**	**39966**	**47384**	**33766**	**8871**		**S**
5615	3430	1056					91
121757	125441	38910	46657	32614	8871		92
716	195						93
1509	2036						94
1361	649		727	1152			95
144	167						96

1-19 按行业门类分组的个体经营户数和从业人员数

行　业	代码	个体经营户数（万户）	从业人员数（万人）
总　计	**00**	**156.53**	**389.61**
采矿业	B	0.06	0.43
制造业	C	8.86	37.69
电力、热力、燃气及水生产和供应业	D	0.05	0.11
建筑业	E	3.56	12.72
批发和零售业	F	98.33	200.14
交通运输、仓储和邮政业	G	6.42	29.79
住宿和餐饮业	H	17.53	53.58
信息传输、软件和信息技术服务业	I	0.38	0.81
金融业	J		
房地产业	K	0.18	0.37
租赁和商务服务业	L	1.83	4.21
科学研究和技术服务业	M	0.19	0.59
水利、环境和公共设施管理业	N	0.02	0.02
居民服务、修理和其他服务业	O	14.18	33.07
教育	P	0.92	5.33
卫生和社会工作	Q	2.14	4.56
文化、体育和娱乐业	R	0.84	3.3
公共管理、社会保障和社会组织	S		

注：本表中合计数中含从事农、林、牧、渔专业及辅助性活动的个体经营户数据。

第二篇

企　业

2-1 按地区分组的企业法人单位数及从业人员数

地　区	代码	法人单位数（个）	单产业法人单位	多产业法人单位	从业人员数（人）	#女性
广西壮族自治区	**45**	**384724**	**373338**	**11386**	**5491773**	**1992510**
南宁市	**4501**	**138156**	**134618**	**3538**	**1636635**	**579408**
兴宁区	450102	13082	12755	327	193136	65242
青秀区	450103	55801	54176	1625	614407	225163
江南区	450105	9969	9761	208	103115	37558
西乡塘区	450107	18066	17635	431	178384	44848
良庆区	450108	7528	7379	149	85344	34275
邕宁区	450109	1348	1298	50	50457	8292
武鸣区	450110	2734	2632	102	38754	14509
隆安县	450123	856	828	28	14263	5421
马山县	450124	907	881	26	8795	3980
上林县	450125	1241	1208	33	10578	4696
宾阳县	450126	3409	3325	84	44627	19624
横县	450127	3488	3395	93	56984	22259
柳州市	**4502**	**44681**	**43095**	**1586**	**807970**	**236075**
城中区	450202	8072	7755	317	172478	34353
鱼峰区	450203	7992	7719	273	76503	29421
柳南区	450204	10404	10090	314	113751	37446
柳北区	450205	6940	6660	280	166925	42096
柳江区	450206	3438	3353	85	53216	19778
柳城县	450222	1417	1343	74	20168	8898
鹿寨县	450223	1806	1755	51	30812	12838
融安县	450224	1335	1282	53	16047	6952
融水苗族自治县	450225	1662	1588	74	19225	7343
三江侗族自治县	450226	1284	1255	29	9543	4145
桂林市	**4503**	**36660**	**35617**	**1043**	**538028**	**205034**
秀峰区	450302	2711	2610	101	64897	21295
叠彩区	450303	3546	3444	102	27676	11386
象山区	450304	5206	4967	239	83179	30069
七星区	450305	6900	6731	169	134076	45710
雁山区	450311	353	349	4	4689	1793

2-1 续表 1

地 区	代码	法人单位数（个）	单产业法人单位	多产业法人单位	从业人员数（人）	#女性
临桂区	450312	4508	4403	105	41405	15897
阳朔县	450321	910	877	33	20152	9435
灵川县	450323	2689	2627	62	30385	11719
全州县	450324	1358	1329	29	17102	6295
兴安县	450325	1293	1276	17	15848	6909
永福县	450326	1229	1199	30	14745	5169
灌阳县	450327	700	687	13	6951	2531
龙胜各族自治县	450328	522	504	18	9143	3336
资源县	450329	524	510	14	8130	2825
平乐县	450330	1319	1282	37	12622	5209
荔浦县	450331	1844	1797	47	37219	21059
恭城瑶族自治县	450332	1046	1024	22	9480	4216
梧州市	**4504**	**13316**	**12839**	**477**	**222557**	**91083**
万秀区	450403	2330	2220	110	39146	15069
长洲区	450405	3478	3354	124	43808	20953
龙圩区	450406	1328	1284	44	24247	9637
苍梧县	450421	774	750	24	5871	2195
藤县	450422	2095	2041	54	44962	16528
蒙山县	450423	1297	1274	23	9419	3839
岑溪市	450481	1980	1886	94	44188	18232
北海市	**4505**	**17821**	**17422**	**399**	**219075**	**91160**
海城区	450502	9608	9340	268	94464	40026
银海区	450503	3797	3745	52	28443	12246
铁山港区	450512	496	485	11	12757	3351
合浦县	450521	3790	3726	64	45595	16550
防城港市	**4506**	**10161**	**9861**	**300**	**125359**	**42389**
港口区	450602	5478	5356	122	66891	20712
防城区	450603	1998	1934	64	25251	9083
上思县	450621	566	542	24	10988	3987
东兴市	450681	2118	2029	89	21819	8358
钦州市	**4507**	**13545**	**13115**	**430**	**338426**	**95053**
钦南区	450702	5134	4940	194	134895	28324

2-1 续表 2

地　　区	代码	法人单位数（个）	单产业法人单位	多产业法人单位	从业人员数（人）	#女性
钦北区	450703	3930	3826	104	108525	28593
灵山县	450721	2131	2068	63	40418	16573
浦北县	450722	1498	1451	47	33802	15786
贵港市	**4508**	**19246**	**18742**	**504**	**324581**	**144293**
港北区	450802	7220	6987	233	113099	46777
港南区	450803	1556	1520	36	37535	18311
覃塘区	450804	2084	2068	16	34514	15980
平南县	450821	4233	4108	125	66807	26604
桂平市	450881	4153	4059	94	72626	36621
玉林市	**4509**	**29478**	**28687**	**791**	**481480**	**195926**
玉州区	450902	13492	13161	331	158452	63879
福绵区	450903	1178	1155	23	18941	7516
容县	450921	3129	3062	67	50393	24107
陆川县	450922	2295	2226	69	45350	12608
博白县	450923	2850	2772	78	62130	26291
兴业县	450924	1760	1713	47	17171	6469
北流市	450981	4702	4529	173	120845	51665
百色市	**4510**	**20272**	**19555**	**717**	**232659**	**88427**
右江区	451002	6965	6681	284	78718	31142
田阳县	451021	1696	1619	77	19576	6990
田东县	451022	1503	1436	67	20645	6698
平果县	451023	2252	2178	74	33866	13727
德保县	451024	983	954	29	14930	5052
那坡县	451026	900	882	18	4901	1908
凌云县	451027	547	510	37	6370	2747
乐业县	451028	494	479	15	4297	1825
田林县	451029	1242	1212	30	12391	4341
西林县	451030	508	496	12	4756	1905
隆林各族自治县	451031	1134	1121	13	8837	3515
靖西市	451081	2048	1987	61	23372	8577
贺州市	**4511**	**8871**	**8578**	**293**	**108331**	**43180**
八步区	451102	4223	4052	171	47329	20374

2-1　续表 3

地　　区	代码	法人单位数（个）	单产业法人单位	多产业法人单位	从业人员数（人）	#女性
平桂区	451103	1599	1550	49	25453	8731
昭平县	451121	936	920	16	9356	3572
钟山县	451122	1039	1012	27	15500	5972
富川瑶族自治县	451123	1073	1044	29	10042	4202
河池市	**4512**	**12312**	**11735**	**577**	**180817**	**72397**
金城江区	451202	3017	2833	184	60532	25769
宜州区	451203	1929	1819	110	28561	12612
南丹县	451221	860	820	40	18056	5502
天峨县	451222	582	562	20	5002	2318
凤山县	451223	585	567	18	4089	1641
东兰县	451224	613	596	17	5238	2402
罗城仫佬族自治县	451225	691	637	54	8679	3322
环江毛南族自治县	451226	713	680	33	11879	5213
巴马瑶族自治县	451227	1272	1228	44	13984	3949
都安瑶族自治县	451228	1419	1387	32	15061	5966
大化瑶族自治县	451229	631	606	25	9736	3703
来宾市	**4513**	**8808**	**8485**	**323**	**133433**	**53713**
兴宾区	451302	4462	4327	135	76251	32350
忻城县	451321	781	752	29	8062	3690
象州县	451322	1309	1257	52	15569	6714
武宣县	451323	1058	1020	38	14833	5833
金秀瑶族自治县	451324	701	657	44	11250	2627
合山市	451381	495	472	23	6961	2218
崇左市	**4514**	**11397**	**10989**	**408**	**142422**	**54372**
江州区	451402	3134	2999	135	59203	22256
扶绥县	451421	1685	1646	39	22298	8752
宁明县	451422	1057	1024	33	10940	3935
龙州县	451423	1110	1069	41	13058	4844
大新县	451424	1358	1298	60	15341	5935
天等县	451425	750	707	43	7966	3382
凭祥市	451481	2302	2246	56	13143	5006

2-2 按控股情况、运营状态、开业（成立）时间分组的企业法人单位数及从业人员数

分　组	代码	法人单位数（个）	单产业法人单位	多产业法人单位	从业人员数（人）	#女性
总　计		**384724**	**373338**	**11386**	**5491773**	**1992510**
按企业控股情况分组						
国有控股	1	6958	5685	1273	1322834	354345
集体控股	2	4451	3679	772	180890	50696
私人控股	3	361835	353144	8691	3519353	1371308
港澳台商控股	4	944	882	62	116781	63477
外商控股	5	706	651	55	77221	35813
其他	9	9830	9297	533	274694	116871
按运营状态分组						
正常运营	1	267385	256976	10409	5331485	1934537
停业(歇业)	2	66218	65510	708	89071	32473
筹建	3	33649	33535	114	48000	16763
当年关闭	4	6528	6460	68	9073	3124
当年破产	5	536	531	5	1187	314
当年注销	6	7231	7203	28	4954	1933
当年吊销	7	494	492	2	346	102
其他	9	2683	2631	52	7657	3264
按开业(成立)时间分组						
1949年以前	01	8	6	2	1001	434
1950—1977年	02	644	457	187	471148	50886
1978—1991年	03	3187	2475	712	331563	82453
1992—2000年	04	8618	7336	1282	720515	224176
2001年	05	2004	1769	235	107691	42816
2002年	06	2720	2432	288	182197	69523
2003年	07	3344	3024	320	195493	77431
2004年	08	3874	3524	350	167879	66612
2005年	09	4209	3850	359	185168	63864
2006年	10	4743	4407	336	152579	62979
2007年	11	6020	5563	457	192961	85380
2008年	12	6264	5820	444	187855	83079
2009年	13	9478	8981	497	198339	86283
2010年	14	11682	11153	529	211955	86234
2011年	15	15148	14605	543	221771	95372
2012年	16	18553	18035	518	218805	90579
2013年	17	19964	19395	569	198694	85463
2014年	18	30775	30049	726	257336	106370
2015年	19	39763	38895	868	291089	119295
2016年	20	49095	48198	897	322243	134160
2017年	21	62442	61611	831	363114	151007
2018年	22	81718	81282	436	311846	127947
无开业年份	23	471	471		531	167

2-3 按行业（中类）分组的企业法人单位数及从业人员数

行业中类	代码	法人单位数（个）	单产业法人单位	多产业法人单位	从业人员数（人）	#女性
总 计	**00**	**384724**	**373338**	**11386**	**5491773**	**1992510**
农、林、牧、渔业	**A**	**2531**	**2439**	**92**	**14723**	**6544**
农业	01	37		37		
谷物种植	011	3		3		
豆类、油料和薯类种植	012					
棉、麻、糖、烟草种植	013	6		6		
蔬菜、食用菌及园艺作物种植	014	7		7		
水果种植	015	10		10		
坚果、含油果、香料和饮料作物种植	016	7		7		
中药材种植	017	1		1		
草种植及割草	018					
其他农业	019	3		3		
林业	02	15		15		
林木育种和育苗	021	1		1		
造林和更新	022	6		6		
森林经营、管护和改培	023	5		5		
木材和竹材采运	024	3		3		
林产品采集	025					
畜牧业	03	13		13		
牲畜饲养	031	10		10		
家禽饲养	032	2		2		
狩猎和捕捉动物	033					
其他畜牧业	039	1		1		
渔业	04	4		4		
水产养殖	041	3		3		
水产捕捞	042	1		1		
农、林、牧、渔专业及辅助性活动	05	2462	2439	23	14723	6544
农业专业及辅助性活动	051	1736	1723	13	9630	4559
林业专业及辅助性活动	052	314	309	5	1742	542
畜牧专业及辅助性活动	053	245	241	4	1666	887
渔业专业及辅助性活动	054	167	166	1	1685	556
采矿业	**B**	**2672**	**2615**	**57**	**67575**	**13309**
煤炭开采和洗选业	06	30	25	5	7009	964
烟煤和无烟煤开采洗选	061	17	15	2	2062	280
褐煤开采洗选	062	10	8	2	4356	495
其他煤炭采选	069	3	2	1	591	189
石油和天然气开采业	07	3	3		131	3
石油开采	071	3	3		131	3
天然气开采	072					
黑色金属矿采选业	08	268	264	4	8478	2477
铁矿采选	081	132	132		997	238
锰矿、铬矿采选	082	109	105	4	7043	2140
其他黑色金属矿采选	089	27	27		438	99

2-3 续表 1

行业中类	代码	法人单位数（个）	单产业法人单位	多产业法人单位	从业人员数（人）	#女性
有色金属矿采选业	09	296	277	19	18242	4186
常用有色金属矿采选	091	240	225	15	16471	3853
贵金属矿采选	092	37	35	2	449	73
稀有稀土金属矿采选	093	19	17	2	1322	260
非金属矿采选业	10	1830	1801	29	32432	5412
土砂石开采	101	1566	1545	21	25632	3663
化学矿开采	102	57	56	1	1179	213
采盐	103	2	2		708	102
石棉及其他非金属矿采选	109	205	198	7	4913	1434
开采专业及辅助性活动	110	15	15		65	21
煤炭开采和洗选专业及辅助性活动	11	1	1			
石油和天然气开采专业及辅助性活动	112	3	3		5	1
其他开采专业及辅助性活动	119	11	11		60	20
其他采矿业	12	230	230		1218	246
其他采矿业	120	230	230		1218	246
制造业	**C**	**37248**	**36340**	**908**	**1498368**	**637197**
农副食品加工业	13	2983	2817	166	134887	53816
谷物磨制	131	419	402	17	6415	2131
饲料加工	132	337	325	12	21029	5866
植物油加工	133	240	232	8	5452	1823
制糖业	134	145	131	14	55007	19240
屠宰及肉类加工	135	498	401	97	17624	6961
水产品加工	136	167	165	2	7889	4674
蔬菜、菌类、水果和坚果加工	137	344	340	4	6916	4468
其他农副食品加工	139	833	821	12	14555	8653
食品制造业	14	2319	2248	71	44076	25506
焙烤食品制造	141	911	870	41	11060	6705
糖果、巧克力及蜜饯制造	142	72	71	1	1408	890
方便食品制造	143	506	501	5	8169	4590
乳制品制造	144	31	28	3	3405	1807
罐头食品制造	145	49	44	5	3469	2296
调味品、发酵制品制造	146	145	139	6	3849	1563
其他食品制造	149	605	595	10	12716	7655
酒、饮料和精制茶制造业	15	1409	1348	61	42732	20298
酒的制造	151	383	373	10	13313	4928
饮料制造	152	534	510	24	16868	9264
精制茶加工	153	492	465	27	12551	6106
烟草制品业	16	5	4	1	3591	1250
烟叶复烤	161	3	3		591	252
卷烟制造	162	2	1	1	3000	998
其他烟草制品制造	169					
纺织业	17	626	569	57	46385	34183
棉纺织及印染精加工	171	213	212	1	11545	5911
毛纺织及染整精加工	172	20	20		1395	1108

2-3　续表 2

行业中类	代码	法人单位数（个）	单产业法人单位	多产业法人单位	从业人员数（人）	#女性
麻纺织及染整精加工	173	28	27	1	1455	1002
丝绢纺织及印染精加工	174	147	96	51	28445	23797
化纤织造及印染精加工	175	2	2		93	31
针织或钩针编织物及其制品制造	176	52	50	2	1978	1478
家用纺织制成品制造	177	129	127	2	1020	606
产业用纺织制成品制造	178	35	35		454	250
纺织服装、服饰业	18	1081	1065	16	33362	24349
机织服装制造	181	624	617	7	20245	14304
针织或钩针编织服装制造	182	73	70	3	5328	3901
服饰制造	183	384	378	6	7789	6144
皮革、毛皮、羽毛及其制品和制鞋业	19	441	432	9	28438	21665
皮革鞣制加工	191	30	30		2558	1258
皮革制品制造	192	176	171	5	11066	8740
毛皮鞣制及制品加工	193	8	8		216	134
羽毛（绒）加工及制品制造	194	145	145		2238	1150
制鞋业	195	82	78	4	12360	10383
木材加工和木、竹、藤、棕、草制品业	20	5133	5068	65	183711	90179
木材加工	201	3013	2980	33	53218	24092
人造板制造	202	1436	1411	25	99506	48091
木质制品制造	203	425	420	5	18828	10865
竹、藤、棕、草等制品制造	204	259	257	2	12159	7131
家具制造业	21	1026	1006	20	14008	5311
木质家具制造	211	799	785	14	11564	4401
竹、藤家具制造	212	12	12		230	77
金属家具制造	213	36	36		681	215
塑料家具制造	214	5	5		101	70
其他家具制造	219	174	168	6	1432	548
造纸和纸制品业	22	787	777	10	35122	14949
纸浆制造	221	12	12		2617	864
造纸	222	211	210	1	15029	5119
纸制品制造	223	564	555	9	17476	8966
印刷和记录媒介复制业	23	1033	1016	17	14640	7487
印刷	231	886	871	15	13762	7010
装订及印刷相关服务	232	143	141	2	866	469
记录媒介复制	233	4	4		12	8
文教、工美、体育和娱乐用品制造业	24	977	965	12	41170	29042
文教办公用品制造	241	66	65	1	533	263
乐器制造	242	12	12		75	30
工艺美术及礼仪用品制造	243	734	724	10	26535	17983
体育用品制造	244	40	40		1151	812
玩具制造	245	117	116	1	12321	9549
游艺器材及娱乐用品制造	246	8	8		555	405
石油、煤炭及其他燃料加工业	25	129	126	3	5354	1372
精炼石油产品制造	251	63	61	2	4106	1065
煤炭加工	252	16	16		322	87
核燃料加工	253					
生物质燃料加工	254	50	49	1	926	220

2-3 续表 3

行业中类	代码	法人单位数（个）	单产业法人单位	多产业法人单位	从业人员数（人）	#女性
化学原料和化学制品制造业	26	1830	1768	62	67314	25339
基础化学原料制造	261	251	243	8	13360	4195
肥料制造	262	445	427	18	13398	4194
农药制造	263	72	59	13	3375	1296
涂料、油墨、颜料及类似产品制造	264	243	234	9	9504	3022
合成材料制造	265	73	73		1344	435
专用化学产品制造	266	411	401	10	10534	3197
炸药、火工及焰火产品制造	267	107	105	2	6710	4176
日用化学产品制造	268	228	226	2	9089	4824
医药制造业	27	492	467	25	35183	19110
化学药品原料药制造	271	36	35	1	3322	1493
化学药品制剂制造	272	37	35	2	2094	1056
中药饮片加工	273	95	92	3	2726	1698
中成药生产	274	180	167	13	21295	11663
兽用药品制造	275	48	43	5	3198	1905
生物药品制品制造	276	57	57		1564	717
卫生材料及医药用品制造	277	36	35	1	805	465
药用辅料及包装材料	278	3	3		179	113
化学纤维制造业	28	21	21		230	106
纤维素纤维原料及纤维制造	281	3	3		22	3
合成纤维制造	282	6	6		130	71
生物基材料制造	283	12	12		78	32
橡胶和塑料制品业	29	1253	1240	13	38350	19700
橡胶制品业	291	168	166	2	7001	2644
塑料制品业	292	1085	1074	11	31349	17056
非金属矿物制品业	30	5396	5299	97	192154	58804
水泥、石灰和石膏制造	301	526	516	10	35283	7440
石膏、水泥制品及类似制品制造	302	1420	1392	28	44309	8400
砖瓦、石材等建筑材料制造	303	2499	2459	40	54335	14931
玻璃制造	304	97	97		2517	847
玻璃制品制造	305	113	112	1	4130	1780
玻璃纤维和玻璃纤维增强塑料制品制造	306	25	24	1	247	104
陶瓷制品制造	307	274	266	8	36899	21111
耐火材料制品制造	308	57	56	1	1986	664
石墨及其他非金属矿物制品制造	309	385	377	8	12448	3527
黑色金属冶炼和压延加工业	31	305	295	10	52595	10172
炼铁	311	7	7		1556	163
炼钢	312	7	7		2289	601
钢压延加工	313	141	137	4	35351	6282
铁合金冶炼	314	150	144	6	13399	3126
有色金属冶炼和压延加工业	32	371	361	10	48919	10987

2-3　续表 4

行业中类	代码	法人单位数（个）	单产业法人单位	多产业法人单位	从业人员数（人）	#女性
常用有色金属冶炼	321	106	102	4	30744	5814
贵金属冶炼	322	9	9		412	105
稀有稀土金属冶炼	323	26	26		1319	393
有色金属合金制造	324	66	64	2	2313	764
有色金属压延加工	325	164	160	4	14131	3911
金属制品业	33	1974	1937	37	36144	11509
结构性金属制品制造	331	1051	1035	16	15907	4239
金属工具制造	332	110	107	3	2377	994
集装箱及金属包装容器制造	333	52	51	1	1465	482
金属丝绳及其制品制造	334	31	29	2	663	158
建筑、安全用金属制品制造	335	173	169	4	2920	868
金属表面处理及热处理加工	336	59	59		1664	503
搪瓷制品制造	337	8	8		638	144
金属制日用品制造	338	166	163	3	4927	2534
铸造及其他金属制品制造	339	324	316	8	5583	1587
通用设备制造业	34	1478	1459	19	34163	8007
锅炉及原动设备制造	341	72	70	2	10886	2122
金属加工机械制造	342	244	242	2	3473	768
物料搬运设备制造	343	62	59	3	3189	562
泵、阀门、压缩机及类似机械制造	344	80	79	1	1958	443
轴承、齿轮和传动部件制造	345	32	31	1	1777	450
烘炉、风机、包装等设备制造	346	159	158	1	1790	590
文化、办公用机械制造	347	15	14	1	1349	535
通用零部件制造	348	691	684	7	8849	2322
其他通用设备制造业	349	123	122	1	892	215
专用设备制造业	35	1499	1474	25	46072	12275
采矿、冶金、建筑专用设备制造	351	244	237	7	18558	3660
化工、木材、非金属加工专用设备制造	352	265	264	1	7232	2171
食品、饮料、烟草及饲料生产专用设备制造	353	63	62	1	1356	387
印刷、制药、日化及日用品生产专用设备制造	354	40	37	3	553	164
纺织、服装和皮革加工专用设备制造	355	5	5		35	21
电子和电工机械专用设备制造	356	62	62		810	317
农、林、牧、渔专用机械制造	357	264	257	7	5981	1543
医疗仪器设备及器械制造	358	142	142		5149	2292
环保、邮政、社会公共服务及其他专用设备制造	359	414	408	6	6398	1720
汽车制造业	36	1200	1170	30	134583	41994
汽车整车制造	361	29	28	1	32711	3980
汽车用发动机制造	362	4	4		2460	468
改装汽车制造	363	11	11		1321	233
低速汽车制造	364	4	4		176	25
电车制造	365	15	15		931	126
汽车车身、挂车制造	366	31	31		1027	387
汽车零部件及配件制造	367	1106	1077	29	95957	36775
铁路、船舶、航空航天和其他运输设备制造业	37	240	234	6	20896	4753

2-3 续表 5

行业中类	代码	法人单位数（个）			从业人员数（人）	
			单产业法人单位	多产业法人单位		#女性
铁路运输设备制造	371	15	14	1	921	291
城市轨道交通设备制造	372	6	6		537	90
船舶及相关装置制造	373	112	109	3	18018	3774
航空、航天器及设备制造	374	6	6		1	
摩托车制造	375	16	16		137	68
自行车和残疾人座车制造	376	7	7		21	7
助动车制造	377	72	70	2	1239	516
非公路休闲车及零配件制造	378					
潜水救捞及其他未列明运输设备制造	379	6	6		22	7
电气机械和器材制造业	38	930	904	26	40551	17958
电机制造	381	89	88	1	5232	1924
输配电及控制设备制造	382	345	340	5	14738	6098
电线、电缆、光缆及电工器材制造	383	159	148	11	9683	4753
电池制造	384	46	45	1	4939	2144
家用电力器具制造	385	62	60	2	1091	565
非电力家用器具制造	386	40	38	2	303	109
照明器具制造	387	124	122	2	4061	2207
其他电气机械及器材制造	389	65	63	2	504	158
计算机、通信和其他电子设备制造业	39	960	941	19	98689	58702
计算机制造	391	70	68	2	12152	6877
通信设备制造	392	69	65	4	9475	4345
广播电视设备制造	393	12	12		708	363
雷达及配套设备制造	394	3	2	1	788	190
非专业视听设备制造	395	46	46		8233	5456
智能消费设备制造	396	33	33		761	197
电子器件制造	397	98	96	2	10514	6021
电子元件及电子专用材料制造	398	534	526	8	44479	27914
其他电子设备制造	399	95	93	2	11579	7339
仪器仪表制造业	40	224	222	2	7077	3058
通用仪器仪表制造	401	126	125	1	4636	1955
专用仪器仪表制造	402	39	38	1	357	127
钟表与计时仪器制造	403	18	18		1469	725
光学仪器制造	404	15	15		384	198
衡器制造	405	18	18		198	43
其他仪器仪表制造业	409	8	8		33	10
其他制造业	41	186	182	4	2643	1421
日用杂品制造	411	73	71	2	1647	1028
核辐射加工	412	3	3		47	11
其他未列明制造业	419	110	108	2	949	382
废弃资源综合利用业	42	250	247	3	8285	2341
金属废料和碎屑加工处理	421	143	141	2	6944	2004
非金属废料和碎屑加工处理	422	107	106	1	1341	337
金属制品、机械和设备修理业	43	690	678	12	7044	1554
金属制品修理	431	6	6		19	3

2-3 续表 6

行业中类	代码	法人单位数（个）			从业人员数（人）	
			单产业法人单位	多产业法人单位		#女性
通用设备修理	432	92	90	2	475	104
专用设备修理	433	134	130	4	848	253
铁路、船舶、航空航天等运输设备修理	434	86	84	2	3281	669
电气设备修理	435	81	80	1	257	69
仪器仪表修理	436	11	11		48	17
其他机械和设备修理业	439	280	277	3	2116	439
电力、热力、燃气及水生产和供应业	**D**	**3281**	**3142**	**139**	**123812**	**35004**
电力、热力生产和供应业	44	2415	2336	79	99690	26935
电力生产	441	2145	2094	51	37705	11140
电力供应	442	229	202	27	61403	15675
热力生产和供应	443	41	40	1	582	120
燃气生产和供应业	45	157	138	19	5056	1526
燃气生产和供应业	451	146	128	18	4983	1513
生物质燃气生产和供应业	452	11	10	1	73	13
水的生产和供应业	46	709	668	41	19066	6543
自来水生产和供应	461	521	480	41	16849	5841
污水处理及其再生利用	462	183	183		2127	649
海水淡化处理	463					
其他水的处理、利用与分配	469	5	5		90	53
建筑业	**E**	**23668**	**22872**	**796**	**1103930**	**126330**
房屋建筑业	47	4455	4063	392	825257	76375
住宅房屋建筑	471	3981	3613	368	771608	71439
体育场馆建筑	472	3	3		40	10
其他房屋建筑业	479	471	447	24	53609	4926
土木工程建筑业	48	3666	3502	164	159050	24152
铁路、道路、隧道和桥梁工程建筑	481	1121	1068	53	93137	11122
水利和水运工程建筑	482	277	241	36	18449	2976
海洋工程建筑	483	1	1		1	
工矿工程建筑	484	70	65	5	9316	633
架线和管道工程建筑	485	328	293	35	18957	4070
节能环保工程施工	486	149	145	4	1259	496
电力工程施工	487	182	173	9	2485	625
其他土木工程建筑	489	1538	1516	22	15446	4230
建筑安装业	49	2524	2433	91	37052	6341
电气安装	491	832	806	26	21078	2758
管道和设备安装	492	479	459	20	3643	843
其他建筑安装业	499	1213	1168	45	12331	2740
建筑装饰、装修和其他建筑业	50	13023	12874	149	82571	19462
建筑装饰和装修业	501	10962	10857	105	49075	13758
建筑物拆除和场地准备活动	502	372	354	18	4883	850
提供施工设备服务	503	170	166	4	3470	467
其他未列明建筑业	509	1519	1497	22	25143	4387
批发和零售业	**F**	**140835**	**137017**	**3818**	**676529**	**316402**
批发业	51	69934	68371	1563	321607	133701

2-3 续表 7

行业中类	代码	法人单位数（个）	单产业法人单位	多产业法人单位	从业人员数（人）	#女性
农、林、牧、渔产品批发	511	5178	5061	117	21347	8594
食品、饮料及烟草制品批发	512	8688	8494	194	50654	22819
纺织、服装及家庭用品批发	513	6466	6389	77	26433	14274
文化、体育用品及器材批发	514	1846	1812	34	7002	3323
医药及医疗器材批发	515	2945	2877	68	28872	14935
矿产品、建材及化工产品批发	516	23707	22962	745	109377	40155
机械设备、五金产品及电子产品批发	517	13287	13063	224	54427	20407
贸易经纪与代理	518	3774	3741	33	9072	3590
其他批发业	519	4043	3972	71	14423	5604
零售业	52	70901	68646	2255	354922	182701
综合零售	521	7956	7607	349	69448	44411
食品、饮料及烟草制品专门零售	522	8621	8405	216	30466	15172
纺织、服装及日用品专门零售	523	5925	5697	228	21349	12789
文化、体育用品及器材专门零售	524	3607	3495	112	15170	7738
医药及医疗器材专门零售	525	9592	9158	434	49036	34001
汽车、摩托车、零配件和燃料及其他动力销售	526	9801	9422	379	69030	26162
家用电器及电子产品专门零售	527	10110	9817	293	46337	21248
五金、家具及室内装饰材料专门零售	528	10128	10026	102	32654	12969
货摊、无店铺及其他零售业	529	5161	5019	142	21432	8211
交通运输、仓储和邮政业	**G**	**12789**	**12171**	**618**	**311554**	**77227**
铁路运输业	53	6	4	2	66932	10754
铁路旅客运输	531	4	4		95	6
铁路货物运输	532	2		2	66837	10748
铁路运输辅助活动	533					
道路运输业	54	8460	8192	268	144527	37491
城市公共交通运输	541	313	294	19	28573	6203
公路旅客运输	542	288	233	55	21379	7535
道路货物运输	543	7346	7181	165	75344	15362
道路运输辅助活动	544	513	484	29	19231	8391
水上运输业	55	530	516	14	12385	3253
水上旅客运输	551	46	45	1	3458	1139
水上货物运输	552	384	372	12	7325	1810
水上运输辅助活动	553	100	99	1	1602	304
航空运输业	56	54	50	4	9054	2947
航空客货运输	561	19	17	2	8580	2791
通用航空服务	562	23	22	1	162	57
航空运输辅助活动	563	12	11	1	312	99
管道运输业	57	1	1		102	35
海底管道运输	571					
陆地管道运输	572	1	1		102	35
多式联运和运输代理业	58	1459	1402	57	10879	3488
多式联运	581	7	7		30	15
运输代理业	582	1452	1395	57	10849	3473
装卸搬运和仓储业	59	1576	1521	55	30873	7249

2-3 续表 8

行业中类	代码	法人单位数（个）	单产业法人单位	多产业法人单位	从业人员数（人）	#女性
装卸搬运	591	782	767	15	21688	4472
通用仓储	592	208	199	9	2440	808
低温仓储	593	37	34	3	307	122
危险品仓储	594	13	12	1	352	57
谷物、棉花等农产品仓储	595	288	268	20	3461	957
中药材仓储	596	1	1			
其他仓储业	599	247	240	7	2625	833
邮政业	60	703	485	218	36802	12010
邮政基本服务	601	47	32	15	14443	6714
快递服务	602	641	441	200	19490	4627
其他寄递服务	609	15	12	3	2869	669
住宿和餐饮业	**H**	**8420**	**7940**	**480**	**135587**	**83047**
住宿业	61	3158	3018	140	74650	47530
旅游饭店	611	1289	1220	69	47600	29470
一般旅馆	612	1659	1595	64	24616	16465
民宿服务	613	44	42	2	284	179
露营地服务	614					
其他住宿业	619	166	161	5	2150	1416
餐饮业	62	5262	4922	340	60937	35517
正餐服务	621	4049	3807	242	44359	25245
快餐服务	622	407	364	43	11354	7448
饮料及冷饮服务	623	125	116	9	837	411
餐饮配送及外卖送餐服务	624	176	170	6	938	317
其他餐饮业	629	505	465	40	3449	2096
信息传输、软件和信息技术服务业	**I**	**18158**	**17921**	**237**	**123461**	**48090**
电信、广播电视和卫星传输服务	63	567	478	89	45159	19174
电信	631	528	444	84	39655	17706
广播电视传输服务	632	26	24	2	5445	1437
卫星传输服务	633	13	10	3	59	31
互联网和相关服务	64	2393	2377	16	10547	4328
互联网接入及相关服务	641	348	346	2	1381	565
互联网信息服务	642	1180	1168	12	5099	2173
互联网平台	643	115	114	1	683	309
互联网安全服务	644	23	23		67	22
互联网数据服务	645	42	41	1	195	73
其他互联网服务	649	685	685		3122	1186
软件和信息技术服务业	65	15198	15066	132	67755	24588
软件开发	651	9215	9150	65	33494	12360
集成电路设计	652	42	40	2	268	107
信息系统集成和物联网技术服务	653	757	747	10	4227	1374
运行维护服务	654	117	112	5	11014	2793
信息处理和存储支持服务	655	73	73		396	140
信息技术咨询服务	656	3551	3516	35	12198	5016
数字内容服务	657	305	301	4	1017	439
其他信息技术服务业	659	1138	1127	11	5141	2359

2-3 续表 9

行业中类	代码	法人单位数（个）	单产业法人单位	多产业法人单位	从业人员数（人）	#女性
金融业	**J**	**2372**	**1796**	**576**	**311549**	**188264**
货币金融服务	66	755	472	283	92545	45447
中央银行服务	661					
货币银行服务	662	336	58	278	89516	44092
非货币银行服务	663	419	414	5	3029	1355
银行理财服务	664					
银行监管服务	665					
资本市场服务	67	272	269	3	4434	1842
证券市场服务	671	1		1	3186	1408
公开募集证券投资基金	672					
非公开募集证券投资基金	673	87	85	2	579	230
期货市场服务	674					
证券期货监管服务	675					
资本投资服务	676	26	26		93	35
其他资本市场服务	679	158	158		576	169
保险业	68	411	142	269	209835	138984
人身保险	681	137	38	99	156761	112428
财产保险	682	219	68	151	50584	25265
再保险	683					
商业养老金	684	8	8		480	309
保险中介服务	685	28	9	19	1983	970
保险资产管理	686					
保险监管服务	687					
其他保险活动	689	19	19		27	12
其他金融业	69	934	913	21	4735	1991
金融信托与管理服务	691	62	59	3	315	141
控股公司服务	692	560	553	7	1617	662
非金融机构支付服务	693	3	1	2	356	116
金融信息服务	694	81	78	3	290	121
金融资产管理公司	695	2	2		1	
其他未列明金融业	699	226	220	6	2156	951
房地产业	**K**	**21402**	**20190**	**1212**	**300495**	**131925**
房地产业	70	21402	20190	1212	300495	131925
房地产开发经营	701	7379	6974	405	114292	49782
物业管理	702	4286	3990	296	122599	54627
房地产中介服务	703	6840	6521	319	41149	18758
房地产租赁经营	704	1891	1716	175	17941	6958
其他房地产业	709	1006	989	17	4514	1800
租赁和商务服务业	**L**	**60718**	**59555**	**1163**	**457516**	**170851**
租赁业	71	5178	5113	65	24930	6696
机械设备经营租赁	711	4992	4930	62	24185	6393

2-3　续表 10

行业中类	代码	法人单位数（个）	单产业法人单位	多产业法人单位	从业人员数（人）	#女性
文体设备和用品出租	712	159	158	1	670	274
日用品出租	713	27	25	2	75	29
商务服务业	72	55540	54442	1098	432586	164155
组织管理服务	721	11585	11362	223	62824	26975
综合管理服务	722	1613	1527	86	19490	7612
法律服务	723	312	308	4	1488	605
咨询与调查	724	17178	16886	292	61626	30532
广告业	725	11221	11149	72	44204	17489
人力资源服务	726	4025	3935	90	148949	52919
安全保护服务	727	769	717	52	46581	5907
会议、展览及相关服务	728	777	772	5	3402	1509
其他商务服务业	729	8060	7786	274	44022	20607
科学研究和技术服务业	**M**	**22180**	**21554**	**626**	**149595**	**50639**
研究和试验发展	73	2446	2428	18	9443	3521
自然科学研究和试验发展	731	63	62	1	281	122
工程和技术研究和试验发展	732	1512	1502	10	6014	1998
农业科学研究和试验发展	733	355	352	3	1223	458
医学研究和试验发展	734	493	490	3	1834	888
社会人文科学研究	735	23	22	1	91	55
专业技术服务业	74	9558	9108	450	104166	33718
气象服务	741	33	30	3	205	69
地震服务	742	2	2		29	9
海洋服务	743	13	13		79	33
测绘地理信息服务	744	406	368	38	4832	1521
质检技术服务	745	877	830	47	13748	4524
环境与生态监测检测服务	746	184	178	6	2164	998
地质勘查	747	151	146	5	1184	231
工程技术与设计服务	748	4958	4648	310	68414	21615
工业与专业设计及其他专业技术服务	749	2934	2893	41	13511	4718
科技推广和应用服务业	75	10176	10018	158	35986	13400
技术推广服务	751	8666	8522	144	30886	11400
知识产权服务	752	197	193	4	727	345
科技中介服务	753	309	304	5	1058	461
创业空间服务	754	66	65	1	241	108
其他科技推广服务业	759	938	934	4	3074	1086
水利、环境和公共设施管理业	**N**	**2401**	**2333**	**68**	**31850**	**14589**
水利管理业	76	110	105	5	1417	466
防洪除涝设施管理	761	9	9		115	26
水资源管理	762	31	31		570	201
天然水收集与分配	763	11	9	2	265	80
水文服务	764	7	6	1	46	13
其他水利管理业	769	52	50	2	421	146
生态保护和环境治理业	77	328	318	10	5139	1535

2-3 续表 11

行业中类	代码	法人单位数（个）	单产业法人单位	多产业法人单位	从业人员数（人）	#女性
生态保护	771	45	43	2	1561	712
环境治理业	772	283	275	8	3578	823
公共设施管理业	78	1837	1796	41	23898	12009
市政设施管理	781	200	193	7	2054	842
环境卫生管理	782	277	273	4	6202	3628
城乡市容管理	783	15	15		302	118
绿化管理	784	689	684	5	3416	1436
城市公园管理	785	18	17	1	717	328
游览景区管理	786	638	614	24	11207	5657
土地管理业	79	126	114	12	1396	579
土地整治服务	791	47	47		351	141
土地调查评估服务	792	43	32	11	332	172
土地登记服务	793	1	1		3	3
土地登记代理服务	794	7	7		47	26
其他土地管理服务	799	28	27	1	663	237
居民服务、修理和其他服务业	**O**	**10963**	**10669**	**294**	**72528**	**33931**
居民服务业	80	4303	4172	131	24577	15142
家庭服务	801	1155	1130	25	7149	4685
托儿所服务	802	47	45	2	518	473
洗染服务	803	147	146	1	1439	881
理发及美容服务	804	1008	951	57	3675	2637
洗浴和保健养生服务	805	767	740	27	4846	3339
摄影扩印服务	806	383	376	7	2186	1195
婚姻服务	807	282	280	2	930	495
殡葬服务	808	101	100	1	1087	460
其他居民服务业	809	413	404	9	2747	977
机动车、电子产品和日用产品修理业	81	4626	4506	120	27426	7105
汽车、摩托车等修理与维护	811	3289	3194	95	20932	5083
计算机和办公设备维修	812	630	618	12	3236	1079
家用电器修理	813	612	603	9	2902	810
其他日用产品修理业	819	95	91	4	356	133
其他服务业	82	2034	1991	43	20525	11684
清洁服务	821	1431	1408	23	17515	10516
宠物服务	822	43	40	3	191	101
其他未列明服务业	829	560	543	17	2819	1067
教育	**P**	**4173**	**4061**	**112**	**30901**	**15747**
教育	83	4173	4061	112	30901	15747
学前教育	831	524	520	4	4712	4243
初等教育	832	44	44		121	75
中等教育	833	13	13		199	98
高等教育	834					
特殊教育	835	4	4		18	12
技能培训、教育辅助及其他教育	839	3588	3480	108	25851	11319

2-3　续表 12

行业中类	代码	法人单位数（个）	单产业法人单位	多产业法人单位	从业人员数（人）	#女性
卫生和社会工作	**Q**	**1180**	**1138**	**42**	**24932**	**16542**
卫生	84	976	940	36	23329	15529
医院	841	291	285	6	15150	10368
基层医疗卫生服务	842	566	545	21	4779	3156
专业公共卫生服务	843	58	55	3	1497	1039
其他卫生活动	849	61	55	6	1903	966
社会工作	85	204	198	6	1603	1013
提供住宿社会工作	851	184	178	6	1475	911
不提供住宿社会工作	852	20	20		128	102
文化、体育和娱乐业	**R**	**9733**	**9585**	**148**	**56868**	**26872**
新闻和出版业	86	79	76	3	3668	1851
新闻业	861	8	8		56	29
出版业	862	71	68	3	3612	1822
广播、电视、电影和录音制作业	87	1011	980	31	7533	3381
广播	871	25	25		128	62
电视	872	23	23		170	76
影视节目制作	873	651	647	4	2496	1031
广播电视集成播控	874					
电影和广播电视节目发行	875	24	20	4	228	117
电影放映	876	258	235	23	4398	2048
录音制作	877	30	30		113	47
文化艺术业	88	1933	1919	14	10204	5226
文艺创作与表演	881	454	451	3	4313	2412
艺术表演场馆	882	7	7		803	289
图书馆与档案馆	883	50	50		253	159
文物及非物质文化遗产保护	884	25	24	1	583	290
博物馆	885	8	8		121	62
烈士陵园、纪念馆	886	2	2		18	9
群众文体活动	887	162	159	3	664	341
其他文化艺术业	889	1225	1218	7	3449	1664
体育	89	847	808	39	5924	2599
体育组织	891	213	207	6	984	329
体育场地设施管理	892	88	83	5	843	384
健身休闲活动	893	507	481	26	3891	1788
其他体育	899	39	37	2	206	98
娱乐业	90	5863	5802	61	29539	13815
室内娱乐活动	901	3190	3153	37	15926	7387
游乐园	902	89	86	3	2511	1250
休闲观光活动	903	388	385	3	3259	1586
彩票活动	904	7	7		20	9
文化体育娱乐活动与经纪代理服务	905	2148	2130	18	7363	3456
其他娱乐业	909	41	41		460	127

2-4 按行业（大类）、

行业大类	代码	法人单位数（个）	南宁市	柳州市	桂林市	梧州市	北海市
总　计	**00**	**384724**	**138156**	**44681**	**36660**	**13316**	**17821**
农、林、牧、渔业	**A**	**2531**	**679**	**109**	**263**	**78**	**103**
农业	01	37	12	4	2	1	2
林业	02	15	3	1	1		
畜牧业	03	13	5	2			
渔业	04	4		1			1
农、林、牧、渔专业及辅助性活动	05	2462	659	101	260	77	100
采矿业	**B**	**2672**	**277**	**159**	**281**	**164**	**39**
煤炭开采和洗选业	06	30	2				
石油和天然气开采业	07	3					1
黑色金属矿采选业	08	268	24	23	26	9	
有色金属矿采选业	09	296	14	15	28	32	
非金属矿采选业	10	1830	169	112	206	111	35
开采专业及辅助性活动	11	15	7		2	1	
其他采矿业	12	230	61	9	19	11	3
制造业	**C**	**37248**	**7980**	**5088**	**4209**	**1584**	**1237**
农副食品加工业	13	2983	680	224	317	110	207
食品制造业	14	2319	539	223	295	108	181
酒、饮料和精制茶制造业	15	1409	294	139	157	77	30
烟草制品业	16	5	2				
纺织业	17	626	104	64	28	34	12
纺织服装、服饰业	18	1081	156	71	60	47	15
皮革、毛皮、羽毛及其制品和制鞋业	19	441	49	7	19	16	8
木材加工和木、竹、藤、棕、草制品业	20	5133	614	477	400	161	91
家具制造业	21	1026	313	95	121	33	18
造纸和纸制品业	22	787	271	73	85	34	46
印刷和记录媒介复制业	23	1033	372	111	144	48	32
文教、工美、体育和娱乐用品制造业	24	977	192	58	121	60	25
石油、煤炭及其他燃料加工业	25	129	31	15	7	7	10
化学原料和化学制品制造业	26	1830	461	183	203	92	80
医药制造业	27	492	154	24	74	19	14
化学纤维制造业	28	21	6	2	4	2	
橡胶和塑料制品业	29	1253	354	195	186	35	34
非金属矿物制品业	30	5396	948	454	582	264	147
黑色金属冶炼和压延加工业	31	305	33	45	46	16	9
有色金属冶炼和压延加工业	32	371	43	47	25	17	2

地区分组的企业法人单位数

防城港市	钦州市	贵港市	玉林市	百色市	贺州市	河池市	来宾市	崇左市	代码
10161	**13545**	**19246**	**29478**	**20272**	**8871**	**12312**	**8808**	**11397**	**00**
72	**112**	**157**	**286**	**165**	**115**	**207**	**93**	**92**	**A**
	1	1	3	2	2	5		2	01
1		1		1	1	1	1	4	02
		1			5				03
	1						1		04
71	110	154	283	162	107	201	91	86	05
84	**128**	**126**	**174**	**347**	**151**	**371**	**212**	**159**	**B**
1	2			11	1	9	3	1	06
1				1					07
16	30	26	9	39	5	17	13	31	08
6	20	16	14	53	5	67	19	7	09
52	72	72	139	211	125	247	170	109	10
		1		1		1	2		11
8	4	11	12	31	15	30	5	11	12
619	**1725**	**3681**	**4392**	**2069**	**1043**	**1463**	**1054**	**1104**	**C**
95	136	209	269	198	96	171	100	171	13
38	175	111	237	77	39	116	79	101	14
29	79	71	87	139	59	117	81	50	15
	1			2					16
1	24	38	193	26	9	50	30	13	17
9	33	177	421	26	18	16	19	13	18
5	42	154	110	7	5	3	4	12	19
77	232	1577	355	404	78	314	144	209	20
16	40	59	210	29	14	28	18	32	21
3	41	42	90	24	17	12	40	9	22
18	35	42	119	56	19	17	12	8	23
14	69	39	255	39	20	54	16	15	24
3	13	2	11	14	2	10	2	2	25
60	92	117	198	114	37	55	64	74	26
7	27	31	66	21	6	8	30	11	27
		2	1			1	3		28
20	56	63	159	44	27	16	26	38	29
109	306	440	692	382	427	270	233	142	30
10	15	13	10	39	14	5	7	43	31
7	13	10	24	123	11	27	12	10	32

2-4 续表 1

行业大类	代码	法人单位数（个）	南宁市	柳州市	桂林市	梧州市	北海市
金属制品业	33	1974	578	399	256	87	26
通用设备制造业	34	1478	261	568	270	54	21
专用设备制造业	35	1499	432	294	311	45	28
汽车制造业	36	1200	67	906	53	7	4
铁路、船舶、航空航天和其他运输设备制造业	37	240	49	21	11	21	27
电气机械和器材制造业	38	930	273	126	119	62	31
计算机、通信和其他电子设备制造业	39	960	266	43	149	60	74
仪器仪表制造业	40	224	73	45	60	13	5
其他制造业	41	186	50	12	31	5	2
废弃资源综合利用业	42	250	45	36	19	28	3
金属制品、机械和设备修理业	43	690	270	131	56	22	55
电力、热力、燃气及水生产和供应业	**D**	**3281**	**293**	**258**	**937**	**193**	**58**
电力、热力生产和供应业	44	2415	157	200	858	127	23
燃气生产和供应业	45	157	25	14	14	12	9
水的生产和供应业	46	709	111	44	65	54	26
建筑业	**E**	**23668**	**9001**	**1894**	**2418**	**831**	**1372**
房屋建筑业	47	4455	1675	296	269	129	186
土木工程建筑业	48	3666	1535	340	405	97	136
建筑安装业	49	2524	1179	237	249	102	110
建筑装饰、装修和其他建筑业	50	13023	4612	1021	1495	503	940
批发和零售业	**F**	**140835**	**46677**	**17970**	**12433**	**5615**	**5800**
批发业	51	69934	26079	9912	5505	2430	2307
零售业	52	70901	20598	8058	6928	3185	3493
交通运输、仓储和邮政业	**G**	**12789**	**3425**	**1561**	**855**	**445**	**662**
铁路运输业	53	6	6				
道路运输业	54	8460	2428	1210	554	269	375
水上运输业	55	530	83	33	22	37	47
航空运输业	56	54	24	6	13	1	3
管道运输业	57	1					1
多式联运和运输代理业	58	1459	332	70	78	63	124
装卸搬运和仓储业	59	1576	378	186	91	48	89
邮政业	60	703	174	56	97	27	23
住宿和餐饮业	**H**	**8420**	**3032**	**894**	**1181**	**245**	**547**
住宿业	61	3158	871	219	658	86	305
餐饮业	62	5262	2161	675	523	159	242
信息传输、软件和信息技术服务业	**I**	**18158**	**9795**	**2264**	**1620**	**350**	**716**
电信、广播电视和卫星传输服务	63	567	253	41	46	22	13
互联网和相关服务	64	2393	1055	224	267	61	100
软件和信息技术服务业	65	15198	8487	1999	1307	267	603

防城港市	钦州市	贵港市	玉林市	百色市	贺州市	河池市	来宾市	崇左市	代码
30	62	85	177	106	43	37	36	52	33
4	47	59	136	17	10	12	10	9	34
8	35	64	163	34	17	31	18	19	35
8	13	28	84	9	1	2	17	1	36
4	5	49	34	3	1	6	5	4	37
6	38	60	110	33	20	16	16	20	38
11	45	77	98	42	23	27	12	33	39
	6	6	10	3	1		1	1	40
1	8	18	26	10	5	9	4	5	41
10	10	15	26	21	15	11	8	3	42
16	27	23	21	27	9	22	7	4	43
61	**108**	**133**	**320**	**262**	**273**	**165**	**106**	**114**	**D**
41	41	62	236	197	240	109	58	66	44
5	9	7	12	16	8	12	5	9	45
15	58	64	72	49	25	44	43	39	46
726	**799**	**1139**	**1807**	**1157**	**620**	**605**	**694**	**605**	**E**
150	243	221	460	262	139	109	165	151	47
72	165	132	223	206	81	75	109	90	48
46	54	128	104	88	41	70	82	34	49
458	337	658	1020	601	359	351	338	330	50
3180	**4991**	**7018**	**12247**	**8236**	**3528**	**5112**	**3367**	**4661**	**F**
1723	2056	2852	5798	3301	1592	1864	1732	2783	51
1457	2935	4166	6449	4935	1936	3248	1635	1878	52
850	**947**	**757**	**902**	**703**	**255**	**393**	**310**	**724**	**G**
									53
400	595	441	676	492	190	250	200	380	54
54	42	137	4	12	3	7	36	13	55
2	2			1	1	1			56
									57
234	157	62	64	32	22	20	16	185	58
130	127	89	124	107	16	56	32	103	59
30	24	28	34	59	23	59	26	43	60
217	**259**	**252**	**556**	**535**	**154**	**255**	**110**	**183**	**H**
126	86	87	205	200	56	117	54	88	61
91	173	165	351	335	98	138	56	95	62
250	**398**	**497**	**824**	**435**	**257**	**211**	**224**	**317**	**I**
11	16	26	21	25	24	18	30	21	63
46	77	118	134	94	53	74	41	49	64
193	305	353	669	316	180	119	153	247	65

2-4 续表 2

行业大类	代码	法人单位数（个）	南宁市	柳州市	桂林市	梧州市	北海市
金融业	**J**	**2372**	**1321**	**167**	**126**	**66**	**77**
货币金融服务	66	755	224	77	61	36	41
资本市场服务	67	272	177	23	24	1	3
保险业	68	411	92	42	35	24	26
其他金融业	69	934	828	25	6	5	7
房地产业	**K**	**21402**	**7460**	**2002**	**1897**	**665**	**2423**
房地产业	70	21402	7460	2002	1897	665	2423
租赁和商务服务业	**L**	**60718**	**26550**	**6888**	**5471**	**1624**	**2769**
租赁业	71	5178	1884	727	372	108	298
商务服务业	72	55540	24666	6161	5099	1516	2471
科学研究和技术服务业	**M**	**22180**	**11166**	**2385**	**2088**	**541**	**851**
研究和试验发展	73	2446	1397	372	263	20	52
专业技术服务业	74	9558	4299	969	1070	285	437
科技推广和应用服务业	75	10176	5470	1044	755	236	362
水利、环境和公共设施管理业	**N**	**2401**	**591**	**273**	**345**	**101**	**104**
水利管理业	76	110	29	8	17	6	2
生态保护和环境治理业	77	328	101	27	42	9	15
公共设施管理业	78	1837	415	218	272	80	86
土地管理业	79	126	46	20	14	6	1
居民服务、修理和其他服务业	**O**	**10963**	**4357**	**1237**	**1144**	**300**	**431**
居民服务业	80	4303	1620	563	460	103	205
机动车、电子产品和日用产品修理业	81	4626	1801	468	494	132	159
其他服务业	82	2034	936	206	190	65	67
教育	**P**	**4173**	**1632**	**312**	**355**	**134**	**130**
教育	83	4173	1632	312	355	134	130
卫生和社会工作	**Q**	**1180**	**318**	**119**	**105**	**49**	**63**
卫生	84	976	256	105	76	43	36
社会工作	85	204	62	14	29	6	27
文化、体育和娱乐业	**R**	**9733**	**3602**	**1101**	**932**	**331**	**439**
新闻和出版业	86	79	46	5	8	1	4
广播、电视、电影和录音制作业	87	1011	528	75	106	29	35
文化艺术业	88	1933	992	160	225	37	61
体育	89	847	313	115	91	31	47
娱乐业	90	5863	1723	746	502	233	292

防城港市	钦州市	贵港市	玉林市	百色市	贺州市	河池市	来宾市	崇左市	代码
65	**68**	**69**	**86**	**117**	**51**	**63**	**49**	**47**	**J**
39	31	26	46	63	28	31	26	26	66
4	6	7		14	4	3	3	3	67
16	24	25	32	24	17	25	15	14	68
6	7	11	8	16	2	4	5	4	69
1369	**700**	**905**	**1238**	**785**	**357**	**582**	**467**	**552**	**K**
1369	700	905	1238	785	357	582	467	552	70
1671	**1591**	**2390**	**3606**	**2966**	**1116**	**1370**	**1055**	**1651**	**L**
169	195	321	294	298	111	175	82	144	71
1502	1396	2069	3312	2668	1005	1195	973	1507	72
419	**639**	**712**	**1094**	**807**	**328**	**420**	**387**	**343**	**M**
39	34	45	83	51	25	19	24	22	73
184	420	368	352	403	180	245	195	151	74
196	185	299	659	353	123	156	168	170	75
65	**113**	**135**	**139**	**132**	**87**	**124**	**84**	**108**	**N**
2	6	4	6	10	4	8	2	6	76
11	15	16	30	17	11	13	9	12	77
49	85	113	100	94	68	97	71	89	78
3	7	2	3	11	4	6	2	1	79
238	**388**	**492**	**788**	**570**	**190**	**357**	**212**	**259**	**O**
82	124	184	372	203	69	148	81	89	80
118	199	215	326	276	67	150	99	122	81
38	65	93	90	91	54	59	32	48	82
68	**138**	**208**	**280**	**400**	**87**	**178**	**119**	**132**	**P**
68	138	208	280	400	87	178	119	132	83
21	**54**	**44**	**74**	**87**	**30**	**63**	**36**	**117**	**Q**
17	48	35	57	78	28	52	30	115	84
4	6	9	17	9	2	11	6	2	85
186	**387**	**531**	**665**	**499**	**229**	**373**	**229**	**229**	**R**
1			2	7	1	1	2	1	86
17	27	21	44	38	15	30	23	23	87
27	65	82	91	49	49	22	31	42	88
17	26	41	56	37	19	18	23	13	89
124	269	387	472	368	145	302	150	150	90

2-5 按行业（大类）、地区分组的

行业大类	代码	从业人员数（人）	南宁市	柳州市	桂林市	梧州市
总 计	**00**	**5491773**	**1636635**	**807970**	**538028**	**222557**
农、林、牧、渔业	**A**	**14723**	**3059**	**990**	**2376**	**492**
农业	01					
林业	02					
畜牧业	03					
渔业	04					
农、林、牧、渔专业及辅助性活动	05	14723	3059	990	2376	492
采矿业	**B**	**67575**	**3031**	**2139**	**6652**	**6916**
煤炭开采和洗选业	06	7009	146			
石油和天然气开采业	07	131				
黑色金属矿采选业	08	8478	135	325	58	89
有色金属矿采选业	09	18242	177	559	712	3714
非金属矿采选业	10	32432	2433	1246	5792	3030
开采专业及辅助性活动	11	65	4		47	
其他采矿业	12	1218	136	9	43	83
制造业	**C**	**1498368**	**235020**	**274724**	**139194**	**102640**
农副食品加工业	13	134887	25142	11191	7165	4390
食品制造业	14	44076	9742	5294	7987	2257
酒、饮料和精制茶制造业	15	42732	11972	1233	12322	1573
烟草制品业	16	3591	3587			
纺织业	17	46385	8173	9156	2941	2303
纺织服装、服饰业	18	33362	2169	1407	1061	2355
皮革、毛皮、羽毛及其制品和制鞋业	19	28438	1503	167	1308	804
木材加工和木、竹、藤、棕、草制品业	20	183711	25349	22014	18063	7651
家具制造业	21	14008	3004	2518	1542	1039
造纸和纸制品业	22	35122	9777	2581	4474	1867
印刷和记录媒介复制业	23	14640	4779	1047	2289	352
文教、工美、体育和娱乐用品制造业	24	41170	2306	859	988	1591
石油、煤炭及其他燃料加工业	25	5354	301	323	65	56
化学原料和化学制品制造业	26	67314	13435	10915	5504	7979
医药制造业	27	35183	8617	3294	8246	2908
化学纤维制造业	28	230	52	5	5	19
橡胶和塑料制品业	29	38350	9301	4734	6533	4488
非金属矿物制品业	30	192154	26694	12783	17279	19320
黑色金属冶炼和压延加工业	31	52595	1147	16536	2597	2635
有色金属冶炼和压延加工业	32	48919	3690	2321	1620	2094

企业法人单位从业人员数

北海市	防城港市	钦州市	贵港市	玉林市	百色市	贺州市	河池市	来宾市	崇左市	代码
219075	**125359**	**338426**	**324581**	**481480**	**232659**	**108331**	**180817**	**133433**	**142422**	**00**
480	**374**	**691**	**1813**	**1316**	**619**	**526**	**834**	**637**	**516**	**A**
										01
										02
										03
										04
480	374	691	1813	1316	619	526	834	637	516	05
2174	**1873**	**2217**	**3075**	**3482**	**11343**	**3545**	**11269**	**4121**	**5738**	**B**
	91	46			4932	15	1082	677	20	06
123					8					07
	486	792	349	74	1119	2	250	72	4727	08
	37	484	385	229	2850	953	7584	531	27	09
2043	1132	864	2312	2901	2295	2557	2107	2831	889	10
			5		9					11
8	127	31	24	278	130	18	246	10	75	12
69295	**30395**	**69177**	**155645**	**180785**	**72271**	**35591**	**45973**	**43077**	**44581**	**C**
10725	6300	7640	14157	9616	5914	3300	4452	9174	15721	13
1980	499	2320	2334	4659	868	1503	828	1419	2386	14
996	914	1525	1911	2051	2965	673	3295	726	576	15
		4								16
428	27	1583	2197	6178	1111	57	8524	2971	736	17
395	47	1115	13369	9468	350	500	380	335	411	18
1969	44	3772	6045	11946	147	222	93	39	379	19
2142	2025	12250	50122	14892	7297	2452	7368	4464	7622	20
108	506	374	487	2515	97	262	330	820	406	21
1242	325	2111	1203	3318	2038	709	673	4024	780	22
402	145	267	311	3709	404	609	173	120	33	23
654	275	3695	3236	25294	293	327	1134	227	291	24
1584	1	1919	9	71	972	15	24	11	3	25
2822	1572	4751	3714	3198	4836	1887	2091	2368	2242	26
478	219	2485	1951	4704	390	276	670	559	386	27
			37	60			2	50		28
437	412	1792	1340	4857	1521	723	312	557	1343	29
5500	3392	7222	23618	35091	9754	15925	5499	5769	4308	30
4472	10077	1901	2434	54	3812	1753	456	1249	3472	31
1	1889	516	265	2452	21305	1155	6672	3759	1180	32

2-5 续表 1

行业大类	代码	从业人员数（人）	南宁市	柳州市	桂林市	梧州市
金属制品业	33	36144	9846	7517	5157	2904
通用设备制造业	34	34163	3702	11961	3700	926
专用设备制造业	35	46072	10038	16617	7276	2831
汽车制造业	36	134583	3848	115813	4512	44
铁路、船舶、航空航天和其他运输设备制造业	37	20896	516	1552	347	8877
电气机械和器材制造业	38	40551	5444	6315	5893	4302
计算机、通信和其他电子设备制造业	39	98689	27184	782	6695	10018
仪器仪表制造业	40	7077	1324	1215	3080	706
其他制造业	41	2643	1029	99	256	615
废弃资源综合利用业	42	8285	267	853	105	5611
金属制品、机械和设备修理业	43	7044	1082	3622	184	125
电力、热力、燃气及水生产和供应业	**D**	**123812**	**51615**	**5374**	**12192**	**6529**
电力、热力生产和供应业	44	99690	47524	3263	9911	4847
燃气生产和供应业	45	5056	1154	814	410	353
水的生产和供应业	46	19066	2937	1297	1871	1329
建筑业	**E**	**1103930**	**352950**	**221874**	**94123**	**11057**
房屋建筑业	47	825257	201459	204616	62047	7258
土木工程建筑业	48	159050	92412	10568	15854	1089
建筑安装业	49	37052	23471	1913	3167	546
建筑装饰、装修和其他建筑业	50	82571	35608	4777	13055	2164
批发和零售业	**F**	**676529**	**219140**	**83091**	**65094**	**28616**
批发业	51	321607	117365	41564	27674	12160
零售业	52	354922	101775	41527	37420	16456
交通运输、仓储和邮政业	**G**	**311554**	**139977**	**30827**	**19461**	**9891**
铁路运输业	53	66932	66932			
道路运输业	54	144527	42289	24320	11716	5939
水上运输业	55	12385	1162	561	860	1832
航空运输业	56	9054	7068	9	1842	109
管道运输业	57	102				
多式联运和运输代理业	58	10879	2475	450	609	457
装卸搬运和仓储业	59	30873	4531	2684	1532	427
邮政业	60	36802	15520	2803	2902	1127
住宿和餐饮业	**H**	**135587**	**49341**	**13029**	**21566**	**3808**
住宿业	61	74650	21235	6730	15097	1962
餐饮业	62	60937	28106	6299	6469	1846
信息传输、软件和信息技术服务业	**I**	**123461**	**67973**	**9735**	**10829**	**2772**
电信、广播电视和卫星传输服务	63	45159	20051	2497	3446	1505
互联网和相关服务	64	10547	4499	682	1452	210
软件和信息技术服务业	65	67755	43423	6556	5931	1057

北海市	防城港市	钦州市	贵港市	玉林市	百色市	贺州市	河池市	来宾市	崇左市	代码
274	1032	621	786	3827	2035	350	216	330	1249	33
415	8	232	1628	10553	587	97	232	87	35	34
713	173	951	1095	4244	1187	408	260	140	139	35
209	83	72	1192	6781	31		16	1982		36
284	22	333	8315	368	59	39	38	60	86	37
5371	28	1746	5638	2577	275	894	726	1143	199	38
25095	149	6956	7474	7638	3053	1247	1292	568	538	39
34		311	185	203	9			10		40
17	1	47	260	129	29	43	83	6	29	41
70	176	491	115	237	92	116	70	74	8	42
478	54	175	217	95	840	49	64	36	23	43
2029	**3759**	**2527**	**2380**	**7382**	**9272**	**6256**	**6077**	**4034**	**4386**	**D**
568	2419	1009	1157	5114	7624	5671	4563	2890	3130	44
607	263	249	59	381	183	128	153	184	118	45
854	1077	1269	1164	1887	1465	457	1361	960	1138	46
29010	**20277**	**159842**	**32135**	**101903**	**20219**	**8248**	**21997**	**19134**	**11161**	**E**
19880	13386	153279	23798	87647	12120	6376	13165	14594	5632	47
3106	4825	3863	3944	6844	4569	510	6348	2076	3042	48
1706	603	514	837	909	1185	152	987	707	355	49
4318	1463	2186	3556	6503	2345	1210	1497	1757	2132	50
24107	**12718**	**28200**	**35224**	**62085**	**37525**	**17267**	**26775**	**14275**	**22412**	**F**
9382	5800	11435	14808	30176	13868	6922	12227	6963	11263	51
14725	6918	16765	20416	31909	23657	10345	14548	7312	11149	52
11046	**16583**	**16632**	**13368**	**15695**	**12180**	**3826**	**9267**	**5388**	**7413**	**G**
										53
4447	5295	8338	6085	11564	8649	2563	6538	3216	3568	54
2626	588	847	3181	56	73		40	496	63	55
1	25									56
102										57
858	2044	1547	366	444	146	185	278	105	915	58
1980	7790	4365	2112	1401	1565	149	582	274	1481	59
1032	841	1535	1624	2230	1747	929	1829	1297	1386	60
6915	**3600**	**4340**	**4253**	**8950**	**7269**	**2419**	**4624**	**2159**	**3314**	**H**
4716	2699	2015	2236	5707	4074	1258	3389	1624	1908	61
2199	901	2325	2017	3243	3195	1161	1235	535	1406	62
3770	**1586**	**3277**	**4085**	**5817**	**3635**	**2423**	**2344**	**2342**	**2873**	**I**
1407	864	1532	1412	3250	2462	1511	1689	1808	1725	63
358	117	379	1244	494	208	268	280	130	226	64
2005	605	1366	1429	2073	965	644	375	404	922	65

2-5 续表 2

行业大类	代码	从业人员数（人）	南宁市	柳州市	桂林市	梧州市
金融业	**J**	**311549**	**88402**	**28180**	**35995**	**16109**
货币金融服务	66	92545	24222	10403	12609	4777
资本市场服务	67	4434	3974	102	66	3
保险业	68	209835	56355	17459	23300	11291
其他金融业	69	4735	3851	216	20	38
房地产业	**K**	**300495**	**107265**	**30617**	**30905**	**11572**
房地产业	70	300495	107265	30617	30905	11572
租赁和商务服务业	**L**	**457516**	**170926**	**70853**	**55909**	**9224**
租赁业	71	24930	9783	3496	1961	474
商务服务业	72	432586	161143	67357	53948	8750
科学研究和技术服务业	**M**	**149595**	**77691**	**15460**	**15550**	**4045**
研究和试验发展	73	9443	4959	1687	1081	64
专业技术服务业	74	104166	55966	9938	11307	3143
科技推广和应用服务业	75	35986	16766	3835	3162	838
水利、环境和公共设施管理业	**N**	**31850**	**7730**	**2052**	**5716**	**1220**
水利管理业	76	1417	511	23	84	91
生态保护和环境治理业	77	5139	2211	588	837	161
公共设施管理业	78	23898	4639	1301	4593	889
土地管理业	79	1396	369	140	202	79
居民服务、修理和其他服务业	**O**	**72528**	**24544**	**10088**	**8356**	**2957**
居民服务业	80	24577	8096	3292	2764	791
机动车、电子产品和日用产品修理业	81	27426	9536	2625	3382	1256
其他服务业	82	20525	6912	4171	2210	910
教育	**P**	**30901**	**9987**	**1891**	**2625**	**1678**
教育	83	30901	9987	1891	2625	1678
卫生和社会工作	**Q**	**24932**	**8356**	**952**	**3403**	**931**
卫生	84	23329	7725	930	3130	866
社会工作	85	1603	631	22	273	65
文化、体育和娱乐业	**R**	**56868**	**19628**	**6094**	**8082**	**2100**
新闻和出版业	86	3668	2152	5	1101	9
广播、电视、电影和录音制作业	87	7533	3154	515	893	220
文化艺术业	88	10204	3370	1404	2179	132
体育	89	5924	2439	662	810	358
娱乐业	90	29539	8513	3508	3099	1381

北海市	防城港市	钦州市	贵港市	玉林市	百色市	贺州市	河池市	来宾市	崇左市	代码
14074	**7351**	**14781**	**19272**	**28502**	**15743**	**8453**	**15615**	**10355**	**8717**	**J**
3589	2639	3549	4678	6622	5910	2480	4730	3028	3309	66
6	8	23	177		45	6		8	16	67
10189	4677	11154	14385	21822	9698	5956	10874	7298	5377	68
290	27	55	32	58	90	11	11	21	15	69
24195	**10867**	**10993**	**15011**	**20752**	**10762**	**5364**	**6486**	**8648**	**7058**	**K**
24195	10867	10993	15011	20752	10762	5364	6486	8648	7058	70
15795	**8664**	**12124**	**22081**	**24565**	**15535**	**6649**	**18475**	**12873**	**13843**	**L**
1116	618	1008	1312	1241	1232	468	835	447	939	71
14679	8046	11116	20769	23324	14303	6181	17640	12426	12904	72
4940	**2545**	**4586**	**4263**	**7017**	**3911**	**2070**	**2851**	**1982**	**2684**	**M**
262	99	168	250	312	131	91	96	83	160	73
3251	1777	3327	2598	3682	2991	1414	2112	1300	1360	74
1427	669	1091	1415	3023	789	565	643	599	1164	75
3674	**714**	**1717**	**1227**	**1285**	**1363**	**894**	**1294**	**1006**	**1958**	**N**
28	26	198	199	86	69	36	36	3	27	76
233	126	102	94	249	116	90	66	44	222	77
3411	553	1114	929	833	1159	743	1156	949	1629	78
2	9	303	5	117	19	25	36	10	80	79
2433	**2330**	**2659**	**4642**	**3639**	**3521**	**2207**	**1925**	**1022**	**2205**	**O**
783	887	745	2308	1158	1287	922	705	306	533	80
719	669	1167	1610	1887	1572	884	827	587	705	81
931	774	747	724	594	662	401	393	129	967	82
1432	**378**	**1113**	**1722**	**1869**	**3894**	**759**	**1704**	**715**	**1134**	**P**
1432	378	1113	1722	1869	3894	759	1704	715	1134	83
1413	**421**	**934**	**1266**	**2565**	**1054**	**483**	**1799**	**716**	**639**	**Q**
1378	419	853	1171	2348	988	483	1752	647	639	84
35	2	81	95	217	66		47	69		85
2293	**924**	**2616**	**3119**	**3871**	**2543**	**1351**	**1508**	**949**	**1790**	**R**
191	46			4	139	5	8	8		86
282	63	281	344	482	496	190	257	121	235	87
309	135	396	808	419	130	275	164	130	353	88
263	110	180	232	290	181	103	59	89	148	89
1248	570	1759	1735	2676	1597	778	1020	601	1054	90

2-6 按地区、登记注册

地　区	代码	法人单位数（个）	内资企业	国有企业	集体企业	股份合作企　业	联营企业
广西壮族自治区	**45**	**384724**	**382734**	**2887**	**3093**	**297**	**154**
南宁市	**4501**	**138156**	**137446**	**551**	**329**	**42**	**18**
兴宁区	450102	13082	13022	39	28	9	1
青秀区	450103	55801	55482	224	51	8	3
江南区	450105	9969	9942	30	16		
西乡塘区	450107	18066	18020	52	51	2	2
良庆区	450108	7528	7484	12	9		1
邕宁区	450109	1348	1337	21	18	1	3
武鸣区	450110	2734	2726	16	23	3	2
隆安县	450123	856	847	10	20		
马山县	450124	907	906	5	17		2
上林县	450125	1241	1240	14	6	2	
宾阳县	450126	3409	3397	29	26	2	1
横县	450127	3488	3471	44	54	7	2
柳州市	**4502**	**44681**	**44509**	**218**	**267**	**40**	**7**
城中区	450202	8072	8039	29	18	3	
鱼峰区	450203	7992	7953	21	27	9	1
柳南区	450204	10404	10378	23	46	9	
柳北区	450205	6940	6915	37	48	3	
柳江区	450206	3438	3432	25	27	6	1
柳城县	450222	1417	1414	29	25	3	1
鹿寨县	450223	1806	1799	9	11	1	2
融安县	450224	1335	1332	21	17		2
融水苗族自治县	450225	1662	1657	5	23	2	
三江侗族自治县	450226	1284	1282	16	24	1	
桂林市	**4503**	**36660**	**36451**	**368**	**320**	**80**	**17**
秀峰区	450302	2711	2690	32	39	5	1
叠彩区	450303	3546	3537	21	22	3	1
象山区	450304	5206	5182	59	34	19	
七星区	450305	6900	6829	39	18	4	1
雁山区	450311	353	337	1	10		1

类型分组的企业法人单位数

国有联营企业	集体联营企业	国有与集体联营企业	其他联营企业	有限责任公司	国有独资公司	其他有限责任公司	股份有限公司	私营企业	代码
27	**76**	**14**	**37**	**52792**	**1743**	**51049**	**6314**	**317190**	**45**
3	**12**	**2**	**1**	**22943**	**404**	**22539**	**2428**	**111133**	**4501**
			1	2334	32	2302	199	10411	450102
	3			10795	205	10590	788	43612	450103
				1411	24	1387	146	8339	450105
	1	1		2697	20	2677	226	14990	450107
1				933	20	913	102	6427	450108
	3			239	8	231	50	1005	450109
1	1			332	9	323	61	2289	450110
				76	5	71	8	733	450123
	2			106	4	102	15	761	450124
				105	7	98	39	1074	450125
	1			392	15	377	515	2432	450126
1		1		320	16	304	65	2979	450127
1	**4**		**2**	**5148**	**256**	**4892**	**558**	**38271**	**4502**
				1085	46	1039	133	6771	450202
			1	875	17	858	78	6942	450203
				1021	28	993	73	9206	450204
				676	42	634	49	6102	450205
	1			419	12	407	73	2881	450206
	1			172	31	141	17	1167	450222
1	1			317	11	306	22	1437	450223
	1		1	164	32	132	40	1088	450224
				157	12	145	29	1441	450225
				163	11	152	32	1046	450226
1	**10**	**3**	**3**	**5537**	**172**	**5365**	**683**	**29444**	**4503**
	1			379	14	365	50	2182	450302
		1		715	11	704	62	2713	450303
				610	13	597	36	4424	450304
			1	1488	15	1473	160	5119	450305
	1			61	8	53	4	260	450311

2-6 续表 1

地　　区	代码	法人单位数（个）	内资企业	国有企业	集体企业	股份合作企　业	联营企业
临桂区	450312	4508	4491	10	13	7	1
阳朔县	450321	910	899	17	24	3	1
灵川县	450323	2689	2682	26	18	3	
全州县	450324	1358	1355	36	42	9	2
兴安县	450325	1293	1286	19	10	5	
永福县	450326	1229	1222	40	21	5	1
灌阳县	450327	700	700	8	10	2	3
龙胜各族自治县	450328	522	517	10	7	1	
资源县	450329	524	522	9	7	4	1
平乐县	450330	1319	1319	14	16	2	
荔浦县	450331	1844	1840	3	4	4	2
恭城瑶族自治县	450332	1046	1041	24	25	2	2
梧州市	**4504**	**13316**	**13166**	**135**	**209**	**4**	**11**
万秀区	450403	2330	2278	38	46		
长洲区	450405	3478	3455	10	13	1	2
龙圩区	450406	1328	1296	11	16	1	1
苍梧县	450421	774	772	7	27	1	3
藤县	450422	2095	2087	33	40	1	1
蒙山县	450423	1297	1292	21	8		
岑溪市	450481	1980	1961	15	59		4
北海市	**4505**	**17821**	**17677**	**118**	**125**	**18**	**12**
海城区	450502	9608	9541	76	27	13	7
银海区	450503	3797	3785	8	8		2
铁山港区	450512	496	483	8	12		
合浦县	450521	3790	3763	26	78	5	3
防城港市	**4506**	**10161**	**10081**	**122**	**73**	**7**	**6**
港口区	450602	5478	5429	43	9	1	3
防城区	450603	1998	1978	38	35	5	2
上思县	450621	566	564	18	19		
东兴市	450681	2118	2109	23	10	1	1
钦州市	**4507**	**13545**	**13447**	**131**	**159**	**9**	**7**
钦南区	450702	5134	5091	39	59	3	2

国有联营企业	集体联营企业	国有与集体联营企业	其他联营企业	有限责任公司	国有独资公司	其他有限责任公司	股份有限公司	私营企业	代码
	1			814	11	803	72	3574	450312
		1		108	6	102	15	731	450321
				271	16	255	63	2301	450323
	2			176	15	161	29	1061	450324
				135	6	129	28	1089	450325
	1			174	8	166	22	959	450326
	1		2	100	14	86	20	557	450327
				81	10	71	20	398	450328
	1			60	9	51	22	419	450329
				93		93	17	1177	450330
	1	1		174	10	164	43	1610	450331
1	1			98	6	92	20	870	450332
2	**4**	**1**	**4**	**1749**	**67**	**1682**	**251**	**10807**	**4504**
				432	18	414	62	1700	450403
1			1	485	19	466	56	2888	450405
	1			117	12	105	27	1123	450406
1	1	1		40	3	37	6	688	450421
			1	120	7	113	20	1872	450422
				175	4	171	17	1071	450423
	2		2	374	4	370	59	1450	450481
6	**3**		**3**	**1969**	**56**	**1913**	**262**	**15173**	**4505**
5	1		1	1079	37	1042	165	8174	450502
	1		1	564	12	552	39	3164	450503
				68	1	67	11	384	450512
1	1		1	224	6	218	41	3386	450521
2	**1**	**1**	**2**	**1374**	**53**	**1321**	**190**	**8309**	**4506**
1	1	1		807	24	783	68	4498	450602
1			1	231	12	219	51	1616	450603
				78	11	67	12	437	450621
			1	258	6	252	58	1758	450681
1	**4**	**2**		**1460**	**63**	**1397**	**243**	**11438**	**4507**
	1	1		601	20	581	107	4280	450702

2-6 续表 2

地　　区	代码	法人单位数（个）					
			内资企业	国有企业	集体企业	股份合作企业	联营企业
钦北区	450703	3930	3906	26	25	3	2
灵山县	450721	2131	2123	49	38	2	3
浦北县	450722	1498	1490	13	37	1	
贵港市	**4508**	**19246**	**19166**	**98**	**220**	**8**	**6**
港北区	450802	7220	7185	31	43	2	2
港南区	450803	1556	1540	6	17		
覃塘区	450804	2084	2077	5	12		1
平南县	450821	4233	4222	26	89	2	2
桂平市	450881	4153	4142	30	59	4	1
玉林市	**4509**	**29478**	**29339**	**263**	**526**	**17**	**30**
玉州区	450902	13492	13446	64	93	3	6
福绵区	450903	1178	1159	5	19	1	
容县	450921	3129	3117	28	43	2	2
陆川县	450922	2295	2285	52	119	2	18
博白县	450923	2850	2832	60	111	1	2
兴业县	450924	1760	1759	19	82	5	1
北流市	450981	4702	4676	34	59	3	1
百色市	**4510**	**20272**	**20233**	**347**	**331**	**19**	**23**
右江区	451002	6965	6946	89	50	4	1
田阳县	451021	1696	1689	24	17	4	2
田东县	451022	1503	1502	33	40	2	5
平果县	451023	2252	2249	12	16	2	
德保县	451024	983	982	22	32	1	3
那坡县	451026	900	899	41	65		2
凌云县	451027	547	545	15	12	2	2
乐业县	451028	494	494	18	10		2
田林县	451029	1242	1239	25	28	2	2
西林县	451030	508	508	19	10	1	1
隆林各族自治县	451031	1134	1134	32	8		2
靖西市	451081	2048	2046	17	43	1	1
贺州市	**4511**	**8871**	**8819**	**89**	**58**	**6**	**5**
八步区	451102	4223	4202	24	3	3	1

国有联营企业	集体联营企业	国有与集体联营企业	其他联营企业	有限责任公司	国有独资公司	其他有限责任公司	股份有限公司	私营企业	代码
	1	1		363	14	349	68	3419	450703
1	2			234	11	223	41	1756	450721
				121	10	111	12	1306	450722
	5		**1**	**1675**	**46**	**1629**	**292**	**16867**	**4508**
	2			786	20	766	86	6235	450802
				150	3	147	10	1357	450803
	1			160	3	157	14	1885	450804
	1		1	284	7	277	139	3680	450821
	1			295	13	282	43	3710	450881
2	**12**		**16**	**2996**	**89**	**2907**	**396**	**25111**	**4509**
1	3		2	1650	19	1631	199	11431	450902
				108	11	97	12	1014	450903
1	1			181	12	169	28	2833	450921
	4		14	170	16	154	57	1867	450922
	2			146	10	136	32	2480	450923
	1			156	2	154	8	1488	450924
	1			555	11	544	57	3967	450981
5	**11**	**4**	**3**	**2561**	**151**	**2410**	**278**	**16671**	**4510**
	1			832	47	785	82	5888	451002
	2			140	16	124	11	1491	451021
3	2			176	15	161	16	1230	451022
				328	8	320	27	1864	451023
1		1	1	116	7	109	18	790	451024
	2			63	8	55	7	721	451026
	1	1		90	11	79	17	407	451027
	1	1		56	5	51	9	399	451028
	2			246	6	240	31	905	451029
			1	78	13	65	15	384	451030
1			1	131	8	123	16	945	451031
		1		305	7	298	29	1647	451081
3	**1**		**1**	**1281**	**111**	**1170**	**135**	**7245**	**4511**
			1	594	52	542	36	3541	451102

2-6 续表 3

地　区	代码	法人单位数（个）					
			内资企业				
				国有企业	集体企业	股份合作企业	联营企业
平桂区	451103	1599	1589	8	3		
昭平县	451121	936	927	22	27	1	2
钟山县	451122	1039	1034	21	15	2	2
富川瑶族自治县	451123	1073	1066	14	10		
河池市	**4512**	**12312**	**12279**	**228**	**225**	**32**	**7**
金城江区	451202	3017	3008	52	38	11	
宜州区	451203	1929	1924	29	34	5	1
南丹县	451221	860	857	10	18	2	1
天峨县	451222	582	582	13	6	1	
凤山县	451223	585	585	10	9	3	
东兰县	451224	613	610	10	19	1	
罗城仫佬族自治县	451225	691	689	20	31	1	
环江毛南族自治县	451226	713	711	21	18	2	4
巴马瑶族自治县	451227	1272	1266	12	17	4	
都安瑶族自治县	451228	1419	1419	31	26	1	1
大化瑶族自治县	451229	631	628	20	9	1	
来宾市	**4513**	**8808**	**8790**	**72**	**111**	**12**	**4**
兴宾区	451302	4462	4452	20	20	3	1
忻城县	451321	781	779	16	22	1	
象州县	451322	1309	1309	3	23	4	2
武宣县	451323	1058	1056	14	22	1	
金秀瑶族自治县	451324	701	701	15	17	2	1
合山市	451381	495	491	4	7	1	
崇左市	**4514**	**11397**	**11331**	**147**	**140**	**3**	**1**
江州区	451402	3134	3109	30	31	1	
扶绥县	451421	1685	1677	20	16		
宁明县	451422	1057	1046	32	19		
龙州县	451423	1110	1105	22	17	1	
大新县	451424	1358	1354	26	37		1
天等县	451425	750	749	10	15		
凭祥市	451481	2302	2290	7	5	1	

国有联营企业	集体联营企业	国有与集体联营企业	其他联营企业	有限责任公司	国有独资公司	其他有限责任公司	股份有限公司	私营企业	代码
				169	22	147	32	1377	451103
2				201	17	184	21	653	451121
1	1			142	8	134	28	824	451122
				175	12	163	17	850	451123
1	**5**		**1**	**1464**	**73**	**1391**	**258**	**10065**	**4512**
				423	18	405	78	2406	451202
	1			268	7	261	46	1541	451203
	1			100	8	92	29	697	451221
				29	5	24	2	531	451222
				63	5	58	15	485	451223
				48	8	40	8	524	451224
				88	1	87	12	537	451225
1	3			88	5	83	10	568	451226
				176	8	168	30	1027	451227
			1	146	4	142	11	1203	451228
				35	4	31	17	546	451229
	3	**1**		**1259**	**101**	**1158**	**227**	**7105**	**4513**
		1		714	49	665	110	3584	451302
				69	8	61	20	651	451321
	2			106	8	98	55	1116	451322
				200	16	184	22	797	451323
	1			119	12	107	13	534	451324
				51	8	43	5	423	451381
	1			**1376**	**101**	**1275**	**113**	**9551**	**4514**
				428	23	405	52	2567	451402
				229	35	194	16	1396	451421
				98	13	85	10	887	451422
				84	8	76	5	976	451423
	1			122	5	117	9	1159	451424
				40	13	27	2	682	451425
				375	4	371	18	1884	451481

2-6 续表 4

地区	代码	私营独资企业	私营合伙企业	私营有限责任公司	私营股份有限公司	其他企业	港、澳、台商投资企业	合资经营企业（港或澳、台资）	合作经营企业（港或澳、台资）
广西壮族自治区	**45**	**38094**	**3700**	**269767**	**5629**	**7**	**1005**	**350**	**31**
南宁市	**4501**	**4564**	**859**	**103508**	**2202**	**2**	**336**	**129**	**6**
兴宁区	450102	270	59	9943	139	1	37	15	3
青秀区	450103	481	410	42079	642	1	144	52	3
江南区	450105	249	20	7888	182		10	4	
西乡塘区	450107	376	39	14324	251		22	12	
良庆区	450108	195	36	5745	451		19	8	
邕宁区	450109	114	12	856	23		4	3	
武鸣区	450110	275	29	1955	30		3	2	
隆安县	450123	152	12	563	6		9	4	
马山县	450124	313	4	423	21				
上林县	450125	363	27	655	29		1		
宾阳县	450126	582	33	1761	56		7	1	
横县	450127	858	52	2008	61		11	3	
柳州市	**4502**	**2840**	**297**	**34469**	**665**		**70**	**30**	**5**
城中区	450202	130	36	6523	82		20	7	
鱼峰区	450203	378	52	6394	118		13	7	
柳南区	450204	409	30	8652	115		10	4	
柳北区	450205	206	34	5799	63		10	5	1
柳江区	450206	300	31	2402	148		2	1	1
柳城县	450222	381	21	750	15		2		
鹿寨县	450223	327	17	1060	33		1	1	
融安县	450224	265	9	793	21		1		
融水苗族自治县	450225	201	46	1151	43		3		2
三江侗族自治县	450226	237	18	772	19		1		
桂林市	**4503**	**4546**	**855**	**23451**	**592**	**2**	**96**	**40**	**4**
秀峰区	450302	129	22	1981	50	2	12	6	
叠彩区	450303	118	18	2515	62		5	2	1
象山区	450304	187	35	4170	32		14	7	1
七星区	450305	138	38	4821	122		30	14	1
雁山区	450311	18	6	233	3		3		1

港、澳、台商独资经营企业	港、澳、台商投资股份有限公司	其他港、澳、台商投资企业	外商投资企业	中外合资经营企业	中外合作经营企业	外资企业	外商投资股份有限公司	其他外商投资	代码
577	**21**	**26**	**985**	**330**	**30**	**429**	**139**	**57**	**45**
194	**3**	**4**	**374**	**100**	**17**	**186**	**54**	**17**	**4501**
18		1	23	5		12	2	4	450102
89			175	52	13	79	29	2	450103
5		1	17	2	1	12	1	1	450105
10			24	7	1	8	6	2	450107
9	2		25	2	1	17	3	2	450108
1			7	2		3		2	450109
1			5	3		2			450110
5									450123
			1					1	450124
1									450125
6			5	2		2	1		450126
7		1	6	1		3	2		450127
32		**3**	**102**	**47**	**2**	**42**	**5**	**6**	**4502**
12		1	13	7		3	2	1	450202
5		1	26	11		10	2	3	450203
6			16	5		10		1	450204
3		1	15	10		5			450205
			4	3		1			450206
2			1			1			450222
			6			6			450223
1			2		2				450224
1			2			1		1	450225
1			1			1			450226
48	**3**	**1**	**113**	**50**	**3**	**47**	**9**	**4**	**4503**
5	1		9	5		3	1		450302
2			4	2		1	1		450303
6			10	5	1	3	1		450304
14		1	41	19	1	17	4		450305
2			13	4		9			450311

2-6 续表 5

地 区	代码	私营独资企业	私营合伙企业	私营有限责任公司	私营股份有限公司	其他企业	港、澳、台商投资企业	合资经营企业（港或澳、台资）	合作经营企业（港或澳、台资）
临桂区	450312	264	26	3203	81		6	2	
阳朔县	450321	378	24	320	9		6	2	
灵川县	450323	590	54	1621	36		3	1	
全州县	450324	309	186	532	34		3	3	
兴安县	450325	346	63	667	13		4		
永福县	450326	205	25	713	16		3		
灌阳县	450327	96	101	345	15				
龙胜各族自治县	450328	142	65	182	9		3	2	
资源县	450329	62	94	230	33				
平乐县	450330	443	28	680	26				
荔浦县	450331	707	34	848	21				
恭城瑶族自治县	450332	414	36	390	30		4	1	
梧州市	**4504**	**2572**	**211**	**7849**	**175**		**90**	**28**	**2**
万秀区	450403	225	72	1364	39		30	13	1
长洲区	450405	189	28	2635	36		12	7	
龙圩区	450406	232	6	874	11		20	5	
苍梧县	450421	451	16	205	16				
藤县	450422	562	36	1237	37		5		1
蒙山县	450423	400	33	622	16		3		
岑溪市	450481	513	20	897	20		14	2	
北海市	**4505**	**1837**	**111**	**13033**	**192**		**87**	**23**	**3**
海城区	450502	442	54	7592	86		34	11	
银海区	450503	161	7	2921	75		4	1	
铁山港区	450512	135	2	244	3		10		3
合浦县	450521	1099	48	2214	25		19	7	
防城港市	**4506**	**528**	**20**	**7624**	**137**		**39**	**14**	**1**
港口区	450602	152	4	4302	40		21	10	1
防城区	450603	183	9	1385	39		14	3	
上思县	450621	48	4	365	20		1		
东兴市	450681	145	3	1572	38		3	1	
钦州市	**4507**	**1839**	**90**	**9141**	**368**		**61**	**17**	**3**
钦南区	450702	501	37	3635	107		26	7	1

港、澳、台商独资经营企业	港、澳、台商投资股份有限公司	其他港、澳、台商投资企业	外商投资企业	中外合资经营企业	中外合作经营企业	外资企业	外商投资股份有限公司	其他外商投资	代码
4			11	7		3	1		450312
4			5	1		3		1	450321
2			4	2		2			450323
									450324
3	1		3			2		1	450325
3			4	2		2			450326
									450327
1			2	1				1	450328
			2	1				1	450329
									450330
			4	1	1	1	1		450331
2	1		1			1			450332
57	**1**	**2**	**60**	**15**	**1**	**32**	**6**	**6**	**4504**
14		2	22	4		16	1	1	450403
5			11	3	1	5	2		450405
14	1		12	6		3	1	2	450406
			2			1		1	450421
4			3			1	1	1	450422
3			2			1	1		450423
12			5	1		3		1	450481
57	**1**	**3**	**57**	**12**	**3**	**19**	**23**		**4505**
20	1	2	33	8	1	9	15		450502
2		1	8		1	3	4		450503
7			3	1		2			450512
12			8	2	1	1	4		450521
20	**3**	**1**	**41**	**19**	**1**	**14**	**5**	**2**	**4506**
9	1		28	13	1	10	4		450602
10		1	6	3		1	1	1	450603
1			1	1					450621
	2		6	2		3		1	450681
34	**2**	**5**	**37**	**17**		**16**	**1**	**3**	**4507**
14	2	2	17	9		5	1	2	450702

2-6 续表 6

地 区	代码	私营独资企 业	私营合伙企 业	私营有限责任公司	私营股份有限公司	其他企业	港、澳、台商投资企 业	合资经营企业（港或澳、台资）	合作经营企业（港或澳、台资）
钦北区	450703	382	14	2840	183		14	3	1
灵山县	450721	390	26	1297	43		8	1	1
浦北县	450722	512	11	758	25		5	2	
贵港市	**4508**	**3684**	**165**	**12865**	**153**		**46**	**9**	**1**
港北区	450802	443	29	5725	38		15	3	
港南区	450803	288	42	1016	11		13	2	
覃塘区	450804	1152	10	710	13		6	2	
平南县	450821	973	41	2629	37		7		
桂平市	450881	828	43	2785	54		5	2	1
玉林市	**4509**	**4678**	**296**	**19817**	**320**		**81**	**30**	**3**
玉州区	450902	773	70	10421	167		22	8	1
福绵区	450903	255	9	741	9		12	1	
容县	450921	912	85	1815	21		9	2	
陆川县	450922	474	23	1336	34		7	3	
博白县	450923	862	13	1586	19		5	4	
兴业县	450924	592	33	852	11		1		
北流市	450981	810	63	3036	58		21	9	1
百色市	**4510**	**3473**	**222**	**12749**	**227**	**3**	**21**	**4**	**1**
右江区	451002	560	94	5146	88		11	4	1
田阳县	451021	326	9	1139	17		3		
田东县	451022	252	6	954	18				
平果县	451023	381	15	1447	21		2		
德保县	451024	268	22	492	8		1		
那坡县	451026	187	7	527					
凌云县	451027	115	4	285	3				
乐业县	451028	141	7	245	6				
田林县	451029	347	15	532	11		3		
西林县	451030	153	5	221	5				
隆林各族自治县	451031	276	25	625	19				
靖西市	451081	467	13	1136	31	3	1		
贺州市	**4511**	**1564**	**175**	**5360**	**146**		**28**	**5**	**1**
八步区	451102	452	66	2984	39		13	3	1

港、澳、台商独资经营企业	港、澳、台商投资股份有限公司	其他港、澳、台商投资企业	外商投资企业	中外合资经营企业	中外合作经营企业	外资企业	外商投资股份有限公司	其他外商投资	代码
9		1	10	3		7			450703
4		2							450721
3			3	2				1	450722
32	**1**	**3**	**34**	**10**		**20**	**3**	**1**	**4508**
11	1		20	6		12	1	1	450802
10		1	3			3			450803
4			1			1			450804
6		1	4	2		1	1		450821
1		1	6	2		3	1		450881
45	**2**	**1**	**58**	**25**	**1**	**19**	**11**	**2**	**4509**
10	2	1	24	9	1	7	6	1	450902
11			7	2		5			450903
7			3	2			1		450921
4			3	1			1	1	450922
1			13	8		4	1		450923
1									450924
11			5	1		2	2		450981
15	**1**		**18**	**3**	**1**	**7**	**4**	**3**	**4510**
6			8	2	1	2	3		451002
3			4			4			451021
			1					1	451022
2			1			1			451023
1									451024
			1					1	451026
			2	1			1		451027
									451028
2	1								451029
									451030
									451031
1			1					1	451081
20		**2**	**24**	**7**		**4**	**6**	**7**	**4511**
9			8	3		1	2	2	451102

2-6 续表 7

地区	代码	私营独资企业	私营合伙企业	私营有限责任公司	私营股份有限公司	其他企业	港、澳、台商投资企业	合资经营企业（港或澳、台资）	合作经营企业（港或澳、台资）
平桂区	451103	321	37	982	37		3		
昭平县	451121	195	18	420	20		4	1	
钟山县	451122	204	42	539	39		2		
富川瑶族自治县	451123	392	12	435	11		6	1	
河池市	**4512**	**3027**	**141**	**6690**	**207**		**17**	**7**	**1**
金城江区	451202	349	29	1997	31		3	1	
宜州区	451203	354	12	1150	25		4	3	
南丹县	451221	244	17	417	19		1	1	
天峨县	451222	143	4	340	44				
凤山县	451223	211	6	255	13				
东兰县	451224	230	3	286	5		2		
罗城仫佬族自治县	451225	229	11	285	12		2	1	
环江毛南族自治县	451226	269	27	267	5		1		
巴马瑶族自治县	451227	220	18	758	31		3		1
都安瑶族自治县	451228	608	9	576	10				
大化瑶族自治县	451229	170	5	359	12		1	1	
来宾市	**4513**	**1429**	**106**	**5424**	**146**		**9**	**2**	
兴宾区	451302	488	23	2997	76		6	2	
忻城县	451321	311	7	323	10		1		
象州县	451322	325	35	725	31				
武宣县	451323	112	24	646	15		1		
金秀瑶族自治县	451324	107	12	408	7				
合山市	451381	86	5	325	7		1		
崇左市	**4514**	**1513**	**152**	**7787**	**99**		**24**	**12**	
江州区	451402	283	7	2245	32		6	2	
扶绥县	451421	270	107	1004	15		4	2	
宁明县	451422	195	10	677	5		2		
龙州县	451423	238	1	725	12		4	3	
大新县	451424	293	17	837	12				
天等县	451425	175	5	493	9		1	1	
凭祥市	451481	59	5	1806	14		7	4	

港、澳、台商独资经营企业	港、澳、台商投资股份有限公司	其他港、澳、台商投资企业	外商投资企业	中外合资经营企业	中外合作经营企业	外资企业	外商投资股份有限公司	其他外商投资	代码
3			7	4		1	2		451103
1		2	5					5	451121
2			3			1	2		451122
5			1			1			451123
6	**3**		**16**	**2**		**6**	**5**	**3**	**4512**
2			6	1		3	1	1	451202
1			1			1			451203
			2	1		1			451221
									451222
									451223
	2		1				1		451224
1									451225
1			1					1	451226
1	1		3				2	1	451227
									451228
			2			1	1		451229
6		**1**	**9**	**3**		**4**		**2**	**4513**
4			4	2		2			451302
		1	1					1	451321
									451322
1			1	1					451323
									451324
1			3			2		1	451381
11	**1**		**42**	**20**	**1**	**13**	**7**	**1**	**4514**
3	1		19	7	1	9	2		451402
2			4	2		2			451421
2			9	7			2		451422
1			1	1					451423
			4	3			1		451424
									451425
3			5			2	2	1	451481

2-7 按地区、登记注册

地　区	代码	从业人员数（人）	内资企业	国有企业	集体企业	股份合作企业	联营企业
广西壮族自治区	**45**	**5491773**	**5234375**	**177749**	**105412**	**24899**	**1288**
南宁市	**4501**	**1636635**	**1583971**	**33485**	**10832**	**3976**	**282**
兴宁区	450102	193136	191009	4322	760	80	13
青秀区	450103	614407	594778	17738	1327	1471	5
江南区	450105	103115	99153	1342	430		
西乡塘区	450107	178384	175593	3013	695	33	204
良庆区	450108	85344	83181	514	226		
邕宁区	450109	50457	50335	258	665	515	8
武鸣区	450110	38754	38227	435	1562	584	12
隆安县	450123	14263	13928	327	99		
马山县	450124	8795	8795	221	151		
上林县	450125	10578	10576	413	25	325	
宾阳县	450126	44627	43108	1612	2093	411	1
横县	450127	56984	54851	744	2511	472	32
柳州市	**4502**	**807970**	**760769**	**53049**	**5225**	**2191**	**79**
城中区	450202	172478	171526	3250	383	63	
鱼峰区	450203	76503	74833	844	441	778	7
柳南区	450204	113751	111932	2911	1548	22	
柳北区	450205	166925	164899	43394	434	44	
柳江区	450206	53216	52897	404	498	300	5
柳城县	450222	20168	20168	556	238	345	13
鹿寨县	450223	30812	30168	662	548	17	44
融安县	450224	16047	15987	354	151		10
融水苗族自治县	450225	19225	19211	287	106	266	
三江侗族自治县	450226	9543	9499	106	811	222	
桂林市	**4503**	**538028**	**518598**	**25065**	**8487**	**3995**	**66**
秀峰区	450302	64897	63619	2600	480	24	2
叠彩区	450303	27676	27106	2577	282	8	4
象山区	450304	83179	79892	3872	336	111	
七星区	450305	134076	126560	10449	1687	735	3
雁山区	450311	4689	3369	1	48		

类型分组的企业法人单位从业人员数

国有联营企业	集体联营企业	国有与集体联营企业	其他联营企业	有限责任公司	国有独资公司	其他有限责任公司	股份有限公司	私营企业	代码
254	**555**	**252**	**227**	**1701689**	**378032**	**1323657**	**459458**	**2763830**	**45**
44	**27**	**198**	**13**	**668854**	**168122**	**500732**	**142449**	**724079**	**4501**
			13	107538	78605	28933	6961	71321	450102
	5			248814	32734	216080	72071	253352	450103
				47584	13847	33737	4016	45781	450105
	6	198		93017	19435	73582	8223	70408	450107
				29964	11029	18935	12970	39507	450108
	8			40073	1717	38356	580	8236	450109
12				10039	849	9190	853	24742	450110
				1512	137	1375	408	11582	450123
				1782	89	1693	501	6140	450124
				2659	110	2549	297	6857	450125
	1			9471	1176	8295	3437	26083	450126
32				8103	1283	6820	1820	41169	450127
3	**59**		**17**	**316444**	**109350**	**207094**	**54699**	**329082**	**4502**
				118248	24843	93405	16276	33306	450202
			7	15816	2689	13127	4776	52171	450203
				36635	10214	26421	4912	65904	450204
				66975	46929	20046	9133	44919	450205
	5			12683	2942	9741	1420	37587	450206
	13			4804	242	4562	2791	11421	450222
3	41			8004	917	7087	1170	19723	450223
			10	2994	198	2796	503	11975	450224
				3130	276	2854	361	15061	450225
				1962	307	1655	189	6209	450226
2	**30**	**23**	**11**	**176479**	**41662**	**134817**	**54240**	**250236**	**4503**
	2			32173	1569	30604	4301	24009	450302
		4		6474	100	6374	5345	12416	450303
				20572	2340	18232	13867	41134	450304
			3	56243	33009	23234	21069	36374	450305
				904	271	633	70	2346	450311

2-7 续表 1

地区	代码	法人单位数（个）	内资企业	国有企业	集体企业	股份合作企业	联营企业
临桂区	450312	41405	40538	114	175	65	8
阳朔县	450321	20152	19580	221	643	257	3
灵川县	450323	30385	29849	754	499	355	
全州县	450324	17102	17077	2136	1370	510	6
兴安县	450325	15848	15205	693	196	651	
永福县	450326	14745	14293	220	1520	240	
灌阳县	450327	6951	6951	24	279	9	14
龙胜各族自治县	450328	9143	7090	697	289	5	
资源县	450329	8130	8058	228	23	136	2
平乐县	450330	12622	12622	88	472	478	
荔浦县	450331	37219	37050	42	12	48	21
恭城瑶族自治县	450332	9480	9410	349	176	34	3
梧州市	**4504**	**222557**	**202918**	**4915**	**5404**	**1019**	**92**
万秀区	450403	39146	35684	1876	522		
长洲区	450405	43808	40711	1209	438	384	9
龙圩区	450406	24247	17634	239	187	281	6
苍梧县	450421	5871	5471	159	622	5	3
藤县	450422	44962	44048	660	1399	349	
蒙山县	450423	9419	9367	138	137		
岑溪市	450481	44188	42044	634	2099		74
北海市	**4505**	**219075**	**193596**	**5385**	**10437**	**1051**	**151**
海城区	450502	94464	90588	3174	2558	579	75
银海区	450503	28443	27925	937	72		49
铁山港区	450512	12757	11773	415	150		
合浦县	450521	45595	42320	859	7657	472	27
防城港市	**4506**	**125359**	**119681**	**3860**	**903**	**528**	**113**
港口区	450602	66891	62346	1384	41	191	29
防城区	450603	25251	24786	1041	449	337	77
上思县	450621	10988	10393	446	369		
东兴市	450681	21819	21746	989	44		7
钦州市	**4507**	**338426**	**323957**	**5268**	**10995**	**1300**	**113**
钦南区	450702	134895	129691	1776	3733	2	59

国有联营企业	集体联营企业	国有与集体联营企业	其他联营企业	有限责任公司	国有独资公司	其他有限责任公司	股份有限公司	私营企业	代码
	8			15467	603	14864	2126	22583	450312
		3		7819	370	7449	1042	9595	450321
				6520	250	6270	782	20939	450323
	6			4637	656	3981	744	7674	450324
				3793	98	3695	522	9350	450325
				5463	128	5335	336	6514	450326
	6		8	1720	602	1118	442	4463	450327
				1005	405	600	1295	3799	450328
	2			1901	415	1486	682	5086	450329
				1923		1923	208	9453	450330
	5	16		8009	452	7557	889	28029	450331
2	1			1856	394	1462	520	6472	450332
	67	**3**	**22**	**56457**	**5884**	**50573**	**24485**	**110546**	**4504**
				11906	2416	9490	5926	15454	450403
			9	11517	1498	10019	8588	18566	450405
	6			5984	1491	4493	415	10522	450406
		3		611	45	566	88	3983	450421
				4352	251	4101	2872	34416	450422
				1943	115	1828	925	6224	450423
	61		13	17414	68	17346	2805	19018	450481
75	**23**		**53**	**45168**	**2869**	**42299**	**17659**	**113745**	**4505**
72	3			16936	1397	15539	13313	53953	450502
	12		37	8365	1163	7202	945	17557	450503
				6834	81	6753	1258	3116	450512
3	8		16	4209	228	3981	641	28455	450521
40		**21**	**52**	**32519**	**3329**	**29190**	**9599**	**72159**	**4506**
8		21		18549	2614	15935	5030	37122	450602
32			45	5907	235	5672	1407	15568	450603
				4013	424	3589	734	4831	450621
			7	4050	56	3994	2018	14638	450681
41	**67**	**5**		**69713**	**3628**	**66085**	**16982**	**219586**	**4507**
	57	2		12239	785	11454	2992	108890	450702

2-7 续表 2

地区	代码	法人单位数（个）	内资企业	国有企业	集体企业	股份合作企业	联营企业
钦北区	450703	108525	107113	2167	1769	571	11
灵山县	450721	40418	36614	826	4345	391	43
浦北县	450722	33802	33099	272	1148	336	
贵港市	**4508**	**324581**	**309560**	**5093**	**8526**	**1979**	**20**
港北区	450802	113099	107382	2762	370	586	7
港南区	450803	37535	35407	323	552		
覃塘区	450804	34514	32513	74	222		
平南县	450821	66807	63554	789	4165	653	9
桂平市	450881	72626	70704	1145	3217	740	4
玉林市	**4509**	**481480**	**450856**	**13313**	**28108**	**2629**	**154**
玉州区	450902	158452	149546	8649	6430	816	35
福绵区	450903	18941	17846	41	467	6	
容县	450921	50393	46981	168	5347	556	16
陆川县	450922	45350	44273	1524	1958		24
博白县	450923	62130	59737	881	9527		14
兴业县	450924	17171	16941	202	823	449	64
北流市	450981	120845	109538	1834	3556	802	1
百色市	**4510**	**232659**	**226807**	**11025**	**5617**	**1010**	**75**
右江区	451002	78718	76795	7643	825	385	1
田阳县	451021	19576	19115	294	822	20	2
田东县	451022	20645	20644	615	788	27	48
平果县	451023	33866	31039	284	179	329	
德保县	451024	14930	14632	294	122	217	2
那坡县	451026	4901	4896	370	481		2
凌云县	451027	6370	6314	240	68	12	4
乐业县	451028	4297	4297	184	132		
田林县	451029	12391	12190	430	788	20	10
西林县	451030	4756	4756	181	446		5
隆林各族自治县	451031	8837	8837	255	30		
靖西市	451081	23372	23292	235	936		1
贺州市	**4511**	**108331**	**103665**	**2489**	**1110**	**796**	**48**
八步区	451102	47329	45642	1707	20	537	24

国有联营企业	集体联营企业	国有与集体联营企业	其他联营企业	有限责任公司	国有独资公司	其他有限责任公司	股份有限公司	私营企业	代码
	8	3		39685	668	39017	10082	52828	450703
41	2			4969	191	4778	596	25444	450721
				5428	410	5018	2302	23613	450722
	15		**5**	**46687**	**3118**	**43569**	**22508**	**224747**	**4508**
	7			21214	2473	18741	18433	64010	450802
				2914	54	2860	274	31344	450803
				5100	40	5060	967	26150	450804
	4		5	5508	247	5261	2013	50417	450821
	4			11951	304	11647	821	52826	450881
9	**120**		**25**	**72323**	**4823**	**67500**	**33681**	**300648**	**4509**
9	12		14	27439	2149	25290	26318	79859	450902
				2032	123	1909	141	15159	450903
	16			3488	449	3039	2758	34648	450921
	13		11	14149	557	13592	1358	25260	450922
	14			7652	347	7305	1388	40275	450923
	64			2876	171	2705	101	12426	450924
	1			10935	73	10862	1507	90903	450981
22	**47**	**1**	**5**	**72478**	**18109**	**54369**	**20653**	**115943**	**4510**
	1			25128	6987	18141	10969	31844	451002
	2			5091	2860	2231	359	12527	451021
20	28			6980	2948	4032	497	11689	451022
				8969	998	7971	2747	18531	451023
2				7813	1905	5908	84	6100	451024
	2			574	55	519	582	2887	451026
	4			2014	882	1132	282	3694	451027
				1031	86	945	277	2673	451028
	10			2746	92	2654	1062	7134	451029
			5	1049	293	756	527	2548	451030
				2120	383	1737	560	5872	451031
		1		8963	620	8343	2707	10444	451081
16	**8**		**24**	**25140**	**4073**	**21067**	**11282**	**62800**	**4511**
			24	9097	2199	6898	6757	27500	451102

2-7 续表 3

地　区	代码	法人单位数（个）	内资企业	国有企业	集体企业	股份合作企业	联营企业
平桂区	451103	25453	23977	100	21		
昭平县	451121	9356	9277	141	951	14	14
钟山县	451122	15500	15364	328	88	245	10
富川瑶族自治县	451123	10042	8754	213	30		
河池市	**4512**	**180817**	**178490**	**7318**	**4071**	**2469**	**74**
金城江区	451202	60532	59395	4516	679	507	
宜州区	451203	28561	27573	538	294	392	2
南丹县	451221	18056	18042	167	77	224	15
天峨县	451222	5002	5002	140	308	111	
凤山县	451223	4089	4089	232	289	150	
东兰县	451224	5238	5233	156	662	172	
罗城仫佬族自治县	451225	8679	8632	318	359	174	
环江毛南族自治县	451226	11879	11871	234	158	197	57
巴马瑶族自治县	451227	13984	13941	105	808	152	
都安瑶族自治县	451228	15061	15061	442	422	202	
大化瑶族自治县	451229	9736	9651	470	15	188	
来宾市	**4513**	**133433**	**131053**	**2026**	**3398**	**1726**	**17**
兴宾区	451302	76251	75038	1456	1827	556	1
忻城县	451321	8062	7981	221	148	210	
象州县	451322	15569	15569	96	283	449	5
武宣县	451323	14833	14255	121	363	228	
金秀瑶族自治县	451324	11250	11250	96	506	187	11
合山市	451381	6961	6453	36	271	96	
崇左市	**4514**	**142422**	**130454**	**5458**	**2299**	**230**	**4**
江州区	451402	59203	51934	2241	784	30	
扶绥县	451421	22298	20407	556	213		
宁明县	451422	10940	8458	459	110		
龙州县	451423	13058	13033	374	92	200	
大新县	451424	15341	15332	458	935		4
天等县	451425	7966	7894	144	149		
凭祥市	451481	13143	12923	1226	16		

国有联营企业	集体联营企业	国有与集体联营企业	其他联营企业	有限责任公司	国有独资公司	其他有限责任公司	股份有限公司	私营企业	代码
				6126	909	5217	1968	15762	451103
14				2854	290	2564	707	4596	451121
2	8			5430	396	5034	881	8382	451122
				1633	279	1354	318	6560	451123
2	**72**			**51404**	**3633**	**47771**	**21026**	**92128**	**4512**
				16444	1481	14963	17364	19885	451202
	2			9593	634	8959	477	16277	451203
	15			6855	163	6692	308	10396	451221
				1034	361	673	14	3395	451222
				647	2	645	557	2214	451223
				626	79	547	44	3573	451224
				2360	18	2342	826	4595	451225
2	55			5766	58	5708	210	5249	451226
				1949	574	1375	394	10533	451227
				4757	133	4624	398	8840	451228
				1373	130	1243	434	7171	451229
	16	**1**		**34759**	**5417**	**29342**	**19464**	**69663**	**4513**
		1		23774	3017	20757	9803	37621	451302
				1875	245	1630	305	5222	451321
	5			3181	729	2452	1600	9955	451322
				3342	215	3127	622	9579	451323
	11			948	354	594	5537	3965	451324
				1639	857	782	1090	3321	451381
	4			**33264**	**4015**	**29249**	**10731**	**78468**	**4514**
				11345	1218	10127	7473	30061	451402
				4730	355	4375	481	14427	451421
				2279	1060	1219	408	5202	451422
				4509	561	3948	579	7279	451423
	4			5982	124	5858	880	7073	451424
				1318	286	1032	189	6094	451425
				3101	411	2690	248	8332	451481

2-7 续表 4

地 区	代码	私营独资企业	私营合伙企业	私营有限责任公司	私营股份有限公司	其他企业	港、澳、台商投资企业	合资经营企业（港或澳、台资）	合作经营企业（港或澳、台资）
广西壮族自治区	**45**	**226921**	**37297**	**2416473**	**83139**	**50**	**133227**	**44362**	**2823**
南宁市	**4501**	**25018**	**6493**	**669678**	**22890**	**14**	**28332**	**10416**	**935**
兴宁区	450102	1185	235	68040	1861	14	1745	652	5
青秀区	450103	1915	1437	242729	7271		7033	3067	930
江南区	450105	1377	99	43368	937		3686	1851	
西乡塘区	450107	1364	146	67339	1559		2031	446	
良庆区	450108	883	856	35471	2297		1369	176	
邕宁区	450109	399	69	7479	289		4	3	
武鸣区	450110	1622	598	22097	425		3	1	
隆安县	450123	858	137	10278	309		335	286	
马山县	450124	1361	12	4564	203				
上林县	450125	1523	310	4821	203		2		
宾阳县	450126	3211	714	21541	617		258	63	
横县	450127	7930	1296	30920	1023		1109	847	
柳州市	**4502**	**14873**	**3333**	**295056**	**15820**		**11978**	**9622**	**297**
城中区	450202	409	181	32002	714		508	43	
鱼峰区	450203	2149	435	47158	2429		1189	690	
柳南区	450204	1967	181	63175	581		557	17	
柳北区	450205	733	403	43218	565		1242	804	9
柳江区	450206	2836	866	32259	1626		4	2	2
柳城县	450222	1750	138	9418	115				
鹿寨县	450223	1361	171	15582	2609		9	9	
融安县	450224	1477	47	10280	171		3		
融水苗族自治县	450225	771	444	13156	690				
三江侗族自治县	450226	1061	121	4831	196		8		
桂林市	**4503**	**22409**	**8538**	**211400**	**7889**	**30**	**9757**	**3250**	**333**
秀峰区	450302	446	265	22757	541	30	443	344	
叠彩区	450303	453	102	11610	251		293	215	12
象山区	450304	756	262	38266	1850		2961	73	4
七星区	450305	516	141	34552	1165		2402	815	131
雁山区	450311	56	24	2263	3		527		186

港、澳、台商独资经营企业	港、澳、台商投资股份有限公司	其他港、澳、台商投资企业	外商投资企业	中外合资经营企业	中外合作经营企业	外资企业	外商投资股份有限公司	其他外商投资	代码
81015	**954**	**4073**	**124171**	**69119**	**728**	**40632**	**12056**	**1636**	**45**
16241	**131**	**609**	**24332**	**8051**	**310**	**13989**	**1716**	**266**	**4501**
679		409	382	67		287	11	17	450102
3036			12596	4064	16	8397	114	5	450103
1831		4	276	15	61	165	15	20	450105
1585			760	363	28	312	30	27	450107
1064	129		794	27	181	315	218	53	450108
1			118	39		70		9	450109
2			524	149		375			450110
49									450123
									450124
2									450125
195			1261	809		422	30		450126
92		170	1024	253		84	687		450127
1325		**734**	**35223**	**31623**	**57**	**2232**	**894**	**417**	**4502**
151		314	444	60		24	45	315	450202
411		88	481	273		102	9	97	450203
540			1262	562		697		3	450204
97		332	784	707		77			450205
			315	314		1			450206
									450222
			635			635			450223
3			57		57				450224
			14			12		2	450225
8			36			36			450226
6145	**28**	**1**	**9673**	**7172**	**116**	**2066**	**64**	**255**	**4503**
98	1		835	697		137	1		450302
66			277	198		45	34		450303
2884			326	305	3	10	8		450304
1455		1	5114	4046	3	1046	19		450305
341			793	735		58			450311

2-7 续表 5

地　　区	代码	私营独资企　　业	私营合伙企　　业	私营有限责任公司	私营股份有限公司	其他企业	港、澳、台商投资企　　业	合资经营企业（港或澳、台资）	合作经营企业（港或澳、台资）
临桂区	450312	1632	554	19932	465		400	74	
阳朔县	450321	2996	946	5541	112		497	41	
灵川县	450323	2270	452	17853	364		218	1	
全州县	450324	1424	1546	4441	263		25	25	
兴安县	450325	2029	563	6403	355		217		
永福县	450326	564	128	5569	253		91		
灌阳县	450327	369	744	3266	84				
龙胜各族自治县	450328	599	444	2702	54		1662	1662	
资源县	450329	298	1129	3409	250				
平乐县	450330	1557	429	7315	152				
荔浦县	450331	5080	453	21035	1461				
恭城瑶族自治县	450332	1364	356	4486	266		21		
梧州市	**4504**	**19424**	**2735**	**86018**	**2369**		**15296**	**6116**	**201**
万秀区	450403	1020	496	13632	306		3140	1562	50
长洲区	450405	826	250	17269	221		1627	439	
龙圩区	450406	824	65	9405	228		6230	2763	
苍梧县	450421	1798	55	2005	125				
藤县	450422	7868	1083	24475	990		620		151
蒙山县	450423	1867	467	3728	162		45		
岑溪市	450481	5221	319	13141	337		1371	73	
北海市	**4505**	**7630**	**1283**	**102605**	**2227**		**20120**	**3482**	**277**
海城区	450502	1822	445	51004	682		3023	1552	
银海区	450503	623	54	15610	1270		153	70	
铁山港区	450512	658	10	2365	83		562		277
合浦县	450521	4527	774	23039	115		2423	1430	
防城港市	**4506**	**2060**	**279**	**68491**	**1329**		**2025**	**681**	**70**
港口区	450602	472	6	36170	474		1055	676	70
防城区	450603	617	31	14610	310		413	5	
上思县	450621	322	231	4104	174		543		
东兴市	450681	649	11	13607	371		14		
钦州市	**4507**	**9226**	**1759**	**202866**	**5735**		**10269**	**2495**	**18**
钦南区	450702	2465	635	104338	1452		3815	428	7

港、澳、台商独资经营企　　业	港、澳、台商投资股份有限公司	其他港、澳、台商投资企业	外商投资企　　业	中外合资经营企业	中外合作经营企业	外资企业	外商投资股份有限公司	其他外商投　　资	代码
326			467	359		108			450312
456			75	6		67		2	450321
217			318	152		166			450323
									450324
190	27		426			184		242	450325
91			361	170		191			450326
									450327
			391	386				5	450328
			72	66				6	450329
									450330
			169	52	110	5	2		450331
21			49			49			450332
7683	**315**	**981**	**4343**	**718**	**18**	**3203**	**178**	**226**	**4504**
547		981	322	175		146	1		450403
1188			1470	26	18	1410	16		450405
3152	315		383	61		165	153	4	450406
			400			400			450421
469			294			219	8	67	450422
45			7			7			450423
1298			773	15		603		155	450481
15925		**436**	**5359**	**2030**	**158**	**2754**	**417**		**4505**
1115		356	853	493	123	121	116		450502
3		80	365		5	71	289		450503
285			422	408		14			450512
993			852	721	30	89	12		450521
1117	**139**	**18**	**3653**	**2868**		**734**	**47**	**4**	**4506**
184	125		3490	2796		663	31		450602
390		18	52	15		17	16	4	450603
543			52	52					450621
	14		59	5		54			450681
6937	**46**	**773**	**4200**	**3426**		**570**	**161**	**43**	**4507**
3059	46	275	1389	1224		1	161	3	450702

2-7 续表 6

地　　区	代码	私营独资企　业	私营合伙企　业	私营有限责任公司	私营股份有限公司	其他企业	港、澳、台商投资企　业	合资经营企业（港或澳、台资）	合作经营企业（港或澳、台资）
钦北区	450703	1842	129	49446	1411		1219	560	1
灵山县	450721	2107	764	20513	2060		3804	393	10
浦北县	450722	2686	223	19944	760		320	30	
贵港市	**4508**	**41589**	**3914**	**176733**	**2511**		**7854**	**260**	**6**
港北区	450802	2614	598	60385	413		1528	114	
港南区	450803	1116	72	29814	342		2016	40	
覃塘区	450804	11112	230	14702	106		1985	59	
平南县	450821	15073	258	34215	871		1844		
桂平市	450881	11674	2756	37617	779		481	47	6
玉林市	**4509**	**39920**	**3226**	**250280**	**7222**		**18697**	**4690**	**486**
玉州区	450902	3305	479	74448	1627		1042	313	3
福绵区	450903	2014	274	12680	191		780	91	
容县	450921	9000	800	24561	287		2518	230	
陆川县	450922	4559	486	19874	341		575	87	
博白县	450923	7775	247	31523	730		1711	1589	
兴业县	450924	2839	519	8794	274		230		
北流市	450981	10428	421	76362	3692		10792	1761	53
百色市	**4510**	**12922**	**1154**	**98205**	**3662**	**6**	**3007**	**630**	**151**
右江区	451002	1783	386	29233	442		1158	630	151
田阳县	451021	1519	101	10626	281		423		
田东县	451022	1187	45	10023	434				
平果县	451023	1227	87	15588	1629		847		
德保县	451024	912	114	5037	37		298		
那坡县	451026	507	30	2350					
凌云县	451027	388	26	3132	148				
乐业县	451028	499	91	2078	5				
田林县	451029	1779	80	5199	76		201		
西林县	451030	515	12	1975	46				
隆林各族自治县	451031	911	106	4707	148				
靖西市	451081	1695	76	8257	416	6	80		
贺州市	**4511**	**6251**	**1205**	**50871**	**4473**		**2125**	**714**	**48**
八步区	451102	1654	451	24517	878		697	367	48

港、澳、台商独资经营企　业	港、澳、台商投资股份有限公司	其他港、澳、台商投资企业	外商投资企　业	中外合资经营企业	中外合作经营企业	外资企业	外商投资股份有限公司	其他外商投　资	代码
658			193	23		170			450703
2903		498							450721
290			383	343				40	450722
7428	**20**	**140**	**7167**	**2246**		**4847**	**73**	**1**	**4508**
1394	20		4189	755		3392	41	1	450802
1848		128	112			112			450803
1926			16			16			450804
1838		6	1409	1381		4	24		450821
422		6	1441	110		1323	8		450881
13053	**167**	**301**	**11927**	**1874**	**8**	**1799**	**8239**	**7**	**4509**
258	167	301	7864	376	8	139	7336	5	450902
689			315	2		313			450903
2288			894	10			884		450921
488			502	496			4	2	450922
122			682	518		163	1		450923
230									450924
8978			515	207		294	14		450981
2148	**78**		**2845**	**740**	**10**	**2031**	**58**	**6**	**4510**
377			765	693	10	13	49		451002
423			38			38			451021
			1					1	451022
847			1980			1980			451023
298									451024
			5					5	451026
			56	47			9		451027
									451028
123	78								451029
									451030
									451031
80									451081
1361		**2**	**2541**	**1795**		**669**	**63**	**14**	**4511**
282			990	602		371	12	5	451102

2-7 续表 7

地区	代码	私营独资企业	私营合伙企业	私营有限责任公司	私营股份有限公司	其他企业	港、澳、台商投资企业	合资经营企业（港或澳、台资）	合作经营企业（港或澳、台资）
平桂区	451103	1218	223	13247	1074		205		
昭平县	451121	860	103	3238	395		70		
钟山县	451122	1121	276	5378	1607		4		
富川瑶族自治县	451123	1398	152	4491	519		1149	347	
河池市	**4512**	**12514**	**1493**	**75266**	**2855**		**1135**	**944**	**1**
金城江区	451202	1373	239	18071	202		100	5	
宜州区	451203	1318	235	14318	406		932	932	
南丹县	451221	1171	245	8496	484		6	6	
天峨县	451222	591	94	2451	259				
凤山县	451223	457	21	1706	30				
东兰县	451224	944	14	2443	172		5		
罗城仫佬族自治县	451225	901	88	2972	634		47		
环江毛南族自治县	451226	1280	333	3580	56		5		
巴马瑶族自治县	451227	574	29	9603	327		39		1
都安瑶族自治县	451228	2875	122	5748	95				
大化瑶族自治县	451229	1030	73	5878	190		1	1	
来宾市	**4513**	**6205**	**1106**	**59906**	**2446**		**1317**	**12**	
兴宾区	451302	1848	165	34932	676		238	12	
忻城县	451321	1156	82	3563	421		78		
象州县	451322	1300	457	7200	998				
武宣县	451323	869	258	8277	175		499		
金秀瑶族自治县	451324	545	115	3166	139				
合山市	451381	487	29	2768	37		502		
崇左市	**4514**	**6880**	**779**	**69098**	**1711**		**1315**	**1050**	
江州区	451402	1741	130	27460	730		891	841	
扶绥县	451421	1043	237	12977	170		212	92	
宁明县	451422	711	174	4281	36		6		
龙州县	451423	947	2	5878	452		20	16	
大新县	451424	1316	146	5547	64				
天等县	451425	867	18	5132	77		72	72	
凭祥市	451481	255	72	7823	182		114	29	

港、澳、台商独资经营企　　业	港、澳、台商投资股份有限公司	其他港、澳、台商投资企业	外商投资企　　业	中外合资经营企业	中外合作经营企业	外资企业	外商投资股份有限公司	其他外商投　　资	代码
205			1271	1193		39	39		451103
68		2	9					9	451121
4			132			120	12		451122
802			139			139			451123
173	**17**		**1192**	**618**		**202**	**11**	**361**	**4512**
95			1037	612		60	8	357	451202
			56			56			451203
			8	6		2			451221
									451222
									451223
	5								451224
47									451225
5			3					3	451226
26	12		4				3	1	451227
									451228
			84			84			451229
1227		**78**	**1063**	**612**		**446**		**5**	**4513**
226			975	533		442			451302
		78	3					3	451321
									451322
499			79	79					451323
									451324
502			6			4		2	451381
252	**13**		**10653**	**5346**	**51**	**5090**	**135**	**31**	**4514**
37	13		6378	1913	51	4373	41		451402
120			1679	969		710			451421
6			2476	2457			19		451422
4			5	5					451423
			9	2			7		451424
									451425
85			106			7	68	31	451481

2-8 按行业（大类）、登记

行业大类	代码	法人单位数（个）	内资企业	国有企业	集体企业	股份合作企业	联营企业
总　计	**00**	**384724**	**382734**	**2887**	**3093**	**297**	**154**
农、林、牧、渔业	**A**	**2531**	**2520**	**42**	**40**	**3**	**4**
农业	01	37	36	8			
林业	02	15	15	9	1		
畜牧业	03	13	12				
渔业	04	4	4	2			
农、林、牧、渔专业及辅助性活动	05	2462	2453	23	39	3	4
采矿业	**B**	**2672**	**2654**	**20**	**21**	**5**	**1**
煤炭开采和洗选业	06	30	29	1	1	1	
石油和天然气开采业	07	3	2				
黑色金属矿采选业	08	268	267	9	4	1	
有色金属矿采选业	09	296	296	6	2	1	
非金属矿采选业	10	1830	1816	4	11	2	1
开采专业及辅助性活动	11	15	15				
其他采矿业	12	230	229		3		
制造业	**C**	**37248**	**36584**	**320**	**451**	**57**	**14**
农副食品加工业	13	2983	2922	114	32	5	2
食品制造业	14	2319	2290	21	12	2	1
酒、饮料和精制茶制造业	15	1409	1371	13	15	2	2
烟草制品业	16	5	5	2	1		
纺织业	17	626	612	4	15		
纺织服装、服饰业	18	1081	1054	2	17		
皮革、毛皮、羽毛及其制品和制鞋业	19	441	411	2	6		
木材加工和木、竹、藤、棕、草制品业	20	5133	5106	24	14	4	1
家具制造业	21	1026	1021		3		
造纸和纸制品业	22	787	766	3	14	1	
印刷和记录媒介复制业	23	1033	1028	26	52	6	1
文教、工美、体育和娱乐用品制造业	24	977	940	2	11		
石油、煤炭及其他燃料加工业	25	129	125				
化学原料和化学制品制造业	26	1830	1780	16	60	3	2
医药制造业	27	492	473	8	2	1	
化学纤维制造业	28	21	18				
橡胶和塑料制品业	29	1253	1236	4	26	2	
非金属矿物制品业	30	5396	5313	31	67	11	1
黑色金属冶炼和压延加工业	31	305	298	1	3	1	
有色金属冶炼和压延加工业	32	371	360	2	4		

注册类型分组的企业法人单位数

国有联营企业	集体联营企业	国有与集体联营企业	其他联营企业	有限责任公司	国有独资公司	其他有限责任公司	股份有限公司	私营企业	私营独资企业	代码
27	**76**	**14**	**37**	**52792**	**1743**	**51049**	**6314**	**317190**	**38094**	**00**
	4			**304**	**7**	**297**	**51**	**2076**	**381**	**A**
				5	1	4		23	1	01
				2		2		3		02
				2		2		10	4	03
								2		04
	4			295	6	289	51	2038	376	05
		1		**301**	**21**	**280**	**67**	**2239**	**704**	**B**
				13	5	8	1	12	1	06
								2		07
				33	3	30	11	209	33	08
				70	7	63	8	209	25	09
		1		154	5	149	38	1606	633	10
				1		1	1	13	1	11
				30	1	29	8	188	11	12
2	**7**	**1**	**4**	**4453**	**136**	**4317**	**709**	**30580**	**7193**	**C**
1	1			403	19	384	68	2298	585	13
	1			205	2	203	35	2014	771	14
1			1	173	5	168	34	1132	264	15
				2	1	1				16
				94	5	89	13	486	105	17
				89	4	85	11	935	290	18
				42		42	4	357	98	19
	1			330	10	320	73	4660	1690	20
				92		92	17	909	200	21
				84	1	83	19	645	140	22
	1			110	4	106	12	821	192	23
				90	2	88	9	828	251	24
				30		30	2	93	10	25
			2	294	12	282	49	1356	188	26
				109	1	108	30	323	19	27
				2		2	1	15		28
				151	2	149	15	1038	196	29
			1	587	18	569	123	4493	1161	30
				76	5	71	9	208	25	31
				91	4	87	12	251	28	32

2-8 续表 1

行业大类	代码	法人单位数（个）	内资企业	国有企业	集体企业	股份合作企业	联营企业
金属制品业	33	1974	1962	5	30	1	3
通用设备制造业	34	1478	1464	7	16	3	
专用设备制造业	35	1499	1480	10	10	3	
汽车制造业	36	1200	1168	2	4	9	
铁路、船舶、航空航天和其他运输设备制造业	37	240	240	2	7		
电气机械和器材制造业	38	930	913	6	8	1	
计算机、通信和其他电子设备制造业	39	960	898	6	4		
仪器仪表制造业	40	224	217	1	3	1	
其他制造业	41	186	180	1	2	1	
废弃资源综合利用业	42	250	245		2		
金属制品、机械和设备修理业	43	690	688	5	11		1
电力、热力、燃气及水生产和供应业	**D**	**3281**	**3204**	**244**	**180**	**19**	**15**
电力、热力生产和供应业	44	2415	2371	109	76	14	12
燃气生产和供应业	45	157	137		1	1	
水的生产和供应业	46	709	696	135	103	4	3
建筑业	**E**	**23668**	**23634**	**78**	**174**	**7**	
房屋建筑业	47	4455	4453	22	141	3	
土木工程建筑业	48	3666	3652	41	18	1	
建筑安装业	49	2524	2520	4	8		
建筑装饰、装修和其他建筑业	50	13023	13009	11	7	3	
批发和零售业	**F**	**140835**	**140537**	**574**	**922**	**53**	**40**
批发业	51	69934	69783	329	448	27	18
零售业	52	70901	70754	245	474	26	22
交通运输、仓储和邮政业	**G**	**12789**	**12720**	**292**	**123**	**8**	**7**
铁路运输业	53	6	6				
道路运输业	54	8460	8427	41	50	6	3
水上运输业	55	530	526	5	43	1	
航空运输业	56	54	53				
管道运输业	57	1	1				
多式联运和运输代理业	58	1459	1450	6	4		
装卸搬运和仓储业	59	1576	1554	209	26	1	4
邮政业	60	703	703	31			
住宿和餐饮业	**H**	**8420**	**8353**	**118**	**60**	**8**	**6**
住宿业	61	3158	3127	87	47	4	3
餐饮业	62	5262	5226	31	13	4	3
信息传输、软件和信息技术服务业	**I**	**18158**	**18066**	**16**	**4**		
电信、广播电视和卫星传输服务	63	567	537	6	1		
互联网和相关服务	64	2393	2388	2	1		
软件和信息技术服务业	65	15198	15141	8	2		

国有联营企业	集体联营企业	国有与集体联营企业	其他联营企业	有限责任公司	国有独资公司	其他有限责任公司	股份有限公司	私营企业	私营独资企业	代码
	2	1		222	6	216	33	1668	318	33
				215	6	209	23	1200	126	34
				225	7	218	34	1198	120	35
				203	8	195	16	934	63	36
				44	4	40	5	182	29	37
				136	2	134	22	740	82	38
				160	4	156	18	710	120	39
				35		35	10	167	11	40
				26		26	1	149	39	41
				33	2	31	5	205	19	42
	1			100	2	98	6	565	53	43
	7	**4**	**4**	**756**	**111**	**645**	**93**	**1896**	**361**	**D**
	6	3	3	571	73	498	79	1509	287	44
				40	1	39	6	89	8	45
	1	1	1	145	37	108	8	298	66	46
				3333	**64**	**3269**	**354**	**19688**	**294**	**E**
				700	20	680	79	3508	17	47
				645	34	611	60	2887	20	48
				417	6	411	26	2065	39	49
				1571	4	1567	189	11228	218	50
4	**25**	**4**	**7**	**15200**	**277**	**14923**	**1805**	**121943**	**21520**	**F**
1	13	2	2	7945	149	7796	870	60146	7827	51
3	12	2	5	7255	128	7127	935	61797	13693	52
4	**3**			**2028**	**107**	**1921**	**257**	**10005**	**317**	**G**
				5		5	1			53
1	2			1309	50	1259	154	6864	203	54
				80	4	76	17	380	12	55
				24	6	18	1	28		56
				1		1				57
				246	10	236	27	1167	32	58
3	1			260	36	224	37	1017	55	59
				103	1	102	20	549	15	60
3	**3**			**1202**	**19**	**1183**	**169**	**6789**	**986**	**H**
2	1			504	15	489	75	2406	313	61
1	2			698	4	694	94	4383	673	62
				2670	**31**	**2639**	**286**	**15090**	**211**	**I**
				101	20	81	41	388	23	63
				295	2	293	58	2032	77	64
				2274	9	2265	187	12670	111	65

2-8 续表 2

行业大类	代码	法人单位数（个）	内资企业				
				国有企业	集体企业	股份合作企业	联营企业
金融业	**J**	**2372**	**2321**	**103**	**2**	**66**	
货币金融服务	66	755	745	59	2	66	
资本市场服务	67	272	269	1			
保险业	68	411	381	37			
其他金融业	69	934	926	6			
房地产业	**K**	**21402**	**21190**	**348**	**434**	**22**	**15**
房地产业	70	21402	21190	348	434	22	15
租赁和商务服务业	**L**	**60718**	**60513**	**300**	**404**	**14**	**32**
租赁业	71	5178	5170	13	8	1	
商务服务业	72	55540	55343	287	396	13	32
科学研究和技术服务业	**M**	**22180**	**22074**	**239**	**174**	**12**	**6**
研究和试验发展	73	2446	2424	11	6		
专业技术服务业	74	9558	9533	180	84	10	1
科技推广和应用服务业	75	10176	10117	48	84	2	5
水利、环境和公共设施管理业	**N**	**2401**	**2378**	**57**	**21**	**1**	**1**
水利管理业	76	110	110	14	5		1
生态保护和环境治理业	77	328	321	8	2		
公共设施管理业	78	1837	1822	28	13	1	
土地管理业	79	126	125	7	1		
居民服务、修理和其他服务业	**O**	**10963**	**10946**	**37**	**39**	**12**	**4**
居民服务业	80	4303	4296	9	14	5	3
机动车、电子产品和日用产品修理业	81	4626	4620	19	16	6	1
其他服务业	82	2034	2030	9	9	1	
教育	**P**	**4173**	**4164**	**17**	**29**	**5**	**3**
教育	83	4173	4164	17	29	5	3
卫生和社会工作	**Q**	**1180**	**1173**	**10**	**8**	**2**	**3**
卫生	84	976	973	6	5	2	3
社会工作	85	204	200	4	3		
文化、体育和娱乐业	**R**	**9733**	**9703**	**72**	**7**	**3**	**3**
新闻和出版业	86	79	79	8	2		
广播、电视、电影和录音制作业	87	1011	1006	51	1	1	3
文化艺术业	88	1933	1925	7	2		
体育	89	847	840	1			
娱乐业	90	5863	5853	5	2	2	

国有联营企业	集体联营企业	国有与集体联营企业	其他联营企业	有限责任公司	国有独资公司	其他有限责任公司	股份有限公司	私营企业	私营独资企业	代码
				506	**25**	**481**	**496**	**1146**	**5**	**J**
				146	9	137	211	261	1	66
				69	3	66	2	197		67
				50	4	46	267	25	1	68
				241	9	232	16	663	3	69
6	**5**		**4**	**4191**	**176**	**4015**	**366**	**15814**	**117**	**K**
6	5		4	4191	176	4015	366	15814	117	70
5	**14**	**1**	**12**	**10467**	**536**	**9931**	**942**	**48353**	**954**	**L**
				672	16	656	83	4393	139	71
5	14	1	12	9795	520	9275	859	43960	815	72
1	**2**	**1**	**2**	**3785**	**83**	**3702**	**326**	**17532**	**371**	**M**
				443	3	440	27	1937	28	73
			1	1607	61	1546	154	7497	165	74
1	2	1	1	1735	19	1716	145	8098	178	75
	1			**575**	**87**	**488**	**56**	**1667**	**54**	**N**
	1			33	10	23	1	56		76
				76	7	69	5	230	6	77
				429	64	365	47	1304	47	78
				37	6	31	3	77	1	79
	1		**3**	**1339**	**15**	**1324**	**148**	**9367**	**1171**	**O**
	1		2	573	10	563	58	3634	500	80
			1	508	3	505	65	4005	549	81
				258	2	256	25	1728	122	82
	2	**1**		**452**	**3**	**449**	**73**	**3584**	**454**	**P**
	2	1		452	3	449	73	3584	454	83
	2	**1**		**153**	**5**	**148**	**20**	**976**	**361**	**Q**
	2	1		113	3	110	15	828	350	84
				40	2	38	5	148	11	85
2			**1**	**1077**	**40**	**1037**	**96**	**8445**	**2640**	**R**
				29	9	20	1	39	1	86
2			1	204	9	195	14	732	16	87
				284	13	271	22	1610	67	88
				98	1	97	10	731	30	89
				462	8	454	49	5333	2526	90

2-8 续表 3

行业大类	代码	私营合伙企业	私营有限责任公司	私营股份有限公司	其他企业	港、澳、台商投资企业	合资经营企业（港或澳、台资）
总 计	**00**	**3700**	**269767**	**5629**	**7**	**1005**	**350**
农、林、牧、渔业	**A**	**19**	**1622**	**54**		**8**	**4**
农业	01		22			1	
林业	02		3				
畜牧业	03		5	1		1	1
渔业	04		2				
农、林、牧、渔专业及辅助性活动	05	19	1590	53		6	3
采矿业	**B**	**171**	**1298**	**66**		**10**	**4**
煤炭开采和洗选业	06		11			1	
石油和天然气开采业	07		2				
黑色金属矿采选业	08	10	157	9			
有色金属矿采选业	09	11	163	10			
非金属矿采选业	10	149	780	44		9	4
开采专业及辅助性活动	11		12				
其他采矿业	12	1	173	3			
制造业	**C**	**763**	**21992**	**632**		**393**	**115**
农副食品加工业	13	42	1617	54		26	12
食品制造业	14	43	1176	24		14	7
酒、饮料和精制茶制造业	15	37	802	29		25	10
烟草制品业	16						
纺织业	17	8	364	9		12	1
纺织服装、服饰业	18	9	620	16		24	3
皮革、毛皮、羽毛及其制品和制鞋业	19	3	250	6		23	6
木材加工和木、竹、藤、棕、草制品业	20	88	2803	79		17	3
家具制造业	21	18	674	17		5	1
造纸和纸制品业	22	22	470	13		15	5
印刷和记录媒介复制业	23	39	571	19		3	1
文教、工美、体育和娱乐用品制造业	24	8	555	14		25	6
石油、煤炭及其他燃料加工业	25	3	78	2		3	1
化学原料和化学制品制造业	26	50	1087	31		24	6
医药制造业	27	2	288	14		10	6
化学纤维制造业	28		14	1		1	
橡胶和塑料制品业	29	22	794	26		10	2
非金属矿物制品业	30	230	3025	77		54	10
黑色金属冶炼和压延加工业	31	6	171	6		3	1
有色金属冶炼和压延加工业	32	3	214	6		5	4

合作经营企业（港或澳、台资）	港、澳、台商独资经营企业	港、澳、台商投资股份有限公司	其他港、澳、台商投资企业	外商投资企　业	中外合资经营企业	中外合作经营企业	外资企业	外商投资股份有限公　司	其他外商投　资	代码
31	**577**	**21**	**26**	**985**	**330**	**30**	**429**	**139**	**57**	**00**
	3	**1**		**3**			**1**	**2**		**A**
	1									01
										02
										03
										04
	2	1		3			1	2		05
1	**5**			**8**	**2**	**1**	**4**		**1**	**B**
	1									06
				1		1				07
				1			1			08
										09
1	4			5	2		2		1	10
										11
				1			1			12
5	**259**	**3**	**11**	**271**	**123**	**4**	**115**	**21**	**8**	**C**
	13		1	35	18	1	14		2	13
	7			15	9		4	2		14
1	12	1	1	13	4	1	5	2	1	15
										16
	11			2	1		1			17
	21			3	1		2			18
1	15		1	7	1		5	1		19
1	11	1	1	10	3		5	1	1	20
	4									21
	10			6	3		2	1		22
	2			2	1		1			23
1	17		1	12	5	1	4		2	24
	2			1	1					25
	15	1	2	26	12		10	3	1	26
	4			9	3		4	2		27
	1			2	1		1			28
	8			7	2		5			29
	42		2	29	14	1	12	1	1	30
1	1			4	1		3			31
	1			6	4		1	1		32

2-8 续表 4

行业大类	代码	私营合伙企业	私营有限责任公司	私营股份有限公司	其他企业	港、澳、台商投资企业	合资经营企业（港或澳、台资）
金属制品业	33	23	1290	37		6	2
通用设备制造业	34	33	1007	34		4	3
专用设备制造业	35	20	1023	35		9	2
汽车制造业	36	15	829	27		6	6
铁路、船舶、航空航天和其他运输设备制造业	37	7	142	4			
电气机械和器材制造业	38	18	628	12		12	2
计算机、通信和其他电子设备制造业	39	3	569	18		43	11
仪器仪表制造业	40	4	145	7		4	2
其他制造业	41	1	108	1		5	
废弃资源综合利用业	42	2	179	5		5	2
金属制品、机械和设备修理业	43	4	499	9			
电力、热力、燃气及水生产和供应业	**D**	**719**	**768**	**48**	**1**	**35**	**13**
电力、热力生产和供应业	44	695	488	39	1	20	7
燃气生产和供应业	45	2	75	4		9	3
水的生产和供应业	46	22	205	5		6	3
建筑业	**E**	**22**	**19032**	**340**		**7**	**1**
房屋建筑业	47	1	3432	58			
土木工程建筑业	48	4	2795	68		3	1
建筑安装业	49	5	1998	23		1	
建筑装饰、装修和其他建筑业	50	12	10807	191		3	
批发和零售业	**F**	**492**	**98129**	**1802**		**143**	**47**
批发业	51	160	51238	921		68	27
零售业	52	332	46891	881		75	20
交通运输、仓储和邮政业	**G**	**43**	**9423**	**222**		**36**	**9**
铁路运输业	53						
道路运输业	54	34	6483	144		16	6
水上运输业	55	2	356	10		2	
航空运输业	56		27	1			
管道运输业	57						
多式联运和运输代理业	58	1	1114	20		6	1
装卸搬运和仓储业	59	3	936	23		12	2
邮政业	60	3	507	24			
住宿和餐饮业	**H**	**101**	**5556**	**146**	**1**	**45**	**18**
住宿业	61	53	1984	56	1	22	7
餐饮业	62	48	3572	90		23	11
信息传输、软件和信息技术服务业	**I**	**109**	**14509**	**261**		**25**	**9**
电信、广播电视和卫星传输服务	63	1	359	5		10	3
互联网和相关服务	64	7	1899	49			
软件和信息技术服务业	65	101	12251	207		15	6

合作经营企业（港或澳、台资）	港、澳、台商独资经营企业	港、澳、台商投资股份有限公司	其他港、澳、台商投资企业	外商投资企业	中外合资经营企业	中外合作经营企业	外资企业	外商投资股份有限公司	其他外商投资	代码
	4			6	3		3			33
	1			10	2		5	3		34
	6		1	10	7		2	1		35
				26	13		12	1		36
										37
	10			5	4		1			38
	32			19	8		10	1		39
	1		1	3	2		1			40
	5			1			1			41
	3									42
				2			1	1		43
2	**18**	**2**		**42**	**14**	**4**	**19**	**2**	**3**	**D**
1	11	1		24	8	3	8	2	3	44
	6			11	2		9			45
1	1	1		7	4	1	2			46
1	**5**			**27**	**8**	**6**	**4**	**5**	**4**	**E**
				2	1	1				47
1	1			11	5	5		1		48
	1			3	1			1	1	49
	3			11	1		4	3	3	50
4	**78**	**6**	**8**	**155**	**25**	**4**	**88**	**19**	**19**	**F**
2	33	4	2	83	15	1	57	5	5	51
2	45	2	6	72	10	3	31	14	14	52
9	**17**	**1**		**33**	**11**	**6**	**10**	**3**	**3**	**G**
										53
3	7			17	3	6	5	1	2	54
2				2	1		1			55
				1			1			56
										57
2	3			3			2		1	58
2	7	1		10	7		1	2		59
										60
2	**24**		**1**	**22**	**10**		**5**	**4**	**3**	**H**
2	13			9	2		2	2	3	61
	11		1	13	8		3	2		62
1	**11**	**2**	**2**	**67**	**12**		**30**	**25**		**I**
	3	2	2	20			14	6		63
				5			3	2		64
1	8			42	12		13	17		65

2-8 续表 5

行业大类	代码	私营合伙企业	私营有限责任公司	私营股份有限公司	其他企业	港、澳、台商投资企业	合资经营企业（港或澳、台资）
金融业	**J**	**80**	**1020**	**41**	**2**	**9**	**1**
货币金融服务	66	4	233	23		5	1
资本市场服务	67	42	151	4		1	
保险业	68		23	1	2		
其他金融业	69	34	613	13		3	
房地产业	**K**	**57**	**15297**	**343**		**112**	**54**
房地产业	70	57	15297	343		112	54
租赁和商务服务业	**L**	**651**	**45843**	**905**	**1**	**86**	**30**
租赁业	71	9	4169	76		3	1
商务服务业	72	642	41674	829	1	83	29
科学研究和技术服务业	**M**	**121**	**16693**	**347**		**50**	**26**
研究和试验发展	73	11	1857	41		10	7
专业技术服务业	74	50	7139	143		9	4
科技推广和应用服务业	75	60	7697	163		31	15
水利、环境和公共设施管理业	**N**	**14**	**1548**	**51**		**18**	**7**
水利管理业	76		52	4			
生态保护和环境治理业	77	4	214	6		5	2
公共设施管理业	78	5	1211	41		12	4
土地管理业	79	5	71			1	1
居民服务、修理和其他服务业	**O**	**104**	**7923**	**169**		**8**	**2**
居民服务业	80	41	3036	57		4	1
机动车、电子产品和日用产品修理业	81	39	3343	74		1	
其他服务业	82	24	1544	38		3	1
教育	**P**	**80**	**2984**	**66**	**1**	**2**	**1**
教育	83	80	2984	66	1	2	1
卫生和社会工作	**Q**	**67**	**530**	**18**	**1**	**5**	**3**
卫生	84	64	399	15	1	2	
社会工作	85	3	131	3		3	3
文化、体育和娱乐业	**R**	**87**	**5600**	**118**		**13**	**6**
新闻和出版业	86		38				
广播、电视、电影和录音制作业	87	2	693	21		2	1
文化艺术业	88	2	1515	26		5	2
体育	89	4	682	15		4	3
娱乐业	90	79	2672	56		2	

合作经营企业（港或澳、台资）	港、澳、台商独资经营企业	港、澳、台商投资股份有限公司	其他港、澳、台商投资企业	外商投资企业	中外合资经营企业	中外合作经营企业	外资企业	外商投资股份有限公司	其他外商投资	代码
	8			**42**	**32**		**5**	**5**		**J**
	4			5			2	3		66
	1			2				2		67
				30	30					68
	3			5	2		3			69
4	**51**	**1**	**2**	**100**	**31**	**3**	**54**	**9**	**3**	**K**
4	51	1	2	100	31	3	54	9	3	70
2	**53**	**1**		**119**	**33**		**53**	**27**	**6**	**L**
	2			5	2		2		1	71
2	51	1		114	31		51	27	5	72
	19	**3**	**2**	**56**	**16**	**1**	**24**	**12**	**3**	**M**
	2	1		12	4		7	1		73
	3	1	1	16	3	1	9	1	2	74
	14	1	1	28	9		8	10	1	75
	10	**1**		**5**			**4**		**1**	**N**
										76
	3			2			2			77
	7	1		3			2		1	78
										79
	6			**9**	**1**	**1**	**4**	**2**	**1**	**O**
	3			3			1	2		80
	1			5	1	1	2		1	81
	2			1			1			82
	1			**7**	**4**		**2**	**1**		**P**
	1			7	4		2	1		83
	2			**2**	**1**				**1**	**Q**
	2			1					1	84
				1	1					85
	7			**17**	**7**		**7**	**2**	**1**	**R**
										86
	1			3			2	1		87
	3			3	1		1	1		88
	1			3	3					89
	2			8	3		4		1	90

2-9 按行业（大类）、登记注册

行业大类	代码	从业人员数（人）	内资企业	国有企业	集体企业	股份合作企业	联营企业
总　计	**00**	**5491773**	**5234375**	**177749**	**105412**	**24899**	**1288**
农、林、牧、渔业	**A**	**14723**	**14639**	**1156**	**135**	**11**	**19**
农业	01						
林业	02						
畜牧业	03						
渔业	04						
农、林、牧、渔专业及辅助性活动	05	14723	14639	1156	135	11	19
采矿业	**B**	**67575**	**60169**	**964**	**1003**	**131**	**21**
煤炭开采和洗选业	06	7009	6507	42	6		
石油和天然气开采业	07	131	8				
黑色金属矿采选业	08	8478	4377	79	263	5	
有色金属矿采选业	09	18242	18242	109		111	
非金属矿采选业	10	32432	29762	734	632	15	21
开采专业及辅助性活动	11	65	65				
其他采矿业	12	1218	1208		102		
制造业	**C**	**1498368**	**1310357**	**10638**	**10721**	**1068**	**361**
农副食品加工业	13	134887	119331	3449	576	85	20
食品制造业	14	44076	37359	385	218	10	64
酒、饮料和精制茶制造业	15	42732	38623	545	246	38	42
烟草制品业	16	3591	3591		4		
纺织业	17	46385	42563	15	114		
纺织服装、服饰业	18	33362	28692	37	232		
皮革、毛皮、羽毛及其制品和制鞋业	19	28438	15970	16	60		
木材加工和木、竹、藤、棕、草制品业	20	183711	181929	893	475	180	3
家具制造业	21	14008	13696		16		
造纸和纸制品业	22	35122	30719	43	271	11	
印刷和记录媒介复制业	23	14640	14222	897	518	74	8
文教、工美、体育和娱乐用品制造业	24	41170	32851	41	89		
石油、煤炭及其他燃料加工业	25	5354	4650				
化学原料和化学制品制造业	26	67314	64497	884	3210	208	22
医药制造业	27	35183	33142	570	48		
化学纤维制造业	28	230	171				
橡胶和塑料制品业	29	38350	36370	51	431	16	
非金属矿物制品业	30	192154	178413	2022	1665	110	
黑色金属冶炼和压延加工业	31	52595	51410		1	5	
有色金属冶炼和压延加工业	32	48919	46596	16	12		

类型分组的企业法人单位从业人员数

国有联营企业	集体联营企业	国有与集体联营企业	其他联营企业	有限责任公司	国有独资公司	其他有限责任公司	股份有限公司	私营企业	私营独资企业	代码
254	**555**	**252**	**227**	**1701689**	**378032**	**1323657**	**459458**	**2763830**	**226921**	**00**
	19			**2314**	**11**	**2303**	**508**	**10496**	**2307**	**A**
										01
										02
										03
										04
	19			2314	11	2303	508	10496	2307	05
		21		**20849**	**6205**	**14644**	**6280**	**30921**	**8210**	**B**
				5241	3380	1861	174	1044		06
								8		07
				1679	212	1467	181	2170	250	08
				9141	2147	6994	4869	4012	544	09
		21		4712	466	4246	1016	22632	7279	10
							3	62		11
				76		76	37	993	137	12
40	**91**	**198**	**32**	**377621**	**50232**	**327389**	**83784**	**826164**	**116186**	**C**
8	12			47490	4634	42856	13755	53956	5123	13
	64			8532	41	8491	1614	26536	5431	14
32			10	7982	42	7940	5386	24384	5145	15
				3587	591	2996				16
				14858	492	14366	722	26854	2395	17
				3397	426	2971	94	24932	7980	18
				2350		2350	761	12783	2922	19
	3			19767	933	18834	5482	155129	25675	20
				2456		2456	193	11031	1841	21
				6663	96	6567	1547	22184	1876	22
	8			2996	534	2462	163	9566	1919	23
				4729	316	4413	495	27497	5137	24
				1928		1928	1695	1027	48	25
			22	18142	919	17223	10665	31366	2206	26
				11207	197	11010	7625	13692	286	27
				29		29	2	140		28
				11209	509	10700	1271	23392	2982	29
				38170	3629	34541	6685	129761	24070	30
				31924	16806	15118	166	19314	625	31
				28884	3373	25511	5307	12377	194	32

2-9 续表 1

行业大类	代码	从业人员数（人）					
			内资企业				
				国有企业	集体企业	股份合作企业	联营企业
金属制品业	33	36144	34773	235	265	2	201
通用设备制造业	34	34163	25826	61	257	16	
专用设备制造业	35	46072	41927	275	82	20	
汽车制造业	36	134583	94278		154	197	
铁路、船舶、航空航天和其他运输设备制造业	37	20896	20896		940		
电气机械和器材制造业	38	40551	35275		178	66	
计算机、通信和其他电子设备制造业	39	98689	59928	89	23		
仪器仪表制造业	40	7077	6689		549	29	
其他制造业	41	2643	1831		21	1	
废弃资源综合利用业	42	8285	7107				
金属制品、机械和设备修理业	43	7044	7032	114	66		1
电力、热力、燃气及水生产和供应业	**D**	**123812**	**118541**	**11563**	**1442**	**138**	**73**
电力、热力生产和供应业	44	99690	97476	5693	654	114	55
燃气生产和供应业	45	5056	3406			2	
水的生产和供应业	46	19066	17659	5870	788	22	18
建筑业	**E**	**1103930**	**1103389**	**60846**	**66252**	**493**	
房屋建筑业	47	825257	825256	46488	63017	466	
土木工程建筑业	48	159050	158917	12675	2778		
建筑安装业	49	37052	36816	798	417		
建筑装饰、装修和其他建筑业	50	82571	82400	885	40	27	
批发和零售业	**F**	**676529**	**663812**	**14905**	**9480**	**313**	**248**
批发业	51	321607	320410	11127	5314	182	122
零售业	52	354922	343402	3778	4166	131	126
交通运输、仓储和邮政业	**G**	**311554**	**306447**	**19065**	**2534**	**254**	**51**
铁路运输业	53	66932	66932				
道路运输业	54	144527	140400	2118	1273	210	17
水上运输业	55	12385	12155		1005	38	
航空运输业	56	9054	9050				
管道运输业	57	102	102				
多式联运和运输代理业	58	10879	10836	80	33		
装卸搬运和仓储业	59	30873	30170	2652	223	6	34
邮政业	60	36802	36802	14215			
住宿和餐饮业	**H**	**135587**	**124472**	**6639**	**763**	**187**	**57**
住宿业	61	74650	69548	5567	589	49	38
餐饮业	62	60937	54924	1072	174	138	19
信息传输、软件和信息技术服务业	**I**	**123461**	**117666**	**222**	**4**		
电信、广播电视和卫星传输服务	63	45159	39874	12			
互联网和相关服务	64	10547	10488	8	1		
软件和信息技术服务业	65	67755	67304	202	3		

国有联营企业	集体联营企业	国有与集体联营企业	其他联营企业	有限责任公司	国有独资公司	其他有限责任公司	股份有限公司	私营企业	私营独资企业	代码
	3	198		6516	703	5813	823	26731	2539	33
				7794	2087	5707	1470	16228	1217	34
				14689	3401	11288	8308	18553	1486	35
				32022	4200	27822	2709	59196	1652	36
				3252	1890	1362	19	16685	8844	37
				10446	139	10307	3882	20703	1280	38
				28306	945	27361	1868	29642	2734	39
				2129		2129	1004	2978	121	40
				552		552	3	1254	167	41
				1616	164	1452	26	5465	83	42
	1			3999	3165	834	44	2808	208	43
	49	**4**	**20**	**83019**	**54525**	**28494**	**8658**	**13647**	**1595**	**D**
	36	4	15	73683	52063	21620	7170	10106	1265	44
				2220	16	2204	88	1096	61	45
	13		5	7116	2446	4670	1400	2445	269	46
				539418	**179634**	**359784**	**22130**	**414250**	**1068**	**E**
				420266	113568	306698	14560	280459	73	47
				89880	55487	34393	4898	48686	150	48
				18404	10374	8030	397	16800	169	49
				10868	205	10663	2275	68305	676	50
5	**205**	**12**	**26**	**132733**	**14543**	**118190**	**23226**	**482907**	**56460**	**F**
3	113	6		63211	10224	52987	10625	229829	18733	51
2	92	6	26	69522	4319	65203	12601	253078	37727	52
34	**17**			**148105**	**26990**	**121115**	**28283**	**108155**	**1293**	**G**
				61071		61071	5861			53
	17			56590	18062	38528	10352	69840	944	54
				4728	314	4414	399	5985	22	55
				8873	5549	3324		177		56
				102		102				57
				2866	478	2388	237	7620	83	58
34				11514	2437	9077	1825	13916	200	59
				2361	150	2211	9609	10617	44	60
38	**19**			**31992**	**1767**	**30225**	**4193**	**80613**	**8859**	**H**
38				18620	1472	17148	3089	41568	3416	61
	19			13372	295	13077	1104	39045	5443	62
				30376	**7943**	**22433**	**26099**	**60965**	**477**	**I**
				17732	7708	10024	14781	7349	42	63
				1705	83	1622	273	8501	225	64
				10939	152	10787	11045	45115	210	65

2-9 续表 2

行业大类	代码	从业人员数（人）	内资企业	国有企业	集体企业	股份合作企业	联营企业
金融业	**J**	**311549**	**301381**	**20097**	**6**	**21318**	
货币金融服务	66	92545	92329	18536	6	21318	
资本市场服务	67	4434	4429	5			
保险业	68	209835	199979	1497			
其他金融业	69	4735	4644	59			
房地产业	**K**	**300495**	**294090**	**6029**	**3958**	**203**	**85**
房地产业	70	300495	294090	6029	3958	203	85
租赁和商务服务业	**L**	**457516**	**455747**	**9866**	**6612**	**62**	**152**
租赁业	71	24930	24865	158	34	1	
商务服务业	72	432586	430882	9708	6578	61	152
科学研究和技术服务业	**M**	**149595**	**148907**	**10796**	**1243**	**102**	**18**
研究和试验发展	73	9443	9322	292	25		
专业技术服务业	74	104166	104009	9554	948	102	5
科技推广和应用服务业	75	35986	35576	950	270		13
水利、环境和公共设施管理业	**N**	**31850**	**30725**	**2766**	**198**	**6**	
水利管理业	76	1417	1417	312	148		
生态保护和环境治理业	77	5139	5031	1167	11		
公共设施管理业	78	23898	22881	1126	34	6	
土地管理业	79	1396	1396	161	5		
居民服务、修理和其他服务业	**O**	**72528**	**72292**	**439**	**507**	**134**	**108**
居民服务业	80	24577	24503	125	89	77	63
机动车、电子产品和日用产品修理业	81	27426	27291	220	140	57	45
其他服务业	82	20525	20498	94	278		
教育	**P**	**30901**	**30825**	**198**	**484**	**172**	**68**
教育	83	30901	30825	198	484	172	68
卫生和社会工作	**Q**	**24932**	**24588**	**66**	**29**	**289**	**3**
卫生	84	23329	23049	52	26	289	3
社会工作	85	1603	1539	14	3		
文化、体育和娱乐业	**R**	**56868**	**56328**	**1494**	**41**	**18**	**24**
新闻和出版业	86	3668	3668	318	10		
广播、电视、电影和录音制作业	87	7533	7451	898	10		24
文化艺术业	88	10204	10185	82	13		
体育	89	5924	5521	2			
娱乐业	90	29539	29503	194	8	18	

国有联营企业	集体联营企业	国有与集体联营企业	其他联营企业	有限责任公司	国有独资公司	其他有限责任公司	股份有限公司	私营企业	私营独资企业	代码
				35286	**478**	**34808**	**218872**	**5788**	**23**	**J**
				2558	205	2353	48197	1714	3	66
				487	32	455	3191	746		67
				30750	122	30628	166889	829	1	68
				1491	119	1372	595	2499	19	69
34	**21**		**30**	**99120**	**6387**	**92733**	**7924**	**176771**	**558**	**K**
34	21		30	99120	6387	92733	7924	176771	558	70
67	**77**		**8**	**117270**	**15964**	**101306**	**22704**	**299079**	**2827**	**L**
				4206	162	4044	355	20111	408	71
67	77		8	113064	15802	97262	22349	278968	2419	72
12	**1**		**5**	**36717**	**4220**	**32497**	**3014**	**97017**	**1250**	**M**
				2200	52	2148	140	6665	54	73
			5	27562	3778	23784	2164	63674	609	74
12	1			6955	390	6565	710	26678	587	75
				11664	**3977**	**7687**	**734**	**15357**	**353**	**N**
				639	362	277		318		76
				1477	604	873	259	2117	73	77
				8849	2738	6111	441	12425	276	78
				699	273	426	34	497	4	79
	2		**106**	**11229**	**567**	**10662**	**1048**	**58827**	**5624**	**O**
	2		61	4458	484	3974	405	19286	1705	80
			45	3621	47	3574	497	22711	2918	81
				3150	36	3114	146	16830	1001	82
	52	**16**		**3919**	**28**	**3891**	**559**	**25421**	**4109**	**P**
	52	16		3919	28	3891	559	25421	4109	83
	2	**1**		**5912**	**80**	**5832**	**741**	**17547**	**5381**	**Q**
	2	1		5583	72	5511	701	16394	5288	84
				329	8	321	40	1153	93	85
24				**14145**	**4481**	**9664**	**701**	**39905**	**10341**	**R**
				3203	2707	496	30	107	4	86
24				2286	270	2016	76	4157	73	87
				3391	1156	2235	201	6498	700	88
				1323	64	1259	39	4157	166	89
				3942	284	3658	355	24986	9398	90

2-9 续表 3

行业大类	代码	私营合伙企业	私营有限责任公司	私营股份有限公司	其他企业	港、澳、台商投资企业	合资经营企业（港或澳、台资）
总　计	**00**	**37297**	**2416473**	**83139**	**50**	**133227**	**44362**
农、林、牧、渔业	**A**	**82**	**7801**	**306**		**21**	**12**
农业	01						
林业	02						
畜牧业	03						
渔业	04						
农、林、牧、渔专业及辅助性活动	05	82	7801	306		21	12
采矿业	**B**	**2397**	**19560**	**754**		**2766**	**1824**
煤炭开采和洗选业	06		1044			502	
石油和天然气开采业	07		8				
黑色金属矿采选业	08	31	1789	100			
有色金属矿采选业	09	91	3250	127			
非金属矿采选业	10	2274	12568	511		2264	1824
开采专业及辅助性活动	11		62				
其他采矿业	12	1	839	16			
制造业	**C**	**15856**	**655800**	**38322**		**100140**	**30034**
农副食品加工业	13	481	46099	2253		5449	4000
食品制造业	14	542	19741	822		1414	1228
酒、饮料和精制茶制造业	15	1091	17507	641		2965	875
烟草制品业	16						
纺织业	17	170	22300	1989		3822	556
纺织服装、服饰业	18	175	16519	258		4657	28
皮革、毛皮、羽毛及其制品和制鞋业	19	51	9677	133		10023	2198
木材加工和木、竹、藤、棕、草制品业	20	2258	123204	3992		1134	414
家具制造业	21	144	8201	845		312	8
造纸和纸制品业	22	530	19075	703		1293	703
印刷和记录媒介复制业	23	268	7131	248		398	347
文教、工美、体育和娱乐用品制造业	24	16	22150	194		7054	1565
石油、煤炭及其他燃料加工业	25	5	926	48		169	157
化学原料和化学制品制造业	26	1039	25724	2397		1444	28
医药制造业	27	47	11997	1362		632	460
化学纤维制造业	28		119	21		17	
橡胶和塑料制品业	29	656	18908	846		1711	15
非金属矿物制品业	30	4408	94270	7013		9326	1804
黑色金属冶炼和压延加工业	31	5	17926	758		69	1
有色金属冶炼和压延加工业	32	122	11832	229		384	356

合作经营企业（港或澳、台资）	港、澳、台商独资经营企业	港、澳、台商投资股份有限公司	其他港、澳、台商投资企业	外商投资企业	中外合资经营企业	中外合作经营企业	外资企业	外商投资股份有限公司	其他外商投资	代码
2823	**81015**	**954**	**4073**	**124171**	**69119**	**728**	**40632**	**12056**	**1636**	**00**
	8	**1**		**63**			**43**	**20**		**A**
										01
										02
										03
										04
	8	1		63			43	20		05
261	**681**			**4640**	**402**	**123**	**4113**		**2**	**B**
	502									06
				123		123				07
				4101			4101			08
										09
261	179			406	402		2		2	10
										11
				10			10			12
620	**66945**	**344**	**2197**	**87871**	**55170**	**349**	**21418**	**10203**	**731**	**C**
	473		976	10107	7260	181	2284		382	13
	186			5303	4175		1063	65		14
131	1787	2	170	1144	488	30	492	9	125	15
										16
	3266									17
	4629			13	8		5			18
53	7746		26	2445	252		1309	884		19
	693	27		648	502		144	2		20
	304									21
	590			3110	2135		500	475		22
	51			20	15		5			23
430	4569		490	1265	372	110	626		157	24
	12			535	535					25
	1083	315	18	1373	629		637	40	67	26
	172			1409	393		992	24		27
	17			42	10		32			28
	1696			269	13		256			29
	7356		166	4415	2926	28	1431	30		30
6	62			1116	290		826			31
	28			1939	1784		2	153		32

2-9 续表 4

行业大类	代码	私营合伙企业	私营有限责任公司	私营股份有限公司	其他企业	港、澳、台商投资企业	合资经营企业（港或澳、台资）
金属制品业	33	359	22899	934		622	102
通用设备制造业	34	479	13728	804		197	164
专用设备制造业	35	264	16324	479		2711	152
汽车制造业	36	333	49408	7803		8584	8584
铁路、船舶、航空航天和其他运输设备制造业	37	2105	5564	172			
电气机械和器材制造业	38	212	18603	608		4901	35
计算机、通信和其他电子设备制造业	39	10	24376	2522		28565	5836
仪器仪表制造业	40	23	2692	142		309	56
其他制造业	41	9	1056	22		800	
废弃资源综合利用业	42	37	5293	52		1178	362
金属制品、机械和设备修理业	43	17	2551	32			
电力、热力、燃气及水生产和供应业	**D**	**4581**	**6995**	**476**	**1**	**3605**	**2439**
电力、热力生产和供应业	44	4451	4098	292	1	1322	596
燃气生产和供应业	45	12	871	152		1190	916
水的生产和供应业	46	118	2026	32		1093	927
建筑业	**E**	**158**	**405377**	**7647**		**41**	
房屋建筑业	47	20	274855	5511			
土木工程建筑业	48	43	47928	565		9	
建筑安装业	49	17	16358	256		24	
建筑装饰、装修和其他建筑业	50	78	66236	1315		8	
批发和零售业	**F**	**2478**	**414276**	**9693**		**8063**	**2638**
批发业	51	650	205318	5128		554	348
零售业	52	1828	208958	4565		7509	2290
交通运输、仓储和邮政业	**G**	**493**	**100773**	**5596**		**4123**	**3113**
铁路运输业	53						
道路运输业	54	374	64815	3707		3548	2950
水上运输业	55	4	5108	851		201	
航空运输业	56		177				
管道运输业	57						
多式联运和运输代理业	58	5	7389	143		11	3
装卸搬运和仓储业	59	5	13309	402		363	160
邮政业	60	105	9975	493			
住宿和餐饮业	**H**	**1699**	**68013**	**2042**	**28**	**5224**	**938**
住宿业	61	1058	35868	1226	28	4553	575
餐饮业	62	641	32145	816		671	363
信息传输、软件和信息技术服务业	**I**	**85**	**59005**	**1398**		**2925**	**626**
电信、广播电视和卫星传输服务	63	6	7286	15		2784	577
互联网和相关服务	64	33	8007	236			
软件和信息技术服务业	65	46	43712	1147		141	49

合作经营企业（港或澳、台资）	港、澳、台商独资经营企业	港、澳、台商投资股份有限公司	其他港、澳、台商投资企业	外商投资企 业	中外合资经营企业	中外合作经营企业	外资企业	外商投资股份有限公 司	其他外商投 资	代码
	520			749	277		472			33
	33			8140	494		484	7162		34
	2431		128	1434	1309		123	2		35
				31721	29631		1250	840		36
										37
	4866			375	375					38
	22729			10196	1296		8391	509		39
	30		223	79	1		78			40
	800			12			12			41
	816									42
				12			4	8		43
58	**902**	**206**		**1666**	**801**	**132**	**706**	**16**	**11**	**D**
48	600	78		892	263	108	494	16	11	44
	274			460	270		190			45
10	28	128		314	268	24	22			46
4	**37**			**500**	**79**		**137**	**281**	**3**	**E**
				1	1					47
4	5			124	77			47		48
	24			212				212		49
	8			163	1		137	22	3	50
161	**4079**	**73**	**1112**	**4654**	**362**	**13**	**3726**	**430**	**123**	**F**
10	155	33	8	643	143		440	52	8	51
151	3924	40	1104	4011	219	13	3286	378	115	52
573	**384**	**53**		**984**	**661**	**26**	**229**	**32**	**36**	**G**
										53
289	309			579	332	26	195	21	5	54
201				29	9		20			55
				4			4			56
										57
5	3			32			1		31	58
78	72	53		340	320		9	11		59
										60
923	**3358**		**5**	**5891**	**253**		**5283**	**33**	**322**	**H**
923	3055			549	176		41	10	322	61
	303		5	5342	77		5242	23		62
9	**1484**	**138**	**668**	**2870**	**72**		**2436**	**362**		**I**
	1401	138	668	2501			2239	262		63
				59			46	13		64
9	83			310	72		151	87		65

2-9 续表 5

行业大类	代码	私营合伙企业	私营有限责任公司	私营股份有限公司	其他企业	港、澳、台商投资企业	合资经营企业（港或澳、台资）
金融业	**J**	**315**	**5220**	**230**	**14**	**207**	**15**
货币金融服务	66	6	1551	154		189	15
资本市场服务	67	269	461	16		3	
保险业	68		824	4	14		
其他金融业	69	40	2384	56		15	
房地产业	**K**	**298**	**170289**	**5626**		**3788**	**1995**
房地产业	70	298	170289	5626		3788	1995
租赁和商务服务业	**L**	**2311**	**289986**	**3955**	**2**	**746**	**119**
租赁业	71	39	19392	272		2	
商务服务业	72	2272	270594	3683	2	744	119
科学研究和技术服务业	**M**	**655**	**92988**	**2124**		**205**	**94**
研究和试验发展	73	16	6426	169		47	43
专业技术服务业	74	414	61507	1144		37	10
科技推广和应用服务业	75	225	25055	811		121	41
水利、环境和公共设施管理业	**N**	**15**	**14429**	**560**		**676**	**157**
水利管理业	76		304	14			
生态保护和环境治理业	77	2	1976	66		90	66
公共设施管理业	78	4	11665	480		586	91
土地管理业	79	9	484				
居民服务、修理和其他服务业	**O**	**1018**	**49681**	**2504**		**59**	**10**
居民服务业	80	257	17081	243		31	6
机动车、电子产品和日用产品修理业	81	334	19009	450		5	
其他服务业	82	427	13591	1811		23	4
教育	**P**	**934**	**19978**	**400**	**4**	**22**	**17**
教育	83	934	19978	400	4	22	17
卫生和社会工作	**Q**	**3438**	**8087**	**641**	**1**	**332**	**55**
卫生	84	3436	7318	352	1	277	
社会工作	85	2	769	289		55	55
文化、体育和娱乐业	**R**	**484**	**28215**	**865**		**284**	**276**
新闻和出版业	86		103				
广播、电视、电影和录音制作业	87	3	3851	230		40	40
文化艺术业	88	20	5656	122		4	2
体育	89	8	3864	119		235	234
娱乐业	90	453	14741	394		5	

合作经营企业（港或澳、台资）	港、澳、台商独资经营企业	港、澳、台商投资股份有限公司	其他港、澳、台商投资企业	外商投资企业	中外合资经营企业	中外合作经营企业	外资企业	外商投资股份有限公司	其他外商投资	代码
	192			**9961**	**9904**		**44**	**13**		**J**
	174			27			16	11		66
	3			2				2		67
				9856	9856					68
	15			76	48		28			69
27	**1566**	**114**	**86**	**2617**	**722**	**21**	**1614**	**206**	**54**	**K**
27	1566	114	86	2617	722	21	1614	206	54	70
187	**440**			**1023**	**309**		**347**	**339**	**28**	**L**
	2			63	51		7		5	71
187	438			960	258		340	339	23	72
	86	**20**	**5**	**483**	**156**	**3**	**214**	**87**	**23**	**M**
	4			74	30		35	9		73
	6	20	1	120	4	3	79	31	3	74
	76		4	289	122		100	47	20	75
	514	**5**		**449**			**207**		**242**	**N**
										76
	24			18			18			77
	490	5		431			189		242	78
										79
	49			**177**	**15**	**61**	**29**	**19**	**53**	**O**
	25			43			24	19		80
	5			130	15	61	1		53	81
	19			4			4			82
	5			**54**	**31**		**21**	**2**		**P**
	5			54	31		21	2		83
	277			**12**	**9**				**3**	**Q**
	277			3					3	84
				9	9					85
	8			**256**	**173**		**65**	**13**	**5**	**R**
										86
				42			40	2		87
	2			15			4	11		88
	1			168	168					89
	5			31	5		21		5	90

2-10 按地区、控股情况分组的企业法人单位数

地 区	代码	法人单位数（个）	国有控股	集体控股	私人控股	港澳台商控股	外商控股	其他
广西壮族自治区	**45**	**384724**	**6958**	**4451**	**361835**	**944**	**706**	**9830**
南宁市	**4501**	**138156**	**1624**	**533**	**130843**	**345**	**288**	**4523**
兴宁区	450102	13082	129	55	12433	37	16	412
青秀区	450103	55801	764	113	52829	148	118	1829
江南区	450105	9969	89	35	9548	10	16	271
西乡塘区	450107	18066	123	70	17371	20	18	464
良庆区	450108	7528	60	13	7253	23	21	158
邕宁区	450109	1348	49	25	1188	3	4	79
武鸣区	450110	2734	36	30	2599	3	4	62
隆安县	450123	856	18	21	797	9		11
马山县	450124	907	13	21	862			11
上林县	450125	1241	23	14	1187	2		15
宾阳县	450126	3409	53	37	2770	8	5	536
横县	450127	3488	72	72	3262	10	6	66
柳州市	**4502**	**44681**	**770**	**494**	**42220**	**64**	**81**	**1052**
城中区	450202	8072	134	36	7688	20	11	183
鱼峰区	450203	7992	69	44	7635	12	21	211
柳南区	450204	10404	97	62	9973	11	15	246
柳北区	450205	6940	143	73	6553	10	12	149
柳江区	450206	3438	54	43	3276	1	2	62
柳城县	450222	1417	67	31	1299	2	1	17
鹿寨县	450223	1806	33	60	1649	1	6	57
融安县	450224	1335	65	31	1216	1	1	21
融水苗族自治县	450225	1662	25	77	1509	1	2	48
三江侗族自治县	450226	1284	34	30	1191	1	1	27
桂林市	**4503**	**36660**	**778**	**566**	**34282**	**94**	**77**	**863**
秀峰区	450302	2711	83	51	2438	11	5	123
叠彩区	450303	3546	58	33	3319	5	4	127
象山区	450304	5206	97	48	4972	12	8	69
七星区	450305	6900	105	32	6551	27	27	158
雁山区	450311	353	11	13	297	3	9	20

2-10　续表 1

地　　区	代码	法人单位数（个）	国有控股	集体控股	私人控股	港澳台商控　股	外商控股	其他
临桂区	450312	4508	39	34	4308	8	7	112
阳朔县	450321	910	26	32	824	6	5	17
灵川县	450323	2689	44	25	2573	3	2	42
全州县	450324	1358	63	55	1217	2		21
兴安县	450325	1293	32	20	1211	6	2	22
永福县	450326	1229	60	41	1094	5	3	26
灌阳县	450327	700	29	30	629			12
龙胜各族自治县	450328	522	30	16	455	2	1	18
资源县	450329	524	25	15	462		1	21
平乐县	450330	1319	23	20	1269			7
荔浦县	450331	1844	17	44	1744	1	2	36
恭城瑶族自治县	450332	1046	36	56	918	3	1	32
梧州市	**4504**	**13316**	**309**	**292**	**12248**	**83**	**48**	**336**
万秀区	450403	2330	90	66	2011	23	20	120
长洲区	450405	3478	61	21	3292	13	8	83
龙圩区	450406	1328	30	22	1220	17	9	30
苍梧县	450421	774	14	33	717		1	9
藤县	450422	2095	47	43	1972	5	3	25
蒙山县	450423	1297	32	41	1185	4	1	34
岑溪市	450481	1980	33	65	1831	15	4	32
北海市	**4505**	**17821**	**278**	**166**	**16947**	**79**	**38**	**313**
海城区	450502	9608	170	41	9144	28	19	206
银海区	450503	3797	36	17	3668	4	4	68
铁山港区	450512	496	28	14	430	9	3	12
合浦县	450521	3790	40	93	3610	19	8	20
防城港市	4506	**10161**	**259**	**106**	**9545**	**32**	**23**	**196**
港口区	450602	5478	121	22	5218	16	18	83
防城区	450603	1998	58	48	1843	11	2	36
上思县	450621	566	36	20	494	1		15
东兴市	450681	2118	44	16	1990	4	3	61
钦州市	**4507**	**13545**	**321**	**199**	**12625**	**59**	**21**	**320**
钦南区	450702	5134	117	76	4753	26	8	154

2-10 续表 2

地　　区	代码	法人单位数（个）	国有控股	集体控股	私人控股	港澳台商控　　股	外商控股	其他
钦北区	450703	3930	67	32	3754	13	8	56
灵山县	450721	2131	77	45	1954	7		48
浦北县	450722	1498	30	45	1394	3	1	25
贵港市	**4508**	**19246**	**219**	**262**	**18344**	**42**	**25**	**354**
港北区	450802	7220	106	61	6856	14	14	169
港南区	450803	1556	11	20	1492	11	4	18
覃塘区	450804	2084	11	16	2034	5	1	17
平南县	450821	4233	41	97	3995	10	2	88
桂平市	450881	4153	50	68	3967	2	4	62
玉林市	**4509**	**29478**	**486**	**687**	**27737**	**69**	**29**	**470**
玉州区	450902	13492	161	117	12973	14	13	214
福绵区	450903	1178	19	22	1074	12	5	46
容县	450921	3129	48	48	3005	8	1	19
陆川县	450922	2295	75	148	2042	5	1	24
博白县	450923	2850	87	120	2618	3	4	18
兴业县	450924	1760	27	92	1596	1		44
北流市	450981	4702	53	138	4383	22	3	103
百色市	**4510**	**20272**	**657**	**416**	**18701**	**18**	**13**	**467**
右江区	451002	6965	207	53	6496	8	6	195
田阳县	451021	1696	61	30	1578	3	4	20
田东县	451022	1503	57	48	1375			23
平果县	451023	2252	32	23	2137	2	2	56
德保县	451024	983	43	38	889	1		12
那坡县	451026	900	52	70	770			8
凌云县	451027	547	28	20	480			19
乐业县	451028	494	25	21	440			8
田林县	451029	1242	36	37	1084	3		82
西林县	451030	508	39	16	439			14
隆林各族自治县	451031	1134	46	10	1075			3
靖西市	451081	2048	31	50	1938	1	1	27
贺州市	**4511**	**8871**	**305**	**100**	**8206**	**21**	**10**	**229**
八步区	451102	4223	124	11	4017	10	4	57

2-10 续表 3

地 区	代码	法人单位数（个）	国有控股	集体控股	私人控股	港澳台商控股	外商控股	其他
平桂区	451103	1599	48	6	1518	3	4	20
昭平县	451121	936	61	29	772	1		73
钟山县	451122	1039	41	21	952	2	1	22
富川瑶族自治县	451123	1073	31	33	947	5	1	56
河池市	**4512**	**12312**	**381**	**309**	**11242**	**13**	**12**	**355**
金城江区	451202	3017	107	54	2715	3	4	134
宜州区	451203	1929	44	52	1759	2	1	71
南丹县	451221	860	21	22	794	1	1	21
天峨县	451222	582	20	10	550			2
凤山县	451223	585	18	18	533			16
东兰县	451224	613	23	23	560	2	1	4
罗城仫佬族自治县	451225	691	25	34	617	1		14
环江毛南族自治县	451226	713	29	26	628	1		29
巴马瑶族自治县	451227	1272	24	25	1191	3	2	27
都安瑶族自治县	451228	1419	42	31	1314			32
大化瑶族自治县	451229	631	28	14	581		3	5
来宾市	**4513**	**8808**	**265**	**149**	**8160**	**8**	**8**	**218**
兴宾区	451302	4462	136	32	4180	5	4	105
忻城县	451321	781	26	25	716	1		13
象州县	451322	1309	16	32	1245			16
武宣县	451323	1058	42	26	922	1	1	66
金秀瑶族自治县	451324	701	28	25	633		1	14
合山市	451381	495	15	9	464	1	2	4
崇左市	**4514**	**11397**	**306**	**172**	**10735**	**17**	**33**	**134**
江州区	451402	3134	75	39	2976	4	15	25
扶绥县	451421	1685	72	23	1563	4	4	19
宁明县	451422	1057	45	21	967	2	7	15
龙州县	451423	1110	34	20	1045	1	1	9
大新县	451424	1358	36	44	1248		1	29
天等县	451425	750	24	16	703	1		6
凭祥市	451481	2302	19	9	2233	5	5	31

2-11 按地区、控股情况分组的企业法人单位从业人员数

地区	代码	从业人员数（人）	国有控股	集体控股	私人控股	港澳台商控股	外商控股	其他
广西壮族自治区	**45**	**5491773**	**1322834**	**180890**	**3519353**	**116781**	**77221**	**274694**
南宁市	**4501**	**1636635**	**495344**	**23979**	**971947**	**25944**	**20606**	**98815**
兴宁区	450102	193136	90926	3329	92076	1458	362	4985
青秀区	450103	614407	238587	3862	323106	6571	9164	33117
江南区	450105	103115	20440	1012	59797	3185	198	18483
西乡塘区	450107	178384	79232	2411	89268	2008	371	5094
良庆区	450108	85344	14408	335	56793	1477	570	11761
邕宁区	450109	50457	3348	1247	44247	4	74	1537
武鸣区	450110	38754	3367	2179	31542	21	395	1250
隆安县	450123	14263	975	101	12396	335		456
马山县	450124	8795	1053	256	7426			60
上林县	450125	10578	545	1372	7908	2		751
宾阳县	450126	44627	5386	2589	31040	261	778	4573
横县	450127	56984	3898	3831	47291	427	866	671
柳州市	**4502**	**807970**	**356508**	**15090**	**389619**	**3306**	**6637**	**36810**
城中区	450202	172478	122439	1108	43718	201	442	4570
鱼峰区	450203	76503	9875	1730	58880	516	464	5038
柳南区	450204	113751	25020	2114	77129	562	1761	7165
柳北区	450205	166925	103797	4611	51125	236	200	6956
柳江区	450206	53216	5528	1102	45387	2	7	1190
柳城县	450222	20168	4597	433	13518			1620
鹿寨县	450223	30812	3255	813	24849	9	635	1251
融安县	450224	16047	1107	211	14249	3	11	466
融水苗族自治县	450225	19225	2010	173	16375		13	654
三江侗族自治县	450226	9543	1087	863	7106	8	36	443
桂林市	**4503**	**538028**	**117017**	**23006**	**350744**	**7837**	**6363**	**33061**
秀峰区	450302	64897	10767	1579	48611	400	385	3155
叠彩区	450303	27676	8408	1285	16612	82	274	1015
象山区	450304	83179	19678	825	48236	2933	282	11225
七星区	450305	134076	59390	5061	58655	2073	3773	5124
雁山区	450311	4689	299	57	2764	527	58	984

2-11　续表 1

地　　区	代码	从业人员数（人）	国有控股	集体控股	私人控股	港澳台商控　　股	外商控股	其他
临桂区	450312	41405	1796	1481	32435	405	409	4879
阳朔县	450321	20152	1069	1241	14716	497	262	2367
灵川县	450323	30385	1009	931	27120	218	166	941
全州县	450324	17102	3820	2344	10730	19		189
兴安县	450325	15848	1575	599	12300	228	417	729
永福县	450326	14745	1504	2581	9497	261	191	711
灌阳县	450327	6951	717	752	5381			101
龙胜各族自治县	450328	9143	3141	978	4316	167	5	536
资源县	450329	8130	1024	495	6314		85	212
平乐县	450330	12622	517	1097	10540			468
荔浦县	450331	37219	880	695	35364	6	7	267
恭城瑶族自治县	450332	9480	1423	688	7141	21	49	158
梧州市	**4504**	**222557**	**32334**	**8776**	**152507**	**14597**	**4825**	**9518**
万秀区	450403	39146	9192	1319	22182	1935	1291	3227
长洲区	450405	43808	11846	868	25660	1469	1437	2528
龙圩区	450406	24247	2484	567	14445	5788	356	607
苍梧县	450421	5871	324	638	4446		400	63
藤县	450422	44962	2014	1808	39876	504	323	437
蒙山县	450423	9419	807	347	7885	47	7	326
岑溪市	450481	44188	3651	2579	33697	2591	758	912
北海市	**4505**	**219075**	**28525**	**13243**	**142851**	**18237**	**4021**	**12198**
海城区	450502	94464	15908	3408	66797	1303	212	6836
银海区	450503	28443	3357	426	22878	368	76	1338
铁山港区	450512	12757	6907	242	4395	301	422	490
合浦县	450521	45595	1790	8931	30839	2463	852	720
防城港市	**4506**	**125359**	**25598**	**2511**	**89053**	**2005**	**1066**	**5126**
港口区	450602	66891	19657	615	43004	983	979	1653
防城区	450603	25251	1983	852	20880	408	33	1095
上思县	450621	10988	2633	641	6051	543		1120
东兴市	450681	21819	1325	403	19118	71	54	848
钦州市	**4507**	**338426**	**27933**	**14652**	**271937**	**9436**	**2639**	**11829**
钦南区	450702	134895	7967	5587	114322	3728	392	2899

2-11 续表 2

地　　区	代码	从业人员数（人）	国有控股	集体控股	私人控股	港澳台商控股	外商控股	其他
钦北区	450703	108525	12202	2379	89296	1218	216	3214
灵山县	450721	40418	1209	4782	30034	3814		579
浦北县	450722	33802	1042	1895	27338	290	280	2957
贵港市	**4508**	**324581**	**29189**	**12380**	**258599**	**11056**	**5196**	**8161**
港北区	450802	113099	25472	1928	75840	1421	3517	4921
港南区	450803	37535	386	605	33980	1888	240	436
覃塘区	450804	34514	316	825	30749	1981	16	627
平南县	450821	66807	1224	4892	54756	5153	28	754
桂平市	450881	72626	1791	4130	63274	613	1395	1423
玉林市	**4509**	**481480**	**49903**	**34112**	**355156**	**18162**	**10884**	**13263**
玉州区	450902	158452	34678	8532	98150	490	7815	8787
福绵区	450903	18941	252	473	16320	780	313	803
容县	450921	50393	2094	5929	38712	2290	884	484
陆川县	450922	45350	2818	2591	38854	494	4	589
博白县	450923	62130	4496	9962	45632	955	163	922
兴业县	450924	17171	975	1460	14213	230		293
北流市	450981	120845	2644	5005	99781	11874	550	991
百色市	**4510**	**232659**	**59602**	**9933**	**143445**	**2377**	**2105**	**15197**
右江区	451002	78718	31352	1991	39495	528	72	5280
田阳县	451021	19576	4218	1151	13249	423	38	497
田东县	451022	20645	4251	1206	14069			1119
平果县	451023	33866	4632	623	24143	847	1995	1626
德保县	451024	14930	5934	433	7855	298		410
那坡县	451026	4901	1026	653	3085			137
凌云县	451027	6370	1130	275	4789			176
乐业县	451028	4297	456	386	3219			236
田林县	451029	12391	1588	1101	8697	201		804
西林县	451030	4756	786	621	2994			355
隆林各族自治县	451031	8837	901	284	7571			81
靖西市	451081	23372	3328	1209	14279	80		4476
贺州市	**4511**	**108331**	**21317**	**2683**	**76602**	**1490**	**810**	**5429**
八步区	451102	47329	12733	657	31806	411	388	1334

2-11 续表 3

地 区	代码	从业人员数（人）	国有控股	集体控股	私人控股	港澳台商控 股	外商控股	其他
平桂区	451103	25453	3415	203	20210	205	163	1257
昭平县	451121	9356	1651	1226	5960	68		451
钟山县	451122	15500	2371	404	11231	4	120	1370
富川瑶族自治县	451123	10042	1147	193	7395	802	139	366
河池市	**4512**	**180817**	**34612**	**8689**	**125602**	**570**	**260**	**11084**
金城江区	451202	60532	23884	1499	30955	100	68	4026
宜州区	451203	28561	2220	1829	21335	368	56	2753
南丹县	451221	18056	1902	321	15510	6	2	315
天峨县	451222	5002	721	431	3844			6
凤山县	451223	4089	448	479	2951			211
东兰县	451224	5238	242	848	4096	5		47
罗城仫佬族自治县	451225	8679	951	598	6824	47		259
环江毛南族自治县	451226	11879	370	725	8242	5		2537
巴马瑶族自治县	451227	13984	815	1094	11813	39	3	220
都安瑶族自治县	451228	15061	1430	631	12314			686
大化瑶族自治县	451229	9736	1629	234	7718		131	24
来宾市	**4513**	**133433**	**24434**	**7210**	**88546**	**1310**	**1068**	**10865**
兴宾区	451302	76251	18680	3645	49359	231	975	3361
忻城县	451321	8062	476	361	6654	78		493
象州县	451322	15569	1173	622	12838			936
武宣县	451323	14833	2092	611	11064	499	79	488
金秀瑶族自治县	451324	11250	520	709	4446		10	5565
合山市	451381	6961	986	1262	4185	502	4	22
崇左市	**4514**	**142422**	**20518**	**4626**	**102745**	**454**	**10741**	**3338**
江州区	451402	59203	11503	1378	37929	50	6470	1873
扶绥县	451421	22298	2084	540	17679	212	1679	104
宁明县	451422	10940	1519	357	6294	6	2474	290
龙州县	451423	13058	1254	574	11161	4	5	60
大新县	451424	15341	1397	1307	12023		7	607
天等县	451425	7966	440	330	7032	72		92
凭祥市	451481	13143	1848	140	10627	110	106	312

2-12 按行业（大类）、控股情况分组的企业法人单位数

行业大类	代码	法人单位数（个）	国有控股	集体控股	私人控股	港澳台商控股	外商控股	其他
总　计	**00**	**384724**	**6958**	**4451**	**361835**	**944**	**706**	**9830**
农、林、牧、渔业	**A**	**2531**	**57**	**59**	**2341**	**7**	**2**	**65**
农业	01	37	10		25	1		1
林业	02	15	10	1	3			1
畜牧业	03	13			13			
渔业	04	4	2		2			
农、林、牧、渔专业及辅助性活动	05	2462	35	58	2298	6	2	63
采矿业	**B**	**2672**	**72**	**33**	**2495**	**9**	**5**	**58**
煤炭开采和洗选业	06	30	10	2	16	1		1
石油和天然气开采业	07	3	1		2			
黑色金属矿采选业	08	268	15	5	237		1	10
有色金属矿采选业	09	296	27	4	258	1		6
非金属矿采选业	10	1830	16	18	1751	7	3	35
开采专业及辅助性活动	11	15			14			1
其他采矿业	12	230	3	4	217		1	5
制造业	**C**	**37248**	**772**	**625**	**34466**	**360**	**202**	**823**
农副食品加工业	13	2983	168	58	2633	20	23	81
食品制造业	14	2319	34	22	2194	11	12	46
酒、饮料和精制茶制造业	15	1409	34	26	1275	20	11	43
烟草制品业	16	5	4	1				
纺织业	17	626	14	16	566	11	1	18
纺织服装、服饰业	18	1081	8	17	1013	21	4	18
皮革、毛皮、羽毛及其制品和制鞋业	19	441	2	8	397	22	7	5
木材加工和木、竹、藤、棕、草制品业	20	5133	49	21	4975	16	8	64
家具制造业	21	1026	1	5	993	7		20
造纸和纸制品业	22	787	13	18	719	16	6	15
印刷和记录媒介复制业	23	1033	42	59	911	2	1	18
文教、工美、体育和娱乐用品制造业	24	977	6	11	919	22	5	14
石油、煤炭及其他燃料加工业	25	129	7	2	110	2	1	7
化学原料和化学制品制造业	26	1830	52	72	1605	22	21	58
医药制造业	27	492	18	11	419	10	9	25
化学纤维制造业	28	21			19	1	1	
橡胶和塑料制品业	29	1253	14	31	1170	10	5	23
非金属矿物制品业	30	5396	96	85	5051	54	19	91
黑色金属冶炼和压延加工业	31	305	17	4	268	2	3	11
有色金属冶炼和压延加工业	32	371	35	5	314	3	2	12

2-12 续表 1

行业大类	代码	法人单位数（个）	国有控股	集体控股	私人控股	港澳台商控股	外商控股	其他
金属制品业	33	1974	21	38	1869	4	6	36
通用设备制造业	34	1478	27	25	1365	3	9	49
专用设备制造业	35	1499	31	18	1393	6	6	45
汽车制造业	36	1200	23	22	1081	4	18	52
铁路、船舶、航空航天和其他运输设备制造业	37	240	10	8	217			5
电气机械和器材制造业	38	930	11	14	874	14	5	12
计算机、通信和其他电子设备制造业	39	960	16	6	851	44	14	29
仪器仪表制造业	40	224	4	4	203	4	3	6
其他制造业	41	186	1	3	170	5	1	6
废弃资源综合利用业	42	250	4	3	236	4		3
金属制品、机械和设备修理业	43	690	10	12	656		1	11
电力、热力、燃气及水生产和供应业	**D**	**3281**	**541**	**333**	**2194**	**28**	**29**	**156**
电力、热力生产和供应业	44	2415	327	216	1714	17	15	126
燃气生产和供应业	45	157	8	2	119	7	10	11
水的生产和供应业	46	709	206	115	361	4	4	19
建筑业	**E**	**23668**	**220**	**247**	**22545**	**11**	**10**	**635**
房屋建筑业	47	4455	63	171	4094			127
土木工程建筑业	48	3666	109	38	3392	4	3	120
建筑安装业	49	2524	19	17	2404	2	2	80
建筑装饰、装修和其他建筑业	50	13023	29	21	12655	5	5	308
批发和零售业	**F**	**140835**	**1134**	**1131**	**135491**	**141**	**121**	**2817**
批发业	51	69934	650	574	67213	66	66	1365
零售业	52	70901	484	557	68278	75	55	1452
交通运输、仓储和邮政业	**G**	**12789**	**516**	**167**	**11696**	**33**	**19**	**358**
铁路运输业	53	6	6					
道路运输业	54	8460	141	82	7988	17	10	222
水上运输业	55	530	23	46	445		1	15
航空运输业	56	54	9	1	40		1	3
管道运输业	57	1	1					
多式联运和运输代理业	58	1459	26	5	1373	5	3	47
装卸搬运和仓储业	59	1576	277	32	1202	11	4	50
邮政业	60	703	33	1	648			21
住宿和餐饮业	**H**	**8420**	**169**	**77**	**7856**	**34**	**14**	**270**
住宿业	61	3158	131	53	2820	17	8	129
餐饮业	62	5262	38	24	5036	17	6	141
信息传输、软件和信息技术服务业	**I**	**18158**	**115**	**17**	**17452**	**21**	**58**	**495**
电信、广播电视和卫星传输服务	63	567	71	2	452	5	21	16
互联网和相关服务	64	2393	12	4	2320		5	52
软件和信息技术服务业	65	15198	32	11	14680	16	32	427

2-12 续表 2

行业大类	代码	法人单位数（个）	国有控股	集体控股	私人控股	港澳台商控股	外商控股	其他
金融业	**J**	**2372**	**500**	**108**	**1531**	**11**	**10**	**212**
货币金融服务	66	755	225	104	373	5	4	44
资本市场服务	67	272	19	1	238	1	2	11
保险业	68	411	224	1	61			125
其他金融业	69	934	32	2	859	5	4	32
房地产业	**K**	**21402**	**784**	**530**	**19137**	**108**	**87**	**756**
房地产业	70	21402	784	530	19137	108	87	756
租赁和商务服务业	**L**	**60718**	**1181**	**678**	**56851**	**90**	**82**	**1836**
租赁业	71	5178	44	20	4990	3	2	119
商务服务业	72	55540	1137	658	51861	87	80	1717
科学研究和技术服务业	**M**	**22180**	**418**	**254**	**20791**	**47**	**37**	**633**
研究和试验发展	73	2446	16	7	2334	8	9	72
专业技术服务业	74	9558	315	120	8832	10	11	270
科技推广和应用服务业	75	10176	87	127	9625	29	17	291
水利、环境和公共设施管理业	**N**	**2401**	**209**	**40**	**2019**	**16**	**4**	**113**
水利管理业	76	110	29	6	68			7
生态保护和环境治理业	77	328	19	3	288	5	1	12
公共设施管理业	78	1837	135	30	1572	10	3	87
土地管理业	79	126	26	1	91	1		7
居民服务、修理和其他服务业	**O**	**10963**	**69**	**74**	**10548**	**7**	**7**	**258**
居民服务业	80	4303	22	39	4114	4	3	121
机动车、电子产品和日用产品修理业	81	4626	29	25	4483	1	2	86
其他服务业	82	2034	18	10	1951	2	2	51
教育	**P**	**4173**	**23**	**39**	**3987**	**4**	**6**	**114**
教育	83	4173	23	39	3987	4	6	114
卫生和社会工作	**Q**	**1180**	**20**	**13**	**1107**	**6**	**1**	**33**
卫生	84	976	13	10	924	3	1	25
社会工作	85	204	7	3	183	3		8
文化、体育和娱乐业	**R**	**9733**	**158**	**26**	**9328**	**11**	**12**	**198**
新闻和出版业	86	79	25	2	47			5
广播、电视、电影和录音制作业	87	1011	82	5	894	2	3	25
文化艺术业	88	1933	28	4	1838	5	1	57
体育	89	847	3		824	1	2	17
娱乐业	90	5863	20	15	5725	3	6	94

2-13 按行业（大类）、控股情况分组的企业法人单位从业人员数

行业大类	代码	从业人员数（人）						
			国有控股	集体控股	私人控股	港澳台商控股	外商控股	其他
总 计	**00**	**5491773**	**1322834**	**180890**	**3519353**	**116781**	**77221**	**274694**
农、林、牧、渔业	**A**	**14723**	**2240**	**187**	**11648**	**20**	**44**	**584**
农业	01							
林业	02							
畜牧业	03							
渔业	04							
农、林、牧、渔专业及辅助性活动	05	14723	2240	187	11648	20	44	584
采矿业	**B**	**67575**	**17910**	**1305**	**39166**	**1379**	**4198**	**3617**
煤炭开采和洗选业	06	7009	4999	6	1502	502		
石油和天然气开采业	07	131	123		8			
黑色金属矿采选业	08	8478	852	268	2628		4101	629
有色金属矿采选业	09	18242	9010	11	7770	385		1066
非金属矿采选业	10	32432	2917	902	26123	492	87	1911
开采专业及辅助性活动	11	65			62			3
其他采矿业	12	1218	9	118	1073		10	8
制造业	**C**	**1498368**	**217262**	**27754**	**1041101**	**91482**	**51210**	**69559**
农副食品加工业	13	134887	28718	5013	80254	2790	9475	8637
食品制造业	14	44076	2475	911	32773	584	4542	2791
酒、饮料和精制茶制造业	15	42732	6259	413	30278	2595	812	2375
烟草制品业	16	3591	3587	4				
纺织业	17	46385	2250	514	35842	3266		4513
纺织服装、服饰业	18	33362	609	232	27367	4629	337	188
皮革、毛皮、羽毛及其制品和制鞋业	19	28438	16	92	15069	10711	2445	105
木材加工和木、竹、藤、棕、草制品业	20	183711	4365	556	173488	1931	612	2759
家具制造业	21	14008		20	13497	369		122
造纸和纸制品业	22	35122	2591	844	26981	1528	2998	180
印刷和记录媒介复制业	23	14640	2568	600	11249	51	5	167
文教、工美、体育和娱乐用品制造业	24	41170	358	89	33046	6328	781	568
石油、煤炭及其他燃料加工业	25	5354	2935	107	1374	12	535	391
化学原料和化学制品制造业	26	67314	12226	3581	45507	1426	1235	3339
医药制造业	27	35183	3134	1229	26276	764	1291	2489
化学纤维制造业	28	230			181	17	32	
橡胶和塑料制品业	29	38350	1591	1585	30079	1711	268	3116
非金属矿物制品业	30	192154	15926	1888	157452	10431	1823	4634
黑色金属冶炼和压延加工业	31	52595	22837	1	28107	63	826	761
有色金属冶炼和压延加工业	32	48919	24376	14	21752	88	155	2534

2-13 续表 1

行业大类	代码	从业人员数（人）	国有控股	集体控股	私人控股	港澳台商控股	外商控股	其他
金属制品业	33	36144	2686	270	31020	520	705	943
通用设备制造业	34	34163	4724	836	19036	197	7862	1508
专用设备制造业	35	46072	15049	1274	25485	2431	702	1131
汽车制造业	36	134583	46831	3228	70321	2217	4072	7914
铁路、船舶、航空航天和其他运输设备制造业	37	20896	2505	940	17368			83
电气机械和器材制造业	38	40551	1773	2172	28828	6652	375	751
计算机、通信和其他电子设备制造业	39	98689	2754	674	41077	28442	9005	16737
仪器仪表制造业	40	7077	136	578	5307	107	301	648
其他制造业	41	2643		22	1764	800	12	45
废弃资源综合利用业	42	8285	329		7060	822		74
金属制品、机械和设备修理业	43	7044	3654	67	3263		4	56
电力、热力、燃气及水生产和供应业	**D**	**123812**	**96556**	**2650**	**18831**	**1992**	**1221**	**2562**
电力、热力生产和供应业	44	99690	81778	1512	13442	1235	738	985
燃气生产和供应业	45	5056	958	16	1960	348	437	1337
水的生产和供应业	46	19066	13820	1122	3429	409	46	240
建筑业	**E**	**1103930**	**436645**	**80243**	**564623**	**72**	**416**	**21931**
房屋建筑业	47	825257	338730	72543	401505			12479
土木工程建筑业	48	159050	84603	6329	63220	9	47	4842
建筑安装业	49	37052	11601	1206	21878	30	212	2125
建筑装饰、装修和其他建筑业	50	82571	1711	165	78020	33	157	2485
批发和零售业	**F**	**676529**	**50333**	**12447**	**566941**	**6111**	**5748**	**34949**
批发业	51	321607	33298	7069	268640	535	574	11491
零售业	52	354922	17035	5378	298301	5576	5174	23458
交通运输、仓储和邮政业	**G**	**311554**	**136583**	**5902**	**149161**	**3591**	**392**	**15925**
铁路运输业	53	66932	66932					
道路运输业	54	144527	32510	4522	92090	3289	315	11801
水上运输业	55	12385	1083	1047	9740		20	495
航空运输业	56	9054	6330	8	1183		4	1529
管道运输业	57	102	102					
多式联运和运输代理业	58	10879	1020	33	9372	9	32	413
装卸搬运和仓储业	59	30873	11439	271	17467	293	21	1382
邮政业	60	36802	17167	21	19309			305
住宿和餐饮业	**H**	**135587**	**12048**	**1211**	**102012**	**4634**	**6221**	**9461**
住宿业	61	74650	10595	884	52049	4030	956	6136
餐饮业	62	60937	1453	327	49963	604	5265	3325
信息传输、软件和信息技术服务业	**I**	**123461**	**31029**	**70**	**80570**	**1669**	**3295**	**6828**
电信、广播电视和卫星传输服务	63	45159	29844		7995	1539	2967	2814
互联网和相关服务	64	10547	302	22	9878		59	286
软件和信息技术服务业	65	67755	883	48	62697	130	269	3728

2-13　续表 2

行业大类	代码	从业人员数（人）	国有控股	集体控股	私人控股	港澳台商控　股	外商控股	其他
金融业	**J**	**311549**	**213481**	**26844**	**28307**	**313**	**87**	**42517**
货币金融服务	66	92545	59619	26831	2424	189	19	3463
资本市场服务	67	4434	3435	5	927	3	2	62
保险业	68	209835	149721	8	21579			38527
其他金融业	69	4735	706		3377	121	66	465
房地产业	**K**	**300495**	**23373**	**6170**	**241506**	**3491**	**2840**	**23115**
房地产业	70	300495	23373	6170	241506	3491	2840	23115
租赁和商务服务业	**L**	**457516**	**45235**	**11123**	**371202**	**772**	**411**	**28773**
租赁业	71	24930	1035	89	22706	2	7	1091
商务服务业	72	432586	44200	11034	348496	770	404	27682
科学研究和技术服务业	**M**	**149595**	**19957**	**2728**	**119708**	**168**	**305**	**6729**
研究和试验发展	73	9443	359	33	8351	19	45	636
专业技术服务业	74	104166	18060	2363	79088	44	113	4498
科技推广和应用服务业	75	35986	1538	332	32269	105	147	1595
水利、环境和公共设施管理业	**N**	**31850**	**9175**	**470**	**19284**	**614**	**440**	**1867**
水利管理业	76	1417	760	148	397			112
生态保护和环境治理业	77	5139	1900	89	2858	42	9	241
公共设施管理业	78	23898	5744	228	15440	572	431	1483
土地管理业	79	1396	771	5	589			31
居民服务、修理和其他服务业	**O**	**72528**	**2121**	**775**	**67612**	**55**	**52**	**1913**
居民服务业	80	24577	1008	220	22727	31	43	548
机动车、电子产品和日用产品修理业	81	27426	845	273	25860	5	1	442
其他服务业	82	20525	268	282	19025	19	8	923
教育	**P**	**30901**	**237**	**710**	**28704**	**27**	**58**	**1165**
教育	83	30901	237	710	28704	27	58	1165
卫生和社会工作	**Q**	**24932**	**579**	**142**	**22837**	**341**	**47**	**986**
卫生	84	23329	557	139	21408	286	47	892
社会工作	85	1603	22	3	1429	55		94
文化、体育和娱乐业	**R**	**56868**	**8070**	**159**	**46140**	**50**	**236**	**2213**
新闻和出版业	86	3668	3344	10	177			137
广播、电视、电影和录音制作业	87	7533	1628	67	5502	40	42	254
文化艺术业	88	10204	1737	28	7605	4	4	826
体育	89	5924	168		4947	1	167	641
娱乐业	90	29539	1193	54	27909	5	23	355

2-14 按地区、开业（成立）时间

地　区	代码	法人单位数（个）	1949年以前	1950—1977年	1978—1991年	1992—2000年	2001年	2002年	2003年	2004年	2005年	2006年
广西壮族自治区	**45**	**384724**	**8**	**644**	**3187**	**8618**	**2004**	**2720**	**3344**	**3874**	**4209**	**4743**
南宁市	**4501**	**138156**		**75**	**461**	**2390**	**661**	**793**	**1009**	**1272**	**1429**	**1700**
兴宁区	450102			11	46	232	48	60	91	119	127	151
青秀区	450103			11	137	915	271	302	403	557	663	697
江南区	450105			5	25	147	39	50	71	77	73	104
西乡塘区	450107			10	62	379	100	115	167	199	213	243
良庆区	450108			3	10	107	22	52	45	59	36	70
邕宁区	450109			5	8	48	5	4	8	6	13	11
武鸣区	450110			2	36	38	13	8	24	32	31	27
隆安县	450123			3	10	29	2	7	5	11	19	22
马山县	450124			2	22	23	1	4	4	2	5	8
上林县	450125			2	8	27	4	7	6	9	5	16
宾阳县	450126			8	7	80	29	18	27	14	13	28
横县	450127			8	67	90	34	50	16	34	26	37
柳州市	**4502**	**44679**		**58**	**391**	**1176**	**279**	**374**	**406**	**520**	**510**	**531**
城中区	450202			4	25	170	37	56	65	56	73	81
鱼峰区	450203			8	61	193	58	79	76	99	82	93
柳南区	450204			5	65	270	72	104	88	113	115	104
柳北区	450205			7	82	257	47	56	85	108	96	100
柳江区	450206			3	43	90	12	26	31	58	47	48
柳城县	450222			6	28	63	9	10	8	17	22	27
鹿寨县	450223			2	28	25	12	12	17	30	14	20
融安县	450224			4	11	42	7	8	7	8	17	16
融水苗族自治县	450225			9	17	22	10	5	12	10	17	19
三江侗族自治县	450226			9	20	12	10	8	6	7	8	6
桂林市	**4503**	**36660**	**2**	**75**	**525**	**1206**	**307**	**378**	**506**	**558**	**498**	**570**
秀峰区	450302	2711		2	62	137	32	33	47	36	48	54
叠彩区	450303	3546		5	35	101	32	18	37	33	28	43
象山区	450304	5206	1	6	82	213	56	51	50	59	62	86
七星区	450305	6900		9	54	204	51	59	69	78	76	92
雁山区	450311	353			7	23	3	2	4	3	7	9

分组的企业法人单位数

2007年	2008年	2009年	2010年	2011年	2012年	2013年	2014年	2015年	2016年	2017年	2018年	无开业年份	代码
6020	**6264**	**9478**	**11682**	**15148**	**18553**	**19964**	**30775**	**39763**	**49095**	**62442**	**81718**	**471**	**45**
2139	**2234**	**2976**	**3711**	**5320**	**5685**	**6484**	**11831**	**15436**	**18932**	**22702**	**30879**	**37**	**4501**
192	175	233	354	457	531	555	1100	1445	1838	2270	3043	4	450102
886	985	1276	1586	2187	2277	2674	5221	6476	7944	8791	11529	13	450103
101	140	199	216	327	356	400	785	1090	1429	1817	2514	4	450105
331	321	381	504	715	679	797	1438	2066	2313	3009	4021	3	450107
91	67	123	167	250	251	315	608	734	1029	1406	2077	6	450108
12	18	15	31	35	37	59	101	118	198	227	388	1	450109
60	31	66	52	121	117	132	190	264	353	461	676		450110
16	18	27	28	61	45	40	50	92	113	98	160		450123
10	7	14	16	45	45	46	58	109	111	149	225	1	450124
18	17	30	33	46	70	66	82	133	179	216	266	1	450125
31	50	81	77	174	200	160	244	417	436	526	787	2	450126
42	62	58	72	192	259	232	272	343	392	514	687	1	450127
745	**768**	**1060**	**1320**	**1716**	**2198**	**2434**	**3424**	**4254**	**5603**	**7352**	**9513**	**49**	**4502**
123	135	161	194	281	361	414	625	840	1145	1430	1787	9	450202
108	130	164	210	238	349	395	608	775	1027	1396	1833	10	450203
171	183	254	334	385	518	682	898	1020	1346	1575	2099	3	450204
128	133	162	215	267	307	342	564	652	851	1080	1400	1	450205
64	73	80	134	143	152	160	221	303	414	652	683	1	450206
27	35	58	49	86	105	66	93	106	133	201	265	3	450222
31	17	54	52	93	114	84	117	138	176	312	456	2	450223
25	14	42	48	103	81	83	106	120	136	212	244	1	450224
28	13	40	31	61	85	89	81	140	179	271	517	6	450225
14	18	25	35	49	106	94	92	144	177	207	224	13	450226
605	**667**	**1302**	**1413**	**1464**	**1811**	**1858**	**2662**	**3331**	**4118**	**5497**	**7256**	**51**	**4503**
66	53	70	95	104	134	127	213	265	298	341	488	6	450302
60	44	68	95	144	172	151	291	292	403	593	886	15	450303
87	89	110	166	226	276	298	450	469	625	778	966		450304
96	124	183	241	241	350	359	594	766	836	1015	1397	6	450305
6	7	3	10	8	15	20	27	27	40	51	81		450311

2-14 续表 1

地　　区	代码	法人单位数（个）	1949年以前	1950—1977年	1978—1991年	1992—2000年	2001年	2002年	2003年	2004年	2005年	2006年
临桂区	450312	4508		2	33	72	18	21	34	37	49	42
阳朔县	450321	910	1	4	28	31	16	13	14	12	15	11
灵川县	450323	2689		4	28	68	16	26	45	43	31	56
全州县	450324	1358		18	44	63	22	35	38	48	23	16
兴安县	450325	1293		2	20	41	7	22	31	36	19	23
永福县	450326	1229		3	41	48	4	18	23	26	22	21
灌阳县	450327	700		5	13	33	5	12	13	37	14	19
龙胜各族自治县	450328	522		1	8	25	4	14	14	31	22	14
资源县	450329	524		1	4	32	4	11	13	24	15	20
平乐县	450330	1319		6	23	38	13	13	34	17	16	24
荔浦县	450331	1844		3	10	54	18	19	25	26	25	21
恭城瑶族自治县	450332	1046		4	32	23	6	11	15	12	26	19
梧州市	**4504**	**13314**	**1**	**58**	**194**	**403**	**68**	**91**	**135**	**152**	**198**	**190**
万秀区	450403		1	27	45	174	24	32	48	50	58	48
长洲区	450405			1	13	72	14	14	23	33	35	32
龙圩区	450406			3	13	35	3	3	12	10	21	18
苍梧县	450421			4	18	17	4	7	8	11	16	8
藤县	450422			7	46	34	4	7	13	13	20	28
蒙山县	450423			5	19	16	2	4	9	15	12	16
岑溪市	450481			11	40	51	14	23	21	19	32	37
北海市	**4505**	**17821**		**21**	**138**	**563**	**84**	**118**	**146**	**153**	**219**	**223**
海城区	450502			7	56	312	51	62	78	86	113	125
银海区	450503			3	5	81	11	13	18	21	28	25
铁山港区	450512			1	7	20	2	4	5	1	6	9
合浦县	450521			10	70	142	17	38	43	41	64	51
防城港市	**4506**	10161		**16**	**106**	**264**	**50**	**54**	**67**	**85**	**115**	**126**
港口区	450602			1	21	125	20	24	25	32	47	60
防城区	450603			12	60	58	14	9	16	19	24	33
上思县	450621			2	16	22	4	4	11	6	6	9
东兴市	450681			1	9	59	12	17	15	28	38	24
钦州市	**4507**	13544		**27**	**185**	**286**	**78**	**146**	**126**	**146**	**146**	**165**
钦南区	450702			9	59	113	23	53	53	57	58	57

2007年	2008年	2009年	2010年	2011年	2012年	2013年	2014年	2015年	2016年	2017年	2018年	无开业年份	代码
49	56	93	105	113	143	168	270	390	606	924	1278	5	450312
18	22	40	55	87	44	40	49	73	89	134	112	2	450321
48	54	71	112	101	121	133	200	238	294	393	599	8	450323
18	34	50	46	57	64	74	74	91	133	167	243		450324
21	24	74	60	69	75	111	75	134	138	167	144		450325
33	26	65	50	51	86	98	90	94	104	159	167		450326
10	13	26	15	27	51	50	50	64	63	105	72	3	450327
12	12	16	12	32	31	33	30	59	39	49	64		450328
9	13	16	14	25	36	17	23	47	68	78	52	2	450329
23	25	145	48	61	78	63	78	73	104	188	249		450330
30	41	71	261	83	99	81	73	181	191	211	319	2	450331
19	30	201	27	35	36	35	75	68	87	144	139	2	450332
223	**255**	**419**	**515**	**813**	**841**	**712**	**1065**	**1312**	**1378**	**1987**	**2305**	**1**	**4504**
54	61	63	88	156	111	124	192	221	189	260	303	1	450403
45	45	74	111	175	184	168	251	361	414	661	752		450405
31	30	35	41	66	86	79	103	124	165	222	228		450406
11	18	10	52	81	133	109	45	49	49	68	56		450421
29	44	98	70	140	132	101	224	241	206	315	323		450422
11	20	29	39	90	86	56	92	114	145	218	299		450423
41	35	108	113	101	106	75	158	201	207	243	344		450481
298	**279**	**423**	**630**	**591**	**705**	**926**	**1364**	**1724**	**1975**	**2953**	**4283**	**5**	**4505**
190	173	264	332	311	369	480	793	939	1056	1570	2238	3	450502
36	32	48	73	70	78	143	256	367	449	791	1248	1	450503
10	4	12	25	25	24	29	31	64	60	70	87		450512
57	63	90	195	176	228	268	278	343	399	515	701	1	450521
184	**220**	**230**	**338**	**411**	**521**	**532**	**850**	**986**	**1084**	**1539**	**2362**	**21**	**4506**
113	123	123	169	196	275	267	461	495	513	813	1555	20	450602
30	45	40	77	88	109	106	149	184	224	319	381	1	450603
6	8	12	26	19	34	24	43	63	66	91	94		450621
35	44	55	65	108	103	135	197	244	281	316	332		450681
220	**233**	**270**	**521**	**536**	**600**	**756**	**1045**	**1403**	**1659**	**2293**	**2676**	**28**	**4507**
88	79	108	216	186	198	243	393	517	597	877	1140	10	450702

2-14 续表 2

地 区	代码	法人单位数（个）	1949年以前	1950—1977年	1978—1991年	1992—2000年	2001年	2002年	2003年	2004年	2005年	2006年
钦北区	450703			5	31	68	24	24	33	31	35	58
灵山县	450721			8	57	41	8	26	16	23	15	19
浦北县	450722			5	38	42	15	31	14	25	19	23
贵港市	**4508**	**19246**	**1**	**31**	**133**	**325**	**58**	**104**	**117**	**188**	**186**	**215**
港北区	450802		1	7	49	107	23	33	48	56	55	76
港南区	450803			3	12	32		13	13	13	28	11
覃塘区	450804			1	11	19	3	7	5	27	7	25
平南县	450821			8	53	59	10	27	25	43	39	37
桂平市	450881			12	8	108	22	24	26	49	57	66
玉林市	**4509**	**29478**	**1**	**91**	**275**	**736**	**133**	**220**	**322**	**267**	**292**	**307**
玉州区	450902			18	83	234	46	94	104	91	108	119
福绵区	450903			2	11	22	1	4	11	8	3	7
容县	450921			13	47	65	19	19	67	53	44	56
陆川县	450922		1	21	30	92	13	21	34	21	28	22
博白县	450923			16	32	133	29	32	36	19	26	29
兴业县	450924			1	31	60	13	20	23	10	21	23
北流市	450981			19	40	126	12	30	47	61	58	43
百色市	**4510**	**20272**	**2**	**64**	**233**	**469**	**101**	**151**	**167**	**174**	**193**	**233**
右江区	451002		1	11	17	171	27	80	55	47	64	84
田阳县	451021			7	6	52	6	7	5	12	8	23
田东县	451022			5	37	47	11	7	11	17	14	17
平果县	451023			4	14	33	11	16	21	23	20	23
德保县	451024			6	19	26	6	7	13	17	21	10
那坡县	451026		1	4	31	28	6	4	14	6	7	12
凌云县	451027			1	13	13	2	2	9	8	9	4
乐业县	451028			3	8	7	2	2	2	3	5	4
田林县	451029			7	22	21	7	5	8	9	14	14
西林县	451030			6	15	9	5	5	5	7	6	12
隆林各族自治县	451031			7	5	37	3	5	10	7	11	5
靖西市	451081			3	46	25	15	11	14	18	14	25
贺州市	**4511**	**8871**		**16**	**102**	**146**	**38**	**61**	**66**	**70**	**82**	**93**
八步区	451102			4	23	47	24	29	22	37	34	47

2007年	2008年	2009年	2010年	2011年	2012年	2013年	2014年	2015年	2016年	2017年	2018年	无开业年份	代码
59	69	89	135	177	170	243	303	390	514	670	793	9	450703
30	38	26	81	65	92	118	140	246	281	401	399	1	450721
19	19	17	48	72	89	91	141	180	157	216	232	5	450722
207	**266**	**711**	**522**	**669**	**1468**	**1114**	**1608**	**1976**	**2646**	**3107**	**3553**	**41**	**4508**
89	118	188	180	254	280	362	652	784	1103	1334	1414	7	450802
21	17	58	42	44	102	92	115	185	196	254	298	7	450803
15	26	47	38	73	576	139	150	126	219	235	323	12	450804
21	35	167	151	129	224	276	363	506	619	673	762	6	450821
61	70	251	111	169	286	245	328	375	509	611	756	9	450881
474	**405**	**551**	**694**	**1513**	**1563**	**1477**	**1929**	**3032**	**3798**	**4935**	**6392**	**71**	**4509**
156	164	230	309	652	667	619	1019	1475	1943	2343	2986	32	450902
75	40	23	28	75	70	49	54	96	97	161	333	8	450903
61	50	76	97	187	170	159	196	304	422	457	561	6	450921
25	32	40	69	126	153	132	129	192	215	419	471	9	450922
58	41	64	67	213	170	148	150	272	358	493	462	2	450923
27	22	36	21	121	135	150	131	235	151	233	292	4	450924
62	55	78	95	131	194	219	248	454	608	827	1285	10	450981
298	**313**	**574**	**662**	**699**	**1013**	**1268**	**1843**	**2036**	**2550**	**3184**	**4032**	**13**	**4510**
81	109	157	212	292	290	395	648	754	911	1168	1390	1	451002
28	25	58	64	59	105	131	177	150	180	244	349		451021
20	25	52	46	36	65	91	138	143	183	230	300	8	451022
37	36	46	74	91	130	177	200	176	293	349	478		451023
23	10	34	40	37	72	61	116	105	82	132	146		451024
19	16	35	19	17	53	72	78	75	122	145	134	2	451026
12	11	17	21	20	33	37	62	66	64	67	76		451027
8	12	11	8	17	20	30	31	57	46	74	144		451028
21	20	38	76	39	59	62	84	104	142	156	334		451029
12	8	23	28	14	29	37	38	53	51	66	79		451030
10	22	48	34	34	58	62	101	126	157	198	194		451031
27	19	55	40	43	99	113	170	227	319	355	408	2	451081
117	**108**	**193**	**394**	**281**	**340**	**511**	**602**	**859**	**1215**	**1641**	**1917**	**19**	**4511**
44	44	74	144	148	154	229	282	435	585	787	1021	9	451102

2-14 续表 3

地　　区	代码	法人单位数（个）	1949年以前	1950—1977年	1978—1991年	1992—2000年	2001年	2002年	2003年	2004年	2005年	2006年
平桂区	451103			2	7	26	4	18	9	10	22	18
昭平县	451121			2	26	34	2	4	15	10	10	11
钟山县	451122			8	29	31	5	7	10	6	10	8
富川瑶族自治县	451123				17	8	3	3	10	7	6	9
河池市	**4512**	**12312**		**70**	**210**	**317**	**70**	**105**	**124**	**119**	**146**	**163**
金城江区	451202	3017		14	34	121	29	36	29	30	53	55
宜州区	451203	1929		10	28	55	10	18	22	19	21	31
南丹县	451221	860		3	24	17	3	9	8	11	22	18
天峨县	451222	582		3	3	15	3	3	5	1	5	5
凤山县	451223	585		3	14	5	2	6	7	4	2	3
东兰县	451224	613		18	7	11		3	3	7	3	6
罗城仫佬族自治县	451225	691		5	29	20	5	7	10	16	9	11
环江毛南族自治县	451226	713		2	21	19	5	10	12	10	8	14
巴马瑶族自治县	451227	1272		3	24	11		2	7	7	9	10
都安瑶族自治县	451228	1419		8	16	18	8	4	13	13	9	6
大化瑶族自治县	451229	631		1	10	25	5	7	8	1	5	4
来宾市	**4513**	**8808**		**15**	**93**	**136**	**37**	**43**	**63**	**83**	**89**	**125**
兴宾区	451302			8	18	35	9	17	24	39	35	70
忻城县	451321			3	29	17	4	5	3	9	7	9
象州县	451322			1	22	23	4	4	5	9	18	22
武宣县	451323			2	6	29	11	10	14	10	7	12
金秀瑶族自治县	451324			1	7	22	6	5	6	10	18	8
合山市	451381				11	10	3	2	11	6	4	4
崇左市	**4514**	**11397**	**1**	**27**	**141**	**201**	**40**	**82**	**90**	**87**	**106**	**102**
江州区	451402			3	44	34	5	5	33	22	25	18
扶绥县	451421			7	25	17	6	22	10	10	13	16
宁明县	451422		1	1	28	28	11	13	8	6	14	4
龙州县	451423			1	2	40	6	12	2	9	11	10
大新县	451424			10	14	44	6	18	10	14	15	9
天等县	451425			4	23	9	4	3	9	8	3	6
凭祥市	451481			1	5	29	2	9	18	18	25	39

2007年	2008年	2009年	2010年	2011年	2012年	2013年	2014年	2015年	2016年	2017年	2018年	无开业年份	代码
26	23	28	119	59	64	84	109	144	220	314	291	2	451103
10	11	12	58	30	29	43	52	86	140	172	177	2	451121
24	11	45	25	24	50	77	67	85	113	178	220	6	451122
13	19	34	47	20	43	78	92	109	157	190	208		451123
239	**231**	**287**	**398**	**445**	**705**	**734**	**1042**	**1303**	**1522**	**1964**	**2097**	**21**	**4512**
68	87	92	92	125	168	182	264	300	358	394	481	5	451202
21	37	43	59	79	89	77	124	171	253	386	376		451203
20	21	20	43	52	66	49	61	77	88	121	127		451221
11	10	17	19	14	26	43	31	57	84	105	121	1	451222
12	11	6	21	17	34	41	74	79	70	89	85		451223
7	5	8	17	30	50	43	71	62	84	70	95	13	451224
19	11	17	27	13	41	31	35	76	84	111	114		451225
24	13	16	29	18	41	34	113	69	75	83	97		451226
16	10	33	32	43	58	87	102	149	153	274	240	2	451227
27	18	21	34	30	98	121	137	197	163	230	248		451228
14	8	14	25	24	34	26	30	66	110	101	113		451229
109	**123**	**218**	**248**	**272**	**468**	**605**	**650**	**895**	**1037**	**1526**	**1894**	**79**	**4513**
46	49	77	119	110	236	336	357	443	594	822	1005	13	451302
9	14	18	26	41	54	67	50	90	79	119	128		451321
19	24	75	42	60	58	80	85	133	121	206	296	2	451322
16	19	18	23	25	47	59	80	104	121	189	256		451323
9	6	18	17	18	45	31	47	85	68	114	96	64	451324
10	10	12	21	18	28	32	30	40	54	76	113		451381
162	**162**	**264**	**316**	**418**	**635**	**553**	**860**	**1216**	**1578**	**1762**	**2559**	**35**	**4514**
46	37	54	76	115	187	157	267	370	510	477	649		451402
22	17	37	50	80	85	70	101	169	170	228	512	18	451421
14	20	17	21	33	78	55	82	105	149	178	191		451422
20	18	19	22	35	82	67	123	137	95	178	219	2	451423
16	21	27	44	25	81	42	91	162	179	230	300		451424
11	12	16	22	40	33	46	45	70	111	118	148	9	451425
33	36	94	81	90	89	116	151	203	364	353	540	6	451481

2-15 按地区、开业（成立）

地　区	代码	从业人员数（人）	1949年以前	1950—1977年	1978—1991年	1992—2000年
广西壮族自治区	**45**	**5491773**	**1001**	**471148**	**331563**	**720515**
南宁市	**4501**	**1636635**		**125476**	**122450**	**246932**
兴宁区	450102	193136		6042	46150	32200
青秀区	450103	614407		62908	23799	136574
江南区	450105	103115		5531	396	9506
西乡塘区	450107	178384		42978	5017	22354
良庆区	450108	85344		57	582	4811
邕宁区	450109	50457		1301	34289	1673
武鸣区	450110	38754		142	1166	3634
隆安县	450123	14263		55	117	2980
马山县	450124	8795		305	937	864
上林县	450125	10578		23	277	458
宾阳县	450126	44627		3556	607	2229
横县	450127	56984		1768	3314	5492
柳州市	**4502**	**807970**		**215186**	**41391**	**56841**
城中区	450202	172478		101935	6342	12114
鱼峰区	450203	76503		3618	4937	6773
柳南区	450204	113751		8857	4984	6513
柳北区	450205	166925		82902	8780	7968
柳江区	450206	53216		706	2746	7901
柳城县	450222	20168		488	213	823
鹿寨县	450223	30812		826	1433	361
融安县	450224	16047		36	451	715
融水苗族自治县	450225	19225		355	89	1334
三江侗族自治县	450226	9543		272	298	339
桂林市	**4503**	**538028**	**717**	**21979**	**47358**	**106464**
秀峰区	450302	64897		686	20103	6679
叠彩区	450303	27676		2710	3308	3266
象山区	450304	83179	715	1200	5027	20173
七星区	450305	134076		12412	5557	50647
雁山区	450311	4689			25	1262

时间分组的企业法人单位从业人员数

2001年	2002年	2003年	2004年	2005年	2006年	2007年	代码
107691	**182197**	**195493**	**167879**	**185168**	**152579**	**192961**	**45**
24324	**67155**	**41853**	**64051**	**40544**	**43123**	**68592**	**4501**
790	1718	1503	30373	4615	3248	2633	450102
9600	15598	15882	8563	15031	10987	35456	450103
1836	1991	2798	7335	4137	3581	3317	450105
1046	17715	2503	4354	3190	2862	5055	450107
459	12042	1075	2430	1137	1986	2489	450108
76	110	250	586	690	504	714	450109
527	223	1134	920	631	1471	2847	450110
56	214	35	493	580	816	816	450123
2	16	63	6	17	66	485	450124
330	110	47	515	313	336	629	450125
2215	795	360	668	975	1834	837	450126
1985	3272	378	1503	2981	5796	2251	450127
23764	**43672**	**24854**	**22588**	**27378**	**26507**	**21692**	**4502**
3904	3657	2831	1206	1509	717	1608	450202
1240	2027	1597	3199	3482	1807	2542	450203
5754	1714	6007	2492	9213	3761	2224	450204
1505	2583	2943	6485	1257	4742	3394	450205
169	1349	2116	1193	3898	2316	2227	450206
2678	1398	400	720	1026	973	835	450222
2672	2317	1348	3099	536	1046	1886	450223
826	241	105	122	815	552	801	450224
496	6	752	181	772	437	1044	450225
109	36	380	20	38	172	333	450226
15502	**13736**	**23551**	**15988**	**18284**	**16269**	**14298**	**4503**
1898	1355	730	1097	7659	2894	720	450302
446	171	1494	301	448	388	489	450303
2538	2795	7713	1635	592	1092	1305	450304
6865	1660	1402	4070	1925	4509	3811	450305
51	51	33	377	73	198	211	450311

2-15 续表 1

地　　区	代码	从业人员数（人）				
			1949年以前	1950—1977年	1978—1991年	1992—2000年
临桂区	450312	41405		359	2117	3372
阳朔县	450321	20152	2	176	823	1098
灵川县	450323	30385		486	993	3169
全州县	450324	17102		1524	2575	1493
兴安县	450325	15848		20	964	1668
永福县	450326	14745		682	1552	2841
灌阳县	450327	6951		452	378	385
龙胜各族自治县	450328	9143		105	1847	1521
资源县	450329	8130			35	1059
平乐县	450330	12622		486	985	359
荔浦县	450331	37219		584	255	7368
恭城瑶族自治县	450332	9480		97	497	104
梧州市	**4504**	**222557**	**135**	**4657**	**7363**	**19127**
万秀区	450403	39146	135	2590	1829	6867
长洲区	450405	43808		2	1292	2535
龙圩区	450406	24247		799	257	1784
苍梧县	450421	5871		300	142	574
藤县	450422	44962		155	1352	2047
蒙山县	450423	9419		139	386	524
岑溪市	450481	44188		672	2105	2509
北海市	**4505**	**219075**		**9814**	**9780**	**26312**
海城区	450502	94464		4509	4170	16994
银海区	450503	28443		731	802	2819
铁山港区	450512	12757		306	127	172
合浦县	450521	45595		4268	4681	4668
防城港市	**4506**	**125359**		**719**	**3344**	**11412**
港口区	450602	66891			617	6852
防城区	450603	25251		476	1106	2308
上思县	450621	10988		243	1340	294
东兴市	450681	21819			281	1958
钦州市	**4507**	**338426**		**6634**	**34095**	**92695**
钦南区	450702	134895		3245	1557	77766

2001年	2002年	2003年	2004年	2005年	2006年	2007年	代码
636	601	2336	529	1983	996	2070	450312
832	1105	435	1721	478	273	2083	450321
1200	984	1184	747	1167	1919	579	450323
148	606	957	548	152	287	151	450324
98	295	786	608	1156	444	469	450325
	308	283	458	602	1196	574	450326
41	276	85	227	161	268	441	450327
54	139	456	829	376	188	123	450328
45	440	578	388	276	378	157	450329
113	256	256	867	610	264	146	450330
519	2554	4327	1121	524	543	696	450331
18	140	496	465	102	432	273	450332
4969	**4693**	**12892**	**7878**	**10929**	**7602**	**11020**	**4504**
1022	955	2461	2044	2643	522	952	450403
1958	1736	4475	1717	2473	1344	1667	450405
105	17	1476	340	401	570	3443	450406
7	125	57	187	519	87	46	450421
145	697	2109	730	3260	1163	2297	450422
20	9	28	484	305	652	435	450423
984	778	2111	1097	788	2730	2175	450481
2612	**3809**	**4827**	**2357**	**7492**	**11305**	**6918**	**4505**
1703	2301	2965	775	2345	2036	3614	450502
85	143	472	525	854	568	479	450503
7	272	26	153	351	151	132	450512
586	936	1201	596	1586	1701	1380	450521
6977	**5652**	**11352**	**2015**	**4805**	**3814**	**3738**	**4506**
5147	395	10136	315	2188	2277	2013	450602
295	3886	603	727	771	1119	399	450603
1098	400	470	413	231	131	345	450621
437	971	143	560	1615	287	981	450681
2609	**4322**	**7689**	**7139**	**27747**	**4243**	**8241**	**4507**
254	645	3353	2052	1584	794	2369	450702

2-15 续表 2

地 区	代码	从业人员数（人）	1949年以前	1950—1977年	1978—1991年	1992—2000年
钦北区	450703	108525		195	26445	10398
灵山县	450721	40418		3023	1992	840
浦北县	450722	33802		171	4101	2973
贵港市	**4508**	**324581**		**15789**	**7728**	**27199**
港北区	450802	113099		9566	4928	16876
港南区	450803	37535		1059	485	2000
覃塘区	450804	34514		2	233	1160
平南县	450821	66807		2954	1217	3893
桂平市	450881	72626		2208	865	3270
玉林市	**4509**	**481480**	**16**	**44450**	**30648**	**60074**
玉州区	450902	158452		13997	5111	35292
福绵区	450903	18941		106	480	848
容县	450921	50393		2713	3010	3112
陆川县	450922	45350	16	9957	4618	3485
博白县	450923	62130		7035	1729	5801
兴业县	450924	17171		360	578	1842
北流市	450981	120845		9972	15026	9122
百色市	**4510**	**232659**	**132**	**7818**	**5763**	**23658**
右江区	451002	78718	116	3936	1633	13500
田阳县	451021	19576		332	153	1065
田东县	451022	20645		2373	1131	1828
平果县	451023	33866		256	128	4357
德保县	451024	14930		196	129	326
那坡县	451026	4901	16	50	428	110
凌云县	451027	6370		9	392	165
乐业县	451028	4297		132	140	50
田林县	451029	12391		140	536	754
西林县	451030	4756		83	476	87
隆林各族自治县	451031	8837		36	38	874
靖西市	451081	23372		275	579	542
贺州市	**4511**	**108331**		**2007**	**2640**	**8100**
八步区	451102	47329		84	1370	4591

2001年	2002年	2003年	2004年	2005年	2006年	2007年	代码
1383	1195	1216	507	22243	1298	1944	450703
120	705	1022	447	2104	1060	1049	450721
492	325	340	1319	429	912	1063	450722
4303	**7186**	**10289**	**9137**	**8758**	**7315**	**9038**	**4508**
825	3247	4960	3853	2002	2655	2229	450802
	64	180	328	706	343	1483	450803
92	242	392	964	1235	323	433	450804
1339	2583	3849	704	1485	1950	1407	450821
2047	1050	908	3288	3330	2044	3486	450881
3809	**11811**	**18108**	**13173**	**15343**	**13827**	**13401**	**4509**
1965	3984	7698	3257	2847	2099	5443	450902
28	105	419	262	477	251	777	450903
344	917	4298	1998	1227	1387	2135	450921
327	489	812	396	1075	694	614	450922
538	3756	860	1549	615	2548	2003	450923
96	761	343	424	1163	481	386	450924
511	1799	3678	3324	7382	5574	1245	450981
4025	**2361**	**13972**	**4861**	**6988**	**3278**	**11873**	**4510**
1363	1031	4104	564	3136	1410	1849	451002
446	110	826	635	256	370	922	451021
37	108	1034	447	184	218	1678	451022
1259	621	450	1382	1362	421	1492	451023
308	49	4057	454	271	309	412	451024
1	24	465	8	34	21	349	451026
21	8	383	377	170	25	534	451027
11	35	176	23	38	64	178	451028
60	122	46	374	141	65	330	451029
15	6	251	369	316	63	234	451030
101	33	48	9	179	9	82	451031
403	214	2132	219	901	303	3813	451081
2500	**5396**	**3545**	**1984**	**2172**	**3346**	**3538**	**4511**
1166	2960	685	839	412	2250	1602	451102

2-15 续表 3

地　　区	代码	从业人员数（人）	1949年以前	1950—1977年	1978—1991年	1992—2000年
平桂区	451103	25453		41	84	1641
昭平县	451121	9356		425	468	727
钟山县	451122	15500		1457	464	496
富川瑶族自治县	451123	10042			254	645
河池市	**4512**	**180817**		**12283**	**8051**	**21178**
金城江区	451202	60532		5445	3581	7110
宜州区	451203	28561		3585	351	2535
南丹县	451221	18056		548	338	2469
天峨县	451222	5002		156	130	417
凤山县	451223	4089		293	193	5
东兰县	451224	5238		225	267	517
罗城仫佬族自治县	451225	8679		223	326	219
环江毛南族自治县	451226	11879		15	577	909
巴马瑶族自治县	451227	13984		357	205	4844
都安瑶族自治县	451228	15061		315	1401	888
大化瑶族自治县	451229	9736		1121	682	1265
来宾市	**4513**	**133433**		**2578**	**6516**	**8126**
兴宾区	451302	76251		2411	3147	5268
忻城县	451321	8062		23	407	439
象州县	451322	15569		128	308	1372
武宣县	451323	14833		7	701	451
金秀瑶族自治县	451324	11250		9	646	358
合山市	451381	6961			1307	238
崇左市	**4514**	**142422**	**1**	**1758**	**4436**	**12397**
江州区	451402	59203		159	2015	4394
扶绥县	451421	22298		185	1209	220
宁明县	451422	10940	1		452	2740
龙州县	451423	13058		14	232	463
大新县	451424	15341		302	154	3066
天等县	451425	7966		98	342	1003
凭祥市	451481	13143		1000	32	511

2001年	2002年	2003年	2004年	2005年	2006年	2007年	代码
296	1306	1557	581	1372	786	566	451103
171	91	587	392	64	108	45	451121
59	822	405	102	286	138	1106	451122
808	217	311	70	38	64	219	451123
2739	**6961**	**14862**	**2911**	**4609**	**4737**	**8670**	**4512**
1159	5164	5706	454	1319	1803	1516	451202
454	917	1611	1079	375	651	1639	451203
338	97	4441	286	1724	1020	498	451221
32	39	345	8	20	25	442	451222
20	141	326	6	79	61	201	451223
	11	29	267	16	109	201	451224
564	101	356	360	175	439	776	451225
44	431	811	108	458	213	1661	451226
	5	498	219	350	303	306	451227
100	29	572	118	62	91	1055	451228
28	26	167	6	31	22	375	451229
3330	**2670**	**4826**	**11565**	**2924**	**4297**	**6575**	**4513**
1015	1295	3152	4043	1955	2710	4937	451302
363	322	445	195	70	193	40	451321
154	226	683	669	459	1046	268	451322
901	748	267	110	164	197	455	451323
32	64	93	6060	254	127	252	451324
865	15	186	488	22	24	623	451381
6228	**2773**	**2873**	**2232**	**7195**	**2916**	**5367**	**4514**
849	189	1204	492	5026	312	1063	451402
1896	623	141	337	883	539	1168	451421
101	573	36	143	284	51	333	451422
2344	762	376	237	174	186	1107	451423
495	437	496	693	381	478	827	451424
518	10	337	204	40	558	406	451425
25	179	283	126	407	792	463	451481

2-15 续表 4

地　　区	代码					
		2008年	2009年	2010年	2011年	2012年
广西壮族自治区	**45**	**187855**	**198339**	**211955**	**221771**	**218805**
南宁市	**4501**	**54657**	**41931**	**48528**	**71326**	**62641**
兴宁区	450102	1857	2430	2745	4940	3994
青秀区	450103	22261	15999	18475	17987	21059
江南区	450105	1371	2592	1593	18209	3417
西乡塘区	450107	3520	3318	4351	5211	3786
良庆区	450108	4340	1257	2313	4548	11609
邕宁区	450109	418	261	1006	376	392
武鸣区	450110	977	1361	1363	1921	2587
隆安县	450123	390	1139	630	1080	530
马山县	450124	466	323	132	299	595
上林县	450125	218	350	608	282	520
宾阳县	450126	1512	2472	3997	3408	3142
横县	450127	2610	2730	1066	3660	1976
柳州市	**4502**	**19052**	**22237**	**26495**	**23906**	**20951**
城中区	450202	1922	2253	2204	1967	2545
鱼峰区	450203	2264	3545	2889	3074	2724
柳南区	450204	3310	3347	5217	4956	3573
柳北区	450205	5133	2340	4855	3453	3542
柳江区	450206	2030	2204	3848	2332	2008
柳城县	450222	417	642	956	1768	1092
鹿寨县	450223	240	416	776	1197	1695
融安县	450224	883	400	457	1520	479
融水苗族自治县	450225	482	627	806	1622	837
三江侗族自治县	450226	259	258	750	319	670
桂林市	**4503**	**15181**	**17307**	**22739**	**15515**	**16685**
秀峰区	450302	2200	1734	1524	1719	1224
叠彩区	450303	1122	726	1138	983	978
象山区	450304	1143	2243	6997	1784	1760
七星区	450305	1154	3315	2748	1934	2986
雁山区	450311	44	41	22	24	196

2013年	2014年	2015年	2016年	2017年	2018年	无开业年份	代码
198694	**257336**	**291089**	**322243**	**363114**	**311846**	**531**	**45**
54367	**79461**	**83430**	**90897**	**109967**	**94900**	**30**	**4501**
3923	8651	6904	9245	10504	8663	8	450102
22090	31566	29222	30088	39269	31987	6	450103
2514	4599	5766	6904	7830	7885	7	450105
5217	7423	8356	9350	11021	9755	2	450107
2607	4171	6156	6211	7090	7972	2	450108
761	853	1826	1359	1589	1422	1	450109
3575	3685	2140	2354	2883	3213		450110
464	465	886	783	972	762		450123
518	433	694	1309	542	723		450124
503	683	1003	983	1335	1052	3	450125
1512	1400	3578	2476	2985	4069		450126
1545	2274	2680	2216	3962	3524	1	450127
27305	**25811**	**34686**	**35314**	**37070**	**31234**	**36**	**4502**
2746	2892	5595	4632	5862	4037		450202
3409	3534	5705	5581	7077	5465	14	450203
7420	4812	10289	6958	6326	6024		450204
2873	4208	3480	5520	4856	4106		450205
1796	2520	2627	2959	3176	3095		450206
757	967	938	1042	1126	909		450222
1458	1580	1259	2064	3018	1573	12	450223
694	2336	961	960	1309	1381	3	450224
1204	843	1360	2027	1711	2233	7	450225
535	506	1036	878	1182	1153		450226
16691	**23246**	**26350**	**29109**	**32042**	**28978**	**39**	**4503**
850	3066	2762	2063	1709	2212	13	450302
590	1195	1462	1871	2443	2147		450303
2142	4444	3073	5593	5052	4163		450304
2669	4853	5812	4672	5813	5255	7	450305
455	231	238	336	437	384		450311

2-15 续表 5

地 区	代码	2008年	2009年	2010年	2011年	2012年
临桂区	450312	915	2090	1596	2187	1598
阳朔县	450321	207	981	1748	983	622
灵川县	450323	923	1071	1235	791	1393
全州县	450324	645	249	285	1156	763
兴安县	450325	523	1102	899	429	800
永福县	450326	363	432	753	176	567
灌阳县	450327	136	424	234	231	546
龙胜各族自治县	450328	220	215	252	791	236
资源县	450329	415	419	369	540	800
平乐县	450330	609	415	306	299	831
荔浦县	450331	3429	826	2395	1163	951
恭城瑶族自治县	450332	1133	1024	226	325	434
梧州市	**4504**	**10321**	**17464**	**12949**	**15643**	**10760**
万秀区	450403	1527	1793	1018	1259	1225
长洲区	450405	968	3648	1953	1904	1783
龙圩区	450406	1659	1409	1438	3136	1955
苍梧县	450421	293	191	292	209	451
藤县	450422	2956	5749	4788	4686	1209
蒙山县	450423	237	397	586	560	848
岑溪市	450481	2361	3597	1939	2294	2335
北海市	**4505**	**8396**	**10757**	**11793**	**12162**	**9553**
海城区	450502	4550	3246	3934	2933	2342
银海区	450503	1541	675	1814	811	1076
铁山港区	450512	44	2382	1461	3336	501
合浦县	450521	1575	819	2120	1591	2338
防城港市	**4506**	**8502**	**4015**	**7841**	**5041**	**6375**
港口区	450602	3764	1911	4081	2176	3275
防城区	450603	1482	602	1723	1339	1558
上思县	450621	828	157	536	519	398
东兴市	450681	2428	1345	1091	1007	1144
钦州市	**4507**	**10341**	**8653**	**13839**	**13429**	**12686**
钦南区	450702	1684	1182	4481	4846	2088

2013年	2014年	2015年	2016年	2017年	2018年	无开业年份	代码
1188	1983	3050	3209	4665	3921	4	450312
1156	500	910	1547	1206	1264	2	450321
1818	1676	2457	1853	2299	2434	7	450323
604	660	942	1133	1277	947		450324
1005	851	877	920	1014	920		450325
499	671	533	453	964	838		450326
609	322	308	388	694	344	1	450327
426	427	321	226	201	190		450328
234	180	299	599	583	336		450329
664	777	707	1245	1193	1234		450330
1397	876	1900	2294	1788	1704	5	450331
385	534	699	707	704	685		450332
7287	**8010**	**12410**	**10088**	**14148**	**12212**		**4504**
1475	1302	2152	1180	2439	1756		450403
1403	1510	2939	2658	2854	2989		450405
657	436	1027	1088	1285	965		450406
329	445	353	160	624	480		450421
1735	1471	2151	1510	2364	2388		450422
203	559	546	780	922	799		450423
1485	2287	3165	2281	3660	2835		450481
8861	**11751**	**12130**	**14857**	**18774**	**14815**		**4505**
3490	5694	5183	6235	8479	6966		450502
1084	1761	1688	2338	4193	3984		450503
618	635	590	586	639	268		450512
1763	3090	1903	2473	3494	2826		450521
4068	**6489**	**6641**	**7494**	**7130**	**7927**	**8**	**4506**
2440	3931	3333	4183	3439	4410	8	450602
628	912	1140	1225	1545	1407		450603
155	471	489	717	1011	742		450621
845	1175	1679	1369	1135	1368		450681
12035	**14070**	**13345**	**14065**	**17202**	**13210**	**137**	**4507**
2693	3370	5297	4210	5909	5403	113	450702

2-15 续表 6

地　　区	代码	2008年	2009年	2010年	2011年	2012年
钦北区	450703	5697	2145	2970	2682	5634
灵山县	450721	1175	2660	4339	2009	2350
浦北县	450722	956	211	1401	3329	1894
贵港市	**4508**	**14496**	**17523**	**15424**	**17562**	**18388**
港北区	450802	4774	2671	3128	5769	4486
港南区	450803	1477	4079	1647	1413	1575
覃塘区	450804	705	702	1247	2424	6888
平南县	450821	2928	5591	6476	3410	2219
桂平市	450881	4612	4480	2926	4546	3220
玉林市	**4509**	**15422**	**20034**	**18332**	**19685**	**22824**
玉州区	450902	6194	6218	3074	4481	5799
福绵区	450903	1177	258	1799	869	937
容县	450921	1649	3507	1584	3026	1423
陆川县	450922	1649	2166	1548	2439	1269
博白县	450923	1041	1648	2351	4174	5896
兴业县	450924	742	559	159	1174	1061
北流市	450981	2877	5435	7107	3071	6144
百色市	**4510**	**13800**	**10523**	**10483**	**8212**	**9642**
右江区	451002	6747	4910	4772	2853	2512
田阳县	451021	814	531	1684	531	951
田东县	451022	872	926	637	343	1284
平果县	451023	3605	1489	1250	1200	1600
德保县	451024	179	519	394	1668	520
那坡县	451026	235	135	45	103	90
凌云县	451027	149	160	104	324	399
乐业县	451028	192	323	170	79	153
田林县	451029	152	353	625	450	584
西林县	451030	49	124	100	151	156
隆林各族自治县	451031	357	348	431	246	426
靖西市	451081	449	705	271	264	967
贺州市	**4511**	**4302**	**5813**	**7507**	**4324**	**5299**
八步区	451102	2010	4284	3172	1848	1526

2013年	2014年	2015年	2016年	2017年	2018年	无开业年份	代码
3878	5264	2826	4023	3551	3013	18	450703
3092	2200	2206	2429	3060	2530	6	450721
2030	2379	1846	2365	3589	1677		450722
15434	**21590**	**19757**	**26814**	**27930**	**22850**	**71**	**4508**
3416	5378	6087	10432	8414	7394	9	450802
2188	2531	2853	4621	5920	2583		450803
3123	2752	1641	2514	3110	4318	14	450804
3519	3475	4696	4645	5032	3390	45	450821
3188	7454	4480	4602	5454	5165	3	450881
17838	**20167**	**25092**	**33522**	**34728**	**29077**	**99**	**4509**
4762	5894	8163	10327	12079	9730	38	450902
582	779	1883	1041	3069	2794		450903
2718	1832	2969	4155	3250	3107	32	450921
1113	3551	2054	1911	2773	2394		450922
2731	1803	3138	3813	5936	3165		450923
1070	1016	1578	1053	1192	1129	4	450924
4851	4670	4968	11078	6328	6658	25	450981
11140	**16469**	**14116**	**18107**	**19929**	**15495**	**14**	**4510**
2646	4708	3607	4225	5370	3726		451002
1124	3177	1095	1572	1449	1533		451021
872	1152	685	1517	1246	2061	12	451022
1088	2089	2555	2910	2330	2022		451023
674	544	786	761	1650	724		451024
221	568	278	504	816	400		451026
568	526	400	854	519	283		451027
426	187	621	393	365	541		451028
1147	989	560	1368	2398	1197		451029
197	299	319	785	327	349		451030
761	865	1197	932	941	924		451031
1416	1365	2013	2286	2518	1735	2	451081
4244	**6281**	**8777**	**8784**	**9860**	**7910**	**2**	**4511**
1557	2156	3958	3678	4258	2923		451102

2-15 续表 7

地　　区	代码					
		2008年	2009年	2010年	2011年	2012年
平桂区	451103	1107	665	1845	1006	1187
昭平县	451121	133	104	427	260	624
钟山县	451122	79	492	906	946	915
富川瑶族自治县	451123	973	268	506	264	1047
河池市	**4512**	**4604**	**5885**	**7161**	**5251**	**9041**
金城江区	451202	2720	2759	3019	1434	1716
宜州区	451203	468	790	784	1323	2234
南丹县	451221	314	120	282	311	430
天峨县	451222	52	253	480	172	219
凤山县	451223	286	18	112	159	199
东兰县	451224	29	39	162	361	232
罗城仫佬族自治县	451225	263	460	928	160	438
环江毛南族自治县	451226	120	304	433	279	1559
巴马瑶族自治县	451227	75	581	421	282	421
都安瑶族自治县	451228	174	429	296	211	980
大化瑶族自治县	451229	103	132	244	559	613
来宾市	**4513**	**4519**	**8129**	**3755**	**4002**	**7727**
兴宾区	451302	2278	5605	1601	1993	4103
忻城县	451321	124	161	885	354	812
象州县	451322	880	1615	663	807	945
武宣县	451323	857	441	311	608	1193
金秀瑶族自治县	451324	21	150	107	132	429
合山市	451381	202	157	188	108	245
崇左市	**4514**	**4262**	**8068**	**5109**	**5713**	**6233**
江州区	451402	1699	6024	2093	2465	2727
扶绥县	451421	459	709	528	1263	1144
宁明县	451422	247	108	760	372	392
龙州县	451423	299	122	460	739	976
大新县	451424	732	281	386	273	535
天等县	451425	63	368	200	206	195
凭祥市	451481	290	456	682	395	264

2013年	2014年	2015年	2016年	2017年	2018年	无开业年份	代码
986	2312	1834	2286	2015	1980		451103
246	626	770	1202	970	916		451121
876	847	1458	829	1657	1158	2	451122
579	340	757	789	960	933		451123
7480	**8363**	**12147**	**12801**	**12548**	**8521**	**14**	**4512**
1734	2839	4073	2417	2688	1862	14	451202
1372	1255	1390	1815	2604	1329		451203
744	405	544	647	1702	798		451221
482	102	231	564	490	343		451222
294	116	287	657	319	317		451223
310	278	645	665	355	520		451224
313	332	466	644	684	452		451225
313	1244	478	690	721	511		451226
261	524	787	1997	1028	520		451227
1354	811	2779	1231	978	1187		451228
303	457	467	1474	979	682		451229
6441	**7746**	**10791**	**8039**	**9691**	**9157**	**29**	**4513**
4143	4411	6933	4681	5654	4901	15	451302
416	436	378	463	688	848		451321
609	262	860	1091	1328	1194	2	451322
862	1422	1837	888	1147	1266		451323
209	350	392	581	514	458	12	451324
202	515	391	335	360	490		451381
5503	**7882**	**11417**	**12352**	**12095**	**15560**	**52**	**4514**
2316	2747	5647	6003	5010	6769		451402
955	1243	1700	1499	2290	3266	41	451421
465	686	683	594	845	1074		451422
493	1118	1000	435	798	723		451423
571	870	1000	1149	1094	1121		451424
206	575	357	830	630	820		451425
497	643	1030	1842	1428	1787	11	451481

2-16 按行业（大类）、运营

行业大类	代码	法人单位数（个）	正常运营	停业（歇业）
总 计	**00**	**384724**	**267385**	**66218**
农、林、牧、渔业	**A**	**2531**	**1619**	**471**
农业	01	37	37	
林业	02	15	14	1
畜牧业	03	13	13	
渔业	04	4	3	
农、林、牧、渔专业及辅助性活动	05	2462	1552	470
采矿业	**B**	**2672**	**1443**	**683**
煤炭开采和洗选业	06	30	19	5
石油和天然气开采业	07	3	2	
黑色金属矿采选业	08	268	108	94
有色金属矿采选业	09	296	151	94
非金属矿采选业	10	1830	1077	418
开采专业及辅助性活动	11	15	4	5
其他采矿业	12	230	82	67
制造业	**C**	**37248**	**28624**	**4090**
农副食品加工业	13	2983	2222	369
食品制造业	14	2319	1869	234
酒、饮料和精制茶制造业	15	1409	1048	175
烟草制品业	16	5	3	2
纺织业	17	626	449	66
纺织服装、服饰业	18	1081	781	149
皮革、毛皮、羽毛及其制品和制鞋业	19	441	339	56
木材加工和木、竹、藤、棕、草制品业	20	5133	4121	396
家具制造业	21	1026	824	93
造纸和纸制品业	22	787	633	94
印刷和记录媒介复制业	23	1033	898	74
文教、工美、体育和娱乐用品制造业	24	977	756	112
石油、煤炭及其他燃料加工业	25	129	81	21
化学原料和化学制品制造业	26	1830	1294	258
医药制造业	27	492	355	58
化学纤维制造业	28	21	10	4
橡胶和塑料制品业	29	1253	975	132
非金属矿物制品业	30	5396	4077	606
黑色金属冶炼和压延加工业	31	305	220	57
有色金属冶炼和压延加工业	32	371	253	55

状态分组的企业法人单位数

筹建	当年关闭	当年破产	当年注销	当年吊销	其他	代码
33649	**6528**	**536**	**7231**	**494**	**2683**	**00**
287	**69**	**5**	**55**	**4**	**21**	**A**
						01
						02
						03
	1					04
287	68	5	55	4	21	05
281	**150**	**14**	**63**	**5**	**33**	**B**
4		1			1	06
1						07
34	21	1	4	2	4	08
24	16	2	6		3	09
160	99	10	46	2	18	10
6						11
52	14		7	1	7	12
2990	**799**	**89**	**467**	**36**	**153**	**C**
248	68	9	46	2	19	13
151	38	4	18		5	14
128	35	2	13	2	6	15
						16
82	19	2	8			17
89	37	1	19	2	3	18
24	12	1	7		2	19
412	111	16	53	4	20	20
79	18	2	5	1	4	21
24	23	5	4		4	22
35	10	2	12		2	23
61	23	2	18	1	4	24
22	3	1		1		25
186	49	5	30	3	5	26
62	8	1	8			27
4	1		1		1	28
95	26	1	12	3	9	29
444	155	20	66	8	20	30
11	12	1	2	2		31
33	17	3	7		3	32

2-16 续表 1

行业大类	代码	法人单位数（个）	正常运营	停业（歇业）
金属制品业	33	1974	1600	174
通用设备制造业	34	1478	1128	176
专用设备制造业	35	1499	1162	174
汽车制造业	36	1200	913	138
铁路、船舶、航空航天和其他运输设备制造业	37	240	175	31
电气机械和器材制造业	38	930	690	106
计算机、通信和其他电子设备制造业	39	960	720	123
仪器仪表制造业	40	224	193	18
其他制造业	41	186	130	24
废弃资源综合利用业	42	250	161	35
金属制品、机械和设备修理业	43	690	544	80
电力、热力、燃气及水生产和供应业	**D**	**3281**	**2806**	**196**
电力、热力生产和供应业	44	2415	2074	145
燃气生产和供应业	45	157	112	15
水的生产和供应业	46	709	620	36
建筑业	**E**	**23668**	**16974**	**3420**
房屋建筑业	47	4455	3132	633
土木工程建筑业	48	3666	2617	575
建筑安装业	49	2524	1926	319
建筑装饰、装修和其他建筑业	50	13023	9299	1893
批发和零售业	**F**	**140835**	**101114**	**23010**
批发业	51	69934	48806	12801
零售业	52	70901	52308	10209
交通运输、仓储和邮政业	**G**	**12789**	**9545**	**1774**
铁路运输业	53	6	6	
道路运输业	54	8460	6319	1123
水上运输业	55	530	396	81
航空运输业	56	54	26	15
管道运输业	57	1	1	
多式联运和运输代理业	58	1459	1006	289
装卸搬运和仓储业	59	1576	1180	220
邮政业	60	703	611	46
住宿和餐饮业	**H**	**8420**	**6081**	**1263**
住宿业	61	3158	2545	263
餐饮业	62	5262	3536	1000
信息传输、软件和信息技术服务业	**I**	**18158**	**10918**	**4288**
电信、广播电视和卫星传输服务	63	567	460	66
互联网和相关服务	64	2393	1497	533
软件和信息技术服务业	65	15198	8961	3689

筹建	当年关闭	当年破产	当年注销	当年吊销	其他	代码
141	22	3	25	3	6	33
118	27	3	22	1	3	34
107	22		28	1	5	35
113	12		12	1	11	36
20	6	2	6			37
98	15	1	14		6	38
88	11	1	11	1	5	39
9	2		1		1	40
20	6		3		3	41
43	7		1		3	42
43	4	1	15		3	43
202	**29**	**2**	**30**	**2**	**14**	**D**
137	22	2	26	2	7	44
28			2			45
37	7		2		7	46
2454	**300**	**25**	**342**	**24**	**129**	**E**
544	41	5	64	6	30	47
356	42	3	50	4	19	48
205	23	1	36	5	9	49
1349	194	16	192	9	71	50
9519	**2547**	**197**	**3041**	**242**	**1165**	**F**
4823	1154	85	1419	135	711	51
4696	1393	112	1622	107	454	52
976	**170**	**29**	**209**	**8**	**78**	**G**
						53
693	108	19	140	7	51	54
36	4	2	5		6	55
11			1		1	56
						57
118	14	2	26		4	58
97	37	2	27	1	12	59
21	7	4	10		4	60
735	**158**	**6**	**132**	**9**	**36**	**H**
272	34		21	4	19	61
463	124	6	111	5	17	62
2150	**259**	**16**	**349**	**17**	**161**	**I**
22	9		7		3	63
246	53	2	46	1	15	64
1882	197	14	296	16	143	65

2-16 续表 2

行业大类	代码	法人单位数（个）	正常运营	停业（歇业）
金融业	**J**	**2372**	**1632**	**549**
货币金融服务	66	755	658	77
资本市场服务	67	272	162	86
保险业	68	411	405	2
其他金融业	69	934	407	384
房地产业	**K**	**21402**	**14064**	**4089**
房地产业	70	21402	14064	4089
租赁和商务服务业	**L**	**60718**	**38082**	**13642**
租赁业	71	5178	3757	752
商务服务业	72	55540	34325	12890
科学研究和技术服务业	**M**	**22180**	**13958**	**4528**
研究和试验发展	73	2446	1444	529
专业技术服务业	74	9558	6809	1541
科技推广和应用服务业	75	10176	5705	2458
水利、环境和公共设施管理业	**N**	**2401**	**1611**	**371**
水利管理业	76	110	79	16
生态保护和环境治理业	77	328	214	58
公共设施管理业	78	1837	1232	281
土地管理业	79	126	86	16
居民服务、修理和其他服务业	**O**	**10963**	**8162**	**1509**
居民服务业	80	4303	2890	782
机动车、电子产品和日用产品修理业	81	4626	3659	515
其他服务业	82	2034	1613	212
教育	**P**	**4173**	**3140**	**549**
教育	83	4173	3140	549
卫生和社会工作	**Q**	**1180**	**875**	**107**
卫生	84	976	774	68
社会工作	85	204	101	39
文化、体育和娱乐业	**R**	**9733**	**6737**	**1679**
新闻和出版业	86	79	58	12
广播、电视、电影和录音制作业	87	1011	710	151
文化艺术业	88	1933	1179	488
体育	89	847	602	109
娱乐业	90	5863	4188	919

筹建	当年关闭	当年破产	当年注销	当年吊销	其他	代码
115	**25**		**33**	**5**	**13**	**J**
5	5		3		7	66
16	2		4	1	1	67
3			1			68
91	18		25	4	5	69
2315	**277**	**27**	**377**	**20**	**233**	**K**
2315	277	27	377	20	233	70
6361	**940**	**69**	**1182**	**65**	**377**	**L**
454	78	7	97	4	29	71
5907	862	62	1085	61	348	72
2795	**288**	**16**	**428**	**32**	**135**	**M**
397	18	1	40	3	14	73
869	102	11	167	11	48	74
1529	168	4	221	18	73	75
300	**44**	**4**	**51**	**2**	**18**	**N**
8	2		5			76
45	4	1	4	1	1	77
235	34	3	37	1	14	78
12	4		5		3	79
817	**177**	**13**	**224**	**9**	**52**	**O**
403	87	4	112	4	21	80
282	63	6	79	4	18	81
132	27	3	33	1	13	82
352	**50**	**6**	**56**	**4**	**16**	**P**
352	50	6	56	4	16	83
163	**7**		**20**		**8**	**Q**
109	2		16		7	84
54	5		4		1	85
837	**239**	**18**	**172**	**10**	**41**	**R**
5	2		2			86
114	13	1	16	2	4	87
196	26	1	28	2	13	88
106	10		15		5	89
416	188	16	111	6	19	90

2-17 按行业（大类）、运营状态

行业大类	代码	从业人员数（人）		
			正常运营	停业（歇业）
总　计	**00**	**5491773**	**5331485**	**89071**
农、林、牧、渔业	**A**	**14723**	**13467**	**493**
农业	01			
林业	02			
畜牧业	03			
渔业	04			
农、林、牧、渔专业及辅助性活动	05	14723	13467	493
采矿业	**B**	**67575**	**62973**	**2491**
煤炭开采和洗选业	06	7009	6204	47
石油和天然气开采业	07	131	131	
黑色金属矿采选业	08	8478	7837	543
有色金属矿采选业	09	18242	17879	249
非金属矿采选业	10	32432	29916	1587
开采专业及辅助性活动	11	65	58	1
其他采矿业	12	1218	948	64
制造业	**C**	**1498368**	**1464773**	**17655**
农副食品加工业	13	134887	132098	1743
食品制造业	14	44076	42861	498
酒、饮料和精制茶制造业	15	42732	42058	336
烟草制品业	16	3591	3587	4
纺织业	17	46385	45735	589
纺织服装、服饰业	18	33362	31557	1500
皮革、毛皮、羽毛及其制品和制鞋业	19	28438	28209	174
木材加工和木、竹、藤、棕、草制品业	20	183711	179836	1435
家具制造业	21	14008	13196	636
造纸和纸制品业	22	35122	34464	455
印刷和记录媒介复制业	23	14640	14502	114
文教、工美、体育和娱乐用品制造业	24	41170	40615	138
石油、煤炭及其他燃料加工业	25	5354	5246	24
化学原料和化学制品制造业	26	67314	64692	1567
医药制造业	27	35183	34596	260
化学纤维制造业	28	230	172	55
橡胶和塑料制品业	29	38350	36629	988
非金属矿物制品业	30	192154	186702	2904
黑色金属冶炼和压延加工业	31	52595	51760	309
有色金属冶炼和压延加工业	32	48919	46630	1012

分组的企业法人单位从业人员数

筹建	当年关闭	当年破产	当年注销	当年吊销	其他	代码
48000	**9073**	**1187**	**4954**	**346**	**7657**	**00**
515	**21**	**11**	**43**	**121**	**52**	**A**
						01
						02
						03
						04
515	21	11	43	121	52	05
1172	**309**	**512**	**66**	**1**	**51**	**B**
256		502				06
						07
67	26		3	1	1	08
103	1	2	4		4	09
648	171	8	58		44	10
6						11
92	111		1		2	12
10204	**3080**	**325**	**736**	**21**	**1574**	**C**
479	477	19	43		28	13
630	57	12	18			14
298	12		19		9	15
						16
30	30		1			17
123	125		22		35	18
48	3	1	2		1	19
1467	291	52	278		352	20
149	20	2	2		3	21
92	77				34	22
22			2			23
127	241	8	36		5	24
75	5	4				25
853	190	4	6		2	26
275		50	2			27
2					1	28
646	70		8	6	3	29
1501	677	173	19	12	166	30
8	514		3	1		31
1128	120		3		26	32

2-17 续表 1

行业大类	代码	从业人员数（人）	正常运营	停业(歇业）
金属制品业	33	36144	35345	299
通用设备制造业	34	34163	33588	248
专用设备制造业	35	46072	45524	230
汽车制造业	36	134583	132050	1088
铁路、船舶、航空航天和其他运输设备制造业	37	20896	20723	102
电气机械和器材制造业	38	40551	39623	372
计算机、通信和其他电子设备制造业	39	98689	98082	403
仪器仪表制造业	40	7077	7053	16
其他制造业	41	2643	2565	32
废弃资源综合利用业	42	8285	8175	39
金属制品、机械和设备修理业	43	7044	6900	85
电力、热力、燃气及水生产和供应业	**D**	**123812**	**119119**	**3307**
电力、热力生产和供应业	44	99690	95246	3267
燃气生产和供应业	45	5056	4945	7
水的生产和供应业	46	19066	18928	33
建筑业	**E**	**1103930**	**1095497**	**4728**
房屋建筑业	47	825257	823477	1000
土木工程建筑业	48	159050	156672	1365
建筑安装业	49	37052	36421	406
建筑装饰、装修和其他建筑业	50	82571	78927	1957
批发和零售业	**F**	**676529**	**643573**	**18854**
批发业	51	321607	303763	10649
零售业	52	354922	339810	8205
交通运输、仓储和邮政业	**G**	**311554**	**304123**	**3100**
铁路运输业	53	66932	66932	
道路运输业	54	144527	139248	1656
水上运输业	55	12385	11879	390
航空运输业	56	9054	8985	69
管道运输业	57	102	102	
多式联运和运输代理业	58	10879	10459	282
装卸搬运和仓储业	59	30873	29932	618
邮政业	60	36802	36586	85
住宿和餐饮业	**H**	**135587**	**131753**	**2010**
住宿业	61	74650	73119	482
餐饮业	62	60937	58634	1528
信息传输、软件和信息技术服务业	**I**	**123461**	**117217**	**4085**
电信、广播电视和卫星传输服务	63	45159	45005	46
互联网和相关服务	64	10547	9608	650
软件和信息技术服务业	65	67755	62604	3389

筹建	当年关闭	当年破产	当年注销	当年吊销	其他	代码
304	16		176		4	33
273	38		10	2	4	34
224	49		21		24	35
720	5		22		698	36
54	14		3			37
377	28		3		148	38
154	11		31		8	39
2	3				3	40
28	3				15	41
64	3				4	42
51	1		6		1	43
1029	**12**	**1**	**335**		**9**	**D**
835	12	1	328		1	44
103			1			45
91			6		8	46
3082	**209**	**13**	**184**	**25**	**192**	**E**
628	4		39	5	104	47
897	78	2	12	15	9	48
202	7		8		8	49
1355	120	11	125	5	71	50
8834	**1472**	**139**	**1834**	**114**	**1709**	**F**
4454	706	53	877	52	1053	51
4380	766	86	957	62	656	52
1630	**2325**	**7**	**86**	**2**	**281**	**G**
						53
1160	2307	1	59	2	94	54
71			5		40	55
						56
						57
114			11		13	58
217	14		8		84	59
68	4	6	3		50	60
1187	**214**	**1**	**123**	**9**	**290**	**H**
685	113		23	9	219	61
502	101	1	100		71	62
1756	**129**	**4**	**161**	**1**	**108**	**I**
87	6		7		8	63
209	17	2	43		18	64
1460	106	2	111	1	82	65

2-17 续表 2

行业大类	代码	从业人员数（人）		
			正常运营	停业(歇业)
金融业	**J**	**311549**	**310797**	**578**
货币金融服务	66	92545	92391	126
资本市场服务	67	4434	4287	130
保险业	68	209835	209833	1
其他金融业	69	4735	4286	321
房地产业	**K**	**300495**	**287124**	**7408**
房地产业	70	300495	287124	7408
租赁和商务服务业	**L**	**457516**	**433624**	**15100**
租赁业	71	24930	23662	678
商务服务业	72	432586	409962	14422
科学研究和技术服务业	**M**	**149595**	**141483**	**4444**
研究和试验发展	73	9443	8452	490
专业技术服务业	74	104166	100993	1780
科技推广和应用服务业	75	35986	32038	2174
水利、环境和公共设施管理业	**N**	**31850**	**28918**	**603**
水利管理业	76	1417	1405	10
生态保护和环境治理业	77	5139	4890	164
公共设施管理业	78	23898	21278	417
土地管理业	79	1396	1345	12
居民服务、修理和其他服务业	**O**	**72528**	**69817**	**1544**
居民服务业	80	24577	23162	802
机动车、电子产品和日用产品修理业	81	27426	26602	487
其他服务业	82	20525	20053	255
教育	**P**	**30901**	**29562**	**724**
教育	83	30901	29562	724
卫生和社会工作	**Q**	**24932**	**23858**	**258**
卫生	84	23329	22370	205
社会工作	85	1603	1488	53
文化、体育和娱乐业	**R**	**56868**	**53807**	**1689**
新闻和出版业	86	3668	3651	9
广播、电视、电影和录音制作业	87	7533	7277	146
文化艺术业	88	10204	9608	363
体育	89	5924	5645	131
娱乐业	90	29539	27626	1040

筹建	当年关闭	当年破产	当年注销	当年吊销	其他	代码
132	**9**		**6**	**2**	**25**	**J**
2			2		24	66
13	2		2			67
1						68
116	7		2	2	1	69
3210	**196**	**96**	**204**	**10**	**2247**	**K**
3210	196	96	204	10	2247	70
6754	**600**	**66**	**641**	**27**	**704**	**L**
439	46	18	41	10	36	71
6315	554	48	600	17	668	72
3096	**159**	**4**	**237**	**3**	**169**	**M**
477	1		12		11	73
1145	56	2	120	2	68	74
1474	102	2	105	1	90	75
2208	**16**		**24**		**81**	**N**
2						76
75	2				8	77
2094	14		23		72	78
37			1		1	79
910	**79**	**1**	**118**	**6**	**53**	**O**
474	50		60	6	23	80
248	20		43		26	81
188	9	1	15		4	82
519	**9**		**33**	**2**	**52**	**P**
519	9		33	2	52	83
777	**5**		**21**		**13**	**Q**
719	1		21		13	84
58	4					85
985	**229**	**7**	**102**	**2**	**47**	**R**
5			3			86
103	1		2	2	2	87
151	30		27		25	88
123	5		18		2	89
603	193	7	52		18	90

2-18 按地区、运营状态

地区	代码	法人单位数（个）	正常运营	停业（歇业）	筹建
广西壮族自治区	**45**	**384724**	**267385**	**66218**	**33649**
南宁市	**4501**	**138156**	**85503**	**35169**	**12439**
兴宁区	450102	13082	9274	2012	1287
青秀区	450103	55801	26192	23655	3912
江南区	450105	9969	7151	1506	1175
西乡塘区	450107	18066	12955	2695	1802
良庆区	450108	7528	5473	865	825
邕宁区	450109	1348	864	211	205
武鸣区	450110	2734	1946	234	377
隆安县	450123	856	644	68	117
马山县	450124	907	650	67	152
上林县	450125	1241	908	169	118
宾阳县	450126	3409	2974	180	132
横县	450127	3488	2229	507	294
柳州市	**4502**	**44681**	**31345**	**7477**	**3978**
城中区	450202	8072	5684	1791	358
鱼峰区	450203	7992	5944	829	993
柳南区	450204	10404	6639	2342	989
柳北区	450205	6940	5104	1198	583
柳江区	450206	3438	2516	413	218
柳城县	450222	1417	813	130	153
鹿寨县	450223	1806	1221	254	268
融安县	450224	1335	1026	154	60
融水苗族自治县	450225	1662	1181	210	253
三江侗族自治县	450226	1284	895	150	103
桂林市	**4503**	**36660**	**28795**	**3812**	**2897**
秀峰区	450302	2711	2090	387	216
叠彩区	450303	3546	2776	315	365
象山区	450304	5206	5052	84	52
七星区	450305	6900	5140	1293	436
雁山区	450311	353	236	41	50

分组的企业法人单位数

当年关闭	当年破产	当年注销	当年吊销	其他	代码
6528	**536**	**7231**	**494**	**2683**	**45**
1486	52	**2494**	**322**	**691**	**4501**
145	4	198	113	49	450102
524	9	941	86	482	450103
32	4	91	9	1	450105
69	16	452	75	2	450107
182		129	4	50	450108
23	2	21	2	20	450109
82		79	2	14	450110
20		6		1	450123
15		21	1	1	450124
10	2	20		14	450125
68	7	41	7		450126
251	2	191	12	2	450127
713	**48**	**929**	**76**	**115**	**4502**
13	2	212	10	2	450202
56		77	1	92	450203
141	12	262	18	1	450204
3	3	44	4	1	450205
133	6	134	18		450206
208	2	75	22	14	450222
33	1	27	2		450223
47	20	26	1	1	450224
12	2	2		2	450225
65		70		1	450226
568	**30**	**413**	**14**	**131**	**4503**
2	2	8		6	450302
42	1	37	2	8	450303
4		10	1	3	450304
4	1	25		1	450305
10	1	11	1	3	450311

2-18 续表 1

地　区	代码	法人单位数（个）	正常运营	停业（歇业）	筹建
临桂区	450312	4508	2523	592	946
阳朔县	450321	910	838	16	34
灵川县	450323	2689	2319	177	149
全州县	450324	1358	1048	91	164
兴安县	450325	1293	1184	54	32
永福县	450326	1229	613	290	111
灌阳县	450327	700	549	72	29
龙胜各族自治县	450328	522	478	24	15
资源县	450329	524	414	64	21
平乐县	450330	1319	934	187	168
荔浦县	450331	1844	1762	24	49
恭城瑶族自治县	450332	1046	837	101	60
梧州市	**4504**	**13316**	**11719**	**779**	**409**
万秀区	450403	2330	2012	167	100
长洲区	450405	3478	3145	117	80
龙圩区	450406	1328	1175	81	32
苍梧县	450421	774	514	150	23
藤县	450422	2095	1852	125	54
蒙山县	450423	1297	1058	122	89
岑溪市	450481	1980	1929	17	31
北海市	**4505**	**17821**	**11382**	**2983**	**2515**
海城区	450502	9608	6175	2036	1210
银海区	450503	3797	1778	535	946
铁山港区	450512	496	377	40	66
合浦县	450521	3790	2923	371	293
防城港市	**4506**	**10161**	**5366**	**2291**	**1704**
港口区	450602	5478	2526	1306	1373
防城区	450603	1998	1256	415	183
上思县	450621	566	423	69	51
东兴市	450681	2118	1160	501	97
钦州市	**4507**	**13545**	**10995**	**1191**	**1104**
钦南区	450702	5134	4069	420	542

当年关闭	当年破产	当年注销	当年吊销	其他	代码
210	9	180	3	45	450312
3	2	1		16	450321
15		22		7	450323
22	9	21	2	1	450324
16		6		1	450325
161	2	43	4	5	450326
21	1	14	1	13	450327
2		2		1	450328
8		10		7	450329
17	2	10		1	450330
5				4	450331
26		13		9	450332
120	**16**	**224**	**2**	**47**	**4504**
27	1	22	1		450403
8	1	86		41	450405
25	2	13			450406
17	2	65		3	450421
33	10	18	1	2	450422
9		19			450423
1		1		1	450481
447	**7**	**471**	**6**	**10**	**4505**
33	2	145	4	3	450502
316	1	213	2	6	450503
4		9			450512
94	4	104		1	450521
78	**7**	**237**	**8**	**470**	**4506**
45	2	180	6	40	450602
27	3	41		73	450603
3		1	2	17	450621
3	2	15		340	450681
111	**6**	**123**	**3**	**12**	**4507**
37	2	58	2	4	450702

2-18 续表 2

地　区	代码	法人单位数（个）	正常运营	停业（歇业）	筹建
钦北区	450703	3930	3122	445	302
灵山县	450721	2131	1824	127	119
浦北县	450722	1498	1345	70	59
贵港市	**4508**	**19246**	**15887**	**1357**	**1054**
港北区	450802	7220	6470	427	213
港南区	450803	1556	1137	144	242
覃塘区	450804	2084	1656	144	180
平南县	450821	4233	2825	492	309
桂平市	450881	4153	3799	150	110
玉林市	**4509**	**29478**	**22852**	**3386**	**1917**
玉州区	450902	13492	9970	2038	919
福绵区	450903	1178	682	177	236
容县	450921	3129	2387	365	204
陆川县	450922	2295	1964	121	169
博白县	450923	2850	2554	186	54
兴业县	450924	1760	994	297	156
北流市	450981	4702	4230	202	179
百色市	**4510**	**20272**	**13421**	**2510**	**1683**
右江区	451002	6965	3809	920	808
田阳县	451021	1696	1060	366	136
田东县	451022	1503	1026	235	111
平果县	451023	2252	1469	357	178
德保县	451024	983	675	123	105
那坡县	451026	900	510	144	88
凌云县	451027	547	474	5	61
乐业县	451028	494	494		
田林县	451029	1242	1146	50	10
西林县	451030	508	380	45	16
隆林各族自治县	451031	1134	741	114	65
靖西市	451081	2048	1637	151	105
贺州市	**4511**	**8871**	**6300**	**946**	**823**
八步区	451102	4223	2525	548	477

当年关闭	当年破产	当年注销	当年吊销	其他	代码
24		35		2	450703
32	4	22	1	2	450721
15		6		3	450722
318	**26**	**391**	**7**	**206**	**4508**
25	3	74		8	450802
17	1	12	1	2	450803
50	6	37		11	450804
181	11	228	4	183	450821
45	5	40	2	2	450881
599	**33**	**666**	**15**	**10**	**4509**
124	13	417	9	2	450902
60	1	22			450903
93	8	71	1		450921
22	2	15	2		450922
30	1	20	1	4	450923
219	2	92			450924
51	6	29	2	3	450981
1567	**270**	**622**	**14**	**185**	**4510**
846	230	311	6	35	451002
50	12	29		43	451021
60	1	40	3	27	451022
156	4	85	2	1	451023
65	3	11		1	451024
39	2	93		24	451026
		1	1	5	451027
					451028
17	3	11		5	451029
56	2	8		1	451030
196	4	9	1	4	451031
82	9	24	1	39	451081
91	**6**	**157**	**4**	**544**	**4511**
49	3	114	2	505	451102

2-18 续表 3

地区	代码	法人单位数（个）	正常运营	停业（歇业）	筹建
平桂区	451103	1599	1370	84	128
昭平县	451121	936	619	162	89
钟山县	451122	1039	779	107	118
富川瑶族自治县	451123	1073	1006	45	11
河池市	**4512**	**12312**	**9276**	**1411**	**1274**
金城江区	451202	3017	2252	415	258
宜州区	451203	1929	1537	130	243
南丹县	451221	860	733	80	35
天峨县	451222	582	320	146	88
凤山县	451223	585	373	135	58
东兰县	451224	613	492	34	80
罗城仫佬族自治县	451225	691	535	78	52
环江毛南族自治县	451226	713	660	37	10
巴马瑶族自治县	451227	1272	699	222	300
都安瑶族自治县	451228	1419	1131	92	126
大化瑶族自治县	451229	631	544	42	24
来宾市	**4513**	**8808**	**6616**	**1014**	**877**
兴宾区	451302	4462	3653	384	315
忻城县	451321	781	609	114	42
象州县	451322	1309	914	174	156
武宣县	451323	1058	733	158	143
金秀瑶族自治县	451324	701	449	62	151
合山市	451381	495	256	122	70
崇左市	**4514**	**11397**	**7928**	**1892**	**975**
江州区	451402	3134	3065	46	6
扶绥县	451421	1685	943	242	234
宁明县	451422	1057	602	236	129
龙州县	451423	1110	825	102	119
大新县	451424	1358	956	245	100
天等县	451425	750	523	88	80
凭祥市	451481	2302	1013	933	307

当年关闭	当年破产	当年注销	当年吊销	其他	代码
11		5		1	451103
15		16		35	451121
13	3	15	2	2	451122
3		7		1	451123
135	**14**	**173**	**4**	**25**	**4512**
33	3	55		1	451202
10	3	6			451203
1		9	1	1	451221
12		16			451222
8	1	8	2		451223
6		1			451224
15		4	1	6	451225
2	2	1		1	451226
16	1	31		3	451227
23	3	31		13	451228
9	1	11			451229
120	**14**	**135**	**3**	**29**	**4513**
44	6	44	1	15	451302
5	1	10			451321
22	1	41		1	451322
14		8		2	451323
14		13	1	11	451324
21	6	19	1		451381
175	**7**	**196**	**16**	**208**	**4514**
7	1	7	1	1	451402
30	2	34		200	451421
23	2	59	2	4	451422
50		13		1	451423
13		31	13		451424
40		18		1	451425
12	2	34		1	451481

2-19 按地区、运营状态分组的

地区	代码	从业人员数（人）	正常运营	停业（歇业）	筹建
广西壮族自治区	**45**	**5491773**	**5331485**	**89071**	**48000**
南宁市	**4501**	**1636635**	**1571819**	**43660**	**14245**
兴宁区	450102	193136	187005	1942	1651
青秀区	450103	614407	578705	30832	3339
江南区	450105	103115	100293	1741	985
西乡塘区	450107	178384	174412	2303	1347
良庆区	450108	85344	82299	963	1403
邕宁区	450109	50457	49554	441	415
武鸣区	450110	38754	37386	229	996
隆安县	450123	14263	13823	115	292
马山县	450124	8795	8254	50	158
上林县	450125	10578	9970	208	300
宾阳县	450126	44627	43614	477	384
横县	450127	56984	55470	858	278
柳州市	**4502**	**807970**	**792574**	**7116**	**5271**
城中区	450202	172478	171254	700	146
鱼峰区	450203	76503	73651	867	1578
柳南区	450204	113751	109281	3123	1160
柳北区	450205	166925	164860	351	1038
柳江区	450206	53216	51532	843	192
柳城县	450222	20168	19921	37	119
鹿寨县	450223	30812	29342	737	699
融安县	450224	16047	15594	146	74
融水苗族自治县	450225	19225	18968	65	164
三江侗族自治县	450226	9543	9189	99	101
桂林市	**4503**	**538028**	**524049**	**7316**	**5327**
秀峰区	450302	64897	63546	782	500
叠彩区	450303	27676	27109	194	253
象山区	450304	83179	82907	146	115
七星区	450305	134076	130092	3008	925
雁山区	450311	4689	4353	166	92

企业法人单位从业人员数

当年关闭	当年破产	当年注销	当年吊销	其他	代码
9073	**1187**	**4954**	**346**	**7657**	**45**
3385	**113**	**1364**	**225**	**1824**	**4501**
2356	2	94	48	38	450102
234	8	210	9	1070	450103
39	1	49	5	2	450105
33	15	202	17	55	450107
323		124	118	114	450108
2	3	22	4	16	450109
48		16		79	450110
3		12		18	450123
9		324			450124
10	30	20		40	450125
50	11	87	4		450126
245		76	16	41	450127
774	**114**	**998**	**84**	**1039**	**4502**
13		241	10	114	450202
75		94	1	237	450203
74	5	103	3	2	450204
	6	27	3	640	450205
190	46	346	67		450206
46		31		14	450222
16	4	14			450223
126	53	40		14	450224
2		8		18	450225
60		94			450226
457	**19**	**248**	**1**	**611**	**4503**
		2		67	450302
15	10	32		63	450303
5		6			450304
2		35		14	450305
8		7	1	62	450311

2-19 续表 1

地　　区	代码	从业人员数（人）	正常运营	停业（歇业）	筹建
临桂区	450312	41405	39737	618	926
阳朔县	450321	20152	19715	44	296
灵川县	450323	30385	29597	295	371
全州县	450324	17102	16113	434	507
兴安县	450325	15848	15352	221	122
永福县	450326	14745	14068	24	567
灌阳县	450327	6951	6766	35	56
龙胜各族自治县	450328	9143	8800	315	18
资源县	450329	8130	7641	350	24
平乐县	450330	12622	12340	125	134
荔浦县	450331	37219	36760	153	220
恭城瑶族自治县	450332	9480	8824	406	201
梧州市	**4504**	**222557**	**219295**	**1555**	**787**
万秀区	450403	39146	38915	84	123
长洲区	450405	43808	43194	307	96
龙圩区	450406	24247	23918	30	87
苍梧县	450421	5871	5157	365	77
藤县	450422	44962	43853	711	238
蒙山县	450423	9419	9347	38	19
岑溪市	450481	44188	43995	20	147
北海市	**4505**	**219075**	**212598**	**2079**	**3699**
海城区	450502	94464	91730	1227	1350
银海区	450503	28443	26017	326	1705
铁山港区	450512	12757	12348	90	315
合浦县	450521	45595	44690	433	329
防城港市	**4506**	**125359**	**118681**	**3462**	**1594**
港口区	450602	66891	64555	1217	1061
防城区	450603	25251	23750	937	195
上思县	450621	10988	10361	279	150
东兴市	450681	21819	19605	1029	188
钦州市	**4507**	**338426**	**331706**	**2637**	**3077**
钦南区	450702	134895	132273	1179	1187

当年关闭	当年破产	当年注销	当年吊销	其他	代码
8		19		97	450312
7	1			89	450321
22		33		67	450323
7	6	6		29	450324
113		38		2	450325
71				15	450326
35		12		47	450327
				10	450328
93		20		2	450329
14	2	2		5	450330
45				41	450331
12		36		1	450332
266	**92**	**390**		**172**	**4504**
15	1	8			450403
7		94		110	450405
208		4			450406
19	4	241		8	450421
7	87	37		29	450422
10		5			450423
		1		25	450481
361	**5**	**126**	**5**	**202**	**4505**
31	5	55		66	450502
294		9	5	87	450503
2		2			450512
34		60		49	450521
88	**70**	**39**		**1425**	**4506**
15		4		39	450602
66	50	30		223	450603
7		2		189	450621
	20	3		974	450681
695		**162**		**149**	**4507**
87		117		52	450702

2-19 续表 2

地　区	代码	从业人员数（人）	正常运营	停业（歇业）	筹建
钦北区	450703	108525	106028	811	1038
灵山县	450721	40418	39940	205	244
浦北县	450722	33802	33146	304	281
贵港市	**4508**	**324581**	**316242**	**4060**	**2217**
港北区	450802	113099	112089	518	226
港南区	450803	37535	36654	229	572
覃塘区	450804	34514	33217	292	610
平南县	450821	66807	64630	592	605
桂平市	450881	72626	69652	2429	204
玉林市	**4509**	**481480**	**471142**	**5686**	**2435**
玉州区	450902	158452	154893	2086	674
福绵区	450903	18941	18265	318	156
容县	450921	50393	49454	406	404
陆川县	450922	45350	44947	173	96
博白县	450923	62130	60463	1060	291
兴业县	450924	17171	15968	472	299
北流市	450981	120845	118979	1171	515
百色市	**4510**	**232659**	**227154**	**1937**	**2543**
右江区	451002	78718	76991	453	1129
田阳县	451021	19576	19022	167	302
田东县	451022	20645	20274	95	229
平果县	451023	33866	33004	500	306
德保县	451024	14930	14677	121	114
那坡县	451026	4901	4775	55	45
凌云县	451027	6370	6237		15
乐业县	451028	4297	4297		
田林县	451029	12391	12138	121	102
西林县	451030	4756	4635	43	38
隆林各族自治县	451031	8837	8241	193	216
靖西市	451081	23372	22863	189	47
贺州市	**4511**	**108331**	**104853**	**1520**	**1378**
八步区	451102	47329	45158	924	935

当年关闭	当年破产	当年注销	当年吊销	其他	代码
540		33		75	450703
17		8		4	450721
49		4		18	450722
957	**87**	**531**	**10**	**477**	**4508**
20	3	61		182	450802
76				4	450803
59	57	218		61	450804
677	2	77		224	450821
125	25	175	10	6	450881
1276	**17**	**636**	**5**	**283**	**4509**
193	4	489		113	450902
196		6			450903
75		54			450921
131		3			450922
155	1	46	5	109	450923
428		4			450924
98	12	34		36	450981
410	**25**	**73**		**517**	**4510**
51	7	13		74	451002
35				50	451021
14		14		19	451022
47		9			451023
2		4		12	451024
8		9		9	451026
				118	451027
					451028
19	5	4		2	451029
27	4			9	451030
95	2	6		84	451031
112	7	14		140	451081
25	**2**	**33**		**520**	**4511**
17	2	15		278	451102

2-19 续表 3

地 区	代码	从业人员数（人）	正常运营	停业（歇业）	筹建
平桂区	451103	25453	25156	137	103
昭平县	451121	9356	8964	133	77
钟山县	451122	15500	15037	249	191
富川瑶族自治县	451123	10042	9887	77	72
河池市	**4512**	**180817**	**175953**	**2861**	**1537**
金城江区	451202	60532	58298	1434	561
宜州区	451203	28561	27651	595	284
南丹县	451221	18056	17727	194	125
天峨县	451222	5002	4996	2	4
凤山县	451223	4089	4018	29	36
东兰县	451224	5238	5195	14	22
罗城仫佬族自治县	451225	8679	8356	161	120
环江毛南族自治县	451226	11879	11783	73	20
巴马瑶族自治县	451227	13984	13610	156	210
都安瑶族自治县	451228	15061	14680	133	143
大化瑶族自治县	451229	9736	9639	70	12
来宾市	**4513**	**133433**	**128121**	**2640**	**1716**
兴宾区	451302	76251	75009	538	619
忻城县	451321	8062	7681	218	140
象州县	451322	15569	13939	1218	326
武宣县	451323	14833	13957	458	300
金秀瑶族自治县	451324	11250	10940	55	226
合山市	451381	6961	6088	153	105
崇左市	**4514**	**142422**	**137298**	**2542**	**2174**
江州区	451402	59203	58745	343	59
扶绥县	451421	22298	20686	166	1273
宁明县	451422	10940	10482	229	172
龙州县	451423	13058	12902	128	17
大新县	451424	15341	14833	400	40
天等县	451425	7966	7807	95	44
凭祥市	451481	13143	11370	1181	569

当年关闭	当年破产	当年注销	当年吊销	其他	代码
5		4		48	451103
		9		173	451121
1		1		21	451122
2		4			451123
177	**125**	**110**		**54**	**4512**
87	115	30		7	451202
9	10	12			451203
8		2			451221
					451222
3		3			451223
7					451224
8		8		26	451225
				3	451226
6				2	451227
49		40		16	451228
		15			451229
104	**506**	**136**	**5**	**205**	**4513**
14		1		70	451302
6		17			451321
39	1	29		17	451322
9		5		104	451323
11		4		14	451324
25	505	80	5		451381
98	**12**	**108**	**11**	**179**	**4514**
25		15	1	15	451402
23		11		139	451421
22	11	13		11	451422
				11	451423
13		45	10		451424
11		6		3	451425
4	1	18			451481

2-20 按地区、单位规模分组的企业法人单位数

地区	代码	法人单位数（个）	大型	中型	小型	微型
广西壮族自治区	**45**	**377678**	**521**	**4526**	**34185**	**338446**
南宁市	**4501**	**135523**	**204**	**1365**	**10272**	**123682**
兴宁区	450102	12841	23	123	822	11873
青秀区	450103	54788	91	498	3871	50328
江南区	450105	9796	19	93	748	8936
西乡塘区	450107	17677	17	108	1210	16342
良庆区	450108	7382	10	80	494	6798
邕宁区	450109	1316	3	28	114	1171
武鸣区	450110	2694	1	35	337	2321
隆安县	450123	830		10	150	670
马山县	450124	888		7	66	815
上林县	450125	1210		8	88	1114
宾阳县	450126	3338	1	45	266	3026
横县	450127	3359		65	291	3003
柳州市	**4502**	**44017**	**74**	**478**	**3943**	**39522**
城中区	450202	7957	13	80	571	7293
鱼峰区	450203	7869	10	74	592	7193
柳南区	450204	10278	13	81	727	9457
柳北区	450205	6844	15	61	668	6100
柳江区	450206	3387	2	47	366	2972
柳城县	450222	1395	1	15	157	1222
鹿寨县	450223	1764	3	22	210	1529
融安县	450224	1307		17	133	1157
融水苗族自治县	450225	1621		16	195	1410
三江侗族自治县	450226	1265		16	96	1153
桂林市	**4503**	**36089**	**50**	**452**	**3585**	**32002**
秀峰区	450302	2648	8	49	325	2266
叠彩区	450303	3492	7	29	193	3263
象山区	450304	5119	12	59	449	4599
七星区	450305	6818	16	77	665	6060
雁山区	450311	347		5	36	306

注：本表不含无单位规模标识的单位数据。

2-20 续表 1

地 区	代码	法人单位数（个）	大型	中型	小型	微型
临桂区	450312	4429	3	61	376	3989
阳朔县	450321	894	2	13	121	758
灵川县	450323	2654	1	48	258	2347
全州县	450324	1326		15	158	1153
兴安县	450325	1270		14	179	1077
永福县	450326	1212		8	111	1093
灌阳县	450327	691		2	77	612
龙胜各族自治县	450328	514		9	66	439
资源县	450329	511		6	61	444
平乐县	450330	1304		18	123	1163
荔浦县	450331	1822	1	32	285	1504
恭城瑶族自治县	450332	1036		7	101	928
梧州市	**4504**	**13079**	**17**	**226**	**1353**	**11483**
万秀区	450403	2286	6	46	274	1960
长洲区	450405	3443	6	48	276	3113
龙圩区	450406	1297		32	121	1144
苍梧县	450421	763		2	56	705
藤县	450422	2061	1	35	213	1812
蒙山县	450423	1243		11	68	1164
岑溪市	450481	1952	2	42	324	1584
北海市	**4505**	**17603**	**24**	**257**	**1560**	**15762**
海城区	450502	9474	11	117	800	8546
银海区	450503	3765	3	57	311	3394
铁山港区	450512	488	2	10	55	421
合浦县	450521	3746		47	311	3388
防城港市	**4506**	**10013**	**15**	**128**	**947**	**8923**
港口区	450602	5429	13	62	452	4902
防城区	450603	1960	2	26	209	1723
上思县	450621	553		11	93	449
东兴市	450681	2070		29	193	1848
钦州市	**4507**	**13329**	**19**	**238**	**1552**	**11520**
钦南区	450702	5057	6	92	533	4426

2-20 续表 2

地区	代码	法人单位数（个）	大型	中型	小型	微型
钦北区	450703	3852	7	55	401	3389
灵山县	450721	2099	2	39	246	1812
浦北县	450722	1475		34	233	1208
贵港市	**4508**	**18927**	**19**	**258**	**2198**	**16452**
港北区	450802	7092	16	97	630	6349
港南区	450803	1532		20	330	1182
覃塘区	450804	2073	1	14	366	1692
平南县	450821	4145	1	57	328	3759
桂平市	450881	4085	1	70	544	3470
玉林市	**4509**	**29056**	**26**	**399**	**2533**	**26098**
玉州区	450902	13331	19	144	817	12351
福绵区	450903	1170		17	173	980
容县	450921	3096	1	32	317	2746
陆川县	450922	2272		28	255	1989
博白县	450923	2798	2	62	296	2438
兴业县	450924	1747		14	158	1575
北流市	450981	4570	4	77	489	4000
百色市	**4510**	**19703**	**20**	**234**	**1753**	**17696**
右江区	451002	6853	12	102	486	6253
田阳县	451021	1619	1	23	170	1425
田东县	451022	1458	1	18	160	1279
平果县	451023	2193	4	38	243	1908
德保县	451024	933	1	9	103	820
那坡县	451026	878		2	47	829
凌云县	451027	528		4	63	461
乐业县	451028	479		3	50	426
田林县	451029	1183		5	129	1049
西林县	451030	497		3	51	443
隆林各族自治县	451031	1076		8	97	971
靖西市	451081	2006	1	19	154	1832
贺州市	**4511**	**8744**	**10**	**116**	**899**	**7719**
八步区	451102	4165	8	59	359	3739

2-20 续表 3

地 区	代码	法人单位数（个）	大型	中型	小型	微型
平桂区	451103	1584	1	18	254	1311
昭平县	451121	925		16	79	830
钟山县	451122	1010	1	15	120	874
富川瑶族自治县	451123	1059		8	87	964
河池市	**4512**	**11922**	**14**	**133**	**1237**	**10538**
金城江区	451202	2927	11	47	353	2516
宜州区	451203	1859		28	182	1649
南丹县	451221	819	2	10	98	709
天峨县	451222	566		2	60	504
凤山县	451223	567		4	27	536
东兰县	451224	592		3	57	532
罗城仫佬族自治县	451225	657		6	87	564
环江毛南族自治县	451226	693		6	118	569
巴马瑶族自治县	451227	1242	1	9	83	1149
都安瑶族自治县	451228	1395		9	110	1276
大化瑶族自治县	451229	605		9	62	534
来宾市	**4513**	**8611**	**14**	**116**	**842**	**7639**
兴宾区	451302	4358	11	68	437	3842
忻城县	451321	750		5	57	688
象州县	451322	1284		13	112	1159
武宣县	451323	1041	1	20	118	902
金秀瑶族自治县	451324	692	1	4	60	627
合山市	451381	484		6	58	420
崇左市	**4514**	**11062**	**15**	**126**	**1511**	**9410**
江州区	451402	2974	9	39	760	2166
扶绥县	451421	1643	2	16	209	1416
宁明县	451422	1037	1	9	100	927
龙州县	451423	1084	1	18	100	965
大新县	451424	1323	1	16	106	1200
天等县	451425	724		15	63	646
凭祥市	451481	2276	1	13	173	2089

2-21 按地区、单位规模分组的企业法人单位从业人员数

地 区	代码	从业人员数（人）	大型	中型	小型	微型
广西壮族自治区	**45**	**5352670**	**1023269**	**1272522**	**1621781**	**1435098**
南宁市	**4501**	**1545349**	**431750**	**293023**	**412057**	**408519**
兴宁区	450102	190085	93081	31381	27756	37867
青秀区	450103	545658	127420	114647	149363	154228
江南区	450105	101295	35501	12339	22297	31158
西乡塘区	450107	169100	68289	20432	32573	47806
良庆区	450108	83747	15880	11507	29015	27345
邕宁区	450109	50283	35421	3074	6849	4939
武鸣区	450110	38412	1256	9538	17644	9974
隆安县	450123	13945		2472	8123	3350
马山县	450124	8643		905	3842	3896
上林县	450125	10229		894	4169	5166
宾阳县	450126	43594	1041	15285	14003	13265
横县	450127	55672		24303	20315	11054
柳州市	**4502**	**802977**	**313896**	**124095**	**215284**	**149702**
城中区	450202	171747	105563	15246	26643	24295
鱼峰区	450203	75712	6789	14943	26250	27730
柳南区	450204	112934	19935	23912	39364	29723
柳北区	450205	166146	90476	16600	31037	28033
柳江区	450206	52811	4839	12681	22059	13232
柳城县	450222	20040	2282	5096	9337	3325
鹿寨县	450223	30385	4098	6970	12585	6732
融安县	450224	15625		2863	7610	5152
融水苗族自治县	450225	19038		2346	10879	5813
三江侗族自治县	450226	9382		1662	3391	4329
桂林市	**4503**	**530253**	**86525**	**103966**	**181025**	**158737**
秀峰区	450302	64484	15191	16065	18441	14787
叠彩区	450303	27236	4816	4509	5646	12265
象山区	450304	81825	13604	16223	24713	27285
七星区	450305	133350	49042	18725	32872	32711
雁山区	450311	4654		1273	2233	1148

注：本表不含无单位规模标识的单位数据。

2-21 续表 1

地 区	代码	从业人员数（人）	大型	中型	小型	微型
临桂区	450312	40262	1470	8017	17130	13645
阳朔县	450321	19936	882	4891	9761	4402
灵川县	450323	29918	221	7256	11334	11107
全州县	450324	16364		2400	7835	6129
兴安县	450325	15095		2331	6837	5927
永福县	450326	14586		2527	8089	3970
灌阳县	450327	6758		352	3887	2519
龙胜各族自治县	450328	9048		3334	3574	2140
资源县	450329	7968		478	3513	3977
平乐县	450330	12216		1078	6234	4904
荔浦县	450331	36908	1299	13633	14097	7879
恭城瑶族自治县	450332	9316		874	4512	3930
梧州市	**4504**	**219530**	**10051**	**75077**	**75509**	**58893**
万秀区	450403	38517	2262	11364	13830	11061
长洲区	450405	43414	2199	10269	13131	17815
龙圩区	450406	23911		12472	6970	4469
苍梧县	450421	5693		174	2648	2871
藤县	450422	44509	1110	21818	11998	9583
蒙山县	450423	8996		1348	3935	3713
岑溪市	450481	43574	1611	12376	20211	9376
北海市	**4505**	**216016**	**26518**	**55728**	**69601**	**64169**
海城区	450502	92558	4323	21811	28661	37763
银海区	450503	28101	2219	5578	10357	9947
铁山港区	450512	12715	3866	3115	3666	2068
合浦县	450521	44826		12349	18215	14262
防城港市	**4506**	**124201**	**19952**	**24811**	**41491**	**37947**
港口区	450602	66667	17231	10891	18667	19878
防城区	450603	24923	2721	5416	9159	7627
上思县	450621	10609		3252	4863	2494
东兴市	450681	21592		5252	8802	7538
钦州市	**4507**	**336189**	**12698**	**176986**	**79320**	**67185**
钦南区	450702	134022	3374	87869	20577	22202

注：本表不含无单位规模标识的单位数据。

2-21 续表 2

地　　区	代码	从业人员数（人）	大型	中型	小型	微型
钦北区	450703	107833	1730	63664	17797	24642
灵山县	450721	40089	3909	11227	14943	10010
浦北县	450722	33478		9274	16777	7427
贵港市	**4508**	**320549**	**23903**	**89154**	**117782**	**89710**
港北区	450802	111300	21059	18398	34720	37123
港南区	450803	37130		9265	22159	5706
覃塘区	450804	34431	1165	4088	18011	11167
平南县	450821	65851	1377	32971	16664	14839
桂平市	450881	71837	302	24432	26228	20875
玉林市	**4509**	**476500**	**29825**	**155774**	**148518**	**142383**
玉州区	450902	156159	17602	40781	37694	60082
福绵区	450903	18864		4436	9520	4908
容县	450921	49969	401	15625	19243	14700
陆川县	450922	45128		17361	15220	12547
博白县	450923	61445	2352	23541	21139	14413
兴业县	450924	16881		3328	7873	5680
北流市	450981	119856	9470	45860	35365	29161
百色市	**4510**	**227032**	**20045**	**54019**	**78132**	**74836**
右江区	451002	77690	6578	23944	18714	28454
田阳县	451021	18739	1745	3400	8420	5174
田东县	451022	20062	2292	4799	7912	5059
平果县	451023	33285	4773	9193	11269	8050
德保县	451024	14485	2679	3356	5256	3194
那坡县	451026	4708		476	1750	2482
凌云县	451027	6214		660	3049	2505
乐业县	451028	4199		278	2000	1921
田林县	451029	11862		1444	5673	4745
西林县	451030	4648		65	2633	1950
隆林各族自治县	451031	8355		820	4034	3501
靖西市	451081	22785	1978	5584	7422	7801
贺州市	**4511**	**107015**	**2620**	**27621**	**40635**	**36139**
八步区	451102	46899	1983	13546	13341	18029

注：本表不含无单位规模标识的单位数据。

2-21 续表 3

地 区	代码	从业人员数（人）	大型	中型	小型	微型
平桂区	451103	25213	420	5427	13315	6051
昭平县	451121	9300		1739	4206	3355
钟山县	451122	15151	217	4692	6286	3956
富川瑶族自治县	451123	9801		2217	3487	4097
河池市	**4512**	**175676**	**18674**	**38145**	**63678**	**55179**
金城江区	451202	59481	10356	10074	16925	22126
宜州区	451203	27696		10624	9785	7287
南丹县	451221	17822	3962	5317	5011	3532
天峨县	451222	4896		268	2803	1825
凤山县	451223	3944		280	1801	1863
东兰县	451224	4971		386	2331	2254
罗城仫佬族自治县	451225	8199		1278	4320	2601
环江毛南族自治县	451226	11676		2466	6073	3137
巴马瑶族自治县	451227	13565	4356	1238	4969	3002
都安瑶族自治县	451228	14355		3625	6844	4246
大化瑶族自治县	451229	9071		2949	2816	3306
来宾市	**4513**	**131572**	**13155**	**29644**	**45716**	**43057**
兴宾区	451302	75190	7132	19165	24043	24850
忻城县	451321	7779		1567	2548	3664
象州县	451322	15330		3051	6868	5411
武宣县	451323	14685	378	3315	6482	4510
金秀瑶族自治县	451324	11231	5488	438	2740	2565
合山市	451381	6850		2108	3035	1707
崇左市	**4514**	**139811**	**13657**	**24479**	**53033**	**48642**
江州区	451402	58176	6282	11005	18805	22084
扶绥县	451421	21909	2121	2979	11244	5565
宁明县	451422	10739	1335	2041	4376	2987
龙州县	451423	12881	2327	2219	4842	3493
大新县	451424	14884	1218	3913	4481	5272
天等县	451425	7775		1540	3537	2698
凭祥市	451481	12974	374	782	5748	6070

注：本表不含无单位规模标识的单位数据。

2-22 按行业（大类）、单位规模分组的企业法人单位数

行业大类	代码	法人单位数（个）	大型	中型	小型	微型
总　计	**00**	**377678**	**521**	**4526**	**34185**	**338446**
农、林、牧、渔业	**A**	**2531**	**2**	**89**	**467**	**1973**
农业	01	37				37
林业	02	15				15
畜牧业	03	13				13
渔业	04	4				4
农、林、牧、渔专业及辅助性活动	05	2462	2	89	467	1904
采矿业	**B**	**2672**	**3**	**23**	**460**	**2186**
煤炭开采和洗选业	06	30	1	3	13	13
石油和天然气开采业	07	3			1	2
黑色金属矿采选业	08	268	1	1	38	228
有色金属矿采选业	09	296	1	14	62	219
非金属矿采选业	10	1830		5	335	1490
开采专业及辅助性活动	11	15			1	14
其他采矿业	12	230			10	220
制造业	**C**	**37248**	**91**	**788**	**7474**	**28895**
农副食品加工业	13	2983	10	99	553	2321
食品制造业	14	2319		17	213	2089
酒、饮料和精制茶制造业	15	1409	3	24	183	1199
烟草制品业	16	5	1	1		3
纺织业	17	626	3	38	147	438
纺织服装、服饰业	18	1081		24	150	907
皮革、毛皮、羽毛及其制品和制鞋业	19	441	2	13	87	339
木材加工和木、竹、藤、棕、草制品业	20	5133	1	56	1563	3513
家具制造业	21	1026		7	92	927
造纸和纸制品业	22	787	2	26	199	560
印刷和记录媒介复制业	23	1033		4	115	914
文教、工美、体育和娱乐用品制造业	24	977		30	109	838
石油、煤炭及其他燃料加工业	25	129		5	17	107
化学原料和化学制品制造业	26	1830	3	44	416	1367
医药制造业	27	492	4	18	166	304
化学纤维制造业	28	21			4	17
橡胶和塑料制品业	29	1253	1	20	240	992
非金属矿物制品业	30	5396	5	104	1493	3794
黑色金属冶炼和压延加工业	31	305	7	17	113	168
有色金属冶炼和压延加工业	32	371	13	27	93	238

注：本表不含无单位规模标识的单位数据。

2-22　续表 1

行业大类	代码	法人单位数（个）	大型	中型	小型	微型
金属制品业	33	1974		15	246	1713
通用设备制造业	34	1478	2	11	187	1278
专用设备制造业	35	1499	6	15	225	1253
汽车制造业	36	1200	11	63	408	718
铁路、船舶、航空航天和其他运输设备制造业	37	240		17	40	183
电气机械和器材制造业	38	930	3	26	148	753
计算机、通信和其他电子设备制造业	39	960	13	47	161	739
仪器仪表制造业	40	224		5	39	180
其他制造业	41	186		1	17	168
废弃资源综合利用业	42	250		12	36	202
金属制品、机械和设备修理业	43	690	1	2	14	673
电力、热力、燃气及水生产和供应业	**D**	**3281**	**4**	**52**	**398**	**2827**
电力、热力生产和供应业	44	2415	3	42	217	2153
燃气生产和供应业	45	157		3	41	113
水的生产和供应业	46	709	1	7	140	561
建筑业	**E**	**23668**	**42**	**484**	**2117**	**21025**
房屋建筑业	47	4455	25	278	824	3328
土木工程建筑业	48	3666	16	124	503	3023
建筑安装业	49	2524	1	32	262	2229
建筑装饰、装修和其他建筑业	50	13023		50	528	12445
批发和零售业	**F**	**140835**	**104**	**1265**	**7001**	**132465**
批发业	51	69934	66	531	3215	66122
零售业	52	70901	38	734	3786	66343
交通运输、仓储和邮政业	**G**	**12783**	**17**	**97**	**1343**	**11326**
道路运输业	54	8460	7	48	787	7618
水上运输业	55	530		6	75	449
航空运输业	56	54	2	2	5	45
管道运输业	57	1			1	
多式联运和运输代理业	58	1459			100	1359
装卸搬运和仓储业	59	1576	3	27	208	1338
邮政业	60	703	5	14	167	517
住宿和餐饮业	**H**	**8420**	**12**	**110**	**1895**	**6403**
住宿业	61	3158	8	80	1083	1987
餐饮业	62	5262	4	30	812	4416
信息传输、软件和信息技术服务业	**I**	**18158**	**3**	**77**	**1072**	**17006**
电信、广播电视和卫星传输服务	63	567	1	56	60	450
互联网和相关服务	64	2393		3	111	2279
软件和信息技术服务业	65	15198	2	18	901	14277

2-22 续表 2

行业大类	代码	法人单位数（个）	大型	中型	小型	微型
金融业	**J**	**2372**	**148**	**14**	**116**	**2094**
货币金融服务	66	755	148	12	93	502
资本市场服务	67	272		1	7	264
保险业	68	411			12	399
其他金融业	69	934		1	4	929
房地产业	**K**	**19511**	**27**	**1187**	**1852**	**16445**
房地产业	70	19511	27	1187	1852	16445
租赁和商务服务业	**L**	**60718**	**5**	**80**	**3898**	**56735**
租赁业	71	5178		2	377	4799
商务服务业	72	55540	5	78	3521	51936
科学研究和技术服务业	**M**	**22180**	**28**	**143**	**2774**	**19235**
研究和试验发展	73	2446		3	207	2236
专业技术服务业	74	9558	27	124	1809	7598
科技推广和应用服务业	75	10176	1	16	758	9401
水利、环境和公共设施管理业	**N**	**2401**	**13**	**40**	**513**	**1835**
水利管理业	76	110		3	26	81
生态保护和环境治理业	77	328	3	7	70	248
公共设施管理业	78	1837	10	29	380	1418
土地管理业	79	126		1	37	88
居民服务、修理和其他服务业	**O**	**10963**	**15**	**39**	**1585**	**9324**
居民服务业	80	4303	5	13	529	3756
机动车、电子产品和日用产品修理业	81	4626	3	5	682	3936
其他服务业	82	2034	7	21	374	1632
卫生和社会工作	**Q**	**204**		**2**	**32**	**170**
社会工作	85	204		2	32	170
文化、体育和娱乐业	**R**	**9733**	**7**	**36**	**1188**	**8502**
新闻和出版业	86	79	2	6	18	53
广播、电视、电影和录音制作业	87	1011		3	229	779
文化艺术业	88	1933	1	10	196	1726
体育	89	847	2	5	134	706
娱乐业	90	5863	2	12	611	5238

2-23 按行业（大类）、单位规模分组的企业法人单位从业人员数

行业大类	代码	从业人员数（人）	大型	中型	小型	微型
总 计	**00**	**5352670**	**1023269**	**1272522**	**1621781**	**1435098**
农、林、牧、渔业	**A**	**14723**	**335**	**4143**	**5388**	**4857**
农业	01					
林业	02					
畜牧业	03					
渔业	04					
农、林、牧、渔专业及辅助性活动	05	14723	335	4143	5388	4857
采矿业	**B**	**67575**	**10314**	**13280**	**29697**	**14284**
煤炭开采和洗选业	06	7009	2292	1634	2759	324
石油和天然气开采业	07	131			123	8
黑色金属矿采选业	08	8478	4101	550	2543	1284
有色金属矿采选业	09	18242	3921	7494	5276	1551
非金属矿采选业	10	32432		3602	18487	10343
开采专业及辅助性活动	11	65			41	24
其他采矿业	12	1218			468	750
制造业	**C**	**1498368**	**241177**	**448720**	**583862**	**224609**
农副食品加工业	13	134887	17465	55863	46818	14741
食品制造业	14	44076		9403	18738	15935
酒、饮料和精制茶制造业	15	42732	6732	13582	14089	8329
烟草制品业	16	3591	2996	591		4
纺织业	17	46385	5416	20347	16887	3735
纺织服装、服饰业	18	33362		10756	12041	10565
皮革、毛皮、羽毛及其制品和制鞋业	19	28438	4768	8836	8320	6514
木材加工和木、竹、藤、棕、草制品业	20	183711	1794	32426	120724	28767
家具制造业	21	14008		3180	5043	5785
造纸和纸制品业	22	35122	3286	11894	15169	4773
印刷和记录媒介复制业	23	14640		1416	7070	6154
文教、工美、体育和娱乐用品制造业	24	41170		22899	11173	7098
石油、煤炭及其他燃料加工业	25	5354		3140	1642	572
化学原料和化学制品制造业	26	67314	6682	20152	31263	9217
医药制造业	27	35183	5948	8957	16044	4234
化学纤维制造业	28	230			146	84
橡胶和塑料制品业	29	38350	1864	10749	17174	8563
非金属矿物制品业	30	192154	5995	60343	96621	29195
黑色金属冶炼和压延加工业	31	52595	31978	7693	10927	1997
有色金属冶炼和压延加工业	32	48919	23026	15274	8440	2179

注：本表不含无单位规模标识的单位数据。

2-23 续表 1

行业大类	代码	从业人员数（人）	大型	中型	小型	微型
金属制品业	33	36144		6643	18656	10845
通用设备制造业	34	34163	8359	5683	12582	7539
专用设备制造业	35	46072	12100	10017	16012	7943
汽车制造业	36	134583	54884	33092	39302	7305
铁路、船舶、航空航天和其他运输设备制造业	37	20896		16463	2780	1653
电气机械和器材制造业	38	40551	6058	15734	12949	5810
计算机、通信和其他电子设备制造业	39	98689	39371	34369	16665	8284
仪器仪表制造业	40	7077		2534	2368	2175
其他制造业	41	2643		500	1286	857
废弃资源综合利用业	42	8285		5102	2312	871
金属制品、机械和设备修理业	43	7044	2455	1082	621	2886
电力、热力、燃气及水生产和供应业	**D**	**123812**	**45210**	**26919**	**31616**	**20067**
电力、热力生产和供应业	44	99690	43871	21930	18232	15657
燃气生产和供应业	45	5056		1883	2398	775
水的生产和供应业	46	19066	1339	3106	10986	3635
建筑业	**E**	**1103930**	**485028**	**359428**	**155228**	**104246**
房屋建筑业	47	825257	395934	308724	92948	27651
土木工程建筑业	48	159050	79270	37727	27426	14627
建筑安装业	49	37052	9824	7354	10013	9861
建筑装饰、装修和其他建筑业	50	82571		5623	24841	52107
批发和零售业	**F**	**676529**	**58443**	**114156**	**125965**	**377965**
批发业	51	321607	28534	40341	50920	201812
零售业	52	354922	29909	73815	75045	176153
交通运输、仓储和邮政业	**G**	**244622**	**43737**	**56629**	**86553**	**57703**
道路运输业	54	144527	17057	36394	54152	36924
水上运输业	55	12385		3328	6261	2796
航空运输业	56	9054	6618	1127	400	909
管道运输业	57	102			102	
多式联运和运输代理业	58	10879			5297	5582
装卸搬运和仓储业	59	30873	5317	6426	11739	7391
邮政业	60	36802	14745	9354	8602	4101
住宿和餐饮业	**H**	**135587**	**14240**	**26300**	**66311**	**28736**
住宿业	61	74650	4098	19237	40349	10966
餐饮业	62	60937	10142	7063	25962	17770
信息传输、软件和信息技术服务业	**I**	**123461**	**14728**	**39996**	**27084**	**41653**
电信、广播电视和卫星传输服务	63	45159	5051	33993	4359	1756
互联网和相关服务	64	10547		1300	2729	6518
软件和信息技术服务业	65	67755	9677	4703	19996	33379

2-23　续表 2

行业大类	代码	从业人员数（人）	大型	中型	小型	微型
金融业	**J**	**311549**	**46886**	**5226**	**88516**	**170921**
货币金融服务	66	92545	46886	1628	31539	12492
资本市场服务	67	4434		3186	39	1209
保险业	68	209835			56539	153296
其他金融业	69	4735		412	399	3924
房地产业	**K**	**282554**	**20641**	**76303**	**58871**	**126739**
房地产业	70	282554	20641	76303	58871	126739
租赁和商务服务业	**L**	**457516**	**3337**	**60636**	**224582**	**168961**
租赁业	71	24930		698	8591	15641
商务服务业	72	432586	3337	59938	215991	153320
科学研究和技术服务业	**M**	**149595**	**19960**	**22268**	**64704**	**42663**
研究和试验发展	73	9443		437	4194	4812
专业技术服务业	74	104166	19394	19396	45654	19722
科技推广和应用服务业	75	35986	566	2435	14856	18129
水利、环境和公共设施管理业	**N**	**31850**	**7568**	**6408**	**13461**	**4413**
水利管理业	76	1417		554	673	190
生态保护和环境治理业	77	5139	1822	1084	1632	601
公共设施管理业	78	23898	5746	4670	10064	3418
土地管理业	79	1396		100	1092	204
居民服务、修理和其他服务业	**O**	**72528**	**7323**	**6415**	**33474**	**25316**
居民服务业	80	24577	2543	2165	11221	8648
机动车、电子产品和日用产品修理业	81	27426	1142	898	13350	12036
其他服务业	82	20525	3638	3352	8903	4632
卫生和社会工作	**Q**	**1603**		**398**	**914**	**291**
社会工作	85	1603		398	914	291
文化、体育和娱乐业	**R**	**56868**	**4342**	**5297**	**25555**	**21674**
新闻和出版业	86	3668	1992	774	784	118
广播、电视、电影和录音制作业	87	7533		488	5023	2022
文化艺术业	88	10204	531	1665	4299	3709
体育	89	5924	685	710	2633	1896
娱乐业	90	29539	1134	1660	12816	13929

2-24 按地区、营业收入组距

地　　区	代码	法人单位数（个）	100万元及以下	100万～200万元	200万～500万元
广西壮族自治区	**45**	**384724**	**297186**	**26293**	**25518**
南宁市	**4501**	**138156**	**111044**	**7611**	**7956**
兴宁区	450102	13082	10586	765	792
青秀区	450103	55801	46724	2409	2691
江南区	450105	9969	7634	723	722
西乡塘区	450107	18066	14299	1108	1133
良庆区	450108	7528	6159	455	379
邕宁区	450109	1348	1086	66	70
武鸣区	450110	2734	1989	194	199
隆安县	450123	856	574	45	78
马山县	450124	907	752	60	34
上林县	450125	1241	1035	71	56
宾阳县	450126	3409	2595	301	205
横县	450127	3488	2765	178	210
柳州市	**4502**	**44681**	**32739**	**3527**	**3590**
城中区	450202	8072	6319	569	557
鱼峰区	450203	7992	6115	581	588
柳南区	450204	10404	7709	792	855
柳北区	450205	6940	4682	594	730
柳江区	450206	3438	2276	368	339
柳城县	450222	1417	1084	93	93
鹿寨县	450223	1806	1355	117	109
融安县	450224	1335	966	152	88
融水苗族自治县	450225	1662	1192	160	138
三江侗族自治县	450226	1284	1020	100	86
桂林市	**4503**	**36660**	**28161**	**2702**	**2520**
秀峰区	450302	2711	2025	209	215
叠彩区	450303	3546	2813	292	212
象山区	450304	5206	4168	340	320
七星区	450305	6900	5437	437	456
雁山区	450311	353	288	12	26

分组的企业法人单位数

500万～1000万元	1000万～2000万元	2000万～5000万元	5000万～1亿元	1亿元以上	代码
11607	**7829**	**7543**	**3554**	**5194**	**45**
3792	**2804**	**2324**	**1022**	**1603**	**4501**
352	222	180	56	129	450102
1321	973	808	369	506	450103
291	236	184	64	115	450105
530	390	317	109	180	450107
169	128	91	54	93	450108
31	20	19	16	40	450109
109	85	93	37	28	450110
40	50	29	18	22	450123
18	10	21	6	6	450124
25	15	24	7	8	450125
92	74	57	33	52	450126
116	75	40	40	64	450127
1596	**1037**	**993**	**428**	**771**	**4502**
231	127	121	58	90	450202
274	178	133	46	77	450203
406	239	204	84	115	450204
307	219	196	75	137	450205
133	105	110	42	65	450206
39	25	41	21	21	450222
59	50	41	22	53	450223
43	26	22	7	31	450224
63	34	37	16	22	450225
33	14	16	8	7	450226
1209	**688**	**668**	**289**	**423**	**4503**
90	55	50	29	38	450302
94	59	43	11	22	450303
126	96	71	34	51	450304
216	98	119	45	92	450305
7	6	7	1	6	450311

2-24 续表 1

地 区	代码	法人单位数（个）	100万元及以下	100万～200万元	200万～500万元
临桂区	450312	4508	3668	255	229
阳朔县	450321	910	680	78	78
灵川县	450323	2689	1957	215	190
全州县	450324	1358	959	122	101
兴安县	450325	1293	873	131	148
永福县	450326	1229	1006	61	59
灌阳县	450327	700	534	57	46
龙胜各族自治县	450328	522	376	45	43
资源县	450329	524	341	85	51
平乐县	450330	1319	1005	93	88
荔浦县	450331	1844	1198	202	207
恭城瑶族自治县	450332	1046	833	68	50
梧州市	**4504**	**13316**	**9850**	**1029**	**998**
万秀区	450403	2330	1633	188	197
长洲区	450405	3478	2656	277	256
龙圩区	450406	1328	991	78	96
苍梧县	450421	774	670	24	32
藤县	450422	2095	1515	183	166
蒙山县	450423	1297	1114	61	56
岑溪市	450481	1980	1271	218	195
北海市	**4505**	**17821**	**14701**	**877**	**873**
海城区	450502	9608	7912	487	523
银海区	450503	3797	3330	147	142
铁山港区	450512	496	363	27	31
合浦县	450521	3790	3096	215	176
防城港市	**4506**	**10161**	**8193**	**444**	**520**
港口区	450602	5478	4458	213	262
防城区	450603	1998	1563	109	123
上思县	450621	566	403	45	32
东兴市	450681	2118	1769	77	103
钦州市	**4507**	**13545**	**9691**	**1054**	**1127**
钦南区	450702	5134	3749	436	392

500万～1000万元	1000万～2000万元	2000万～5000万元	5000万～1亿元	1亿元以上	代码
122	78	69	33	54	450312
27	16	13	9	9	450321
114	64	69	33	47	450323
63	31	47	17	18	450324
65	35	26	8	7	450325
28	30	21	11	13	450326
20	11	14	9	9	450327
18	13	14	4	9	450328
15	7	12	5	8	450329
58	19	34	11	11	450330
105	47	44	20	21	450331
41	23	15	9	7	450332
441	**270**	**313**	**165**	**250**	**4504**
72	84	76	33	47	450403
97	59	52	29	52	450405
45	28	27	20	43	450406
14	9	16	4	5	450421
78	33	48	26	46	450422
17	13	10	12	14	450423
118	44	74	34	26	450481
407	**265**	**306**	**139**	**253**	**4505**
246	145	137	66	92	450502
54	29	46	18	31	450503
18	13	18	7	19	450512
87	67	76	23	50	450521
267	**252**	**224**	**100**	**161**	**4506**
126	142	117	54	106	450602
64	44	43	24	28	450603
25	21	25	6	9	450621
52	45	39	16	17	450681
558	**337**	**340**	**177**	**261**	**4507**
219	94	93	59	92	450702

2-24 续表 2

地　　区	代码	法人单位数（个）	100万元及以下	100万～200万元	200万～500万元
钦北区	450703	3930	2862	303	340
灵山县	450721	2131	1584	138	169
浦北县	450722	1498	1044	111	115
贵港市	**4508**	**19246**	**13350**	**1602**	**1969**
港北区	450802	7220	5369	559	528
港南区	450803	1556	954	79	86
覃塘区	450804	2084	870	164	642
平南县	450821	4233	3525	231	171
桂平市	450881	4153	2632	569	542
玉林市	**4509**	**29478**	**22526**	**2361**	**2087**
玉州区	450902	13492	10543	1085	933
福绵区	450903	1178	789	96	158
容县	450921	3129	2429	247	203
陆川县	450922	2295	1739	171	167
博白县	450923	2850	2090	248	196
兴业县	450924	1760	1438	88	74
北流市	450981	4702	3480	426	355
百色市	**4510**	**20272**	**16132**	**1236**	**1133**
右江区	451002	6965	5648	371	351
田阳县	451021	1696	1353	86	98
田东县	451022	1503	1191	94	68
平果县	451023	2252	1691	160	149
德保县	451024	983	758	60	73
那坡县	451026	900	755	55	47
凌云县	451027	547	406	33	51
乐业县	451028	494	402	30	27
田林县	451029	1242	953	98	63
西林县	451030	508	403	34	32
隆林各族自治县	451031	1134	895	89	66
靖西市	451081	2048	1677	126	108
贺州市	**4511**	**8871**	**6642**	**666**	**641**
八步区	451102	4223	3261	294	280

500万～1000万元	1000万～2000万元	2000万～5000万元	5000万～1亿元	1亿元以上	代码
118	113	94	40	60	450703
84	43	59	24	30	450721
71	41	49	31	36	450722
699	**439**	**538**	**337**	**312**	**4508**
231	175	149	91	118	450802
83	72	134	97	51	450803
137	68	69	72	62	450804
68	54	104	35	45	450821
180	70	82	42	36	450881
871	**515**	**491**	**276**	**351**	**4509**
358	187	172	90	124	450902
54	27	23	20	11	450903
81	46	61	28	34	450921
75	43	40	19	41	450922
100	71	65	48	32	450923
43	43	34	19	21	450924
157	95	80	41	68	450981
571	**376**	**388**	**189**	**247**	**4510**
175	135	120	65	100	451002
50	35	30	19	25	451021
47	38	25	18	22	451022
65	53	66	35	33	451023
34	18	19	6	15	451024
19	7	7	6	4	451026
20	10	16	6	5	451027
17	5	9	2	2	451028
45	27	30	11	15	451029
16	11	7	3	2	451030
28	19	25	7	5	451031
55	18	34	11	19	451081
290	**196**	**207**	**86**	**143**	**4511**
132	86	76	34	60	451102

2-24 续表 3

地　　区	代码	法人单位数（个）	100万元及以下	100万～200万元	200万～500万元
平桂区	451103	1599	1036	130	151
昭平县	451121	936	753	56	63
钟山县	451122	1039	769	87	73
富川瑶族自治县	451123	1073	823	99	74
河池市	**4512**	**12312**	**9492**	**847**	**844**
金城江区	451202	3017	2197	216	218
宜州区	451203	1929	1486	136	141
南丹县	451221	860	613	75	69
天峨县	451222	582	465	34	45
凤山县	451223	585	484	43	28
东兰县	451224	613	483	47	40
罗城仫佬族自治县	451225	691	532	45	47
环江毛南族自治县	451226	713	511	58	62
巴马瑶族自治县	451227	1272	1080	62	51
都安瑶族自治县	451228	1419	1152	89	96
大化瑶族自治县	451229	631	489	42	47
来宾市	**4513**	**8808**	**6818**	**564**	**567**
兴宾区	451302	4462	3439	273	288
忻城县	451321	781	633	50	49
象州县	451322	1309	1030	86	81
武宣县	451323	1058	775	75	71
金秀瑶族自治县	451324	701	554	49	47
合山市	451381	495	387	31	31
崇左市	**4514**	**11397**	**7847**	**1773**	**693**
江州区	451402	3134	1342	1319	249
扶绥县	451421	1685	1284	89	92
宁明县	451422	1057	848	59	54
龙州县	451423	1110	838	93	76
大新县	451424	1358	1062	84	89
天等县	451425	750	574	49	55
凭祥市	451481	2302	1899	80	78

500万～1000万元	1000万～2000万元	2000万～5000万元	5000万～1亿元	1亿元以上	代码
83	64	70	29	36	451103
17	9	16	12	10	451121
35	18	27	7	23	451122
23	19	18	4	13	451123
361	**255**	**251**	**126**	**136**	**4512**
105	94	85	51	51	451202
50	34	34	24	24	451203
38	21	23	6	15	451221
14	12	6	4	2	451222
9	6	8	4	3	451223
13	15	10	2	3	451224
21	15	16	8	7	451225
30	16	21	5	10	451226
34	11	19	6	9	451227
29	22	15	11	5	451228
18	9	14	5	7	451229
243	**188**	**213**	**100**	**115**	**4513**
130	100	106	56	70	451302
18	11	9	6	5	451321
30	26	28	17	11	451322
37	28	41	15	16	451323
15	12	15	3	6	451324
13	11	14	3	5	451381
302	**207**	**287**	**120**	**168**	**4514**
59	38	54	21	52	451402
51	41	64	37	27	451421
26	22	25	7	16	451422
34	20	34	4	11	451423
49	23	28	13	10	451424
26	17	14	6	9	451425
57	46	68	32	42	451481

2-25 按地区、营业收入组距

地 区	代码	从业人员数（人）			
			100万元及以下	100万～200万元	200万～500万元
广西壮族自治区	**45**	**5491773**	**919660**	**251470**	**375106**
南宁市	**4501**	**1636635**	**293901**	**61438**	**97094**
兴宁区	450102	193136	30292	5259	7960
青秀区	450103	614407	103328	20195	35925
江南区	450105	103115	22167	5669	7613
西乡塘区	450107	178384	35768	8195	10666
良庆区	450108	85344	21345	4200	4675
邕宁区	450109	50457	4251	781	941
武鸣区	450110	38754	6902	1844	3116
隆安县	450123	14263	2364	538	1276
马山县	450124	8795	3133	673	433
上林县	450125	10578	3842	747	1157
宾阳县	450126	44627	9247	2275	3078
横县	450127	56984	7896	1699	3709
柳州市	**4502**	**807970**	**88454**	**25139**	**42923**
城中区	450202	172478	13966	3879	6819
鱼峰区	450203	76503	18503	4680	7902
柳南区	450204	113751	18660	4600	8704
柳北区	450205	166925	11202	3911	6756
柳江区	450206	53216	7783	2505	4156
柳城县	450222	20168	2229	821	1726
鹿寨县	450223	30812	4578	1055	1592
融安县	450224	16047	3447	1170	1304
融水苗族自治县	450225	19225	3909	1555	2113
三江侗族自治县	450226	9543	3305	858	1458
桂林市	**4503**	**538028**	**102660**	**28293**	**43435**
秀峰区	450302	64897	8553	2146	3766
叠彩区	450303	27676	7727	2274	2461
象山区	450304	83179	17182	3538	5956
七星区	450305	134076	20745	4064	6471
雁山区	450311	4689	1005	176	559

分组的企业法人单位从业人员数

500万～1000万元	1000万～2000万元	2000万～5000万元	5000万～1亿元	1亿元以上	代码
280395	**297773**	**513386**	**375198**	**2478785**	**45**
71604	**88853**	**118656**	**92025**	**813064**	**4501**
5787	7020	8010	6762	122046	450102
28456	33579	42689	31378	318857	450103
4222	6329	6629	4580	45906	450105
6963	8735	11998	4957	91102	450107
3766	5006	4973	4004	37375	450108
667	728	1248	1930	39911	450109
2411	3797	7711	3679	9294	450110
1022	1779	1299	1955	4030	450123
287	335	1518	639	1777	450124
628	494	2001	184	1525	450125
1899	4202	3252	2792	17882	450126
3557	3030	4646	8402	24045	450127
30159	**36334**	**58242**	**42917**	**483802**	**4502**
3673	4206	6509	5238	128188	450202
5609	5793	10056	5069	18891	450203
5962	7014	11190	6073	51548	450204
5006	6080	9814	7563	116593	450205
3234	5787	5204	4783	19764	450206
1165	1027	2638	2504	8058	450222
1566	1738	2382	1601	16300	450223
1202	799	1359	844	5922	450224
1720	1754	1774	1680	4720	450225
684	805	882	553	998	450226
37741	**30262**	**50852**	**29770**	**215015**	**4503**
2899	2556	4256	4004	36717	450302
1249	2182	1786	468	9529	450303
5011	4140	4659	3017	39676	450304
7276	4215	7498	4790	79017	450305
348	471	684	338	1108	450311

2-25 续表 1

地　区	代码	从业人员数（人）			
			100万元及以下	100万～200万元	200万～500万元
临桂区	450312	41405	10384	2605	3343
阳朔县	450321	20152	3296	1130	3698
灵川县	450323	30385	7376	1955	2806
全州县	450324	17102	4153	1787	1457
兴安县	450325	15848	3732	1400	2648
永福县	450326	14745	2410	742	1238
灌阳县	450327	6951	1853	510	820
龙胜各族自治县	450328	9143	1354	643	824
资源县	450329	8130	2698	1094	1075
平乐县	450330	12622	2824	1136	1564
荔浦县	450331	37219	4559	2229	3783
恭城瑶族自治县	450332	9480	2809	864	954
梧州市	**4504**	**222557**	**37163**	**10309**	**17801**
万秀区	450403	39146	5991	2005	3618
长洲区	450405	43808	9266	2371	3566
龙圩区	450406	24247	3392	712	915
苍梧县	450421	5871	2342	487	593
藤县	450422	44962	7323	1645	3365
蒙山县	450423	9419	3095	499	866
岑溪市	450481	44188	5754	2590	4878
北海市	**4505**	**219075**	**44571**	**10448**	**17189**
海城区	450502	94464	24151	5313	9176
银海区	450503	28443	8372	2471	4442
铁山港区	450512	12757	1465	469	423
合浦县	450521	45595	10583	2195	3101
防城港市	**4506**	**125359**	**26310**	**4998**	**9982**
港口区	450602	66891	11759	2257	4430
防城区	450603	25251	5788	1347	1955
上思县	450621	10988	2028	528	975
东兴市	450681	21819	6735	866	2622
钦州市	**4507**	**338426**	**37528**	**10721**	**17026**
钦南区	450702	134895	14075	4131	5514

500万～1000万元	1000万～2000万元	2000万～5000万元	5000万～1亿元	1亿元以上	代码
3765	3576	5786	2497	9449	450312
2458	2350	1081	1767	4372	450321
2215	1580	3134	2571	8748	450323
1426	882	2099	1672	3626	450324
1950	1476	2210	1222	1210	450325
1144	1229	2782	1041	4159	450326
496	281	1133	659	1199	450327
651	604	1167	414	3486	450328
539	391	970	443	920	450329
1508	922	2762	609	1297	450330
3554	2491	7664	3905	9034	450331
1252	916	1181	353	1151	450332
12168	**11507**	**33170**	**22497**	**77942**	**4504**
1617	3254	6395	4204	12062	450403
2517	2221	3911	4223	15733	450405
1157	1111	1543	1333	14084	450406
228	327	966	538	390	450421
1993	1321	8447	5085	15783	450422
417	390	418	1297	2437	450423
4239	2883	10113	5107	8624	450481
11618	**12898**	**22022**	**12582**	**87747**	**4505**
5953	6855	7509	4206	31301	450502
2623	1476	3892	778	4389	450503
373	334	1278	630	7785	450512
2587	3869	5817	2878	14565	450521
7497	**8307**	**12795**	**7704**	**47766**	**4506**
3324	4698	5558	3352	31513	450602
1853	970	3307	2119	7912	450603
899	865	1725	476	3492	450621
1421	1774	2205	1757	4439	450681
14548	**14597**	**24117**	**25198**	**194691**	**4507**
4899	3037	6046	5533	91660	450702

2-25 续表 2

地 区	代码	从业人员数（人）	100万元及以下	100万～200万元	200万～500万元
钦北区	450703	108525	9718	2854	4905
灵山县	450721	40418	7154	1322	3058
浦北县	450722	33802	5169	1825	2338
贵港市	**4508**	**324581**	**50782**	**16438**	**29173**
港北区	450802	113099	20487	5404	7691
港南区	450803	37535	3371	1210	1735
覃塘区	450804	34514	3010	1629	7285
平南县	450821	66807	11433	2962	3550
桂平市	450881	72626	12481	5233	8912
玉林市	**4509**	**481480**	**81582**	**29586**	**37998**
玉州区	450902	158452	31277	7981	11397
福绵区	450903	18941	2077	1357	3392
容县	450921	50393	9157	3343	5531
陆川县	450922	45350	7966	3125	3483
博白县	450923	62130	10137	2969	3990
兴业县	450924	17171	4107	1340	1270
北流市	450981	120845	15969	9471	8891
百色市	**4510**	**232659**	**49292**	**13251**	**18051**
右江区	451002	78718	14131	3682	4586
田阳县	451021	19576	4201	1208	2005
田东县	451022	20645	4185	1108	1151
平果县	451023	33866	5181	2234	2187
德保县	451024	14930	2393	672	1281
那坡县	451026	4901	1714	474	631
凌云县	451027	6370	1941	425	946
乐业县	451028	4297	1790	335	604
田林县	451029	12391	3293	865	1047
西林县	451030	4756	1403	391	542
隆林各族自治县	451031	8837	2512	726	1051
靖西市	451081	23372	6548	1131	2020
贺州市	**4511**	**108331**	**21560**	**6430**	**9142**
八步区	451102	47329	9718	2391	3687

500万～1000万元	1000万～2000万元	2000万～5000万元	5000万～1亿元	1亿元以上	代码
2872	4464	5232	5833	72647	450703
2531	2353	5090	7346	11564	450721
2797	2799	5395	5322	8157	450722
16739	**16344**	**52277**	**33169**	**109659**	**4508**
4499	6951	12211	8612	47244	450802
2269	2574	6165	7406	12805	450803
2998	2209	3147	4871	9365	450804
2407	2114	21345	4535	18461	450821
4566	2496	9409	7745	21784	450881
31438	**24539**	**48253**	**46501**	**181583**	**4509**
7221	5706	15212	10253	69405	450902
2451	1571	2291	2663	3139	450903
4651	2364	6198	4383	14766	450921
2734	2336	4178	1509	20019	450922
2825	3409	6608	11268	20924	450923
1617	1378	1667	1447	4345	450924
9697	7591	10720	13765	44741	450981
14654	**16381**	**21914**	**20368**	**78748**	**4510**
3694	6283	5753	7020	33569	451002
1701	1226	1672	1135	6428	451021
1304	2212	1677	1499	7509	451022
1214	2016	4313	5240	11481	451023
1099	1073	895	1857	5660	451024
556	145	182	413	786	451026
495	225	817	457	1064	451027
336	236	515	284	197	451028
866	1059	1650	956	2655	451029
547	219	914	339	401	451030
1040	396	1719	516	877	451031
1802	1291	1807	652	8121	451081
6992	**6343**	**15343**	**7803**	**34718**	**4511**
3251	2424	7092	2843	15923	451102

2-25 续表 3

地 区	代码	从业人员数（人）			
			100万元及以下	100万～200万元	200万～500万元
平桂区	451103	25453	3531	1273	2081
昭平县	451121	9356	2576	892	1180
钟山县	451122	15500	2832	976	1198
富川瑶族自治县	451123	10042	2903	898	996
河池市	**4512**	**180817**	**33825**	**8753**	**15775**
金城江区	451202	60532	8826	1974	4156
宜州区	451203	28561	5678	1363	2508
南丹县	451221	18056	2342	731	1338
天峨县	451222	5002	1093	443	1106
凤山县	451223	4089	1122	425	601
东兰县	451224	5238	1636	464	757
罗城仫佬族自治县	451225	8679	2094	601	911
环江毛南族自治县	451226	11879	2328	645	1186
巴马瑶族自治县	451227	13984	2633	586	745
都安瑶族自治县	451228	15061	3525	805	1589
大化瑶族自治县	451229	9736	2548	716	878
来宾市	**4513**	**133433**	**24416**	**5736**	**9925**
兴宾区	451302	76251	11937	2506	4756
忻城县	451321	8062	2366	544	1041
象州县	451322	15569	4331	813	1084
武宣县	451323	14833	2923	903	1485
金秀瑶族自治县	451324	11250	1632	565	639
合山市	451381	6961	1227	405	920
崇左市	**4514**	**142422**	**27616**	**19930**	**9592**
江州区	451402	59203	8464	15071	2941
扶绥县	451421	22298	4158	1202	1628
宁明县	451422	10940	2349	765	892
龙州县	451423	13058	2363	785	1025
大新县	451424	15341	3554	899	1202
天等县	451425	7966	1853	486	939
凭祥市	451481	13143	4875	722	965

500万～1000万元	1000万～2000万元	2000万～5000万元	5000万～1亿元	1亿元以上	代码
1822	2368	4173	2139	8066	451103
398	382	607	1900	1421	451121
1182	809	2448	451	5604	451122
339	360	1023	470	3053	451123
9812	**12293**	**21087**	**15925**	**63347**	**4512**
2785	3030	7572	5364	26825	451202
1489	1995	2697	1714	11117	451203
735	1561	1750	1714	7885	451221
367	589	462	606	336	451222
257	177	383	731	393	451223
729	408	361	175	708	451224
568	1296	1298	470	1441	451225
885	718	1753	708	3656	451226
974	411	1635	1625	5375	451227
613	1618	2543	1756	2612	451228
410	490	633	1062	2999	451229
7281	**10876**	**17380**	**10782**	**47037**	**4513**
3398	6822	10659	6929	29244	451302
283	508	811	1237	1272	451321
1042	1343	2199	1529	3228	451322
1426	1213	2383	635	3865	451323
369	496	698	167	6684	451324
763	494	630	285	2237	451381
8144	**8239**	**17278**	**7957**	**43666**	**4514**
1960	2639	5309	1906	20913	451402
1456	1317	3546	2864	6127	451421
679	824	1096	258	4077	451422
949	849	2052	553	4482	451423
1460	880	1474	1115	4757	451424
641	914	986	280	1867	451425
999	816	2815	981	970	451481

2-26 按行业（大类）、营业收入

行业大类	代码	法人单位数（个）	100万元及以下	100万～200万元
总 计	**00**	**384724**	**297186**	**26293**
农、林、牧、渔业	**A**	**2531**	**2193**	**148**
农业	01	37	37	
林业	02	15	15	
畜牧业	03	13	13	
渔业	04	4	4	
农、林、牧、渔专业及辅助性活动	05	2462	2124	148
采矿业	**B**	**2672**	**1631**	**194**
煤炭开采和洗选业	06	30	12	
石油和天然气开采业	07	3	1	1
黑色金属矿采选业	08	268	180	15
有色金属矿采选业	09	296	179	10
非金属矿采选业	10	1830	1054	153
开采专业及辅助性活动	11	15	14	
其他采矿业	12	230	191	15
制造业	**C**	**37248**	**20534**	**3177**
农副食品加工业	13	2983	1809	203
食品制造业	14	2319	1719	217
酒、饮料和精制茶制造业	15	1409	973	112
烟草制品业	16	5	3	
纺织业	17	626	353	31
纺织服装、服饰业	18	1081	694	105
皮革、毛皮、羽毛及其制品和制鞋业	19	441	217	29
木材加工和木、竹、藤、棕、草制品业	20	5133	1985	405
家具制造业	21	1026	750	95
造纸和纸制品业	22	787	370	75
印刷和记录媒介复制业	23	1033	625	136
文教、工美、体育和娱乐用品制造业	24	977	654	100
石油、煤炭及其他燃料加工业	25	129	76	7
化学原料和化学制品制造业	26	1830	978	108
医药制造业	27	492	244	12
化学纤维制造业	28	21	13	3
橡胶和塑料制品业	29	1253	607	157
非金属矿物制品业	30	5396	2524	471
黑色金属冶炼和压延加工业	31	305	119	14

组距分组的企业法人单位数

200万～500万元	500万～1000万元	1000万～2000万元	2000万～5000万元	5000万～1亿元	1亿元以上	代码
25518	**11607**	**7829**	**7543**	**3554**	**5194**	**00**
101	**45**	**26**	**10**	**6**	**2**	**A**
						01
						02
						03
						04
101	45	26	10	6	2	05
282	**182**	**123**	**148**	**49**	**63**	**B**
1	2	3	8	1	3	06
					1	07
24	14	10	10	3	12	08
21	22	13	22	8	21	09
225	136	93	106	37	26	10
1						11
10	8	4	2			12
4214	**2260**	**1633**	**2315**	**1200**	**1915**	**C**
220	120	102	161	91	277	13
136	71	42	73	27	34	14
108	55	33	62	19	47	15
				1	1	16
50	32	18	58	37	47	17
147	56	22	27	13	17	18
32	34	32	51	24	22	19
992	419	330	446	293	263	20
76	36	21	23	15	10	21
81	59	45	60	39	58	22
129	63	32	29	6	13	23
80	37	26	33	24	23	24
13	9	3	4	3	14	25
175	93	104	161	68	143	26
41	32	35	69	20	39	27
1	2	1	1			28
190	108	60	79	31	21	29
676	454	319	465	223	264	30
13	8	8	25	33	85	31

2-26 续表 1

行业大类	代码	法人单位数（个）	100万元及以下	100万～200万元
有色金属冶炼和压延加工业	32	371	178	22
金属制品业	33	1974	1213	178
通用设备制造业	34	1478	869	165
专用设备制造业	35	1499	903	141
汽车制造业	36	1200	464	76
铁路、船舶、航空航天和其他运输设备制造业	37	240	136	21
电气机械和器材制造业	38	930	540	94
计算机、通信和其他电子设备制造业	39	960	562	88
仪器仪表制造业	40	224	125	25
其他制造业	41	186	139	8
废弃资源综合利用业	42	250	150	13
金属制品、机械和设备修理业	43	690	542	66
电力、热力、燃气及水生产和供应业	**D**	**3281**	**2160**	**320**
电力、热力生产和供应业	44	2415	1632	266
燃气生产和供应业	45	157	80	5
水的生产和供应业	46	709	448	49
建筑业	**E**	**23668**	**17512**	**1896**
房屋建筑业	47	4455	2654	316
土木工程建筑业	48	3666	2392	324
建筑安装业	49	2524	1808	226
建筑装饰、装修和其他建筑业	50	13023	10658	1030
批发和零售业	**F**	**140835**	**110411**	**9711**
批发业	51	69934	52680	4995
零售业	52	70901	57731	4716
交通运输、仓储和邮政业	**G**	**12789**	**8187**	**1203**
铁路运输业	53	6		
道路运输业	54	8460	5414	789
水上运输业	55	530	305	20
航空运输业	56	54	42	1
管道运输业	57	1		
多式联运和运输代理业	58	1459	1033	116
装卸搬运和仓储业	59	1576	1018	135
邮政业	60	703	375	142
住宿和餐饮业	**H**	**8420**	**6097**	**746**
住宿业	61	3158	1865	363
餐饮业	62	5262	4232	383

200万～500万元	500万～1000万元	1000万～2000万元	2000万～5000万元	5000万～1亿元	1亿元以上	代码
21	15	14	34	18	69	32
258	114	62	68	33	48	33
185	103	59	49	13	35	34
160	93	76	62	23	41	35
134	90	80	127	69	160	36
21	10	9	9	9	25	37
80	49	34	56	26	51	38
74	54	34	52	28	68	39
30	9	14	15	1	5	40
19	7	4	6	3		41
23	11	6	7	8	32	42
49	17	8	3	2	3	43
270	**134**	**97**	**128**	**63**	**109**	**D**
184	74	48	73	47	91	44
19	17	8	9	9	10	45
67	43	41	46	7	8	46
1582	**617**	**534**	**575**	**384**	**568**	**E**
357	155	187	249	201	336	47
333	141	124	141	81	130	48
196	98	77	58	29	32	49
696	223	146	127	73	70	50
8967	**4406**	**2866**	**2325**	**966**	**1183**	**F**
4900	2533	1818	1562	622	824	51
4067	1873	1048	763	344	359	52
1395	**706**	**552**	**436**	**155**	**155**	**G**
					6	53
936	499	360	300	87	75	54
68	29	31	44	19	14	55
2	2	2		1	4	56
					1	57
111	53	64	48	19	15	58
165	86	84	38	26	24	59
113	37	11	6	3	16	60
888	**360**	**170**	**119**	**25**	**15**	**H**
483	226	109	81	22	9	61
405	134	61	38	3	6	62

2-26 续表 2

行业大类	代码	法人单位数（个）	100万元及以下	100万～200万元
信息传输、软件和信息技术服务业	**I**	**18158**	**15879**	**882**
电信、广播电视和卫星传输服务	63	567	415	29
互联网和相关服务	64	2393	2159	109
软件和信息技术服务业	65	15198	13305	744
金融业	**J**	**2372**	**1403**	**92**
货币金融服务	66	755	306	45
资本市场服务	67	272	234	9
保险业	68	411	34	12
其他金融业	69	934	829	26
房地产业	**K**	**21402**	**16314**	**1272**
房地产业	70	21402	16314	1272
租赁和商务服务业	**L**	**60718**	**51868**	**3572**
租赁业	71	5178	4029	474
商务服务业	72	55540	47839	3098
科学研究和技术服务业	**M**	**22180**	**18411**	**1404**
研究和试验发展	73	2446	2091	136
专业技术服务业	74	9558	7280	780
科技推广和应用服务业	75	10176	9041	488
水利、环境和公共设施管理业	**N**	**2401**	**1836**	**182**
水利管理业	76	110	78	10
生态保护和环境治理业	77	328	249	17
公共设施管理业	78	1837	1419	145
土地管理业	79	126	90	10
居民服务、修理和其他服务业	**O**	**10963**	**9532**	**651**
居民服务业	80	4303	3974	142
机动车、电子产品和日用产品修理业	81	4626	3873	364
其他服务业	82	2034	1685	145
教育	**P**	**4173**	**3647**	**265**
教育	83	4173	3647	265
卫生和社会工作	**Q**	**1180**	**865**	**66**
卫生	84	976	678	59
社会工作	85	204	187	7
文化、体育和娱乐业	**R**	**9733**	**8706**	**512**
新闻和出版业	86	79	50	4
广播、电视、电影和录音制作业	87	1011	777	98
文化艺术业	88	1933	1736	100
体育	89	847	765	46
娱乐业	90	5863	5378	264

200万～500万元	500万～1000万元	1000万～2000万元	2000万～5000万元	5000万～1亿元	1亿元以上	代码
715	**296**	**167**	**101**	**44**	**74**	**I**
21	17	7	12	12	54	63
68	27	12	7	7	4	64
626	252	148	82	25	16	65
113	**79**	**79**	**120**	**108**	**378**	**J**
39	25	23	36	52	229	66
12	4	3	6	2	2	67
27	34	43	69	52	140	68
35	16	10	9	2	7	69
1453	**666**	**465**	**478**	**271**	**483**	**K**
1453	666	465	478	271	483	70
2995	**940**	**550**	**440**	**183**	**170**	**L**
479	110	51	22	9	4	71
2516	830	499	418	174	166	72
1287	**482**	**318**	**190**	**48**	**40**	**M**
131	53	24	11	1		73
752	305	220	144	41	36	74
404	124	74	35	6	4	75
177	**96**	**48**	**31**	**14**	**17**	**N**
9	7	1	1	2	2	76
24	12	11	8	2	5	77
137	73	30	20	9	4	78
7	4	6	2	1	6	79
495	**141**	**89**	**37**	**13**	**5**	**O**
113	39	19	10	6		80
262	64	42	16	4	1	81
120	38	28	11	3	4	82
183	**47**	**20**	**8**	**2**	**1**	**P**
183	47	20	8	2	1	83
76	**57**	**46**	**49**	**16**	**5**	**Q**
71	54	44	49	16	5	84
5	3	2				85
325	**93**	**46**	**33**	**7**	**11**	**R**
5	3	2	6	4	5	86
73	36	14	10	1	2	87
68	10	9	8	1	1	88
24	4	5	3			89
155	40	16	6	1	3	90

2-27 按行业（大类）、营业收入组距

行业大类	代码	从业人员数（人）	100万元及以下	100万～200万元
总 计	**00**	**5491773**	**919660**	**251470**
农、林、牧、渔业	**A**	**14723**	**6692**	**1444**
农业	01			
林业	02			
畜牧业	03			
渔业	04			
农、林、牧、渔专业及辅助性活动	05	14723	6692	1444
采矿业	**B**	**67575**	**6663**	**3472**
煤炭开采和洗选业	06	7009	306	
石油和天然气开采业	07	131		8
黑色金属矿采选业	08	8478	583	285
有色金属矿采选业	09	18242	871	258
非金属矿采选业	10	32432	4434	2701
开采专业及辅助性活动	11	65	24	
其他采矿业	12	1218	445	220
制造业	**C**	**1498368**	**106499**	**47344**
农副食品加工业	13	134887	7586	3389
食品制造业	14	44076	8954	2784
酒、饮料和精制茶制造业	15	42732	4985	1910
烟草制品业	16	3591	4	
纺织业	17	46385	2192	590
纺织服装、服饰业	18	33362	5612	2758
皮革、毛皮、羽毛及其制品和制鞋业	19	28438	2778	2574
木材加工和木、竹、藤、棕、草制品业	20	183711	10498	5392
家具制造业	21	14008	3471	1271
造纸和纸制品业	22	35122	1807	1094
印刷和记录媒介复制业	23	14640	2835	1665
文教、工美、体育和娱乐用品制造业	24	41170	3886	1853
石油、煤炭及其他燃料加工业	25	5354	266	35
化学原料和化学制品制造业	26	67314	4335	1515
医药制造业	27	35183	2203	1232
化学纤维制造业	28	230	47	32
橡胶和塑料制品业	29	38350	3375	2082
非金属矿物制品业	30	192154	11885	6419
黑色金属冶炼和压延加工业	31	52595	1536	134
有色金属冶炼和压延加工业	32	48919	1588	184

分组的企业法人单位从业人员数

200万～500万元	500万～1000万元	1000万～2000万元	2000万～5000万元	5000万～1亿元	1亿元以上	代码
375106	**280395**	**297773**	**513386**	**375198**	**2478785**	**00**
2149	**1246**	**600**	**1076**	**1181**	**335**	**A**
						01
						02
						03
						04
2149	1246	600	1076	1181	335	05
5755	**5376**	**6134**	**11947**	**4434**	**23794**	**B**
42	520	1030	1444	390	3277	06
					123	07
530	232	844	740	83	5181	08
640	1107	1183	2431	1263	10489	09
4323	3198	3052	7302	2698	4724	10
41						11
179	319	25	30			12
84959	**79156**	**73066**	**204077**	**162903**	**740364**	**C**
5221	3780	3675	11931	9655	89650	13
2357	4356	2621	6973	4288	11743	14
2543	1896	1239	5042	4374	20743	15
				591	2996	16
1621	1247	1107	8015	7242	24371	17
4815	3124	2107	4950	3731	6265	18
1529	3369	2066	2755	2448	10919	19
16002	16345	14976	37413	31222	51863	20
1572	1100	601	1536	1155	3302	21
2088	1483	1730	3999	4346	18575	22
1736	2436	1243	1572	935	2218	23
2475	1876	2449	7096	9842	11693	24
170	175	31	160	94	4423	25
3197	3186	5326	9436	5805	34514	26
1020	1909	2297	6501	2872	17149	27
5	92	25	29			28
3910	3329	2410	6984	6214	10046	29
15209	13608	11933	39660	26591	66849	30
140	87	725	1509	2125	46339	31
403	459	371	2834	1837	41243	32

2-27 续表 1

行业大类	代码	从业人员数（人）	100万元及以下	100万～200万元
金属制品业	33	36144	5101	1989
通用设备制造业	34	34163	3294	1497
专用设备制造业	35	46072	3758	1476
汽车制造业	36	134583	3238	753
铁路、船舶、航空航天和其他运输设备制造业	37	20896	504	246
电气机械和器材制造业	38	40551	2953	1487
计算机、通信和其他电子设备制造业	39	98689	3585	1945
仪器仪表制造业	40	7077	1504	313
其他制造业	41	2643	501	95
废弃资源综合利用业	42	8285	446	115
金属制品、机械和设备修理业	43	7044	1772	515
电力、热力、燃气及水生产和供应业	**D**	**123812**	**12582**	**3450**
电力、热力生产和供应业	44	99690	10019	2841
燃气生产和供应业	45	5056	406	64
水的生产和供应业	46	19066	2157	545
建筑业	**E**	**1103930**	**55422**	**15963**
房屋建筑业	47	825257	9051	3696
土木工程建筑业	48	159050	8189	2692
建筑安装业	49	37052	5662	1851
建筑装饰、装修和其他建筑业	50	82571	32520	7724
批发和零售业	**F**	**676529**	**252968**	**54902**
批发业	51	321607	115089	26984
零售业	52	354922	137879	27918
交通运输、仓储和邮政业	**G**	**311554**	**30650**	**13492**
铁路运输业	53	66932		
道路运输业	54	144527	18731	7342
水上运输业	55	12385	1509	226
航空运输业	56	9054	878	3
管道运输业	57	102		
多式联运和运输代理业	58	10879	2855	1115
装卸搬运和仓储业	59	30873	4022	1981
邮政业	60	36802	2655	2825
住宿和餐饮业	**H**	**135587**	**27185**	**11561**
住宿业	61	74650	10283	5894
餐饮业	62	60937	16902	5667
信息传输、软件和信息技术服务业	**I**	**123461**	**38208**	**7250**
电信、广播电视和卫星传输服务	63	45159	1614	486
互联网和相关服务	64	10547	5996	1061
软件和信息技术服务业	65	67755	30598	5703

200万～500万元	500万～1000万元	1000万～2000万元	2000万～5000万元	5000万～1亿元	1亿元以上	代码
4104	2364	2017	5485	4449	10635	33
2500	2701	1974	3253	1171	17773	34
2866	2146	3225	5030	2462	25109	35
2332	2541	3524	9101	12182	100912	36
463	236	279	5865	3368	9935	37
1720	1525	1730	5638	4030	21468	38
3033	3035	2500	8512	8459	67620	39
608	207	544	1684	53	2164	40
373	136	155	467	916		41
215	197	93	253	325	6641	42
732	211	93	394	121	3206	43
4374	**4118**	**5369**	**10311**	**5682**	**77926**	**D**
2807	2097	2401	4986	3804	70735	44
277	334	321	282	582	2790	45
1290	1687	2647	5043	1296	4401	46
22030	**14314**	**23896**	**49784**	**56650**	**865871**	**E**
7884	4633	10182	30004	42651	717156	47
4379	2879	4239	11326	7803	117543	48
2149	2203	2324	3136	3024	16703	49
7618	4599	7151	5318	3172	14469	50
66152	**46964**	**44013**	**50342**	**36943**	**124245**	**F**
33988	23126	21321	25086	15449	60564	51
32164	23838	22692	25256	21494	63681	52
22687	**18220**	**25348**	**25241**	**17394**	**158522**	**G**
					66932	53
13497	10367	15847	18683	11314	48746	54
866	1408	1420	2309	1411	3236	55
44	122	73		189	7745	56
					102	57
1237	1131	1551	1101	929	960	58
3540	2984	5311	2374	2854	7807	59
3503	2208	1146	774	697	22994	60
22498	**16731**	**14535**	**19670**	**7751**	**15656**	**H**
12797	10795	9680	13774	6694	4733	61
9701	5936	4855	5896	1057	10923	62
8617	**6424**	**4348**	**5392**	**4957**	**48265**	**I**
1336	1705	258	1941	705	37114	63
767	522	335	284	1023	559	64
6514	4197	3755	3167	3229	10592	65

2-27 续表 2

行业大类	代码	从业人员数（人）	100万元及以下	100万～200万元
金融业	**J**	**311549**	**5427**	**1176**
货币金融服务	66	92545	2227	498
资本市场服务	67	4434	861	61
保险业	68	209835	568	424
其他金融业	69	4735	1771	193
房地产业	**K**	**300495**	**95442**	**21591**
房地产业	70	300495	95442	21591
租赁和商务服务业	**L**	**457516**	**140885**	**33040**
租赁业	71	24930	11401	3709
商务服务业	72	432586	129484	29331
科学研究和技术服务业	**M**	**149595**	**48818**	**14141**
研究和试验发展	73	9443	5116	967
专业技术服务业	74	104166	23472	9017
科技推广和应用服务业	75	35986	20230	4157
水利、环境和公共设施管理业	**N**	**31850**	**7736**	**2379**
水利管理业	76	1417	303	131
生态保护和环境治理业	77	5139	936	144
公共设施管理业	78	23898	6152	2013
土地管理业	79	1396	345	91
居民服务、修理和其他服务业	**O**	**72528**	**34484**	**7849**
居民服务业	80	24577	13014	2016
机动车、电子产品和日用产品修理业	81	27426	14236	3653
其他服务业	82	20525	7234	2180
教育	**P**	**30901**	**16113**	**4331**
教育	83	30901	16113	4331
卫生和社会工作	**Q**	**24932**	**5058**	**1543**
卫生	84	23329	4431	1333
社会工作	85	1603	627	210
文化、体育和娱乐业	**R**	**56868**	**28828**	**6542**
新闻和出版业	86	3668	126	38
广播、电视、电影和录音制作业	87	7533	2716	1196
文化艺术业	88	10204	4828	1008
体育	89	5924	3147	757
娱乐业	90	29539	18011	3543

200万～500万元	500万～1000万元	1000万～2000万元	2000万～5000万元	5000万～1亿元	1亿元以上	代码
2297	**3246**	**5584**	**14096**	**22107**	**257616**	**J**
670	493	517	1633	4301	82206	66
100	36	54	97	38	3187	67
1011	2316	4817	11989	17602	171108	68
516	401	196	377	166	1115	69
37381	**24632**	**25287**	**35139**	**18627**	**42396**	**K**
37381	24632	25287	35139	18627	42396	70
48459	**28451**	**38457**	**53039**	**22163**	**93022**	**L**
4938	1628	1400	860	414	580	71
43521	26823	37057	52179	21749	92442	72
18725	**12413**	**14618**	**14645**	**7462**	**18773**	**M**
1410	844	512	585	9		73
12613	9126	11655	13164	7041	18078	74
4702	2443	2451	896	412	695	75
3370	**4515**	**2834**	**5444**	**1342**	**4230**	**N**
115	319	174	54	52	269	76
343	308	676	362	256	2114	77
2809	3802	1752	4910	1019	1441	78
103	86	232	118	15	406	79
11098	**6360**	**4792**	**4846**	**1663**	**1436**	**O**
2998	2345	1253	1701	1250		80
4424	1877	1493	1367	336	40	81
3676	2138	2046	1778	77	1396	82
4937	**1714**	**2378**	**600**	**224**	**604**	**P**
4937	1714	2378	600	224	604	83
2859	**3039**	**3534**	**4823**	**2525**	**1551**	**Q**
2418	2902	3346	4823	2525	1551	84
441	137	188				85
6759	**3476**	**2980**	**2914**	**1190**	**4179**	**R**
59	90	81	538	343	2393	86
1299	886	509	459	99	369	87
1485	755	841	544	212	531	88
412	266	492	850			89
3504	1479	1057	523	536	886	90

2-28 按地区、资产总计

地区	代码	法人单位数（个）		
			50万元及以下	50万～100万元
广西壮族自治区	**45**	**384724**	**253886**	**33240**
南宁市	**4501**	**138156**	**96148**	**10062**
兴宁区	450102	13082	9304	1045
青秀区	450103	55801	41157	2885
江南区	450105	9969	6782	901
西乡塘区	450107	18066	12605	1330
良庆区	450108	7528	5245	734
邕宁区	450109	1348	927	79
武鸣区	450110	2734	1676	222
隆安县	450123	856	433	83
马山县	450124	907	594	92
上林县	450125	1241	834	120
宾阳县	450126	3409	1764	728
横县	450127	3488	2188	316
柳州市	**4502**	**44681**	**27437**	**4330**
城中区	450202	8072	5527	658
鱼峰区	450203	7992	5413	674
柳南区	450204	10404	6222	1027
柳北区	450205	6940	3681	725
柳江区	450206	3438	1827	467
柳城县	450222	1417	981	106
鹿寨县	450223	1806	1162	146
融安县	450224	1335	786	202
融水苗族自治县	450225	1662	982	190
三江侗族自治县	450226	1284	848	134
桂林市	**4503**	**36660**	**23769**	**3497**
秀峰区	450302	2711	1645	278
叠彩区	450303	3546	2566	359
象山区	450304	5206	4026	390
七星区	450305	6900	4440	764
雁山区	450311	353	233	23

组距分组的企业法人单位数

100万～500万元	500万～1000万元	1000万～5000万元	5000万～1亿元	1亿元以上	代码
51619	**14588**	**18564**	**4648**	**8179**	**45**
16970	**5121**	**6006**	**1399**	**2450**	**4501**
1616	448	413	90	166	450102
5826	2041	2392	505	995	450103
1358	362	365	71	130	450105
2373	708	727	137	186	450107
874	196	235	58	186	450108
144	45	62	25	66	450109
413	144	169	37	73	450110
142	44	98	27	29	450123
109	28	51	18	15	450124
150	45	52	18	22	450125
624	81	124	46	42	450126
558	133	178	49	66	450127
7350	**1910**	**2194**	**532**	**928**	**4502**
1105	279	278	82	143	450202
1076	319	331	68	111	450203
1996	478	454	87	140	450204
1544	397	367	95	131	450205
630	149	233	50	82	450206
146	41	78	24	41	450222
233	69	116	27	53	450223
201	33	66	15	32	450224
244	76	117	19	34	450225
165	46	50	20	21	450226
4968	**1409**	**1804**	**453**	**760**	**4503**
426	120	145	36	61	450302
374	89	96	19	43	450303
423	121	138	37	71	450304
973	219	278	82	144	450305
40	14	31	3	9	450311

2-28 续表 1

地　　区	代码	法人单位数（个）	50万元及以下	50万～100万元
临桂区	450312	4508	3275	316
阳朔县	450321	910	530	88
灵川县	450323	2689	1574	257
全州县	450324	1358	663	124
兴安县	450325	1293	650	147
永福县	450326	1229	863	73
灌阳县	450327	700	308	78
龙胜各族自治县	450328	522	276	43
资源县	450329	524	195	71
平乐县	450330	1319	858	131
荔浦县	450331	1844	966	268
恭城瑶族自治县	450332	1046	701	87
梧州市	**4504**	**13316**	**8320**	**1313**
万秀区	450403	2330	1431	153
长洲区	450405	3478	2338	327
龙圩区	450406	1328	860	98
苍梧县	450421	774	577	61
藤县	450422	2095	1274	203
蒙山县	450423	1297	1033	102
岑溪市	450481	1980	807	369
北海市	**4505**	**17821**	**12796**	**1218**
海城区	450502	9608	6893	623
银海区	450503	3797	3052	177
铁山港区	450512	496	267	37
合浦县	450521	3790	2584	380
防城港市	**4506**	**10161**	**6967**	**560**
港口区	450602	5478	4029	229
防城区	450603	1998	1262	141
上思县	450621	566	287	61
东兴市	450681	2118	1389	129
钦州市	**4507**	**13545**	**8086**	**1345**
钦南区	450702	5134	3154	586

100万～500万元	500万～1000万元	1000万～5000万元	5000万～1亿元	1亿元以上	代码
445	128	171	57	116	450312
163	41	55	7	26	450321
408	136	190	52	72	450323
302	95	121	21	32	450324
283	75	85	22	31	450325
120	44	74	28	27	450326
157	62	65	16	14	450327
87	39	48	9	20	450328
126	47	58	14	13	450329
169	45	77	13	26	450330
352	82	117	25	34	450331
120	52	54	12	20	450332
1755	**543**	**702**	**227**	**456**	**4504**
329	108	163	44	102	450403
420	115	136	41	101	450405
174	39	64	23	70	450406
68	19	33	10	6	450421
273	96	117	48	84	450422
85	21	25	14	17	450423
406	142	155	39	62	450481
1785	**540**	**794**	**243**	**445**	**4505**
1034	307	450	119	182	450502
255	84	110	31	88	450503
78	24	43	13	34	450512
416	121	163	50	76	450521
1082	**375**	**652**	**183**	**342**	**4506**
472	177	298	75	198	450602
252	88	151	49	55	450603
98	36	45	15	24	450621
260	74	158	44	64	450681
2020	**637**	**837**	**232**	**388**	**4507**
721	198	255	81	139	450702

2-28 续表 2

地　区	代码	法人单位数（个）	50万元及以下	50万～100万元
钦北区	450703	3930	2480	337
灵山县	450721	2131	1203	201
浦北县	450722	1498	863	160
贵港市	**4508**	**19246**	**11303**	**2317**
港北区	450802	7220	4691	773
港南区	450803	1556	817	104
覃塘区	450804	2084	992	397
平南县	450821	4233	3023	325
桂平市	450881	4153	1780	718
玉林市	**4509**	**29478**	**19441**	**3104**
玉州区	450902	13492	9511	1361
福绵区	450903	1178	700	114
容县	450921	3129	1970	321
陆川县	450922	2295	1388	225
博白县	450923	2850	1564	418
兴业县	450924	1760	1311	99
北流市	450981	4702	2996	566
百色市	**4510**	**20272**	**14013**	**1653**
右江区	451002	6965	5035	505
田阳县	451021	1696	1145	126
田东县	451022	1503	1026	86
平果县	451023	2252	1552	149
德保县	451024	983	641	61
那坡县	451026	900	701	68
凌云县	451027	547	284	61
乐业县	451028	494	343	35
田林县	451029	1242	811	162
西林县	451030	508	315	52
隆林各族自治县	451031	1134	753	103
靖西市	451081	2048	1407	245
贺州市	**4511**	**8871**	**5715**	**729**
八步区	451102	4223	2997	281

100万～500万元	500万～1000万元	1000万～5000万元	5000万～1亿元	1亿元以上	代码
565	176	215	45	112	450703
361	118	159	50	39	450721
213	65	122	38	37	450722
3088	**892**	**1053**	**253**	**340**	**4508**
957	271	306	79	143	450802
226	146	174	37	52	450803
373	89	166	31	36	450804
449	136	205	44	51	450821
1083	250	202	62	58	450881
4000	**882**	**1256**	**306**	**489**	**4509**
1647	302	391	89	191	450902
206	48	77	17	16	450903
494	109	149	35	51	450921
375	86	163	26	32	450922
480	133	163	46	46	450923
161	48	98	17	26	450924
637	154	197	70	82	450981
2304	**660**	**939**	**242**	**461**	**4510**
705	215	264	72	169	451002
196	61	95	28	45	451021
181	52	79	35	44	451022
264	72	125	26	64	451023
120	48	77	13	23	451024
79	15	25	4	8	451026
102	32	48	6	14	451027
64	16	25	4	7	451028
151	37	50	10	21	451029
68	22	30	9	12	451030
155	42	51	15	15	451031
219	48	70	20	39	451081
1168	**344**	**519**	**116**	**280**	**4511**
443	131	199	37	135	451102

2-28 续表 3

地　　区	代码	法人单位数（个）	50万元及以下	50万～100万元
平桂区	451103	1599	860	148
昭平县	451121	936	589	76
钟山县	451122	1039	578	120
富川瑶族自治县	451123	1073	691	104
河池市	**4512**	**12312**	**7848**	**1019**
金城江区	451202	3017	1785	241
宜州区	451203	1929	1178	182
南丹县	451221	860	516	65
天峨县	451222	582	408	34
凤山县	451223	585	428	42
东兰县	451224	613	418	52
罗城仫佬族自治县	451225	691	416	61
环江毛南族自治县	451226	713	429	66
巴马瑶族自治县	451227	1272	901	74
都安瑶族自治县	451228	1419	998	123
大化瑶族自治县	451229	631	371	79
来宾市	**4513**	**8808**	**5613**	**780**
兴宾区	451302	4462	2945	376
忻城县	451321	781	530	72
象州县	451322	1309	804	134
武宣县	451323	1058	607	93
金秀瑶族自治县	451324	701	397	74
合山市	451381	495	330	31
崇左市	**4514**	**11397**	**6430**	**1313**
江州区	451402	3134	831	737
扶绥县	451421	1685	1084	99
宁明县	451422	1057	716	77
龙州县	451423	1110	817	77
大新县	451424	1358	912	159
天等县	451425	750	472	55
凭祥市	451481	2302	1598	109

100万～500万元	500万～1000万元	1000万～5000万元	5000万～1亿元	1亿元以上	代码
253	94	150	39	55	451103
117	35	71	7	41	451121
187	50	55	25	24	451122
168	34	44	8	24	451123
1720	**516**	**711**	**180**	**318**	**4512**
480	151	211	47	102	451202
294	76	111	36	52	451203
132	37	64	12	34	451221
71	31	28	4	6	451222
64	17	12	6	16	451223
73	29	29	6	6	451224
95	31	49	19	20	451225
104	30	50	16	18	451226
134	44	69	18	32	451227
170	49	49	10	20	451228
103	21	39	6	12	451229
1124	**325**	**552**	**146**	**268**	**4513**
515	138	253	67	168	451302
94	27	39	8	11	451321
188	57	66	32	28	451322
169	47	95	20	27	451323
105	36	61	8	20	451324
53	20	38	10	13	451381
2285	**434**	**545**	**136**	**254**	**4514**
1306	85	84	21	70	451402
212	81	127	31	51	451421
137	30	64	9	24	451422
90	44	43	15	24	451423
154	43	48	14	28	451424
118	35	36	13	21	451425
268	116	143	32	36	451481

2-29 按地区、资产总计

地　区	代码	从业人员数（人）	50万元及以下	50万～100万元
广西壮族自治区	**45**	**5491773**	**680131**	**227460**
南宁市	**4501**	**1636635**	**223552**	**61442**
兴宁区	450102	193136	24524	5821
青秀区	450103	614407	80166	17819
江南区	450105	103115	18677	5390
西乡塘区	450107	178384	29733	7244
良庆区	450108	85344	15339	4845
邕宁区	450109	50457	2560	550
武鸣区	450110	38754	4674	1681
隆安县	450123	14263	1431	556
马山县	450124	8795	2005	488
上林县	450125	10578	2445	779
宾阳县	450126	44627	5639	4048
横县	450127	56984	4923	1944
柳州市	**4502**	**807970**	**66187**	**24729**
城中区	450202	172478	11451	3599
鱼峰区	450203	76503	14765	4826
柳南区	450204	113751	14059	4828
柳北区	450205	166925	8129	3415
柳江区	450206	53216	5159	2756
柳城县	450222	20168	1618	773
鹿寨县	450223	30812	3302	1154
融安县	450224	16047	2474	1270
融水苗族自治县	450225	19225	2613	1219
三江侗族自治县	450226	9543	2308	861
桂林市	**4503**	**538028**	**76597**	**25366**
秀峰区	450302	64897	6039	2348
叠彩区	450303	27676	6696	2182
象山区	450304	83179	19000	4191
七星区	450305	134076	14949	4855
雁山区	450311	4689	711	266

组距分组的企业法人单位从业人员数

100万～500万元	500万～1000万元	1000万～5000万元	5000万～1亿元	1亿元以上	代码
615085	**326973**	**842499**	**429386**	**2370239**	**45**
163056	**83240**	**216208**	**97846**	**791291**	**4501**
13617	6761	15113	7608	119692	450102
57317	33825	84424	26787	314069	450103
13064	5734	11017	4151	45082	450105
18378	8556	18257	5658	90558	450107
9268	3540	9613	7392	35347	450108
1682	658	1801	2391	40815	450109
5565	3925	7799	3714	11396	450110
1983	961	3691	1834	3807	450123
1044	608	2122	1049	1479	450124
1758	916	1910	1018	1752	450125
5691	3525	6918	6569	12237	450126
6369	2609	15492	8598	17049	450127
73261	**38453**	**101145**	**55874**	**448321**	**4502**
9850	4297	9740	7639	125902	450202
11415	7551	12659	5075	20212	450203
16171	8298	20308	11447	38640	450204
14724	7645	17684	8975	106353	450205
7007	3333	10565	5489	18907	450206
2535	1103	3412	1996	8731	450222
3159	1599	5473	4120	12005	450223
2690	1273	3753	1461	3126	450224
2876	1251	7054	1280	2932	450225
2109	590	1105	532	2038	450226
69322	**37434**	**86832**	**40421**	**202056**	**4503**
8136	8575	5743	5699	28357	450302
3778	1352	2717	565	10386	450303
8768	3575	12743	8784	26118	450304
10739	4220	12644	5080	81589	450305
646	352	1111	38	1565	450311

2-29 续表 1

地　　区	代码	从业人员数（人）		
			50万元及以下	50万～100万元
临桂区	450312	41405	8206	2030
阳朔县	450321	20152	1742	990
灵川县	450323	30385	5102	1571
全州县	450324	17102	1603	712
兴安县	450325	15848	2234	977
永福县	450326	14745	1143	374
灌阳县	450327	6951	542	356
龙胜各族自治县	450328	9143	784	339
资源县	450329	8130	672	723
平乐县	450330	12622	1859	933
荔浦县	450331	37219	3530	2050
恭城瑶族自治县	450332	9480	1785	469
梧州市	**4504**	**222557**	**27077**	**8775**
万秀区	450403	39146	4490	1042
长洲区	450405	43808	7802	1901
龙圩区	450406	24247	2765	649
苍梧县	450421	5871	1489	502
藤县	450422	44962	4604	1494
蒙山县	450423	9419	2774	572
岑溪市	450481	44188	3153	2615
北海市	**4505**	**219075**	**34530**	**10129**
海城区	450502	94464	19661	5205
银海区	450503	28443	7149	2183
铁山港区	450512	12757	742	205
合浦县	450521	45595	6978	2534
防城港市	**4506**	**125359**	**16395**	**4749**
港口区	450602	66891	8204	2370
防城区	450603	25251	3424	923
上思县	450621	10988	1074	508
东兴市	450681	21819	3693	948
钦州市	**4507**	**338426**	**27828**	**10506**
钦南区	450702	134895	11012	4129

100万～500万元	500万～1000万元	1000万～5000万元	5000万～1亿元	1亿元以上	代码
6834	3915	5552	3121	11747	450312
4700	1405	6204	586	4525	450321
4077	2435	5722	3087	8391	450323
2425	1400	5585	2248	3129	450324
3474	2026	3353	1353	2431	450325
1559	848	4993	1709	4119	450326
1264	965	1876	885	1063	450327
1143	924	1531	665	3757	450328
1750	545	2725	473	1242	450329
2570	1055	3104	1039	2062	450330
5715	2490	9359	4431	9644	450331
1744	1352	1858	658	1614	450332
26003	**14132**	**38214**	**27845**	**80511**	**4504**
5797	1897	7402	4953	13565	450403
5395	1935	5695	4171	16909	450405
1702	871	2137	3512	12611	450406
732	537	1609	672	330	450421
3096	3289	8941	6639	16899	450422
1134	550	1098	1584	1707	450423
8147	4898	9964	4248	11163	450481
24669	**11984**	**31935**	**17480**	**88348**	**4505**
13276	6876	15157	4796	29493	450502
3489	1708	5759	1352	6803	450503
908	231	1203	627	8841	450512
6928	2914	7638	5470	13133	450521
13893	**7800**	**20078**	**9066**	**53378**	**4506**
7065	3870	8281	2663	34438	450602
2611	1919	5148	2843	8383	450603
1554	904	2138	586	4224	450621
2663	1107	4511	2974	5923	450681
26260	**15353**	**45911**	**28030**	**184538**	**4507**
8031	3813	10490	10169	87251	450702

2-29 续表 2

地　　区	代码	从业人员数（人）	50万元及以下	50万～100万元
钦北区	450703	108525	7868	2359
灵山县	450721	40418	4123	1653
浦北县	450722	33802	3709	1914
贵港市	**4508**	**324581**	**40692**	**17950**
港北区	450802	113099	16666	5319
港南区	450803	37535	2883	1065
覃塘区	450804	34514	5058	4360
平南县	450821	66807	8829	2344
桂平市	450881	72626	7256	4862
玉林市	**4509**	**481480**	**62190**	**23767**
玉州区	450902	158452	25450	8904
福绵区	450903	18941	2866	1412
容县	450921	50393	6027	3246
陆川县	450922	45350	4976	1719
博白县	450923	62130	6852	3510
兴业县	450924	17171	2882	952
北流市	450981	120845	13137	4024
百色市	**4510**	**232659**	**33157**	**12038**
右江区	451002	78718	9770	3280
田阳县	451021	19576	2540	795
田东县	451022	20645	2540	905
平果县	451023	33866	4083	1607
德保县	451024	14930	1407	596
那坡县	451026	4901	1291	434
凌云县	451027	6370	896	460
乐业县	451028	4297	944	278
田林县	451029	12391	2496	1029
西林县	451030	4756	844	278
隆林各族自治县	451031	8837	1860	690
靖西市	451081	23372	4486	1686
贺州市	**4511**	**108331**	**15117**	**4765**
八步区	451102	47329	7113	2084

100万～500万元	500万～1000万元	1000万～5000万元	5000万～1亿元	1亿元以上	代码
6592	3871	11355	4364	72116	450703
4653	3179	10219	8623	7968	450721
4396	3053	10237	4444	6049	450722
43852	**33286**	**71227**	**35788**	**81786**	**4508**
13342	7925	14777	8347	46723	450802
4326	4578	12349	3214	9120	450803
5552	3512	7875	1960	6197	450804
6495	5672	21734	9870	11863	450821
14137	11599	14492	12397	7883	450881
60363	**31523**	**96098**	**56055**	**151484**	**4509**
17416	6847	18942	17151	63742	450902
4178	1142	5053	1516	2774	450903
7979	5809	14061	2143	11128	450921
5429	2528	10690	3122	16886	450922
9119	5906	16474	9621	10648	450923
2700	1113	3788	2159	3577	450924
13542	8053	25232	19847	37010	450981
28328	**15752**	**40134**	**16128**	**87122**	**4510**
8100	5158	10680	4980	36750	451002
2865	1671	3818	1439	6448	451021
2317	1361	3059	2756	7707	451022
3725	2180	7181	2556	12534	451023
1778	815	2736	1010	6588	451024
919	368	629	283	977	451026
964	716	1610	396	1328	451027
906	312	955	231	671	451028
1870	762	3327	485	2422	451029
679	475	1051	455	974	451030
1594	912	1853	655	1273	451031
2611	1022	3235	882	9450	451081
14267	**8233**	**17895**	**10893**	**37161**	**4511**
6076	2957	7385	3846	17868	451102

2-29 续表 3

地　　区	代码	从业人员数（人）		
			50万元及以下	50万～100万元
平桂区	451103	25453	2414	1025
昭平县	451121	9356	1309	520
钟山县	451122	15500	1932	704
富川瑶族自治县	451123	10042	2349	432
河池市	**4512**	**180817**	**23266**	**7509**
金城江区	451202	60532	6436	1806
宜州区	451203	28561	3895	1293
南丹县	451221	18056	1686	544
天峨县	451222	5002	732	218
凤山县	451223	4089	860	224
东兰县	451224	5238	1317	331
罗城仫佬族自治县	451225	8679	1233	388
环江毛南族自治县	451226	11879	1692	555
巴马瑶族自治县	451227	13984	1454	527
都安瑶族自治县	451228	15061	2574	780
大化瑶族自治县	451229	9736	1387	843
来宾市	**4513**	**133433**	**16188**	**5324**
兴宾区	451302	76251	8663	2805
忻城县	451321	8062	1702	520
象州县	451322	15569	2137	663
武宣县	451323	14833	2014	785
金秀瑶族自治县	451324	11250	831	263
合山市	451381	6961	841	288
崇左市	**4514**	**142422**	**17355**	**10411**
江州区	451402	59203	4581	6457
扶绥县	451421	22298	1942	835
宁明县	451422	10940	1433	645
龙州县	451423	13058	2019	538
大新县	451424	15341	2908	1002
天等县	451425	7966	1158	286
凭祥市	451481	13143	3314	648

100万～500万元	500万～1000万元	1000万～5000万元	5000万～1亿元	1亿元以上	代码
3119	2416	4563	2723	9193	451103
1365	596	1795	724	3047	451121
2264	1687	2656	2296	3961	451122
1443	577	1496	1304	2441	451123
22282	**12217**	**31534**	**15132**	**68877**	**4512**
6431	4460	8901	4660	27838	451202
3823	1611	4613	2421	10905	451203
1805	814	1998	781	10428	451221
879	802	1275	384	712	451222
577	282	749	267	1130	451223
1186	610	651	460	683	451224
1155	722	2184	875	2122	451225
1349	680	3144	1192	3267	451226
1245	623	2453	1843	5839	451227
2468	964	3676	1911	2688	451228
1364	649	1890	338	3265	451229
19502	**8695**	**23620**	**10443**	**49661**	**4513**
11284	4922	12915	4650	31012	451302
1233	600	1654	1135	1218	451321
2084	1209	3096	2191	4189	451322
3114	566	3579	848	3927	451323
823	798	1690	157	6688	451324
964	600	686	1112	2470	451381
30027	**8871**	**21668**	**8385**	**45705**	**4514**
17464	2604	4964	2021	21112	451402
3315	1833	5327	1893	7153	451421
1851	604	2126	343	3938	451422
1458	832	2564	818	4829	451423
1850	947	1937	927	5770	451424
1814	1163	1606	490	1449	451425
2275	888	3144	1420	1454	451481

2-30 按行业（大类）、资产总计

行业大类	代码	法人单位数（个）	50万元及以下	50万～100万元
总 计	**00**	**384724**	**253886**	**33240**
农、林、牧、渔业	**A**	**2531**	**1800**	**201**
农业	01	37	37	
林业	02	15	15	
畜牧业	03	13	13	
渔业	04	4	4	
农、林、牧、渔专业及辅助性活动	05	2462	1731	201
采矿业	**B**	**2672**	**1199**	**183**
煤炭开采和洗选业	06	30	8	3
石油和天然气开采业	07	3	1	
黑色金属矿采选业	08	268	140	15
有色金属矿采选业	09	296	129	11
非金属矿采选业	10	1830	765	129
开采专业及辅助性活动	11	15	10	3
其他采矿业	12	230	146	22
制造业	**C**	**37248**	**15715**	**3699**
农副食品加工业	13	2983	1357	290
食品制造业	14	2319	1307	262
酒、饮料和精制茶制造业	15	1409	599	136
烟草制品业	16	5	2	1
纺织业	17	626	255	51
纺织服装、服饰业	18	1081	591	120
皮革、毛皮、羽毛及其制品和制鞋业	19	441	187	35
木材加工和木、竹、藤、棕、草制品业	20	5133	1837	724
家具制造业	21	1026	561	119
造纸和纸制品业	22	787	270	77
印刷和记录媒介复制业	23	1033	427	148
文教、工美、体育和娱乐用品制造业	24	977	533	122
石油、煤炭及其他燃料加工业	25	129	44	9
化学原料和化学制品制造业	26	1830	674	127
医药制造业	27	492	164	19
化学纤维制造业	28	21	9	2
橡胶和塑料制品业	29	1253	456	137
非金属矿物制品业	30	5396	1836	392
黑色金属冶炼和压延加工业	31	305	95	13
有色金属冶炼和压延加工业	32	371	138	13

组距分组的企业法人单位数

100万～500万元	500万～1000万元	1000万～5000万元	5000万～1亿元	1亿元以上	代码
51619	**14588**	**18564**	**4648**	**8179**	**00**
342	**64**	**97**	**16**	**11**	**A**
					01
					02
					03
					04
342	64	97	16	11	05
483	**232**	**381**	**84**	**110**	**B**
		3	3	13	06
1				1	07
32	23	29	15	14	08
25	25	44	21	41	09
394	174	287	43	38	10
		2			11
31	10	16	2	3	12
7363	**2693**	**4687**	**1351**	**1740**	**C**
468	185	331	136	216	13
399	115	144	46	46	14
291	86	181	46	70	15
				2	16
95	42	98	39	46	17
218	67	53	26	6	18
68	67	58	10	16	19
1209	467	661	132	103	20
205	52	66	14	9	21
180	58	112	39	51	22
287	65	74	17	15	23
182	51	63	20	6	24
31	9	10	7	19	25
304	133	349	110	133	26
51	36	112	34	76	27
3	2	3		2	28
332	103	151	42	32	29
1068	527	1065	239	269	30
26	15	55	37	64	31
42	16	60	27	75	32

2-30 续表 1

行业大类	代码	法人单位数（个）	50万元及以下	50万～100万元
金属制品业	33	1974	926	228
通用设备制造业	34	1478	662	156
专用设备制造业	35	1499	656	139
汽车制造业	36	1200	352	68
铁路、船舶、航空航天和其他运输设备制造业	37	240	109	15
电气机械和器材制造业	38	930	424	83
计算机、通信和其他电子设备制造业	39	960	480	75
仪器仪表制造业	40	224	96	17
其他制造业	41	186	99	22
废弃资源综合利用业	42	250	113	19
金属制品、机械和设备修理业	43	690	456	80
电力、热力、燃气及水生产和供应业	**D**	**3281**	**1059**	**272**
电力、热力生产和供应业	44	2415	769	193
燃气生产和供应业	45	157	56	9
水的生产和供应业	46	709	234	70
建筑业	**E**	**23668**	**15423**	**2131**
房屋建筑业	47	4455	2328	284
土木工程建筑业	48	3666	2042	314
建筑安装业	49	2524	1545	229
建筑装饰、装修和其他建筑业	50	13023	9508	1304
批发和零售业	**F**	**140835**	**97129**	**13368**
批发业	51	69934	45996	6552
零售业	52	70901	51133	6816
交通运输、仓储和邮政业	**G**	**12789**	**6917**	**1291**
铁路运输业	53	6		
道路运输业	54	8460	4552	867
水上运输业	55	530	224	41
航空运输业	56	54	32	4
管道运输业	57	1		
多式联运和运输代理业	58	1459	890	115
装卸搬运和仓储业	59	1576	789	144
邮政业	60	703	430	120
住宿和餐饮业	**H**	**8420**	**5277**	**739**
住宿业	61	3158	1338	305
餐饮业	62	5262	3939	434
信息传输、软件和信息技术服务业	**I**	**18158**	**14324**	**1183**
电信、广播电视和卫星传输服务	63	567	366	46
互联网和相关服务	64	2393	1940	144
软件和信息技术服务业	65	15198	12018	993

100万～500万元	500万～1000万元	1000万～5000万元	5000万～1亿元	1亿元以上	代码
458	100	179	44	39	33
357	96	138	29	40	34
317	110	175	47	55	35
187	102	253	84	154	36
34	20	24	17	21	37
162	46	112	49	54	38
159	51	76	39	80	39
43	18	38	6	6	40
37	10	14	2	2	41
44	12	21	11	30	42
106	32	11	2	3	43
804	**262**	**449**	**107**	**328**	**D**
636	216	293	56	252	44
9	9	42	10	22	45
159	37	114	41	54	46
3024	**880**	**1320**	**418**	**472**	**E**
555	242	556	225	265	47
545	186	333	107	139	48
403	136	147	36	28	49
1521	316	284	50	40	50
19101	**4896**	**4719**	**790**	**832**	**F**
10286	2978	3000	504	618	51
8815	1918	1719	286	214	52
2441	**788**	**883**	**175**	**294**	**G**
				6	53
1714	555	564	86	122	54
101	60	63	15	26	55
2	5	2	1	8	56
				1	57
239	82	94	14	25	58
274	78	148	51	92	59
111	8	12	8	14	60
1368	**427**	**450**	**70**	**89**	**H**
768	284	326	57	80	61
600	143	124	13	9	62
1754	**392**	**351**	**47**	**107**	**I**
48	19	25	2	61	63
210	41	47	4	7	64
1496	332	279	41	39	65

2-30 续表 2

行业大类	代码	法人单位数（个）	50万元及以下	50万～100万元
金融业	**J**	**2372**	**977**	**66**
货币金融服务	66	755	122	6
资本市场服务	67	272	135	9
保险业	68	411	52	8
其他金融业	69	934	668	43
房地产业	**K**	**21402**	**12188**	**1225**
房地产业	70	21402	12188	1225
租赁和商务服务业	**L**	**60718**	**45007**	**4521**
租赁业	71	5178	3236	631
商务服务业	72	55540	41771	3890
科学研究和技术服务业	**M**	**22180**	**15908**	**1755**
研究和试验发展	73	2446	1811	169
专业技术服务业	74	9558	6277	870
科技推广和应用服务业	75	10176	7820	716
水利、环境和公共设施管理业	**N**	**2401**	**1348**	**203**
水利管理业	76	110	58	6
生态保护和环境治理业	77	328	171	27
公共设施管理业	78	1837	1059	162
土地管理业	79	126	60	8
居民服务、修理和其他服务业	**O**	**10963**	**8478**	**1019**
居民服务业	80	4303	3666	256
机动车、电子产品和日用产品修理业	81	4626	3322	559
其他服务业	82	2034	1490	204
教育	**P**	**4173**	**3107**	**368**
教育	83	4173	3107	368
卫生和社会工作	**Q**	**1180**	**679**	**104**
卫生	84	976	529	94
社会工作	85	204	150	10
文化、体育和娱乐业	**R**	**9733**	**7351**	**912**
新闻和出版业	86	79	40	5
广播、电视、电影和录音制作业	87	1011	647	69
文化艺术业	88	1933	1587	115
体育	89	847	648	72
娱乐业	90	5863	4429	651

100万～500万元	500万～1000万元	1000万～5000万元	5000万～1亿元	1亿元以上	代码
210	**130**	**310**	**126**	**553**	**J**
32	46	126	52	371	66
47	24	31	6	20	67
58	32	108	43	110	68
73	28	45	25	52	69
2141	**874**	**1787**	**810**	**2377**	**K**
2141	874	1787	810	2377	70
6528	**1508**	**1781**	**415**	**958**	**L**
911	220	142	17	21	71
5617	1288	1639	398	937	72
2847	**769**	**689**	**100**	**112**	**M**
313	74	61	10	8	73
1481	417	384	64	65	74
1053	278	244	26	39	75
364	**111**	**189**	**61**	**125**	**N**
18	6	9	3	10	76
59	12	31	12	16	77
260	89	143	45	79	78
27	4	6	1	20	79
1096	**205**	**130**	**23**	**12**	**O**
264	59	43	10	5	80
587	103	43	9	3	81
245	43	44	4	4	82
522	**95**	**70**	**5**	**6**	**P**
522	95	70	5	6	83
194	**68**	**113**	**13**	**9**	**Q**
172	61	103	12	5	84
22	7	10	1	4	85
1037	**194**	**158**	**37**	**44**	**R**
12	1	10	2	9	86
178	59	44	11	3	87
160	25	26	6	14	88
98	11	7	5	6	89
589	98	71	13	12	90

2-31 按行业（大类）、资产总计

行业大类	代码	从业人员数（人）	50万元及以下	50万～100万元
总　计	**00**	**5491773**	**680131**	**227460**
农、林、牧、渔业	**A**	**14723**	**4289**	**1188**
农业	01			
林业	02			
畜牧业	03			
渔业	04			
农、林、牧、渔专业及辅助性活动	05	14723	4289	1188
采矿业	**B**	**67575**	**2804**	**1400**
煤炭开采和洗选业	06	7009	6	57
石油和天然气开采业	07	131		
黑色金属矿采选业	08	8478	472	84
有色金属矿采选业	09	18242	337	53
非金属矿采选业	10	32432	1852	1054
开采专业及辅助性活动	11	65	14	10
其他采矿业	12	1218	123	142
制造业	**C**	**1498368**	**66496**	**37054**
农副食品加工业	13	134887	3986	2329
食品制造业	14	44076	5594	2476
酒、饮料和精制茶制造业	15	42732	1753	1312
烟草制品业	16	3591		4
纺织业	17	46385	2159	699
纺织服装、服饰业	18	33362	4960	2180
皮革、毛皮、羽毛及其制品和制鞋业	19	28438	1831	1019
木材加工和木、竹、藤、棕、草制品业	20	183711	9889	8890
家具制造业	21	14008	2057	1088
造纸和纸制品业	22	35122	905	625
印刷和记录媒介复制业	23	14640	1664	1054
文教、工美、体育和娱乐用品制造业	24	41170	3116	1691
石油、煤炭及其他燃料加工业	25	5354	87	42
化学原料和化学制品制造业	26	67314	1849	998
医药制造业	27	35183	946	116
化学纤维制造业	28	230	10	65
橡胶和塑料制品业	29	38350	1992	1368
非金属矿物制品业	30	192154	5118	3424
黑色金属冶炼和压延加工业	31	52595	265	78
有色金属冶炼和压延加工业	32	48919	190	85

组距分组的企业法人单位从业人员数

100万～500万元	500万～1000万元	1000万～5000万元	5000万～1亿元	1亿元以上	代码
615085	**326973**	**842499**	**429386**	**2370239**	**00**
3377	**873**	**2929**	**333**	**1734**	**A**
					01
					02
					03
					04
3377	873	2929	333	1734	05
6651	**5235**	**13388**	**5075**	**33022**	**B**
		498	600	5848	06
8				123	07
382	494	800	772	5474	08
355	639	1800	1025	14033	09
5633	3988	9748	2636	7521	10
		41			11
273	114	501	42	23	12
129812	**93804**	**313925**	**184674**	**672603**	**C**
7736	5511	16682	16137	82506	13
4900	3048	8626	6285	13147	14
3226	1898	7847	4874	21822	15
				3587	16
1948	1196	11891	7312	21180	17
6896	4350	6950	5908	2118	18
4117	2880	6248	2801	9542	19
30888	26261	65703	17428	24652	20
2455	1194	2960	2303	1951	21
2996	1535	7459	5489	16113	22
2902	1980	3037	1680	2323	23
6756	5374	16925	6848	460	24
261	81	198	194	4491	25
3758	3435	16310	8397	32567	26
729	1449	7307	3255	21381	27
37	37	52		29	28
5094	3644	10290	5122	10840	29
16881	12411	54855	30877	68588	30
220	436	3008	2816	45772	31
448	432	3008	2400	42356	32

2-31 续表 1

行业大类	代码	从业人员数（人）	50万元及以下	50万～100万元
金属制品业	33	36144	3226	1633
通用设备制造业	34	34163	2246	1070
专用设备制造业	35	46072	1994	988
汽车制造业	36	134583	2312	541
铁路、船舶、航空航天和其他运输设备制造业	37	20896	363	112
电气机械和器材制造业	38	40551	2154	663
计算机、通信和其他电子设备制造业	39	98689	3443	1577
仪器仪表制造业	40	7077	427	162
其他制造业	41	2643	292	156
废弃资源综合利用业	42	8285	196	114
金属制品、机械和设备修理业	43	7044	1472	495
电力、热力、燃气及水生产和供应业	**D**	**123812**	**2662**	**1429**
电力、热力生产和供应业	44	99690	1783	953
燃气生产和供应业	45	5056	130	54
水的生产和供应业	46	19066	749	422
建筑业	**E**	**1103930**	**47169**	**14222**
房屋建筑业	47	825257	8018	2315
土木工程建筑业	48	159050	5918	2119
建筑安装业	49	37052	4629	1591
建筑装饰、装修和其他建筑业	50	82571	28604	8197
批发和零售业	**F**	**676529**	**206357**	**60722**
批发业	51	321607	92086	29599
零售业	52	354922	114271	31123
交通运输、仓储和邮政业	**G**	**311554**	**25434**	**13116**
铁路运输业	53	66932		
道路运输业	54	144527	13686	6969
水上运输业	55	12385	734	188
航空运输业	56	9054	59	14
管道运输业	57	102		
多式联运和运输代理业	58	10879	2608	958
装卸搬运和仓储业	59	30873	3746	2022
邮政业	60	36802	4601	2965
住宿和餐饮业	**H**	**135587**	**23511**	**8239**
住宿业	61	74650	6872	3521
餐饮业	62	60937	16639	4718
信息传输、软件和信息技术服务业	**I**	**123461**	**32769**	**7294**
电信、广播电视和卫星传输服务	63	45159	1809	712
互联网和相关服务	64	10547	4933	763
软件和信息技术服务业	65	67755	26027	5819

100万～500万元	500万～1000万元	1000万～5000万元	5000万～1亿元	1亿元以上	代码
5635	2359	8642	6678	7971	33
3520	2031	4948	3595	16753	34
3619	2392	8936	3465	24678	35
2422	4056	14742	11568	98942	36
426	560	7139	8470	3826	37
3499	967	6454	7033	19781	38
6289	3360	10168	11268	62584	39
499	296	1860	818	3015	40
485	79	1027	99	505	41
379	182	415	803	6196	42
791	370	238	751	2927	43
5877	**3247**	**10135**	**5636**	**94826**	**D**
4392	2379	4974	2363	82846	44
55	153	775	413	3476	45
1430	715	4386	2860	8504	46
33686	**26867**	**99799**	**80205**	**801982**	**E**
8036	8256	67097	61573	669962	47
5451	3472	17322	11663	113105	48
3621	1984	6223	3791	15213	49
16578	13155	9157	3178	3702	50
127503	**54193**	**95715**	**36869**	**95170**	**F**
62746	26528	43599	15256	51793	51
64757	27665	52116	21613	43377	52
36840	**17580**	**38078**	**16050**	**164456**	**G**
				66932	53
22215	11755	27447	10700	51755	54
2342	1688	3116	641	3676	55
5	303	28	109	8536	56
				102	57
1967	1142	2276	490	1438	58
6394	2068	4317	1460	10866	59
3917	624	894	2650	21151	60
27795	**15279**	**25519**	**7228**	**28016**	**H**
14282	8679	17734	5574	17988	61
13513	6600	7785	1654	10028	62
13888	**5189**	**16278**	**1613**	**46430**	**I**
633	586	7025	109	34285	63
1860	462	1866	136	527	64
11395	4141	7387	1368	11618	65

2-31 续表 2

行业大类	代码	从业人员数（人）		
			50万元及以下	50万～100万元
金融业	**J**	**311549**	**2980**	**1016**
货币金融服务	66	92545	228	29
资本市场服务	67	4434	211	44
保险业	68	209835	1611	741
其他金融业	69	4735	930	202
房地产业	**K**	**300495**	**47736**	**17844**
房地产业	70	300495	47736	17844
租赁和商务服务业	**L**	**457516**	**112117**	**31046**
租赁业	71	24930	8575	3413
商务服务业	72	432586	103542	27633
科学研究和技术服务业	**M**	**149595**	**36950**	**11573**
研究和试验发展	73	9443	3753	907
专业技术服务业	74	104166	18323	6974
科技推广和应用服务业	75	35986	14874	3692
水利、环境和公共设施管理业	**N**	**31850**	**3665**	**1700**
水利管理业	76	1417	106	39
生态保护和环境治理业	77	5139	334	186
公共设施管理业	78	23898	3095	1439
土地管理业	79	1396	130	36
居民服务、修理和其他服务业	**O**	**72528**	**29351**	**9063**
居民服务业	80	24577	11400	2627
机动车、电子产品和日用产品修理业	81			
其他服务业	82			
教育	**P**	**30901**	**12011**	**3372**
教育	83	30901	12011	3372
卫生和社会工作	**Q**	**24932**	**2521**	**955**
卫生	84	23329	2168	891
社会工作	85	1603	353	64
文化、体育和娱乐业	**R**	**56868**	**21309**	**6227**
新闻和出版业	86	3668	69	35
广播、电视、电影和录音制作业	87	7533	1890	545
文化艺术业	88	10204	4515	731
体育	89	5924	2134	678
娱乐业	90			

100万～500万元	500万～1000万元	1000万～5000万元	5000万～1亿元	1亿元以上	代码
7081	**6506**	**28476**	**24877**	**240613**	**J**
172	245	940	531	90400	66
403	197	199	46	3334	67
5992	5831	26859	23934	144867	68
514	233	478	366	2012	69
47553	**23814**	**52391**	**23148**	**88009**	**K**
47553	23814	52391	23148	88009	70
95178	**41178**	**81571**	**26992**	**69434**	**L**
6295	2432	2808	383	1024	71
88883	38746	78763	26609	68410	72
30989	**14742**	**33816**	**6651**	**14874**	**M**
2283	966	935	199	400	73
20464	10947	28827	5824	12807	74
8242	2829	4054	628	1667	75
5505	**1402**	**7029**	**3354**	**9195**	**N**
255	52	382	130	453	76
653	119	614	437	2796	77
4307	1216	5929	2778	5134	78
290	15	104	9	812	79
17614	**7508**	**5460**	**1090**	**2442**	**O**
4248	2761	1812	799	930	80
					81
					82
9201	**2639**	**3104**	**449**	**125**	**P**
9201	2639	3104	449	125	83
5583	**3123**	**9293**	**2296**	**1161**	**Q**
5276	2977	8905	2296	816	84
307	146	388		345	85
10952	**3794**	**5593**	**2846**	**6147**	**R**
108	11	594	77	2774	86
2007	1198	1126	373	394	87
1413	406	904	832	1403	88
1102	233	652	395	730	89
					90

2-32 按行业（大类）、地区

行业大类	代码	法人单位数（个）	南宁市	柳州市	桂林市	梧州市
总　计	**00**	**6958**	**1624**	**770**	**778**	**309**
农、林、牧、渔业	**A**	**57**	**8**	**3**	**4**	**2**
农业	01	10	3	2		
林业	02	10	1		1	
畜牧业	03					
渔业	04	2				
农、林、牧、渔专业及辅助性活动	05	35	4	1	3	2
采矿业	**B**	**72**	**5**	**4**	**7**	**3**
煤炭开采和洗选业	06	10				
石油和天然气开采业	07	1				
黑色金属矿采选业	08	15	1	4		
有色金属矿采选业	09	27	2		2	3
非金属矿采选业	10	16	2		5	
开采专业及辅助性活动	11					
其他采矿业	12	3				
制造业	**C**	**772**	**188**	**129**	**77**	**26**
农副食品加工业	13	168	47	16	9	8
食品制造业	14	34	13	5	3	1
酒、饮料和精制茶制造业	15	34	5	2	1	3
烟草制品业	16	4	2			
纺织业	17	14	2	2		1
纺织服装、服饰业	18	8	3	1	1	
皮革、毛皮、羽毛及其制品和制鞋业	19	2	1			
木材加工和木、竹、藤、棕、草制品业	20	49	7	1	7	2
家具制造业	21	1			1	
造纸和纸制品业	22	13	5	4		
印刷和记录媒介复制业	23	42	16	5	4	1
文教、工美、体育和娱乐用品制造业	24	6	2	2		1
石油、煤炭及其他燃料加工业	25	7		2		
化学原料和化学制品制造业	26	52	15	9	1	
医药制造业	27	18	5	1	6	2
化学纤维制造业	28					
橡胶和塑料制品业	29	14	2	4	8	
非金属矿物制品业	30	96	28	10	11	1
黑色金属冶炼和压延加工业	31	17		8		
有色金属冶炼和压延加工业	32	35	1	2	3	2

分组的国有控股企业法人单位数

北海市	防城港市	钦州市	贵港市	玉林市	百色市	贺州市	河池市	来宾市	崇左市	代码
278	**259**	**321**	**219**	**486**	**657**	**305**	**381**	**265**	**306**	**00**
3	**2**	**5**	**4**	**6**	**5**	**2**	**3**	**3**	**7**	**A**
1		1				1			2	01
	1		1		1		1	1	3	02
										03
1		1								04
1	1	3	3	6	4	1	2	2	2	05
3	**1**	**1**	**4**	**2**	**16**	**6**	**11**	**5**	**4**	**B**
		1			8		1			06
1										07
			2		1		1	3	3	08
					6	3	9	1	1	09
2			1	2	1	3				10
										11
	1		1					1		12
32	**26**	**27**	**22**	**58**	**77**	**34**	**22**	**22**	**32**	**C**
6	6	4	6	21	12	7	7	7	12	13
2	1	1	2	3	2			1		14
1	4		1	4	6	4		1	2	15
					2					16
1		1	1		2		1		3	17
			2			1				18
		1								19
1	2	5	1	5	7	6		2	3	20
										21
1			1			2				22
1	1	3	1	1	3	3	1	1	1	23
		1								24
1		3			1					25
4	3	1		2	8	2	2	2	3	26
	1		1		1				1	27
										28
										29
7	2	5		7	8	3	6	5	3	30
4	1				2			1	1	31
	1		1	1	16	4	1	2	1	32

2-32 续表 1

行业大类	代码	法人单位数（个）	南宁市	柳州市	桂林市	梧州市
金属制品业	33	21	8	9		1
通用设备制造业	34	27	3	8	3	
专用设备制造业	35	31	9	9	3	
汽车制造业	36	23	1	17	2	
铁路、船舶、航空航天和其他运输设备制造业	37	10	4	2		2
电气机械和器材制造业	38	11	2	1	3	1
计算机、通信和其他电子设备制造业	39	16	4		10	
仪器仪表制造业	40	4	1	2	1	
其他制造业	41	1	1			
废弃资源综合利用业	42	4		3		
金属制品、机械和设备修理业	43	10	1	4		
电力、热力、燃气及水生产和供应业	**D**	**541**	**44**	**48**	**83**	**38**
电力、热力生产和供应业	44	327	27	27	58	23
燃气生产和供应业	45	8	1	1		2
水的生产和供应业	46	206	16	20	25	13
建筑业	**E**	**220**	**80**	**26**	**29**	**7**
房屋建筑业	47	63	21	16	8	
土木工程建筑业	48	109	38	6	12	6
建筑安装业	49	19	7	1	2	
建筑装饰、装修和其他建筑业	50	29	14	3	7	1
批发和零售业	**F**	**1134**	**259**	**99**	**117**	**54**
批发业	51	650	178	53	63	33
零售业	52	484	81	46	54	21
交通运输、仓储和邮政业	**G**	**516**	**110**	**50**	**34**	**26**
铁路运输业	53	6	6			
道路运输业	54	141	49	16	10	10
水上运输业	55	23	1	1	1	3
航空运输业	56	9	5		1	1
管道运输业	57	1				
多式联运和运输代理业	58	26	5	2	1	3
装卸搬运和仓储业	59	277	41	29	18	6
邮政业	60	33	3	2	3	3
住宿和餐饮业	**H**	**169**	**34**	**12**	**35**	**4**
住宿业	61	131	29	10	32	3
餐饮业	62	38	5	2	3	1
信息传输、软件和信息技术服务业	**I**	**115**	**32**	**10**	**15**	**5**
电信、广播电视和卫星传输服务	63	71	10	6	9	4
互联网和相关服务	64	12	6	2	2	
软件和信息技术服务业	65	32	16	2	4	1

北海市	防城港市	钦州市	贵港市	玉林市	百色市	贺州市	河池市	来宾市	崇左市	代码
	2								1	33
		1	2	7	1	1	1			34
1			2	4	1		1		1	35
				2	1					36
		1		1						37
			1		1	1	1			38
	1				1					39
										40
										41
1										42
1	1				2		1			43
9	**19**	**20**	**18**	**42**	**75**	**33**	**43**	**32**	**37**	**D**
4	8	7	7	29	51	24	29	13	20	44
1	1	1				1				45
4	10	12	11	13	24	8	14	19	17	46
8	**4**	**3**	**11**	**12**	**14**	**8**	**6**	**6**	**6**	**E**
2	1		1	3	4	2	1	4		47
4	3	3	7	7	7	6	4	2	4	48
			2	2	2		1		2	49
2			1		1					50
33	**41**	**49**	**37**	**100**	**144**	**41**	**75**	**38**	**47**	**F**
16	18	24	23	57	68	29	35	28	25	51
17	23	25	14	43	76	12	40	10	22	52
34	**44**	**42**	**19**	**57**	**38**	**11**	**20**	**13**	**18**	**G**
										53
7	11	6	5	7	6	3	5	2	4	54
3	4	4				2	1	2	1	55
1					1					56
1										57
4	5	3		1				1	1	58
17	23	28	13	48	18	5	13	7	11	59
1	1	1	1	1	13	1	1	1	1	60
19	**5**	**2**	**1**	**6**	**18**	**10**	**16**		**7**	**H**
18	4	2		4	12	6	6		5	61
1	1		1	2	6	4	10		2	62
6	**4**	**5**	**2**	**5**	**9**	**7**	**7**	**6**	**2**	**I**
3	2	4	2	4	8	6	6	5	2	63
					1		1			64
3	2	1		1		1		1		65

2-32 续表 2

行业大类	代码	法人单位数（个）	南宁市	柳州市	桂林市	梧州市
金融业	**J**	**500**	**141**	**48**	**38**	**26**
货币金融服务	66	225	63	25	18	12
资本市场服务	67	19	16		1	
保险业	68	224	45	22	19	13
其他金融业	69	32	17	1		1
房地产业	**K**	**784**	**206**	**87**	**75**	**33**
房地产业	70	784	206	87	75	33
租赁和商务服务业	**L**	**1181**	**274**	**149**	**130**	**49**
租赁业	71	44	9	5	8	2
商务服务业	72	1137	265	144	122	47
科学研究和技术服务业	**M**	**418**	**126**	**46**	**60**	**13**
研究和试验发展	73	16	12	1	2	
专业技术服务业	74	315	87	38	44	12
科技推广和应用服务业	75	87	27	7	14	1
水利、环境和公共设施管理业	**N**	**209**	**22**	**33**	**33**	**13**
水利管理业	76	29	3	7	3	4
生态保护和环境治理业	77	19	5	3	2	
公共设施管理业	78	135	12	14	24	8
土地管理业	79	26	2	9	4	1
居民服务、修理和其他服务业	**O**	**69**	**25**	**5**	**7**	**4**
居民服务业	80	22	3	1	2	1
机动车、电子产品和日用产品修理业	81	29	11	2	4	2
其他服务业	82	18	11	2	1	1
教育	**P**	**23**	**4**	**1**	**5**	**1**
教育	83	23	4	1	5	1
卫生和社会工作	**Q**	**20**	**1**	**3**	**4**	
卫生	84	13	1	2	1	
社会工作	85	7		1	3	
文化、体育和娱乐业	**R**	**158**	**65**	**17**	**25**	**5**
新闻和出版业	86	25	16		5	
广播、电视、电影和录音制作业	87	82	28	6	14	4
文化艺术业	88	28	13	6	4	
体育	89	3	2			
娱乐业	90	20	6	5	2	1

北海市	防城港市	钦州市	贵港市	玉林市	百色市	贺州市	河池市	来宾市	崇左市	代码
26	**21**	**30**	**24**	**35**	**37**	**16**	**22**	**21**	**15**	**J**
10	10	13	11	15	16	7	7	11	7	66
					1			1		67
15	10	15	13	20	12	9	15	8	8	68
1	1	2			8			1		69
32	**26**	**32**	**19**	**49**	**64**	**29**	**57**	**26**	**49**	**K**
32	26	32	19	49	64	29	57	26	49	70
44	**34**	**57**	**29**	**68**	**88**	**72**	**50**	**73**	**64**	**L**
1	1	3	1	1	3	4		2	4	71
43	33	54	28	67	85	68	50	71	60	72
16	**13**	**16**	**12**	**20**	**35**	**13**	**28**	**12**	**8**	**M**
						1				73
12	10	15	10	16	26	10	21	9	5	74
4	3	1	2	4	9	2	7	3	3	75
7	**12**	**18**	**9**	**9**	**12**	**15**	**12**	**6**	**8**	**N**
	1	2	2	1		2	2	2		76
	2	2			2	1	2			77
7	9	10	7	6	8	12	7	4	7	78
		4		2	2		1		1	79
	2	**3**	**5**	**6**	**6**	**3**	**2**	**1**		**O**
	1	2	4	4	1	1	1	1		80
		1	1	2	5	1				81
	1					1	1			82
1		**3**		**1**	**5**	**1**			**1**	**P**
1		3		1	5	1			1	83
	1	**1**	**1**	**1**	**5**	**2**		**1**		**Q**
		1	1		4	2		1		84
	1			1	1					85
5	**4**	**7**	**2**	**9**	**9**	**2**	**7**		**1**	**R**
2	1				1					86
2	3	4	1	5	7		7		1	87
1		2		1		1				88
		1								89
			1	3	1	1				90

2-33 按行业（大类）、地区分组的

行业大类	代码	从业人员数（人）	南宁市	柳州市	桂林市	梧州市
总　计	**00**	**1322834**	**495344**	**356508**	**117017**	**32334**
农、林、牧、渔业	**A**	**2240**	**150**	**418**	**8**	**27**
农业	01					
林业	02					
畜牧业	03					
渔业	04					
农、林、牧、渔专业及辅助性活动	05	2240	150	418	8	27
采矿业	**B**	**17910**	**193**		**1993**	**1250**
煤炭开采和洗选业	06	4999				
石油和天然气开采业	07	123				
黑色金属矿采选业	08	852	11			
有色金属矿采选业	09	9010	143		86	1250
非金属矿采选业	10	2917	39		1907	
开采专业及辅助性活动	11					
其他采矿业	12	9				
制造业	**C**	**217262**	**31578**	**97851**	**16537**	**5112**
农副食品加工业	13	28718	7437	6795	526	457
食品制造业	14	2475	672	846	242	426
酒、饮料和精制茶制造业	15	6259	127	44	4221	171
烟草制品业	16	3587	3587			
纺织业	17	2250	1311	163		
纺织服装、服饰业	18	609	149	85	58	
皮革、毛皮、羽毛及其制品和制鞋业	19	16	12			
木材加工和木、竹、藤、棕、草制品业	20	4365	548	13	454	39
家具制造业	21					
造纸和纸制品业	22	2591	964	1092		
印刷和记录媒介复制业	23	2568	1376	191	445	27
文教、工美、体育和娱乐用品制造业	24	358	39	197		3
石油、煤炭及其他燃料加工业	25	2935		202		
化学原料和化学制品制造业	26	12226	1844	6162	26	
医药制造业	27	3134	750	131	414	1787
化学纤维制造业	28					
橡胶和塑料制品业	29	1591	23	129	1439	
非金属矿物制品业	30	15926	6188	2379	2548	55
黑色金属冶炼和压延加工业	31	22837		15819		
有色金属冶炼和压延加工业	32	24376	1782	991	879	432

国有控股企业法人单位从业人员数

北海市	防城港市	钦州市	贵港市	玉林市	百色市	贺州市	河池市	来宾市	崇左市	代码
28525	**25598**	**27933**	**29189**	**49903**	**59602**	**21317**	**34612**	**24434**	**20518**	**00**
48		**148**	**1077**	**311**	**17**	**15**	**16**	**4**	**1**	**A**
										01
										02
										03
										04
48		148	1077	311	17	15	16	4	1	05
980	**5**	**42**	**33**	**43**	**6837**	**985**	**5047**	**394**	**108**	**B**
		42			4932		25			06
123										07
			2		550		174	23	92	08
					1346	950	4848	371	16	09
857			27	43	9	35				10
										11
	5		4							12
8079	**6240**	**3536**	**3612**	**8587**	**16988**	**4309**	**3692**	**7946**	**3195**	**C**
1560	2022	1379	2686	330	89	206	1104	2826	1301	13
66	5	24	115	16	51			12		14
100	322		16	954	178	27		68	31	15
										16
66		155	123		9		140		283	17
			228			89				18
		4								19
30	463	66	3	1735	99	673		1	241	20
										21
96			38			401				22
45	25	23	2	45		363	17	1	8	23
		119								24
757		1397			579					25
47	94	2		30	1822	892	729	449	129	26
	50		2							27
										28
										29
670	5	43		1513	473	253	669	198	932	30
4455	1136				406			1013	8	31
	1515		210	1208	12038	806	919	3378	218	32

2-33 续表 1

行业大类	代码	从业人员数（人）	南宁市	柳州市	桂林市	梧州市
金属制品业	33	2686	1121	878		80
通用设备制造业	34	4724	1317	1400	53	
专用设备制造业	35	15049	1738	11210	1140	
汽车制造业	36	46831	213	45326	576	
铁路、船舶、航空航天和其他运输设备制造业	37	2505	295	586		1304
电气机械和器材制造业	38	1773			828	331
计算机、通信和其他电子设备制造业	39	2754	82		2672	
仪器仪表制造业	40	136		120	16	
其他制造业	41					
废弃资源综合利用业	42	329		265		
金属制品、机械和设备修理业	43	3654	3	2827		
电力、热力、燃气及水生产和供应业	**D**	**96556**	**48362**	**3503**	**5996**	**5142**
电力、热力生产和供应业	44	81778	46504	1774	4547	4040
燃气生产和供应业	45	958	55	683		82
水的生产和供应业	46	13820	1803	1046	1449	1020
建筑业	**E**	**436645**	**186811**	**195631**	**42417**	**490**
房屋建筑业	47	338730	109451	190203	31942	
土木工程建筑业	48	84603	66026	5079	9221	474
建筑安装业	49	11601	10040	344	943	
建筑装饰、装修和其他建筑业	50	1711	1294	5	311	16
批发和零售业	**F**	**50333**	**16514**	**8222**	**3984**	**1832**
批发业	51	33298	11319	3198	2784	1417
零售业	52	17035	5195	5024	1200	415
交通运输、仓储和邮政业	**G**	**136583**	**95577**	**7876**	**5549**	**2244**
铁路运输业	53	66932	66932			
道路运输业	54	32510	16373	5911	2406	1086
水上运输业	55	1083	19	113	71	377
航空运输业	56	6330	5463		757	109
管道运输业	57	102				
多式联运和运输代理业	58	1020	291	175	18	32
装卸搬运和仓储业	59	11439	819	560	496	57
邮政业	60	17167	5680	1117	1801	583
住宿和餐饮业	**H**	**12048**	**3774**	**2157**	**2214**	**167**
住宿业	61	10595	3162	2111	2120	106
餐饮业	62	1453	612	46	94	61
信息传输、软件和信息技术服务业	**I**	**31029**	**10661**	**2285**	**2911**	**1383**
电信、广播电视和卫星传输服务	63	29844	9679	2220	2830	1383
互联网和相关服务	64	302	279	15	7	
软件和信息技术服务业	65	883	703	50	74	

北海市	防城港市	钦州市	贵港市	玉林市	百色市	贺州市	河池市	来宾市	崇左市	代码
	602								5	33
		4	1	1383	482		84			34
10			173	657	52		30		39	35
				716						36
		320								37
			15			599				38
										39
										40
										41
64										42
113	1				710					43
913	**2644**	**1642**	**1410**	**4691**	**7579**	**3481**	**4587**	**3269**	**3337**	**D**
334	1616	674	684	3411	6252	3258	3838	2433	2413	44
82	20	20				16				45
497	1008	948	726	1280	1327	207	749	836	924	46
457	**779**	**734**	**603**	**3247**	**2972**	**192**	**1050**	**219**	**1043**	**E**
100	549		31	2747	2771	53	684	199		47
322	230	734	402	483	129	139	303	20	1041	48
			121	17	71		63		2	49
35			49		1					50
1021	**1016**	**2289**	**1862**	**3066**	**3918**	**1563**	**2406**	**1093**	**1547**	**F**
747	536	1479	1402	2174	2913	1386	1862	962	1119	51
274	480	810	460	892	1005	177	544	131	428	52
2043	**5904**	**4226**	**2204**	**2265**	**3071**	**607**	**2290**	**633**	**2094**	**G**
										53
176	635	909	613	662	1552	18	1135	20	1014	54
10	130	301					18	24	20	55
1										56
102										57
115	270	39		30					50	58
1252	4559	1994	695	298	279	87	155	74	114	59
387	310	983	896	1275	1240	502	982	515	896	60
956	**548**	**60**	**10**	**736**	**530**	**304**	**471**		**121**	**H**
838	548	60		633	331	292	321		73	61
118			10	103	199	12	150		48	62
435	**645**	**1307**	**984**	**3128**	**2369**	**1026**	**1587**	**1359**	**949**	**I**
409	638	1302	984	3122	2368	1026	1587	1347	949	63
					1					64
26	7	5		6				12		65

2-33 续表 2

行业大类	代码	从业人员数（人）	南宁市	柳州市	桂林市	梧州市
金融业	**J**	**213481**	**58370**	**18911**	**25301**	**12175**
货币金融服务	66	59619	19671	7841	7678	3054
资本市场服务	67	3435	3413		1	
保险业	68	149721	34742	11041	17622	9100
其他金融业	69	706	544	29		21
房地产业	**K**	**23373**	**9867**	**3185**	**1577**	**512**
房地产业	70	23373	9867	3185	1577	512
租赁和商务服务业	**L**	**45235**	**13937**	**11152**	**4243**	**992**
租赁业	71	1035	595	98	47	13
商务服务业	72	44200	13342	11054	4196	979
科学研究和技术服务业	**M**	**19957**	**11508**	**3038**	**1912**	**604**
研究和试验发展	73	359	301	50	6	
专业技术服务业	74	18060	10687	2377	1679	587
科技推广和应用服务业	75	1538	520	611	227	17
水利、环境和公共设施管理业	**N**	**9175**	**3344**	**715**	**601**	**234**
水利管理业	76	760	293	23	8	80
生态保护和环境治理业	77	1900	1310	438	10	
公共设施管理业	78	5744	1666	158	478	116
土地管理业	79	771	75	96	105	38
居民服务、修理和其他服务业	**O**	**2121**	**535**	**288**	**130**	**13**
居民服务业	80	1008	27	15	39	4
机动车、电子产品和日用产品修理业	81	845	400	183	91	6
其他服务业	82	268	108	90		3
教育	**P**	**237**	**80**	**7**	**92**	**9**
教育	83	237	80	7	92	9
卫生和社会工作	**Q**	**579**	**335**	**1**	**63**	
卫生	84	557	335	1	49	
社会工作	85	22			14	
文化、体育和娱乐业	**R**	**8070**	**3748**	**1268**	**1489**	**148**
新闻和出版业	86	3344	2009		1031	
广播、电视、电影和录音制作业	87	1628	623	92	209	58
文化艺术业	88	1737	832	617	145	
体育	89	168	104			
娱乐业	90	1193	180	559	104	90

北海市	防城港市	钦州市	贵港市	玉林市	百色市	贺州市	河池市	来宾市	崇左市	代码
10025	**5427**	**10130**	**14608**	**18498**	**9850**	**5342**	**11270**	**7720**	**5854**	**J**
2336	1668	2034	2614	3525	2607	1126	2391	1479	1595	66
					13			8		67
7670	3759	8080	11994	14973	7165	4216	8879	6221	4259	68
19		16			65			12		69
494	**341**	**931**	**417**	**1962**	**1244**	**795**	**1020**	**541**	**487**	**K**
494	341	931	417	1962	1244	795	1020	541	487	70
1203	**1494**	**1373**	**1274**	**2148**	**2655**	**1859**	**441**	**1034**	**1430**	**L**
2		19	36	16	88	54		2	65	71
1201	1494	1354	1238	2132	2567	1805	441	1032	1365	72
441	**118**	**359**	**132**	**563**	**653**	**77**	**399**	**133**	**20**	**M**
						2				73
422	113	358	132	552	610	68	331	129	15	74
19	5	1		11	43	7	68	4	5	75
1245	**266**	**791**	**340**	**305**	**205**	**510**	**208**	**88**	**323**	**N**
	26	60	174	62		31		3		76
	46	11			39	39	7			77
1245	194	455	166	131	166	440	201	85	243	78
		265		112					80	79
	122	**87**	**503**	**47**	**334**	**42**	**20**			**O**
	85	62	463		313					80
		25	40	47	21	32				81
	37					10	20			82
		8			**32**				**9**	**P**
		8			32				9	83
		30		**8**	**99**	**42**		**1**		**Q**
		30			99	42		1		84
				8						85
185	**49**	**240**	**120**	**298**	**249**	**168**	**108**			**R**
142	46				116					86
20	3	110	119	172	114		108			87
23		66		40		14				88
		64								89
			1	86	19	154				90

2-34 按行业（大类）、地区

行业大类	代码	法人单位数（个）	南宁市	柳州市	桂林市	梧州市
总 计	**00**	**372631**	**133954**	**43465**	**35587**	**12836**
农、林、牧、渔业	**A**	**2440**	**645**	**105**	**252**	**74**
农业	01	37	12	4	2	1
林业	02	15	3	1	1	
畜牧业	03	13	5	2		
渔业	04	4		1		
农、林、牧、渔专业及辅助性活动	05	2371	625	97	249	73
采矿业	**B**	**2646**	**277**	**159**	**278**	**157**
煤炭开采和洗选业	06	26	2			
石油和天然气开采业	07	3				
黑色金属矿采选业	08	266	24	23	26	9
有色金属矿采选业	09	281	14	15	28	26
非金属矿采选业	10	1825	169	112	203	110
开采专业及辅助性活动	11	15	7		2	1
其他采矿业	12	230	61	9	19	11
制造业	**C**	**36369**	**7843**	**4956**	**4139**	**1501**
农副食品加工业	13	2874	664	214	315	108
食品制造业	14	2302	533	222	293	107
酒、饮料和精制茶制造业	15	1382	277	139	152	76
烟草制品业	16	3				
纺织业	17	585	96	54	27	32
纺织服装、服饰业	18	1057	155	71	59	45
皮革、毛皮、羽毛及其制品和制鞋业	19	426	48	7	19	16
木材加工和木、竹、藤、棕、草制品业	20	5076	604	472	393	157
家具制造业	21	1019	313	92	121	32
造纸和纸制品业	22	759	263	71	82	33
印刷和记录媒介复制业	23	1029	371	111	143	48
文教、工美、体育和娱乐用品制造业	24	947	192	57	121	60
石油、煤炭及其他燃料加工业	25	124	31	15	7	7
化学原料和化学制品制造业	26	1783	449	177	200	82
医药制造业	27	470	149	19	69	18
化学纤维制造业	28	21	6	2	4	2
橡胶和塑料制品业	29	1232	348	194	183	30
非金属矿物制品业	30	5287	931	450	575	251
黑色金属冶炼和压延加工业	31	281	32	43	46	11
有色金属冶炼和压延加工业	32	331	41	45	22	15

注：本表不含无单位规模标识的单位数据。

分组的小微企业法人单位数

北海市	防城港市	钦州市	贵港市	玉林市	百色市	贺州市	河池市	来宾市	崇左市	代码
17322	**9870**	**13072**	**18650**	**28631**	**19449**	**8618**	**11775**	**8481**	**10921**	**00**
100	**69**	**106**	**152**	**280**	**160**	**111**	**204**	**91**	**91**	**A**
2		1	1	3	2	2	5		2	01
	1		1		1	1	1	1	4	02
			1			5				03
1		1						1		04
97	68	104	149	277	157	103	198	89	85	05
39	**84**	**128**	**125**	**174**	**341**	**150**	**365**	**211**	**158**	**B**
	1	2			8	1	8	3	1	06
1	1				1					07
	16	30	26	9	38	5	17	13	30	08
	6	20	16	14	51	4	62	18	7	09
35	52	72	71	139	211	125	247	170	109	10
			1		1		1	2		11
3	8	4	11	12	31	15	30	5	11	12
1188	**605**	**1686**	**3580**	**4292**	**2022**	**1018**	**1437**	**1021**	**1081**	**C**
197	89	130	197	263	192	94	166	87	158	13
181	38	175	110	235	77	37	116	78	100	14
30	29	79	70	85	139	59	116	81	50	15
		1			2					16
12	1	22	37	189	26	9	40	27	13	17
15	9	33	159	419	26	18	16	19	13	18
6	5	40	150	104	7	5	3	4	12	19
91	76	226	1559	352	404	75	314	144	209	20
18	15	40	59	209	29	14	28	17	32	21
45	2	40	42	90	22	16	11	34	8	22
32	18	35	42	118	56	18	17	12	8	23
24	14	67	37	231	39	20	54	16	15	24
8	3	11	2	11	13	2	10	2	2	25
80	60	88	115	198	110	36	53	62	73	26
14	7	24	29	65	21	6	8	30	11	27
			2	1			1	3		28
34	20	56	63	155	43	27	16	26	37	29
144	108	305	421	668	377	418	269	231	139	30
6	9	15	12	10	34	12	5	6	40	31
2	5	12	10	22	106	9	22	10	10	32

2-34 续表 1

行业大类	代码	法人单位数（个）	南宁市	柳州市	桂林市	梧州市
金属制品业	33	1959	574	397	254	85
通用设备制造业	34	1465	260	563	269	54
专用设备制造业	35	1478	429	287	306	43
汽车制造业	36	1126	64	848	47	7
铁路、船舶、航空航天和其他运输设备制造业	37	223	49	20	11	16
电气机械和器材制造业	38	901	270	122	113	58
计算机、通信和其他电子设备制造业	39	900	258	43	144	52
仪器仪表制造业	40	219	72	44	58	12
其他制造业	41	185	49	12	31	5
废弃资源综合利用业	42	238	45	36	19	17
金属制品、机械和设备修理业	43	687	270	129	56	22
电力、热力、燃气及水生产和供应业	**D**	**3225**	**289**	**254**	**929**	**188**
电力、热力生产和供应业	44	2370	155	198	851	123
燃气生产和供应业	45	154	24	13	14	12
水的生产和供应业	46	701	110	43	64	53
建筑业	**E**	**23142**	**8784**	**1862**	**2375**	**820**
房屋建筑业	47	4152	1594	272	245	120
土木工程建筑业	48	3526	1463	333	393	96
建筑安装业	49	2491	1161	236	243	101
建筑装饰、装修和其他建筑业	50	12973	4566	1021	1494	503
批发和零售业	**F**	**139466**	**46139**	**17827**	**12307**	**5569**
批发业	51	69337	25776	9860	5470	2412
零售业	52	70129	20363	7967	6837	3157
交通运输、仓储和邮政业	**G**	**12669**	**3395**	**1542**	**850**	**438**
道路运输业	54	8405	2414	1198	552	264
水上运输业	55	524	83	33	22	36
航空运输业	56	50	21	6	12	1
管道运输业	57	1				
多式联运和运输代理业	58	1459	332	70	78	63
装卸搬运和仓储业	59	1546	376	181	90	48
邮政业	60	684	169	54	96	26
住宿和餐饮业	**H**	**8298**	**2987**	**878**	**1160**	**243**
住宿业	61	3070	843	209	642	84
餐饮业	62	5228	2144	669	518	159
信息传输、软件和信息技术服务业	**I**	**18078**	**9764**	**2260**	**1615**	**347**
电信、广播电视和卫星传输服务	63	510	240	38	42	19
互联网和相关服务	64	2390	1054	224	266	61
软件和信息技术服务业	65	15178	8470	1998	1307	267

北海市	防城港市	钦州市	贵港市	玉林市	百色市	贺州市	河池市	来宾市	崇左市	代码
26	29	62	85	175	104	43	37	36	52	33
21	4	47	57	133	16	10	12	10	9	34
28	8	34	64	161	33	17	31	18	19	35
4	8	13	27	79	9	1	2	16	1	36
27	4	4	39	34	3	1	6	5	4	37
29	6	36	55	110	33	19	15	15	20	38
49	11	41	75	92	41	22	27	12	33	39
5		6	6	10	3	1		1	1	40
2	1	8	18	26	10	5	9	4	5	41
3	10	9	15	26	21	15	11	8	3	42
55	16	27	23	21	26	9	22	7	4	43
56	**59**	**106**	**132**	**315**	**255**	**268**	**161**	**104**	**109**	**D**
23	39	40	61	232	191	235	105	56	61	44
8	5	9	7	12	16	8	12	5	9	45
25	15	57	64	71	48	25	44	43	39	46
1348	**706**	**769**	**1116**	**1752**	**1135**	**609**	**589**	**683**	**594**	**E**
169	137	220	206	415	247	128	98	157	144	47
134	65	159	126	214	199	81	70	107	86	48
106	46	53	128	103	88	41	70	81	34	49
939	458	337	656	1020	601	359	351	338	330	50
5753	**3149**	**4932**	**6965**	**12127**	**8158**	**3499**	**5062**	**3344**	**4635**	**F**
2290	1711	2033	2831	5749	3279	1582	1845	1725	2774	51
3463	1438	2899	4134	6378	4879	1917	3217	1619	1861	52
656	**841**	**935**	**749**	**896**	**697**	**254**	**388**	**307**	**721**	**G**
374	398	591	439	672	489	190	247	198	379	54
45	54	41	135	4	12	3	7	36	13	55
3	2	2			1	1	1			56
1										57
124	234	157	62	64	32	22	20	16	185	58
87	124	121	86	123	105	16	55	32	102	59
22	29	23	27	33	58	22	58	25	42	60
540	**214**	**255**	**249**	**547**	**532**	**151**	**254**	**108**	**180**	**H**
299	123	82	84	196	198	55	116	53	86	61
241	91	173	165	351	334	96	138	55	94	62
712	**247**	**395**	**493**	**821**	**430**	**253**	**208**	**220**	**313**	**I**
10	8	13	23	18	21	20	15	26	17	63
100	46	77	117	134	94	53	74	41	49	64
602	193	305	353	669	315	180	119	153	247	65

2-34 续表 2

行业大类	代码	法人单位数（个）	南宁市	柳州市	桂林市	梧州市
金融业	**J**	**2210**	**1270**	**149**	**111**	**59**
货币金融服务	66	595	175	59	46	29
资本市场服务	67	271	176	23	24	1
保险业	68	411	92	42	35	24
其他金融业	69	933	827	25	6	5
房地产业	**K**	**18297**	**6412**	**1625**	**1627**	**545**
房地产业	70	18297	6412	1625	1627	545
租赁和商务服务业	**L**	**60633**	**26521**	**6877**	**5456**	**1623**
租赁业	71	5176	1882	727	372	108
商务服务业	72	55457	24639	6150	5084	1515
科学研究和技术服务业	**M**	**22009**	**11061**	**2364**	**2068**	**537**
研究和试验发展	73	2443	1395	371	263	20
专业技术服务业	74	9407	4205	951	1053	281
科技推广和应用服务业	75	10159	5461	1042	752	236
水利、环境和公共设施管理业	**N**	**2348**	**581**	**272**	**332**	**100**
水利管理业	76	107	28	8	17	6
生态保护和环境治理业	77	318	96	26	40	9
公共设施管理业	78	1798	411	218	261	79
土地管理业	79	125	46	20	14	6
居民服务、修理和其他服务业	**O**	**10909**	**4340**	**1226**	**1137**	**299**
居民服务业	80	4285	1614	560	459	103
机动车、电子产品和日用产品修理业	81	4618	1798	467	492	132
其他服务业	82	2006	928	199	186	64
卫生和社会工作	**Q**	**202**	**61**	**14**	**28**	**6**
社会工作	85	202	61	14	28	6
文化、体育和娱乐业	**R**	**9690**	**3585**	**1095**	**923**	**330**
新闻和出版业	86	71	41	5	7	1
广播、电视、电影和录音制作业	87	1008	526	75	106	29
文化艺术业	88	1922	990	157	221	37
体育	89	840	310	114	89	30
娱乐业	90	5849	1718	744	500	233

北海市	防城港市	钦州市	贵港市	玉林市	百色市	贺州市	河池市	来宾市	崇左市	代码
69	**59**	**57**	**62**	**79**	**109**	**45**	**57**	**43**	**41**	**J**
33	33	20	19	39	55	22	25	20	20	66
3	4	6	7		14	4	3	3	3	67
26	16	24	25	32	24	17	25	15	14	68
7	6	7	11	8	16	2	4	5	4	69
2259	**1266**	**587**	**768**	**1054**	**637**	**318**	**402**	**378**	**419**	**K**
2259	1266	587	768	1054	637	318	402	378	419	70
2764	**1666**	**1590**	**2389**	**3599**	**2962**	**1114**	**1370**	**1054**	**1648**	**L**
298	169	195	321	294	298	111	175	82	144	71
2466	1497	1395	2068	3305	2664	1003	1195	972	1504	72
847	**416**	**637**	**711**	**1088**	**805**	**327**	**418**	**387**	**343**	**M**
52	39	34	45	83	51	25	19	24	22	73
434	181	419	367	347	401	179	243	195	151	74
361	196	184	299	658	353	123	156	168	170	75
97	**65**	**109**	**134**	**138**	**130**	**84**	**121**	**83**	**102**	**N**
2	2	5	3	6	10	4	8	2	6	76
14	11	15	16	30	17	11	13	9	11	77
80	49	83	113	99	92	65	94	70	84	78
1	3	6	2	3	11	4	6	2	1	79
429	**235**	**387**	**488**	**788**	**569**	**187**	**356**	**212**	**256**	**O**
205	80	124	182	372	202	67	147	81	89	80
159	118	199	214	326	276	66	150	99	122	81
65	37	64	92	90	91	54	59	32	45	82
27	**4**	**6**	**9**	**17**	**9**	**2**	**11**	**6**	**2**	**Q**
27	4	6	9	17	9	2	11	6	2	85
438	**185**	**387**	**528**	**664**	**498**	**228**	**372**	**229**	**228**	**R**
3	1			2	6	1	1	2	1	86
35	17	27	20	44	38	15	30	23	23	87
61	27	65	81	91	49	49	21	31	42	88
47	17	26	41	56	37	19	18	23	13	89
292	123	269	386	471	368	144	302	150	149	90

2-35 按行业（大类）、地区分组的

行业大类	代码	从业人员数（人）	南宁市	柳州市	桂林市	梧州市
总　计	**00**	**3056879**	**820576**	**364986**	**339762**	**134402**
农、林、牧、渔业	**A**	**10245**	**2173**	**762**	**1255**	**352**
农业	01					
林业	02					
畜牧业	03					
渔业	04					
农、林、牧、渔专业及辅助性活动	05	10245	2173	762	1255	352
采矿业	**B**	**43981**	**3031**	**2139**	**4381**	**3266**
煤炭开采和洗选业	06	3083	146			
石油和天然气开采业	07	131				
黑色金属矿采选业	08	3827	135	325	58	89
有色金属矿采选业	09	6827	177	559	712	499
非金属矿采选业	10	28830	2433	1246	3521	2595
开采专业及辅助性活动	11	65	4		47	
其他采矿业	12	1218	136	9	43	83
制造业	**C**	**808471**	**134912**	**121121**	**88128**	**45876**
农副食品加工业	13	61559	12511	3456	6365	2135
食品制造业	14	34673	6600	4544	7215	1831
酒、饮料和精制茶制造业	15	22418	4342	1233	3104	1268
烟草制品业	16	4				
纺织业	17	20622	3120	2593	353	1249
纺织服装、服饰业	18	22606	1863	1407	706	1692
皮革、毛皮、羽毛及其制品和制鞋业	19	14834	1191	167	1308	804
木材加工和木、竹、藤、棕、草制品业	20	149491	19219	18507	12402	5188
家具制造业	21	10828	3004	1288	1542	541
造纸和纸制品业	22	19942	6336	1494	1756	1183
印刷和记录媒介复制业	23	13224	4366	1047	1943	352
文教、工美、体育和娱乐用品制造业	24	18271	2306	457	988	1591
石油、煤炭及其他燃料加工业	25	2214	301	323	65	56
化学原料和化学制品制造业	26	40480	7952	3575	4257	3213
医药制造业	27	20278	6327	730	3490	1318
化学纤维制造业	28	230	52	5	5	19
橡胶和塑料制品业	29	25737	6638	2870	4702	362
非金属矿物制品业	30	125816	18538	9709	13727	11247
黑色金属冶炼和压延加工业	31	12924	550	1045	2597	533
有色金属冶炼和压延加工业	32	10619	814	1233	455	729

注：本表不含无单位规模标识的单位数据。

小微企业法人单位从业人员数

北海市	防城港市	钦州市	贵港市	玉林市	百色市	贺州市	河池市	来宾市	崇左市	代码
133770	**79438**	**146505**	**207492**	**290901**	**152968**	**76774**	**118857**	**88773**	**101675**	**00**
392	**225**	**476**	**697**	**1189**	**565**	**267**	**781**	**603**	**508**	**A**
										01
										02
										03
										04
392	225	476	697	1189	565	267	781	603	508	05
2174	**1873**	**2217**	**2179**	**3482**	**5827**	**2825**	**5200**	**3750**	**1637**	**B**
	91	46			1356	15	732	677	20	06
123					8					07
	486	792	349	74	569	2	250	72	626	08
	37	484	385	229	1460	233	1865	160	27	09
2043	1132	864	1416	2901	2295	2557	2107	2831	889	10
			5		9					11
8	127	31	24	278	130	18	246	10	75	12
30177	**14293**	**45138**	**84180**	**107880**	**37791**	**22646**	**27309**	**22437**	**26583**	**C**
6218	2448	4593	5078	7267	2854	1954	1939	1492	3249	13
1980	499	2320	1915	2902	868	581	828	1030	1560	14
996	914	1525	1251	850	2965	673	1995	726	576	15
		4								16
428	27	569	1425	4800	1111	57	2389	1765	736	17
395	47	1115	5707	7698	350	500	380	335	411	18
273	44	1238	2781	6148	147	222	93	39	379	19
2142	1712	10023	38615	13453	7297	1479	7368	4464	7622	20
108	153	374	487	2147	97	262	330	89	406	21
834	10	591	1203	3318	873	308	305	1297	434	22
402	145	267	311	3399	404	262	173	120	33	23
318	275	2186	1916	5962	293	327	1134	227	291	24
292	1	650	9	71	393	15	24	11	3	25
2822	1572	3056	2899	3198	2737	1021	841	1635	1702	26
478	219	1180	672	3583	390	276	670	559	386	27
			37	60			2	50		28
437	412	1792	1340	3518	1161	723	312	557	913	29
4334	2849	6727	9325	18979	6519	11123	4944	4903	2892	30
131	1563	1901	258	54	1816	280	456	236	1504	31
1	55	101	265	274	4107	395	629	381	1180	32

2-35 续表 1

行业大类	代码	从业人员数（人）	南宁市	柳州市	桂林市	梧州市
金属制品业	33	29501	7621	6705	4392	2061
通用设备制造业	34	20121	2493	9179	3371	926
专用设备制造业	35	23955	6968	5226	4259	717
汽车制造业	36	46607	1512	37091	1089	44
铁路、船舶、航空航天和其他运输设备制造业	37	4433	516	928	347	384
电气机械和器材制造业	38	18759	3984	2928	1857	2174
计算机、通信和其他电子设备制造业	39	24949	3049	782	3484	2353
仪器仪表制造业	40	4543	861	852	1804	274
其他制造业	41	2143	529	99	256	615
废弃资源综合利用业	42	3183	267	853	105	892
金属制品、机械和设备修理业	43	3507	1082	795	184	125
电力、热力、燃气及水生产和供应业	**D**	**51683**	**7401**	**3139**	**8883**	**3175**
电力、热力生产和供应业	44	33889	5487	2385	7317	1805
燃气生产和供应业	45	3173	316	131	410	353
水的生产和供应业	46	14621	1598	623	1156	1017
建筑业	**E**	**259474**	**81417**	**16609**	**28995**	**8324**
房屋建筑业	47	120599	26900	5783	10966	4853
土木工程建筑业	48	42053	15099	4480	3225	895
建筑安装业	49	19874	9310	1569	1799	412
建筑装饰、装修和其他建筑业	50	76948	30108	4777	13005	2164
批发和零售业	**F**	**503930**	**148127**	**61261**	**48581**	**22957**
批发业	51	252732	86110	35197	21905	9953
零售业	52	251198	62017	26064	26676	13004
交通运输、仓储和邮政业	**G**	**144256**	**30870**	**18735**	**13939**	**6154**
道路运输业	54	91076	20325	14467	8953	3271
水上运输业	55	9057	1162	561	860	1261
航空运输业	56	1309	121	9	1044	109
管道运输业	57	102				
多式联运和运输代理业	58	10879	2475	450	609	457
装卸搬运和仓储业	59	19130	3805	1796	1364	427
邮政业	60	12703	2982	1452	1109	629
住宿和餐饮业	**H**	**95047**	**28258**	**8666**	**15151**	**3444**
住宿业	61	51315	12953	3834	10428	1598
餐饮业	62	43732	15305	4832	4723	1846
信息传输、软件和信息技术服务业	**I**	**68737**	**37727**	**7415**	**7238**	**1389**
电信、广播电视和卫星传输服务	63	6115	3875	285	206	122
互联网和相关服务	64	9247	4363	682	1101	210
软件和信息技术服务业	65	53375	29489	6448	5931	1057

北海市	防城港市	钦州市	贵港市	玉林市	百色市	贺州市	河池市	来宾市	崇左市	代码
274	654	621	786	3038	1204	350	216	330	1249	33
415	8	232	696	2245	105	97	232	87	35	34
713	173	457	1095	2998	402	408	260	140	139	35
209	83	72	878	4790	31		16	792		36
284	22	13	1289	368	59	39	38	60	86	37
2073	28	779	946	2577	275	295	226	418	199	38
3021	149	2111	2219	3519	1073	791	1292	568	538	39
34		311	185	203	9			10		40
17	1	47	260	129	29	43	83	6	29	41
70	176	108	115	237	92	116	70	74	8	42
478	54	175	217	95	130	49	64	36	23	43
1306	**2189**	**1698**	**1925**	**3888**	**5210**	**3606**	**4266**	**2608**	**2389**	**D**
568	849	531	702	1991	3884	3021	2752	1464	1133	44
245	263	249	59	381	183	128	153	184	118	45
493	1077	918	1164	1516	1143	457	1361	960	1138	46
12222	**8612**	**16481**	**11460**	**28890**	**12774**	**5538**	**8852**	**9760**	**9540**	**E**
4067	4861	12260	5098	19298	6798	3666	4881	6833	4335	47
2669	1685	1722	2016	2533	2446	510	1487	568	2718	48
1194	603	313	837	556	1185	152	987	602	355	49
4292	1463	2186	3509	6503	2345	1210	1497	1757	2132	50
18550	**10143**	**21673**	**29985**	**48162**	**29241**	**12914**	**20544**	**11925**	**19867**	**F**
7596	5063	8508	12834	24374	10947	5414	8572	6008	10251	51
10954	5080	13165	17151	23788	18294	7500	11972	5917	9616	52
7525	**10660**	**11017**	**10308**	**11484**	**6892**	**3324**	**4065**	**4114**	**5169**	**G**
3951	4463	6313	5193	9078	4921	2563	2496	2457	2625	54
931	588	523	2443	56	73		40	496	63	55
1	25									56
102										57
858	2044	1547	366	444	146	185	278	105	915	58
1037	3009	2082	1578	951	1178	149	404	274	1076	59
645	531	552	728	955	574	427	847	782	490	60
5525	**2826**	**3497**	**3582**	**6819**	**6728**	**1708**	**4474**	**1666**	**2703**	**H**
3571	1925	1172	1565	3576	3703	1011	3239	1301	1439	61
1954	901	2325	2017	3243	3025	697	1235	365	1264	62
2289	**823**	**2127**	**1985**	**2737**	**1095**	**1032**	**810**	**834**	**1236**	**I**
87	101	382	125	170	99	120	155	300	88	63
358	117	379	431	494	208	268	280	130	226	64
1844	605	1366	1429	2073	788	644	375	404	922	65

2-35 续表 2

行业大类	代码	从业人员数（人）	南宁市	柳州市	桂林市	梧州市
金融业	**J**	**259437**	**68751**	**22412**	**30533**	**13662**
货币金融服务	66	44031	8169	4635	7147	2330
资本市场服务	67	1248	788	102	66	3
保险业	68	209835	56355	17459	23300	11291
其他金融业	69	4323	3439	216	20	38
房地产业	**K**	**185610**	**56261**	**16273**	**19792**	**7710**
房地产业	70	185610	56261	16273	19792	7710
租赁和商务服务业	**L**	**393543**	**133786**	**62228**	**45086**	**9124**
租赁业	71	24232	9085	3496	1961	474
商务服务业	72	369311	124701	58732	43125	8650
科学研究和技术服务业	**M**	**107367**	**47977**	**11169**	**11847**	**3336**
研究和试验发展	73	9006	4697	1512	1081	64
专业技术服务业	74	65376	27734	6548	8090	2434
科技推广和应用服务业	75	32985	15546	3109	2676	838
水利、环境和公共设施管理业	**N**	**17874**	**3592**	**1705**	**2926**	**1085**
水利管理业	76	863	245	23	84	91
生态保护和环境治理业	77	2233	493	241	213	161
公共设施管理业	78	13482	2485	1301	2427	754
土地管理业	79	1296	369	140	202	79
居民服务、修理和其他服务业	**O**	**58790**	**20700**	**6557**	**7057**	**2597**
居民服务业	80	19869	6645	2789	2618	791
机动车、电子产品和日用产品修理业	81	25386	8727	2452	3014	1256
其他服务业	82	13535	5328	1316	1425	550
卫生和社会工作	**Q**	**1205**	**346**	**22**	**160**	**65**
社会工作	85	1205	346	22	160	65
文化、体育和娱乐业	**R**	**47229**	**15247**	**4773**	**5810**	**1886**
新闻和出版业	86	902	519	5	226	9
广播、电视、电影和录音制作业	87	7045	2785	515	893	220
文化艺术业	88	8008	2970	892	1211	132
体育	89	4529	1652	497	581	144
娱乐业	90	26745	7321	2864	2899	1381

北海市	防城港市	钦州市	贵港市	玉林市	百色市	贺州市	河池市	来宾市	崇左市	代码
11924	**6033**	**12941**	**17170**	**25556**	**13496**	**7327**	**13370**	**9077**	**7185**	**J**
1439	1321	1709	2576	3676	3663	1354	2485	1750	1777	66
6	8	23	177		45	6		8	16	67
10189	4677	11154	14385	21822	9698	5956	10874	7298	5377	68
290	27	55	32	58	90	11	11	21	15	69
18663	**8938**	**7356**	**11258**	**13251**	**8167**	**4243**	**4137**	**4577**	**4984**	**K**
18663	8938	7356	11258	13251	8167	4243	4137	4577	4984	70
13476	**7858**	**11773**	**21791**	**22801**	**14950**	**6313**	**18475**	**12772**	**13110**	**L**
1116	618	1008	1312	1241	1232	468	835	447	939	71
12360	7240	10765	20479	21560	13718	5845	17640	12325	12171	72
4324	**1984**	**3909**	**4163**	**6034**	**3515**	**1950**	**2493**	**1982**	**2684**	**M**
262	99	168	250	312	131	91	96	83	160	73
2735	1216	2852	2498	2966	2595	1294	1754	1300	1360	74
1327	669	889	1415	2756	789	565	643	599	1164	75
812	**714**	**1032**	**1053**	**1172**	**1016**	**530**	**830**	**628**	**779**	**N**
28	26	84	25	86	69	36	36	3	27	76
131	126	102	94	249	116	90	66	44	107	77
651	553	643	929	720	812	379	692	571	565	78
2	9	203	5	117	19	25	36	10	80	79
2225	**1456**	**2473**	**2975**	**3639**	**3208**	**1354**	**1799**	**1022**	**1728**	**O**
783	448	745	1043	1158	974	457	579	306	533	80
719	669	1167	1308	1887	1572	496	827	587	705	81
723	339	561	624	594	662	401	393	129	490	82
35	**2**	**81**	**95**	**217**	**66**		**47**	**69**		**Q**
35	2	81	95	217	66		47	69		85
2151	**809**	**2616**	**2686**	**3700**	**2427**	**1197**	**1405**	**949**	**1573**	**R**
49	46			4	23	5	8	8		86
282	63	281	225	482	496	190	257	121	235	87
309	135	396	595	419	130	275	61	130	353	88
263	110	180	232	290	181	103	59	89	148	89
1248	455	1759	1634	2505	1597	624	1020	601	837	90

第三篇

文化及相关产业

A. 概况

3-A-1 文化及相关产业基本情况

分　组	法人单位		个体经营户	
	法人单位数（个）	从业人员期末人数（人）	户数（户）	从业人员期末人数（人）
总　计	**40749**	**291586**	**6296**	**25524**
按单位性质分组				
经营性	36717	257026		
公益性	4032	34560		
按产业类型分组				
文化制造业	2196	74954	781	5460
文化批发和零售业	5256	22115	3047	8187
文化服务业	33297	194517	2468	11877
按领域分组				
文化核心领域	29623	206794		
文化相关领域	11126	84792		

3-A-2　分地区文化及相关产业单位及从业人员情况

地　区	法人单位		产业活动单位	
	法人单位数（个）	从业人员期末人数（人）	产业活动单位数（个）	从业人员期末人数（人）
广西壮族自治区	**40749**	**291586**	**942**	**8494**
南宁市	14538	93346	286	3248
柳州市	4525	27156	105	1202
桂林市	4455	32174	100	1037
梧州市	1545	9349	29	252
北海市	1964	16934	34	176
防城港市	829	4638	30	225
钦州市	1651	14299	48	473
贵港市	1844	13517	48	279
玉林市	3001	44488	81	386
百色市	2040	10215	72	332
贺州市	889	6684	23	144
河池市	1399	7608	34	303
来宾市	916	4584	32	127
崇左市	1153	6594	20	310

3-A-3 分地区文化及相关产业法人单位分布情况

地区	法人单位数（个）	文化服务业	#规模以上	文化制造业	#规模以上	文化批发和零售业	#规模以上
广西壮族自治区	**40749**	**33297**	**348**	**2196**	**221**	**5256**	**190**
南宁市	14538	11974	98	575	51	1989	45
柳州市	4525	3702	44	184	14	639	24
桂林市	4455	3630	59	269	13	556	18
梧州市	1545	1129	19	120	7	296	9
北海市	1964	1583	21	110	18	271	6
防城港市	829	708	14	33	5	88	7
钦州市	1651	1322	16	144	25	185	6
贵港市	1844	1549	13	83	8	212	6
玉林市	3001	2186	17	406	64	409	13
百色市	2040	1710	17	97	3	233	19
贺州市	889	769	10	45	6	75	5
河池市	1399	1216	12	71	4	112	17
来宾市	916	801	3	29	2	86	4
崇左市	1153	1018	5	30	1	105	11

3-A-4　按类别分文化及相关产业法人单位基本情况

分　组	法人单位数（个）	从业人员期末人数（人）	资产总计（万元）
总　计	**40749**	**291586**	**19889900.44**
文化核心领域	29623	206794	16320269.64
新闻信息服务	1529	12749	784016.53
新闻服务	56	220	3373.36
报纸信息服务	39	4775	378197.57
广播电视信息服务	262	3235	153352.96
互联网信息服务	1172	4519	249092.64
内容创作生产	5426	57052	2636463.19
出版服务	103	2650	844145.11
广播影视节目制作	691	2669	111191.77
创作表演服务	2558	14970	522069.55
数字内容服务	777	3143	202374.29
内容保存服务	535	6136	524087.71
工艺美术品制造	742	26711	407868.77
艺术陶瓷制造	20	773	24725.99
创意设计服务	14845	67144	1829205.67
广告服务	11226	44241	1097805.74
设计服务	3619	22903	731399.93
文化传播渠道	2506	24990	2662195.73
出版物发行	385	4948	843594.09
广播电视节目传输	390	9643	1329311.83
广播影视发行放映	303	4896	175829.49
艺术表演	15	893	125138.66
互联网文化娱乐平台	2	2	200.00
艺术品拍卖及代理	13	27	608.64
工艺美术品销售	1398	4581	187513.02

3-A-4 续表 1

分组	法人单位数	从业人员期末人数（人）	文化资产总计（万元）
文化投资运营	771	5285	4807910.37
投资与资产管理	755	4760	4398718.46
运营管理	16	525	409191.91
文化娱乐休闲服务	4546	39574	3600478.16
娱乐服务	3332	18919	531427.83
景区游览服务	791	17220	2546093.78
休闲观光游览服务	423	3435	522956.55
文化相关领域	11126	84792	3569630.80
文化辅助生产和中介服务	7318	43125	2270228.17
文化服务用品制造	49	3624	611008.09
印刷复制服务	1420	16931	809418.39
版权服务	122	521	12078.40
会议展览服务	795	3622	490361.14
文化经纪代理服务	2229	7518	100163.73
文化设备（用品）出租服务	98	432	6237.31
文化科研培训服务	2605	10477	240961.11
文化装备生产	226	4480	183725.45
印刷设备制造	23	363	36683.73
广播电视电影设备制造及销售	46	973	48714.89
摄录设备制造及销售	65	2255	85792.02
演艺设备制造及销售	1	4	7.00
游乐游艺设备制造	8	555	3406.66
乐器制造及销售	83	330	9121.15
文化消费终端生产	3582	37187	1115677.17
文具制造及销售	2533	7861	489357.96
笔墨制造	3	12	284.05
玩具制造	117	12321	80250.68
节庆用品制造	100	5540	142177.85
信息服务终端制造及销售	829	11453	403606.63

3-A-5　分地区文化及相关产业企业基本情况

地　　区	法人单位数	从业人员期末人数（人）	资产总计（万元）	营业收入（万元）
广西壮族自治区	**40749**	**291586**	**18062272.37**	**7566097.92**
南宁市	14538	93346	7186713.39	3240916.52
柳州市	4525	27156	1760459.19	743669.54
桂林市	4455	32174	1773895.34	707859.58
梧州市	1545	9349	389699.56	140930.31
北海市	1964	16934	903246.03	578946.95
防城港市	829	4638	231928.32	95232.02
钦州市	1651	14299	412321.71	455539.26
贵港市	1844	13517	309035.48	196636.17
玉林市	3001	44488	2462432.31	814798.86
百色市	2040	10215	336505.87	143139.15
贺州市	889	6684	1186089.38	199300.76
河池市	1399	7608	524157.09	118875.51
来宾市	916	4584	263123.05	43588.84
崇左市	1153	6594	322665.65	86664.46

3-A-6 分地区文化及相关产业事业（社团）单位基本情况

地　　区	法人单位数（个）	从业人员期末人数（人）	事业团体资产总计（万元）	本年收入合计（万元）	本年支出（费用）合计（万元）
广西壮族自治区	**4032**	**34560**		**782938.71**	**757095.64**
南宁市	806	12934		364465.38	340260.52
柳州市	423	4438		76809.12	84837.19
桂林市	478	3332		58921.27	66152.41
梧州市	205	1104		12799.49	12918.74
北海市	125	1119		29867.96	31340.86
防城港市	135	602		11817.62	11509.34
钦州市	157	835		18161.50	12721.57
贵港市	179	1577		24141.75	23458.52
玉林市	235	2239		31945.83	32683.65
百色市	309	1771		47878.86	40200.32
贺州市	167	1025		27189.01	21286.39
河池市	375	1312		24455.90	24202.85
来宾市	188	1083		15366.41	13426.99
崇左市	250	1189		39118.62	42096.30

B. 文化制造业

3-B-1 分地区文化制造业法人单位主要指标

地 区	法人单位数（个）	规模以上	规模以下	从业人员期末人数（人）	规模以上	规模以下
广西壮族自治区	**2196**	**221**	**1975**	**74954**	**52166**	**22788**
南宁市	575	51	524	10729	6714	4015
柳州市	184	14	170	4196	2928	1268
桂林市	269	13	256	4316	1984	2332
梧州市	120	7	113	2713	931	1782
北海市	110	18	92	6872	5422	1450
防城港市	33	5	28	410	232	178
钦州市	144	25	119	6387	4165	2222
贵港市	83	8	75	3596	2355	1241
玉林市	406	64	342	30517	25056	5461
百色市	97	3	94	1004	309	695
贺州市	45	6	39	1907	1407	500
河池市	71	4	67	1397	526	871
来宾市	29	2	27	590	126	464
崇左市	30	1	29	320	11	309

3-B-2 按注册类型和控股情况分规模

分组	法人单位数（个）	从业人员期末人数（人）	#女性	资产总计（万元）
总计	**221**	**52166**	**33978**	**1822502.40**
内资企业	132	28132	18372	582884.00
国有企业	7	604	238	27283.40
私营企业	125	27528	18134	555600.60
港、澳、台商投资企业	22	10141	7341	172747.90
外商投资企业	6	1236	689	483938.60
国有控股	16	2789	1024	247685.00
集体控股	16	1810	1173	30330.80
私人控股	163	36890	24066	939728.20
港澳台商控股	19	9071	6787	99935.60
外商控股	4	811	410	481602.10
其他	3	795	518	23220.70

以上文化制造业企业主要财务指标

营业收入（万元）	营业成本（万元）	税金及附加（万元）	营业利润（万元）	投资收益（万元）	应付职工薪酬（万元）	应缴增值税（万元）
2555131.70	**2300482.70**	**17193.60**	**101167.70**	**14335.80**	**207115.20**	**59312.30**
1520833.80	1400171.00	7606.00	47705.40	691.30	103648.10	21703.50
43079.10	38862.50	189.30	1717.10	7.40	5074.10	869.70
1477754.70	1361308.50	7416.70	45988.30	683.90	98574.00	20833.80
316784.00	273890.60	1695.60	17999.60		41502.80	12261.20
98316.00	90359.60	278.20	-2616.30	9.70	4040.50	551.40
207151.00	166257.60	1862.50	26685.30	11084.50	22622.70	8055.40
105142.10	95040.70	4516.50	1996.50		6159.90	2161.00
1960803.70	1784842.40	9192.40	72330.50	3241.60	138228.70	40754.70
196603.90	178354.80	1106.40	1863.60		34498.80	7661.90
77048.10	69422.30	265.70	-2757.40	9.70	3152.00	439.10
8382.90	6564.90	250.10	1049.20		2453.10	240.20

3-B-3 按注册类型和控股情况分

分 组	法人单位数（个）	从业人员期末人数（人）	#女性	资产总计（万元）
总 计	**1975**	**22788**	**13915**	**632544.47**
内资企业	1649	17774	10795	446207.71
国有企业	24	442	183	26576.71
私营企业	1625	17332	10612	419631.00
港、澳、台商投资企业	14	378	262	4558.02
外商投资企业	13	751	565	48727.13
国有控股	35	850	333	79452.44
集体控股	96	1604	985	30789.85
私人控股	1784	18680	11372	459966.05
港澳台商控股	14	513	335	48492.43
外商控股	6	539	446	3913.03
其他	31	426	298	9430.60

规模以下文化制造业企业主要财务指标

营业收入（万元）	营业成本（万元）	税金及附加（万元）	营业利润（万元）	投资收益（万元）	应付职工薪酬（万元）	应缴增值税（万元）
327213.30	**258033.83**	**6465.71**	**24046.09**	**5633.80**	**66205.95**	**11543.95**
253941.49	201119.39	4878.33	19146.62	4789.82	49706.83	8733.38
6365.95	5343.14	65.88	88.49	-34.96	2176.02	308.85
247575.54	195776.26	4812.44	19058.14	4824.78	47530.81	8424.53
3074.99	2381.60	80.01	204.68	76.00	1146.67	162.51
4984.19	3794.33	37.22	-363.90	21.61	1692.35	52.16
26163.63	19212.08	261.95	2018.61	31.64	5588.74	1449.44
15178.73	13263.84	954.49	1284.55	137.27	3986.21	676.83
273028.63	216777.81	5100.11	20454.75	4954.62	51518.99	9131.92
5282.72	4390.53	79.29	-217.30	76.00	2089.53	162.51
1203.69	412.16	2.62	-111.26		575.17	22.15
4862.16	3009.63	58.68	123.27	30.77	2095.02	90.11

3-B-4 分地区规模以上文化

地区	法人单位数（个）	从业人员期末人数（人）	#女性	资产总计（万元）
广西壮族自治区	**221**	**52166**	**33978**	**1822502.40**
南宁市	51	6714	4153	791427.80
柳州市	14	2928	1177	106012.90
桂林市	13	1984	990	168491.30
梧州市	7	931	741	55743.00
北海市	18	5422	3159	165404.30
防城港市	5	232	80	66394.00
钦州市	25	4165	3004	102248.70
贵港市	8	2355	1640	25475.60
玉林市	64	25056	17793	220587.60
百色市	3	309	102	5910.70
贺州市	6	1407	711	97659.80
河池市	4	526	359	9831.40
来宾市	2	126	66	5662.50
崇左市	1	11	3	1652.80

制造业企业主要财务指标

营业收入（万元）	营业成本（万元）	税金及附加（万元）	营业利润（万元）	投资收益（万元）	应付职工薪酬（万元）	应缴增值税（万元）
2555131.70	**2300482.70**	**17193.60**	**101167.70**	**14335.80**	**207115.20**	**59312.30**
781229.40	735028.20	1849.70	18087.10	11416.90	37332.50	7084.70
208898.50	197262.70	779.70	–2198.90	0.50	17645.90	5016.00
120754.30	95894.40	650.40	11636.60	1912.50	11043.60	3262.50
29095.20	23272.60	155.50	3421.00	850.00	4139.90	1173.80
316420.00	295479.00	4936.10	8868.40		26460.70	15126.90
47734.40	39061.80	47.30	1587.60		926.00	28.50
309844.90	279248.10	5263.40	9884.60		14570.00	2972.70
33892.50	31569.00	29.80	916.30		5565.90	698.40
546583.20	471903.80	2488.60	32889.00	146.70	78318.10	18401.70
8073.30	7671.80	7.00	–1392.40	3.80	888.90	14.40
138177.50	111819.30	804.80	16912.70	5.40	8295.20	5092.00
9530.90	7939.20	162.30	348.60		1420.40	288.90
1627.40	1353.50	7.50	–0.60		212.30	68.90
3270.20	2979.30	11.50	207.70		295.80	82.90

3-B-5 分地区规模以下文化

地 区	法人单位数（个）	从业人员期末人数（人）	#女性	资产总计（万元）
广西壮族自治区	**1975**	**22788**	**13915**	**632544.47**
南宁市	524	4015	2081	134043.66
柳州市	170	1268	597	97699.65
桂林市	256	2332	1060	75190.73
梧州市	113	1782	1165	34905.00
北海市	92	1450	880	48174.00
防城港市	28	178	92	10523.47
钦州市	119	2222	1513	78049.40
贵港市	75	1241	778	18622.19
玉林市	342	5461	3821	89920.13
百色市	94	695	455	12374.35
贺州市	39	500	364	6234.86
河池市	67	871	601	14901.30
来宾市	27	464	307	6464.03
崇左市	29	309	201	5441.69

制造业企业主要财务指标

营业收入（万元）	营业成本（万元）	税金及附加（万元）	营业利润（万元）	投资收益（万元）	应付职工薪酬（万元）	应缴增值税（万元）
327213.30	**258033.83**	**6465.71**	**24046.09**	**5633.80**	**66205.95**	**11543.95**
95645.23	77020.78	1054.37	3443.26	688.44	14356.91	3101.25
36851.46	28312.44	260.20	2117.97	129.17	4925.89	1264.13
31198.09	25449.44	979.54	1264.12	87.14	7552.88	1593.21
18530.67	15275.71	308.01	1340.60	161.94	3703.69	390.12
17812.23	16526.00	607.55	823.08	149.64	3966.18	362.75
1606.73	2582.22	84.97	-247.42	13.00	695.48	64.04
24107.94	19131.26	942.86	2272.16	1660.43	6529.94	903.32
16354.96	13806.95	413.84	2198.78	2.41	3316.20	303.29
56129.85	38307.40	1286.08	6614.46	1894.48	14421.27	2510.27
8142.07	7295.86	123.10	876.36	202.95	1527.23	292.76
3778.96	2095.29	52.81	278.37		1324.23	78.56
11714.76	8173.69	322.84	2525.33	445.20	2257.71	607.49
2682.58	2335.78	14.70	13.84		1001.86	55.36
2657.80	1721.01	14.86	525.18	199.00	626.47	17.39

C. 文化批零业

3-C-1 分地区文化

地 区	法人单位数（个）	
		规模以上
广西壮族自治区	**5256**	**190**
南宁市	1989	45
柳州市	639	24
桂林市	556	18
梧州市	296	9
北海市	271	6
防城港市	88	7
钦州市	185	6
贵港市	212	6
玉林市	409	13
百色市	233	19
贺州市	75	5
河池市	112	17
来宾市	86	4
崇左市	105	11

批零业法人单位主要指标

	从业人员期末人数（人）		
规模以下		规模以上	规模以下
5066	**22115**	**6104**	**16011**
1944	7607	1934	5673
615	2403	603	1800
538	2490	399	2091
287	1118	203	915
265	1256	459	797
81	345	150	195
179	901	235	666
206	1013	287	726
396	1773	507	1266
214	1006	372	634
70	340	132	208
95	836	499	337
82	373	116	257
94	654	208	446

3-C-2 按注册类型和控股情况分限额

地 区	法人单位数（个）	从业人员期末人数（人）	#女性	资产总计（万元）
总 计	**190**	**6104**	**3244**	**1143507.20**
内资企业				
国有企业	1	5	2	69.40
私营企业				
港、澳、台商投资企业				
外商投资企业				
国有控股	87	3157	1588	747201.30
集体控股	2	71	40	2279.80
私人控股	96	2587	1476	204658.50
港澳台商控股				
外商控股				
其他	5	289	140	189367.60

以上文化批零业企业主要财务指标

营业收入（万元）	营业成本（万元）	税金及附加（万元）	营业利润（万元）	投资收益（万元）	应付职工薪酬（万元）	应缴增值税（万元）
940516.20	**802682.60**	**3407.50**	**22168.30**	**687.30**	**50777.50**	**8526.60**
503188.20	405166.20	2367.40	23283.10	585.70	38557.80	4113.00
9755.30	8490.70	20.50	338.10		293.60	69.90
378998.00	341716.90	948.40	2991.80	101.60	10027.10	4145.70
48574.70	47308.80					

3-C-3 分地区限额以上文化

地　　区	法人单位数（个）	从业人员期末人数（人）	#女性	资产总计（万元）
广西壮族自治区	**190**	**6104**	**3244**	**1143507.20**
南宁市	45	1934	1054	784962.80
柳州市	24	603	323	63230.60
桂林市	18	399	223	41132.40
梧州市	9	203	101	19051.10
北海市	6	459	218	53057.70
防城港市	7	150	86	7293.30
钦州市	6	235	93	19306.50
贵港市	6	287	150	21537.10
玉林市	13	507	269	46729.70
百色市	19	372	218	21725.70
贺州市	5	132	70	8287.10
河池市	17	499	265	33987.60
来宾市	4	116	61	11405.40
崇左市	11	208	113	11800.20

批零业企业主要财务指标

营业收入（万元）	营业成本（万元）	税金及附加（万元）	营业利润（万元）	投资收益（万元）	应付职工薪酬（万元）	应缴增值税（万元）
940516.20	**802682.60**	**3407.50**	**22168.30**	**687.30**	**50777.50**	**8526.60**
468444.80	412962.60	1181.80	4035.70	577.30	16564.00	2260.50
138158.40	123532.80	306.50	1272.80		5184.00	1218.10
48924.30	38773.10	298.70	1464.10		5114.70	573.80
16078.60	11830.90	102.30	1093.60	4.20	1989.10	263.60
33697.60	26341.00	72.00	1138.30	98.70	2066.60	78.70
6513.70	4876.70	15.50	232.10		838.70	24.70
22942.80	17041.60	126.20	3018.70		2617.20	683.70
25832.60	20174.30	173.60	1337.70		2554.60	541.10
62212.70	51867.40	372.40	3956.90		3340.30	415.60
32253.10	26683.80	180.10	1208.60	2.80	2672.90	364.40
10562.20	7835.20	43.00	878.20	4.30	1408.60	265.70
43862.50	36442.10	237.90	1323.90		3191.50	1497.50
10353.50	7529.40	87.60	521.30		1381.40	206.40
20679.40	16791.70	209.90	686.40		1853.90	132.80

3-C-4 按注册类型和控股情况分限额

地　区	法人单位数（个）	从业人员期末人数（人）	#女性	资产总计（万元）
总　计	**5066**	**16011**	**7678**	**561500.24**
内资企业	4308	13283	6400	434590.39
国有企业	17	142	82	6348.28
私营企业	4291	13141	6318	428242.11
港、澳、台商投资企业	3	22	19	1470.42
外商投资企业	15	53	19	3918.79
国有控股	41	398	210	24993.85
集体控股	17	114	50	3540.21
私人控股	4838	14931	7152	507929.49
港澳台商控股	4	28	21	1619.17
外商控股	14	41	16	3841.83
其他	151	499	229	19575.70

以下文化批零业企业主要财务指标

营业收入（万元）	营业成本（万元）	税金及附加（万元）	营业利润（万元）	投资收益（万元）	应付职工薪酬（万元）	应缴增值税（万元）
556747.24	**454515.25**	**3098.49**	**33013.02**	**3608.79**	**55716.10**	**7655.14**
442987.58	361894.73	2361.76	24187.26	3285.21	43769.68	5948.32
8735.00	6557.48	26.62	591.32		777.72	119.63
434252.58	355337.25	2335.14	23595.95	3285.21	42991.97	5828.69
4781.17	4466.03	0.09	110.16		93.47	1.33
417.17	293.73	2.62	-7.26		140.13	15.01
29078.07	24811.24	145.87	2124.44		3560.72	492.26
3070.24	2440.62	111.68	98.55	18.48	522.89	101.82
496572.86	403165.47	2704.74	29642.24	3520.34	49467.87	6755.82
4857.15	4522.53	2.58	119.84		114.91	7.38
237.55	173.37	1.60	-13.28		93.38	5.93
22931.38	19402.02	132.03	1041.23	69.97	1956.33	291.93

3-C-5 分地区限额以下文化

地　　区	法人单位数（个）	从业人员期末人数（人）	#女性	资产总计（万元）
广西壮族自治区	**5066**	**16011**	**7678**	**561500.24**
南宁市	1944	5673	2697	266824.12
柳州市	615	1800	839	59862.89
桂林市	538	2091	927	69600.69
梧州市	287	915	494	20631.81
北海市	265	797	446	25515.28
防城港市	81	195	92	7080.35
钦州市	179	666	354	16540.62
贵港市	206	726	347	14188.51
玉林市	396	1266	640	45843.57
百色市	214	634	294	12922.71
贺州市	70	208	90	4704.82
河池市	95	337	163	6138.45
来宾市	82	257	116	5589.40
崇左市	94	446	179	6057.02

批零业企业主要财务指标

营业收入（万元）	营业成本（万元）	税金及附加（万元）	营业利润（万元）	投资收益（万元）	应付职工薪酬（万元）	应缴增值税（万元）
556747.24	**454515.25**	**3098.49**	**33013.02**	**3608.79**	**55716.10**	**7655.14**
277994.41	238242.24	849.28	5908.93	1166.32	21096.22	3897.61
57805.36	44384.19	329.45	5500.28	17.62	6836.91	1070.05
61401.88	47972.39	360.34	3275.27	61.08	9107.66	784.96
21545.76	17043.50	163.39	1605.88	155.87	2566.82	311.53
14996.52	12059.48	109.28	637.60	138.30	2378.33	198.88
3661.56	3120.27	35.04	107.85	9.04	665.54	31.94
12016.35	7610.45	173.74	2005.34	110.87	1952.51	160.13
33447.55	27594.93	325.37	3544.65	164.97	2328.69	350.65
33895.89	25797.52	456.18	5639.19	732.97	3541.92	400.04
12850.79	10394.19	93.72	1399.56	85.78	1537.68	181.99
6107.52	4885.68	51.17	477.93	57.25	606.80	109.51
7835.99	6851.98	70.94	276.43	34.61	902.77	54.61
4924.09	3394.43	20.21	156.45	10.63	825.73	45.49
8263.58	5164.01	60.36	2477.66	863.49	1368.53	57.75

D. 文化服务业

3-D-1 分地区文化

地　区	法人单位数（个）			
		规模以上	规模以下	事业单位
广西壮族自治区	**33297**	**348**	**28917**	**2088**
南宁市	11974	98	11070	278
柳州市	3702	44	3235	162
桂林市	3630	59	3093	263
梧州市	1129	19	905	95
北海市	1583	21	1437	55
防城港市	708	14	559	72
钦州市	1322	16	1149	74
贵港市	1549	13	1357	95
玉林市	2186	17	1934	177
百色市	1710	17	1384	194
贺州市	769	10	592	101
河池市	1216	12	829	225
来宾市	801	3	610	118
崇左市	1018	5	763	179

服务业法人单位主要指标

社会团体	从业人员期末人数（人）	规模以上	规模以下	事业单位	社会团体
1944	**194517**	**38621**	**121336**	**26327**	**8233**
528	75010	18481	43595	9305	3629
261	20557	3807	12312	3585	853
215	25368	6734	15302	2362	970
110	5518	832	3582	836	268
70	8806	1874	5813	905	214
63	3883	545	2736	490	112
83	7011	866	5310	552	283
84	8908	798	6533	1285	292
58	12198	1514	8445	2005	234
115	8205	846	5588	1511	260
66	4437	902	2510	843	182
150	5375	716	3347	943	369
70	3621	145	2393	822	261
71	5620	561	3870	883	306

3-D-2 按注册类型和控股情况分规模

分组	法人单位数（个）	从业人员期末人数（人）	#女性	资产总计（万元）
总 计	**348**	**38621**	**17475**	**5444224.60**
内资企业	188	13625	6325	588987.80
国有企业	27	4581	1907	159362.00
私营企业	161	9044	4418	429625.80
港、澳、台商投资企业	4	579	357	44961.30
外商投资企业	5	545	338	60498.40
国有控股	89	18834	7703	4087242.30
集体控股	2	270	156	23578.90
私人控股	220	15402	7583	944929.90
港澳台商控股	4	579	357	44961.30
外商控股	5	545	338	60498.40
其他	21	1961	834	227357.90

以上文化服务业企业主要财务指标

营业收入（万元）	营业成本（万元）	税金及附加（万元）	营业利润（万元）	投资收益（万元）	应付职工薪酬（万元）	应缴增值税（万元）
1456039.20	**965855.70**	**14100.70**	**128899.70**	**15467.70**	**344083.70**	**42470.30**
423733.80	251530.00	4071.50	36380.20	1413.80	115693.00	12996.10
138503.10	89871.40	1501.40	11824.80	34.60	64213.00	6174.00
285230.70	161658.60	2570.10	24555.40	1379.20	51480.00	6822.10
8757.40	3155.50	125.90	3316.40	1.20	2033.70	271.40
15022.50	13520.80	527.80	-3274.90		3348.10	332.30
755248.20	536053.50	6075.40	55110.90	13843.10	200125.10	10218.90
6659.40	2839.50	66.90	1092.10		2725.90	273.20
559823.50	363218.10	5660.90	44444.30	1643.00	111343.40	27627.80
8757.40	3155.50	125.90	3316.40	1.20	2033.70	271.40
15022.50	13520.80	527.80	-3274.90		3348.10	332.30
78961.80	35249.10	957.20	21887.80		12847.20	2016.00

3-D-3 分地区规模以上文化

地区	法人单位数（个）	从业人员期末人数（人）	#女性	资产总计（万元）
广西壮族自治区	**348**	**38621**	**17475**	**5444224.60**
南宁市	98	18481	7671	2557324.20
柳州市	44	3807	1725	387478.60
桂林市	59	6734	3517	767933.50
梧州市	19	832	391	23586.50
北海市	21	1874	865	250407.00
防城港市	14	545	190	16199.40
钦州市	16	866	405	37911.10
贵港市	13	798	435	38357.90
玉林市	17	1514	747	393104.40
百色市	17	846	372	142910.10
贺州市	10	902	396	638012.00
河池市	12	716	381	46198.50
来宾市	3	145	64	34671.90
崇左市	5	561	316	110129.50

服务业企业主要财务指标

营业收入（万元）	营业成本（万元）	税金及附加（万元）	营业利润（万元）	投资收益（万元）	应付职工薪酬（万元）	应缴增值税（万元）
1456039.20	**965855.70**	**14100.70**	**128899.70**	**15467.70**	**344083.70**	**42470.30**
844024.90	599339.70	7352.60	71293.50	14860.10	225063.70	19348.50
120062.50	83058.10	1390.20	572.40	30.90	32958.20	3345.80
233727.60	112719.60	2558.00	42379.90	503.50	43090.20	6464.50
13821.40	8923.40	201.10	249.60	0.20	2677.30	195.40
136146.10	99147.60	1370.00	21638.50	31.10	9575.40	14993.80
7433.50	4608.60	95.20	-417.00	1.00	2592.30	235.60
19470.50	13610.80	109.10	1622.20		4312.00	278.50
8779.50	5569.60	149.20	-1176.60		2611.20	196.70
18894.10	12195.40	352.00	-2757.10	3.70	5322.90	136.90
17001.40	8588.20	195.50	-4335.90		3325.70	-4122.60
14842.70	7680.20	204.80	585.20		7008.00	542.90
14584.30	8597.90	96.30	1373.80	37.20	2938.50	602.80
1439.80	589.70	11.60	-1547.80		429.80	87.50
5810.90	1226.90	15.10	-581.00		2178.50	164.00

3-D-4 按注册类型和控股情况

分组	法人单位数（个）	从业人员期末人数（人）	#女性	资产总计（万元）
总　计	**28917**	**121336**	**51761**	**8457993.46**
内资企业	24448	98823	41734	2960040.66
国有企业	153	3119	1252	509628.25
私营企业	24295	95704	40482	2450412.41
港、澳、台商投资企业	28	125	65	82754.90
外商投资企业	29	191	110	26196.07
国有控股	260	5493	2258	4217563.06
集体控股	91	587	238	17233.56
私人控股	27539	109480	46505	3501525.92
港澳台商控股	28	126	68	29314.88
外商控股	22	172	105	10602.74
其他	743	3603	1490	572258.53

分规模以下文化服务业企业主要财务指标

营业收入（万元）	营业成本（万元）	税金及附加（万元）	营业利润（万元）	投资收益（万元）	应付职工薪酬（万元）	应缴增值税（万元）
1730450.27	**1177169.55**	**22328.69**	**168847.23**	**48303.16**	**447234.89**	**43102.29**
1321279.63	893902.61	16259.00	139144.75	27436.48	346093.75	31839.99
41477.15	27591.23	1073.00	9287.49	2304.80	22624.70	1721.06
1279802.48	866311.39	15185.99	129857.25	25131.68	323469.04	30118.93
1528.60	1794.81	26.99	−646.54	13.48	451.32	52.23
3824.91	1764.03	141.32	222.10	6.53	1080.42	87.43
144368.73	99625.25	2547.07	34240.03	17750.09	46533.82	4857.29
8951.85	6604.18	121.77	846.95	8.82	3222.03	301.80
1501009.66	1025181.39	18141.64	129999.53	28895.33	376428.30	36491.87
615.79	592.48	6.86	−343.66	13.48	415.94	5.92
3792.95	1665.88	140.97	214.81	1.53	1001.62	87.41
58312.12	36500.39	1234.87	2155.18	1241.00	13323.79	1106.90

3-D-5　分地区规模以下文化

地　　区	法人单位数（个）	从业人员期末人数（人）	#女性	资产总计（万元）
广西壮族自治区	**28917**	**121336**	**51761**	**8457993.46**
南宁市	11070	43595	18762	2652130.81
柳州市	3235	12312	5481	1046174.55
桂林市	3093	15302	6795	651546.72
梧州市	905	3582	1578	235782.15
北海市	1437	5813	2336	360687.75
防城港市	559	2736	981	124437.80
钦州市	1149	5310	2087	158265.39
贵港市	1357	6533	2821	190854.19
玉林市	1934	8445	3797	1666246.91
百色市	1384	5588	2255	140662.31
贺州市	592	2510	1049	431190.79
河池市	829	3347	1352	413099.84
来宾市	610	2393	1015	199329.82
崇左市	763	3870	1452	187584.44

服务业企业主要财务指标

营业收入（万元）	营业成本（万元）	税金及附加（万元）	营业利润（万元）	投资收益（万元）	应付职工薪酬（万元）	应缴增值税（万元）
1730450.27	**1177169.55**	**22328.69**	**168847.23**	**48303.16**	**447234.89**	**43102.29**
773577.78	524074.11	7819.76	47954.32	24263.38	182941.78	21615.31
181893.32	124141.42	2258.19	22384.95	176.93	49101.01	4611.99
211853.41	147228.88	2614.95	4103.66	1972.47	57113.33	4496.84
41858.67	30533.12	858.23	5209.85	431.82	9228.82	1067.37
59874.50	34123.87	990.94	3251.14	751.88	20443.89	1399.45
28282.14	28655.29	410.16	851.54	265.97	10685.45	656.60
67156.77	42130.00	1274.68	13757.22	1552.59	18987.91	1307.36
78329.05	52608.44	1592.53	15258.27	1666.83	19333.69	1249.85
97083.12	59188.55	1768.96	17210.00	7980.65	25524.57	2609.13
64818.49	48035.99	989.29	9825.67	1128.82	16041.83	1542.62
25831.89	21598.20	555.03	9361.72	346.74	8553.41	961.51
31347.07	21218.52	450.52	4645.93	1286.23	10836.08	840.08
22561.47	17139.27	360.34	758.61	389.04	7157.00	396.84
45982.58	26493.88	385.12	14274.36	6089.81	11286.12	347.34

3-D-6　分地区文化服务业行政事业单位主要财务指标

地　区	法人单位数（个）	从业人员期末人数（人）	#女性	事业单位资产总计（万元）	事业单位本年收入合计（万元）	本年支出合计（万元）
广西壮族自治区	**2088**	**26327**	**11824**	**1696600.85**	**733841.85**	**712853.82**
南宁市	278	9305	3951	916068.61	343531.84	318209.62
柳州市	162	3585	1680	177432.44	73696.82	80215.84
桂林市	263	2362	1069	111880.54	52269.23	62317.17
梧州市	95	836	367	24191.63	12469.58	12410.25
北海市	55	905	457	64135.12	29261.24	30814.58
防城港市	72	490	208	17962.46	11043.17	10838.79
钦州市	74	552	265	27893.99	10167.17	11830.89
贵港市	95	1285	584	45619.52	21992.54	21450.08
玉林市	177	2005	863	86325.40	30456.77	31734.92
百色市	194	1511	775	58682.31	47162.25	39263.96
贺州市	101	843	392	24805.00	26554.41	20351.08
河池市	225	943	447	54460.11	23597.62	23405.67
来宾市	118	822	382	21415.64	14359.53	12205.19
崇左市	179	883	384	65728.08	37279.68	37805.81

3-D-7　分地区文化服务业其他非营利单位主要财务指标

地　　区	法人单位数（个）	从业人员期末人数（人）	#女性	非营利单位资产总计（万元）	非营利单位本年收入合计（万元）	本年费用合计（万元）
广西壮族自治区	**1944**	**8233**	**4352**	**131027.21**	**49096.86**	**44241.82**
南宁市	528	3629	2371	74267.23	20933.54	22050.90
柳州市	261	853	449	6585.98	3112.31	4621.35
桂林市	215	970	510	14695.05	6652.04	3835.24
梧州市	110	268	89	21014.09	329.91	508.49
北海市	70	214	119	1199.39	606.71	526.28
防城港市	63	112	42	1750.58	774.45	670.55
钦州市	83	283	111	1334.82	7994.33	890.68
贵港市	84	292	119	2451.57	2149.21	2008.44
玉林市	58	234	100	904.89	1489.06	948.73
百色市	115	260	88	655.66	716.61	936.37
贺州市	66	182	58	594.41	634.59	935.31
河池市	150	369	127	869.07	858.28	797.18
来宾市	70	261	64	1681.17	1006.87	1221.80
崇左市	71	306	105	3023.29	1838.94	4290.50

E. 文化产业个体经营户

3-E-1 文化产业个体经营户清查情况

分　组	户数（户）	从业人员期末人数（人）	#女性
总　计	**6296**	**25524**	**15529**
按产业类型分组			
（1）文化制造业	781	5460	3880
（2）文化批发和零售业	3047	8187	5469
（3）文化服务业	2468	11877	6180
按地区分组			
南宁市	859	3500	2114
柳州市	875	3360	1886
桂林市	1117	3039	1633
梧州市	381	1768	1127
北海市	280	1096	625
防城港市	245	1274	736
钦州市	180	1453	1034
贵港市	270	1646	1024
玉林市	338	2462	1697
百色市	454	1450	955
贺州市	185	836	595
河池市	491	1481	831
来宾市	226	802	495
崇左市	395	1357	777

3-E-2　文化产业个体经营户抽样调查基本情况

分　组	个体经营户数（户）	从业人员期末人数（人）	#女性	全年雇员支出（万元）	全年缴纳税费（万元）	全年缴纳房租（万元）	全年总支出（万元）	全年营业收入（万元）
总　计	**6296**	**25524**	**15529**	**55116.90**	**3350.00**	**29793.30**	**167505.00**	**254856.50**
按产业类型分组								
（1）文化制造业	781	5460	3880	11167.40	364.50	1668.30	24466.40	33268.70
（2）文化批发和零售业	3047	8187	5469	15120.50	909.80	12725.20	69083.00	103836.40
（3）文化服务业	2468	11877	6180	28829.10	2075.40	15399.60	73955.80	117751.50
按地区分组								
南宁市	859	3500	2114	7286.40	735.20	5341.70	23407.10	34562.50
柳州市	875	3360	1886	9862.80	680.20	4815.00	29145.30	48468.20
桂林市	1117	3039	1633	5915.40	200.10	4196.80	24607.30	37173.50
梧州市	381	1768	1127	3535.00	208.90	1234.40	8473.00	12388.70
北海市	280	1096	625	2591.30	103.10	1772.90	7598.20	11128.40
防城港市	245	1274	736	2348.90	237.10	1228.00	6795.00	9133.20
钦州市	180	1453	1034	4172.10	117.40	905.80	8404.60	11273.60
贵港市	270	1646	1024	3577.70	246.70	2156.10	8336.60	13423.30
玉林市	338	2462	1697	4910.10	186.10	1492.50	13707.80	19316.60
百色市	454	1450	955	2900.90	99.50	1815.00	8198.10	14191.90
贺州市	185	836	595	1299.70	79.50	603.00	4259.70	6709.60
河池市	491	1481	831	2934.30	192.90	1656.70	10207.10	15400.90
来宾市	226	802	495	1296.10	65.10	918.30	5357.80	7972.40
崇左市	395	1357	777	2486.30	198.10	1657.00	9007.50	13713.90

附　　录

主要指标解释及分类规定

主要指标解释

法人单位 是指有权拥有资产、承担负债，并独立从事社会经济活动（或与其他单位进行交易）的组织。法人单位应同时具备以下条件：

1. 依法成立，有自己的名称、组织机构和场所，能够独立承担民事责任；

2. 独立拥有（或受权使用）资产，有权与其他单位签订合同；

3. 会计上独立核算，能够编制资产负债表等会计报表。

在统计实践中，法人单位包括：企业法人、事业单位法人、机关法人、社会团体法人、民办非企业单位、基金会、居委会、村委会、其他法人。

企业法人 是指依据《中华人民共和国公司登记管理条例》《中华人民共和国企业法人登记管理条例》等国家法律和法规，经各级市场监管机关登记注册，领取《企业法人营业执照》的企业。包括：

1. 公司制企业法人；

2. 非公司制企业法人。

不具有法人资格、但依法成立的个人独资企业、合伙企业在统计上视同法人。

事业单位法人 是指经国务院或地方县级以上机构编制管理部门批准、经国家或地方县级以上事业单位登记管理部门登记或备案，领取《事业单位法人证书》，取得法人资格的事业单位。包括：

1. 各级党委、政府直属事业单位；

2. 中共中央、国务院直属事业单位举办的事业单位；

3. 各级人大、政协机关，监察委员会、人民法院、人民检察院和各民主党派机关举办的事业单位；

4. 各级党委部门和政府部门举办的事业单位；

5. 使用财政性经费的群众团体举办的事业单位；

6. 国有企业及其他组织利用国有资产举办的事业单位；

7. 依照法律或有关规定，应当由各级登记管理机关登记的其他事业单位。

机关法人 是指各级政党机关和国家机关。包括：

1. 县级以上各级中国共产党委员会及其所属各工作部门；

2. 县级以上各级人民代表大会机关；

3. 县级以上各级人民政府及其所属各工作部门，以及地区行政行署；

4. 县级以上各级政治协商会议机关；

5. 县级以上各级监察委员会、人民法院、检察院机关；

6. 县级以上各民主党派和工商联机关；

7. 乡、镇中国共产党委员会和人民政府。

社会团体法人 是指依据《社会团体登记管理条例》，经国家或县级以上民政部门登记注册或备案，领取《社会团体法人登记证书》的各类社会团体，以及由机构编制管理部门管理其编制的群众团体。

民办非企业单位 指企业单位、事业单位、社会团体和其他社会力量以及公民个人利用非国有资产举办的，从事非营利性社会服务的社会组织。民办非企业法人指经各级民政部门核准登记，领取《民办非企业单位登记证书》的民办非企业单位。

基金会 指民政部、省级、地级或市级民政部门核准登记的，颁发《基金会法人登记证书》的基金会。

居委会 由不设区的市、市辖区的人民政府决定设立的社区（居委会）。

村委会 由乡、民族乡、镇的人民政府提出，经村民会议讨论同意后，报县级人民政府批准，设立的村民委员会。

其他法人 是指除上述类型以外的法人。具体是指依据《中华人民共和国农民专业合作社法》及其他法律、法规成立，具备法人条件的单位。

单产业法人 是指仅包含一个产业活动单位的法人单位，称为单产业法人单位，该法人单位同时也是一个产业活动单位。

多产业法人 是指由两个及以上产业活动单位组成的法人单位，称为多产业法人单位，这些产业活动单位接受法人单位的管理和控制。

从业人员期末人数 指报告期最后一日在本单位工作，并取得工资或其他形式劳动报酬的人员数。该指标为时点指标，不包括最后一日当天及以前已经与单位解除劳动合同关系的人员，是在岗职工、劳务派遣人员及其他从业人员之和。从业人员不包括：

1. 离开本单位仍保留劳动关系，并定期领取生活费的人员；

2. 在本单位实习的各类在校学生；

3. 本单位因劳务外包而使用的人员，如：建筑业整建制使用的人员。

营业收入 指企业经营主要业务和其他业务所确认的收入总额。营业收入包括“主营业务收入”和“其他业务收入”。根据会计“利润表”中“营业收入”项目的本年累计数填报。

资产总计 指企业过去的交易或者事项形成的、由企业拥有或者控制的、预期会给企业带来经济利益的资源。资产一般按流动性（资产的变现或耗用时间长短）分为流动资产和非流动资产。其中，流动资产可分为货币资金、交易性金融资产、应收票据、应收账款、预付款项、其他应收款、存货等；非流动资产可分为长期股权投资、固定资产、无形资产及其他非流动资产等。

分类规定

登记注册类型　指企业或企业产业活动单位的登记注册类型，市场监管部门对企业（单位）登记注册的类型分为以下几种：

1. 国有企业：指企业全部资产归国家所有，并按《中华人民共和国企业法人登记管理条例》规定登记注册的非公司制的经济组织。不包括有限责任公司中的国有独资公司。

2. 集体企业：指企业资产归集体所有，并按《中华人民共和国企业法人登记管理条例》规定登记注册的经济组织。

3. 股份合作企业：指以合作制为基础，由企业职工共同出资入股，吸收一定比例的社会资产投资组建，实行自主经营，自负盈亏，共同劳动，民主管理，按劳分配与按股分红相结合的一种集体经济组织。

4. 联营企业：指两个及两个以上相同或不同所有制性质的企业法人或事业单位法人，按自愿、平等、互利的原则，共同投资组成的经济组织。联营企业包括国有联营企业、集体联营企业、国有与集体联营企业和其他联营企业。

国有联营企业　指所有联营单位均为国有。

集体联营企业　指所有联营单位均为集体。

国有与集体联营企业　指联营单位既有国有也有集体。

其他联营企业　指上述三种联营企业之外的其他联营形式的企业。

5. 有限责任公司：指根据《中华人民共和国公司登记管理条例》规定登记注册，由两个以上，五十个以下的股东共同出资，每个股东以其所认缴的出资额对公司承担有限责任，公司以其全部资产对其债务承担责任的经济组织。有限责任公司包括国有独资公司以及其他有限责任公司。

国有独资公司　指国家授权的投资机构或者国家授权的部门单独投资设立的有限责任公司。

其他有限责任公司　指国有独资公司以外的其他有限责任公司。

6. 股份有限公司：指根据《中华人民共和国公司登记管理条例》规定登记注册，其全部注册资本由等额股份构成并通过发行股票筹集资本，股东以其认购的股份对公司承担有限责任，公司以其全部资产对其债务承担责任的经济组织。

7. 私营企业：指由自然人投资设立或由自然人控股，以雇佣劳动为基础的营利性经济组织。包括按照《中华人民共和国公司法》《中华人民共和国合伙企业法》《私营企业暂行条例》以及《中华人民共和国个人独资企业法》规定登记注册的私营独资企业、私营合伙企业、私营有限责任公司、私营股份有限公司和个人独资企业。

私营独资企业　指按《私营企业暂行条例》的规定，由一名自然人投资经营，以雇佣劳动为基础，投资者对企业债务承担无限责任的企业。

私营合伙企业　指按《中华人民共和国合伙企业法》或《私营企业暂行条例》的规定，由两个以上自然人按照协议共同投资、共同经营、共负盈亏，以雇佣劳动为基础，对债务承担无限责任的企业。

私营有限责任公司　指按《中华人民共和国公司法》《私营企业暂行条例》的规定，由两个以上自然人投资或由单个自然人控股的有限责任公司。

私营股份有限公司　指按《中华人民共和国公司法》的规定，由五个以上自然人投资，或由单个自然人控股的股份有限公司。

8. 其他企业：指上述第 1 条至第 7 条之外的其他内资经济组织。

9. 合资经营企业（港或澳、台资）：指港澳台地区投资者与内地的企业参照《中华人民共和国中外合资经营企业法》及有关法律的规定，按合同规定的比例投资设立，分享利润和分担风险的企业。

10. 合作经营企业（港或澳、台资）：指港澳台地区投资者与内地企业参照《中华人民共和国中外合作经营企业法》及有关法律的规定，依照合作合同的约定进行投资或提供条件设立，分配利润、分担风险和亏损的企业。

11. 港、澳、台商独资经营企业：指通参照《中华人民共和国外资企业法》及有关法律的规定，在内地由港澳台地区投资者全额投资设立的企业。

12. 港、澳、台商投资股份有限公司：指根据国家有关规定，经商务部（原外经贸部）批准设立，并且其中港、澳、台商的股本占公司注册资本的比例达 25%以上的股份有限公司。凡其中港、澳、台商的股本占公司注册资本的比例小于25%的，属于内资中的股份有限公司。

13. 其他港、澳、台商投资企业：指在中国境内参照《外国企业或个人在中国境内设立合伙企业管理办法》和《外商投资合伙企业登记管理规定》，依法设立的港、澳、台商投资合伙企业。

14. 中外合资经营企业：指外国企业或外国人与中国内地企业依照《中华人民共和国中外合资经营企业法》及有关法律的规定，按合同规定的比例投资设立，分享利润和分担风险的企业。

15. 中外合作经营企业：指外国企业或外国人与中国内地企业依照《中华人民共和国中外合作经营企业法》及有关法律的规定，依照合作合同的约定进行投资或提供条件设立，分配利润、分担风险和亏损的企业。

16. 外资企业：指依照《中华人民共和国外资企业法》及有关法律的规定，在中国内地由外国投资者全额投资设立的企业。

17．外商投资股份有限公司：指根据国家有关规定，经商务部（原外经贸部）批准设立，并且其中外资的股本占公司注册资本的比例达 25%以上的股份有限公司。凡其中外资股本占公司注册资本的比例小于 25%的，属于内资中的股份有限公司。

18．其他外商投资企业：指在中国境内依照《外国企业或个人在中国境内设立合伙企业管理办法》和《外商投资合伙企业登记管理规定》，依法设立的外商投资合伙企业。

企业控股情况 根据企业实收资本中某种经济成分的出资人的实际投资情况，或出资人对企业资产的实际控制、支配程度进行分类。具体分为国有控股、集体控股、私人控股、港澳台商控股、外商控股和其他六类。

国有控股 包括：（1）在企业的全部实收资本中，国有经济成分的出资人拥有的实收资本（股本）所占企业全部实收资本（股本）的比例大于 50%的国有绝对控股。（2）在企业的全部实收资本中，国有经济成分的出资人拥有的实收资本（股本）所占比例虽未大于 50%，但相对大于其他任何一方经济成分的出资人所占比例的国有相对控股；或者虽不大于其他经济成分，但根据协议规定拥有企业实际控制权的国有协议控股。（3）投资双方各占 50%，且未明确由谁绝对控股的企业，若其中一方为国有经济成分的，一律按国有控股处理。

集体控股 包括：（1）在企业的全部实收资本中，集体经济成分的出资人拥有的实收资本（股本）所占企业全部实收资本（股本）的比例大于 50%的集体绝对控股。（2）在企业的全部实收资本中，集体经济成分的出资人拥有的实收资本（股本）所占比例虽未大于 50%，但相对大于其他任何一方经济成分的出资人所占比例的集体相对控股；或者虽不大于其他经济成分，但根据协议规定拥有企业实际控制权的集体协议控股。

私人控股 包括：（1）在企业的全部实收资本中，私人经济成分的出资人拥有的实收资本（股本）所占企业全部实收资本（股本）的比例大于 50%的私人绝对控股。（2）在企业的全部实收资本中，私人经济成分的出资人拥有的实收资本（股本）所占比例虽未大于 50%，但相对大于其他任何一方经济成分的出资人所占比例的私人相对控股；或者虽不大于其他经济成分，但根据协议规定拥有企业实际控制权的私人协议控股。

港澳台商控股 包括：（1）在企业的全部实收资本中，港澳台商经济成分的出资人拥有的实收资本（股本）所占企业全部实收资本（股本）的比例大于 50%的港澳台商绝对控股。（2）在企业的全部实收资本中，港澳台商经济成分的出资人拥有的实收资本（股本）所占比例虽未大于 50%，但相对大于其他任何一方经济成分的出资人所占比例的港澳台商相对控股；或者虽不大于其他经济成分，但根据协议规定拥有企业实际控制权的港澳台商协议控股。

外商控股 包括：（1）在企业的全部实收资本中，外商经济成分的出资人拥有的实收资本（股本）所占企业全部实收资本（股本）的比例大于 50%的外商绝对控股。（2）在企业的全部实收资本中，外商经济成分的出资人拥有的实收资本（股本）所占比例虽未大于 50%，但相对大于其他任何一方经济成分的出资人所占比例的外商相对控股；或者虽不大于其他经济成分，但根据协议规定拥有企业实际控制权的外商协议控股。

其他控股情况 除上述五类以外的企业控股情况。

统计上大中小微型企业划分办法

一、根据工业和信息化部、国家统计局、国家发展改革委、财政部《关于印发中小企业划型标准规定的通知》（工信部联企业〔2011〕300 号），以《国民经济行业分类》（GB/T 4754-2017）为基础，结合统计工作的实际情况，制定本办法。

二、本办法适用对象为在中华人民共和国境内依法设立的各种组织形式的法人企业或单位。个体工商户参照本办法进行划分。

三、本办法适用范围包括：农、林、牧、渔业，采矿业，制造业，电力、热力、燃气及水生产和供应业，建筑业，批发和零售业，交通运输、仓储和邮政业，住宿和餐饮业，信息传输、软件和信息技术服务业，房地产业，租赁和商务服务业，科学研究和技术服务业，水利、环境和公共设施管理业，居民服务、修理和其他服务业，文化、体育和娱乐业等 15 个行业门类以及社会工作行业大类。

四、本办法按照行业门类、大类、中类和组合类别，依据从业人员、营业收入、资产总额等指标或替代指标，将我国的企业划分为大型、中型、小型、微型等四种类型。具体划分标准见附表。

五、企业划分由政府综合统计部门根据统计年报每年确定一次，定报统计原则上不进行调整。

六、本办法自印发之日起执行，国家统计局 2011 年印发的《统计上大中小微型企业划分办法》（国统字〔2011〕75 号）同时废止。

附表：

统计上大中小微型企业划分标准

行业名称	指标名称	计量单位	大型	中型	小型	微型
农、林、牧、渔业	营业收入（Y）	万元	Y≥20000	500≤Y＜20000	50≤Y＜500	Y＜50
工业*	从业人员（X）	人	X≥1000	300≤X＜1000	20≤X＜300	X＜20
	营业收入（Y）	万元	Y≥40000	2000≤Y＜40000	300≤Y＜2000	Y＜300
建筑业	营业收入（Y）	万元	Y≥80000	6000≤Y＜80000	300≤Y＜6000	Y＜300
	资产总额（Z）	万元	Z≥80000	5000≤Z＜80000	300≤Z＜5000	Z＜300
批发业	从业人员（X）	人	X≥200	20≤X＜200	5≤X＜20	X＜5
	营业收入（Y）	万元	Y≥40000	5000≤Y＜40000	1000≤Y＜5000	Y＜1000
零售业	从业人员（X）	人	X≥300	50≤X＜300	10≤X＜50	X＜10
	营业收入（Y）	万元	Y≥20000	500≤Y＜20000	100≤Y＜500	Y＜100
交通运输业*	从业人员（X）	人	X≥1000	300≤X＜1000	20≤X＜300	X＜20
	营业收入（Y）	万元	Y≥30000	3000≤Y＜30000	200≤Y＜3000	Y＜200
仓储业	从业人员（X）	人	X≥200	100≤X＜200	20≤X＜100	X＜20
	营业收入（Y）	万元	Y≥30000	1000≤Y＜30000	100≤Y＜1000	Y＜100
邮政业	从业人员（X）	人	X≥1000	300≤X＜1000	20≤X＜300	X＜20
	营业收入（Y）	万元	Y≥30000	2000≤Y＜30000	100≤Y＜2000	Y＜100
住宿业	从业人员（X）	人	X≥300	100≤X＜300	10≤X＜100	X＜10
	营业收入（Y）	万元	Y≥10000	2000≤Y＜10000	100≤Y＜2000	Y＜100
餐饮业	从业人员（X）	人	X≥300	100≤X＜300	10≤X＜100	X＜10
	营业收入（Y）	万元	Y≥10000	2000≤Y＜10000	100≤Y＜2000	Y＜100
信息传输业*	从业人员（X）	人	X≥2000	100≤X＜2000	10≤X＜100	X＜10
	营业收入（Y）	万元	Y≥100000	1000≤Y＜100000	100≤Y＜1000	Y＜100
软件和信息技术服务业	从业人员（X）	人	X≥300	100≤X＜300	10≤X＜100	X＜10
	营业收入（Y）	万元	Y≥10000	1000≤Y＜10000	50≤Y＜1000	Y＜50
房地产开发经营	营业收入（Y）	万元	Y≥200000	1000≤Y＜200000	100≤Y＜1000	Y＜100
	资产总额（Z）	万元	Z≥10000	5000≤Z＜10000	2000≤Z＜5000	Z＜2000
物业管理	从业人员（X）	人	X≥1000	300≤X＜1000	100≤X＜300	X＜100
	营业收入（Y）	万元	Y≥5000	1000≤Y＜5000	500≤Y＜1000	Y＜500
租赁和商务服务业	从业人员（X）	人	X≥300	100≤X＜300	10≤X＜100	X＜10
	资产总额（Z）	万元	Z≥120000	8000≤Z＜120000	100≤Z＜8000	Z＜100
其他未列明行业*	从业人员（X）	人	X≥300	100≤X＜300	10≤X＜100	X＜10

说明：

1．大型、中型和小型企业须同时满足所列指标的下限，否则下划一档；微型企业只需满足所列指标中的一项即可。

2．附表中各行业的范围以《国民经济行业分类》（GB/T 4754-2017）为准。带*的项为行业组合类别，其中，工业包括采矿业，制造业，电力、热力、燃气及水生产和供应业；交通运输业包括道路运输业，水上运输业，航空运输业，管道运输业，多式联运和运输代理业、装卸搬运，不包括铁路运输业；仓储业包括通用仓储，低温仓储，危险品仓储，谷物、棉花等农产品仓储，中药材仓储和其他仓储业;信息传输业包括电信、广播电视和卫星传输服务，互联网和相关服务；其他未列明行业包括科学研究和技术服务业，水利、环境和公共设施管理业，居民服务、修理和其他服务业，社会工作，文化、体育和娱乐业，以及房地产中介服务，其他房地产业等，不包括自有房地产经营活动。

3．企业划分指标以现行统计制度为准。（1）从业人员，是指期末从业人员数，没有期末从业人员数的，采用全年平均人员数代替。（2）营业收入，工业、建筑业、限额以上批发和零售业、限额以上住宿和餐饮业以及其他设置主营业务收入指标的行业，采用主营业务收入；限额以下批发与零售业企业采用商品销售额代替；限额以下住宿与餐饮业企业采用营业额代替；农、林、牧、渔业企业采用营业总收入代替；其他未设置主营业务收入的行业，采用营业收入指标。（3）资产总额，采用资产总计代替。

文化及相关产业分类（2018）

一、目的和作用

（一）为深化文化体制改革和持续推进社会主义文化强国建设提供统计保障，建立科学可行的文化及相关产业统计制度，制定本分类。

（二）本分类为反映我国文化及相关产业生产活动提供标准分类依据，为文化及相关产业统计提供统一的定义和范围，为发展文化产业、推进社会主义文化繁荣兴盛提供统计服务。

二、定义和范围

（一）定义

本分类规定的文化及相关产业是指为社会公众提供文化产品和文化相关产品的生产活动的集合。

（二）范围

根据以上定义，我国文化及相关产业的范围包括：

1．以文化为核心内容，为直接满足人们的精神需要而进行的创作、制造、传播、展示等文化产品（包括货物和服务）的生产活动。具体包括新闻信息服务、内容创作生产、创意设计服务、文化传播渠道、文化投资运营和文化娱乐休闲服务等活动。

2．为实现文化产品的生产活动所需的文化辅助生产和中介服务、文化装备生产和文化消费终端生产（包括制造和销售）等活动。

三、分类原则

（一）以《国民经济行业分类》为基础

本分类以《国民经济行业分类》（GB/T 4754-2017）为基础，根据文化生产活动的特点，将行业分类中相关的类别重新组合，是《国民经济行业分类》的派生分类。

（二）兼顾文化管理需要和可操作性

根据我国文化体制改革和发展的实际，本分类在考虑文化生产活动特点的同时，兼顾文化主管部门管理的需要；同时立足于现行统计制度和方法，充分考虑分类的可操作性。

（三）与国际分类标准相衔接

本分类借鉴了联合国教科文组织的《文化统计框架（2009）》的分类方法，在定义和覆盖范围上与其衔接。

四、分类方法

本分类采用线分类法和分层次编码方法，将文化及相关产业划分为三层，分别用阿拉伯数字编码表示。第一层为大类，用01～09数字表示，共有9个大类；第二层为中类，用3位数字表示，共有43个中类；第三层为小类，用4位数字表示，共有146个小类。

五、有关说明

（一）本分类建立了与《国民经济行业分类》（GB/T 4754-2017）的对应关系。在本分类中，如国民经济某行业小类仅部分活动属于文化及相关产业，则在行业代码后加“*”做标识，并对属于文化生产活动的内容进行说明；如国民经济某行业小类全部纳入文化及相关产业，则小类类别名称与行业类别名称完全一致。

（二）本分类全部小类对应或包含在《国民经济行业分类》（GB/T 4754-2017）相应的行业小类中，具体范围和说明可参见《2017国民经济行业分类注释》。

（三）本分类01～06大类为文化核心领域，07～09大类为文化相关领域。

六、文化及相关产业分类表

表 1　文化及相关产业的类别名称和行业代码

类　别　名　称	国民经济行业代码
第一部分　文化核心领域	
一、新闻信息服务	
（一）新闻服务	
新闻业	8610
（二）报纸信息服务	
报纸出版	8622
（三）广播电视信息服务	
广播	8710
电视	8720
广播电视集成播控	8740
（四）互联网信息服务	
互联网搜索服务	6421
互联网其他信息服务	6429
二、内容创作生产	
（一）出版服务	
图书出版	8621
期刊出版	8623
音像制品出版	8624
电子出版物出版	8625
数字出版	8626
其他出版业	8629
（二）广播影视节目制作	
影视节目制作	8730
录音制作	8770
（三）创作表演服务	
文艺创作与表演	8810
群众文体活动	8870
其他文化艺术业	8890
（四）数字内容服务	
动漫、游戏数字内容服务	6572
互联网游戏服务	6422
多媒体、游戏动漫和数字出版软件开发	6513*
增值电信文化服务	6319*
其他文化数字内容服务	6579*
（五）内容保存服务	
图书馆	8831
档案馆	8832
文物及非物质文化遗产保护	8840
博物馆	8850
烈士陵园、纪念馆	8860

续表 1

类别名称	国民经济行业代码
（六）工艺美术品制造	
雕塑工艺品制造	2431
金属工艺品制造	2432
漆器工艺品制造	2433
花画工艺品制造	2434
天然植物纤维编织工艺品制造	2435
抽纱刺绣工艺品制造	2436
地毯、挂毯制造	2437
珠宝首饰及有关物品制造	2438
其他工艺美术及礼仪用品制造	2439
（七）艺术陶瓷制造	
陈设艺术陶瓷制造	3075
园艺陶瓷制造	3076
三、创意设计服务	
（一）广告服务	
互联网广告服务	7251
其他广告服务	7259
（二）设计服务	
建筑设计服务	7484*
工业设计服务	7491
专业设计服务	7492
四、文化传播渠道	
（一）出版物发行	
图书批发	5143
报刊批发	5144
音像制品、电子和数字出版物批发	5145
图书、报刊零售	5243
音像制品、电子和数字出版物零售	5244
图书出租	7124
音像制品出租	7125
（二）广播电视节目传输	
有线广播电视传输服务	6321
无线广播电视传输服务	6322
广播电视卫星传输服务	6331
（三）广播影视发行放映	
电影和广播电视节目发行	8750
电影放映	8760
（四）艺术表演	
艺术表演场馆	8820
（五）互联网文化娱乐平台	
互联网文化娱乐平台	6432*

续表 2

类　别　名　称	国民经济行业代码
（六）艺术品拍卖及代理	
艺术品、收藏品拍卖	5183
艺术品代理	5184
（七）工艺美术品销售	
首饰、工艺品及收藏品批发	5146
珠宝首饰零售	5245
工艺美术品及收藏品零售	5246
五、文化投资运营	
（一）投资与资产管理	
文化投资与资产管理	7212*
（二）运营管理	
文化企业总部管理	7211*
文化产业园区管理	7221*
六、文化娱乐休闲服务	
（一）娱乐服务	
歌舞厅娱乐活动	9011
电子游艺厅娱乐活动	9012
网吧活动	9013
其他室内娱乐活动	9019
游乐园	9020
其他娱乐业	9090
（二）景区游览服务	
城市公园管理	7850
名胜风景区管理	7861
森林公园管理	7862
其他游览景区管理	7869
自然遗迹保护管理	7712
动物园、水族馆管理服务	7715
植物园管理服务	7716
（三）休闲观光游览服务	
休闲观光活动	9030
观光游览航空服务	5622
第二部分　文化相关领域	
七、文化辅助生产和中介服务	
（一）文化辅助用品制造	
文化用机制纸及纸板制造	2221*
手工纸制造	2222
油墨及类似产品制造	2642
工艺美术颜料制造	2644
文化用信息化学品制造	2664
（二）印刷复制服务	
书、报刊印刷	2311

续表 3

类　别　名　称	国民经济行业代码
本册印制	2312
包装装潢及其他印刷	2319
装订及印刷相关服务	2320
记录媒介复制	2330
摄影扩印服务	8060
（三）版权服务	
版权和文化软件服务	7520*
（四）会议展览服务	
会议、展览及相关服务	7281—7284
	7289
（五）文化经纪代理服务	
文化活动服务	9051
文化娱乐经纪人	9053
其他文化艺术经纪代理	9059
婚庆典礼服务	8070*
文化贸易代理服务	5181*
票务代理服务	7298
（六）文化设备（用品）出租服务	
休闲娱乐用品设备出租	7121
文化用品设备出租	7123
（七）文化科研培训服务	
社会人文科学研究	7350
学术理论社会（文化 ）团体	9521*
文化艺术培训	8393
文化艺术辅导	8399*
八、文化装备生产	
（一）印刷设备制造	
印刷专用设备制造	3542
复印和胶印设备制造	3474
（二）广播电视电影设备制造及销售	
广播电视节目制作及发射设备制造	3931
广播电视接收设备制造	3932
广播电视专用配件制造	3933
专业音响设备制造	3934
应用电视设备及其他广播电视设备制造	3939
广播影视设备批发	5178
电影机械制造	3471
（三）摄录设备制造及销售	
影视录放设备制造	3953
娱乐用智能无人飞行器制造	3963*
幻灯及投影设备制造	3472

续表 4

类　别　名　称	国民经济行业代码
照相机及器材制造	3473
照相器材零售	5248
（四）演艺设备制造及销售	
舞台及场地用灯制造	3873
舞台照明设备批发	5175*
（五）游乐游艺设备制造	
露天游乐场所游乐设备制造	2461
游艺用品及室内游艺器材制造	2462
其他娱乐用品制造	2469
（六）乐器制造及销售	
中乐器制造	2421
西乐器制造	2422
电子乐器制造	2423
其他乐器及零件制造	2429
乐器批发	5147
乐器零售	5247
九、文化消费终端生产	
（一）文具制造及销售	
文具制造	2411
文具用品批发	5141
文具用品零售	5241
（二）笔墨制造	
笔的制造	2412
墨水、墨汁制造	2414
（三）玩具制造	
玩具制造	2451—2456
	2459
（四）节庆用品制造	
焰火、鞭炮产品制造	2672
（五）信息服务终端制造及销售	
电视机制造	3951
音响设备制造	3952
可穿戴智能文化设备制造	3961*
其他智能文化消费设备制造	3969*
家用视听设备批发	5137
家用视听设备零售	5271
其他文化用品批发	5149
其他文化用品零售	5249

表2 带"*"行业分类文化生产活动内容的说明

序号	国民经济行业分类及代码	文化及相关产业类别名称及小类代码	文化生产活动的内容
1	应用软件开发（6513*）	多媒体、游戏动漫和数字出版软件开发（0243）	包括应用软件开发中的多媒体软件、游戏动漫软件、数字出版软件开发活动。
2	其他电信服务（6319*）	增值电信文化服务（0244）	仅指固定网增值电信、移动网增值电信、其他增值电信中的文化服务，包括手机报、个性化铃声等业务服务。
3	其他数字内容服务（6579*）	其他文化数字内容服务（0245）	仅指文化宣传领域数字内容服务。
4	工程设计活动（7484*）	建筑设计服务（0321）	仅包括房屋建筑工程，体育、休闲娱乐工程，室内装饰和风景园林工程专项设计服务。
5	互联网生活服务平台（6432*）	互联网文化娱乐平台（0450）	仅包括互联网演出购票平台、娱乐应用服务平台、音视频服务平台、读书平台、艺术品鉴定拍卖平台和文化艺术平台。
6	投资与资产管理（7212*）	文化投资与资产管理（0510）	指政府主管部门转变职能后，成立的国有文化资产管理机构和文化行业管理机构的活动；文化投资活动，不包括资本市场的投资。
7	企业总部管理（7211*）	文化企业总部管理（0521）	指不具体从事对外经营业务，只负责文化企业的重大决策、资产管理，协调管理下属各机构和内部日常工作的文化企业总部的活动，其对外经营业务由下属的独立核算单位或单独核算单位承担，还包括派出机构的活动（如办事处等）。
8	园区管理服务（7221*）	文化产业园区管理（0522）	仅指非政府部门的文化产业园区管理服务。
9	机制纸及纸板制造（2221*）	文化用机制纸及纸板制造（0711）	包括未涂布印刷书写用纸制造、涂布类印刷用纸制造、感应纸及纸板制造。
10	知识产权服务（7520*）	版权和文化软件服务（0730）	版权服务包括版权代理服务，版权鉴定服务，版权咨询服务，著作权登记服务，著作权使用报酬收转服务，版权交易、版权贸易服务和其他版权服务。文化软件服务指与文化有关的软件服务，包括软件代理、软件著作权登记、软件鉴定等服务。
11	婚姻服务（8070*）	婚庆典礼服务（0754）	指婚庆礼仪服务。包括婚礼策划、组织服务，婚礼租车服务，婚礼用品出租服务，婚礼摄像服务和其他婚姻服务。
12	贸易代理（5181*）	文化贸易代理服务（0755）	包括文化用品、图书、音像、文化用家用电器和广播电视器材等国际国内贸易代理服务。
13	专业性团体（9521*）	学术理论社会（文化）团体（0772）	学术理论社会团体包括党的理论研究、史学研究、思想工作研究、社会人文科学研究等团体的服务。文化团体包括新闻、图书、报刊、音像、版权、广播、电视、电影、演员、作家、文学艺术、美术家、摄影家、文物、博物馆、图书馆、文化馆、游乐园、公园、文艺理论研究、民族文化等团体的服务。
14	其他未列明教育（8399*）	文化艺术辅导（0774）	包括美术、舞蹈、音乐、书法和武术等辅导服务。
15	智能无人飞行器制造（3963*）	娱乐用智能无人飞行器制造（0832）	指按照国家有关安全规定标准，经允许生产并主要用于娱乐的智能无人飞行器的制造。
16	电气设备批发（5175*）	舞台照明设备批发（0842）	包括各类舞台照明设备的批发。
17	可穿戴智能设备制造（3961*）	可穿戴智能文化设备制造（0953）	指由用户穿戴和控制，并且自然、持续地运行和交互的个人移动计算文化设备产品的制造。
18	其他智能消费设备制造（3969*）	其他智能文化消费设备制造（0954）	仅指虚拟现实设备制造活动。